认罪认罚从宽制度中被追诉人权利保护研究

——以公正与效率的动态平衡为基点

臧德胜 / 著

中国法制出版社
CHINA LEGAL PUBLISHING HOUSE

序

一部深入探讨认罪认罚从宽制度的力作

胡云腾[*]

完善刑事诉讼中认罪认罚从宽制度，是党的十八届四中全会提出的一项刑事司法改革举措，经过近10年的试点、探索与实施，这个当初似乎很不起眼的改革举措已经成为处理刑事案件的重要程序，成为中国特色认罪协商制度的经典表述，并成为改变长期以来职权主义刑事诉讼模式和司法理念的有力抓手。从实践中看，认罪认罚从宽制度实施的最大成效是，大多数刑事案件均得以认罪认罚的方式从宽处理，相较于此前的刑事普通程序和简易程序，经过这个程序处理的案件多数体现了程序上从简、时间上从快和实体上从轻的良好效果。此外，认罪认罚从宽制度还显著改变了我国刑事诉讼的面貌，明显扩张了检察机关的程序权力，切实加强了刑事诉讼过程中的人权司法保障，有力促进了刑事诉讼制度的文明与进步。

但不可否认的是，由于认罪认罚从宽制度是"摸着石头过河"一样设计的，加之实践中一些办案机关执行过程中产生的偏差，故给法学法律界带来了诸多难以讨论清楚和难以达成共识的话题。比如，刑事案卷材料尚未移送到人民法院，检察机关不仅已经把罪名确定了，而且把量刑也提出来了，这是否符合刑事诉讼反对审前预断的基本原理？认罪认罚从宽制度所体现的检察机关程序主导以及以控辩协商为中心的实际操作，如何与以审判为中心的诉讼制度改革和庭审实质化相契合和相协调？刑事诉讼法关

---

[*] 最高人民法院大法官、中国法学会案例法学研究会会长。

于人民法院对人民检察院提出的量刑建议"一般应当采纳"的规定，是否符合刑事诉讼的一般规律和普遍共识？"两高两部"联发的文件关于检察机关一般要提出确定刑量刑建议的要求是否僭越了法官的自由裁量权且符合案件处理的实际？被追诉人认罪认罚以后是否有权对一审判决提出上诉以及被告人上诉后检察机关是否应当同时提起抗诉以便对被告人做出不予从轻的处理？被追诉人认罪认罚以后，但辩护人不认为其构成犯罪，辩护人能否为被追诉人作无罪辩护？法官如何准确把握量刑建议的"明显不当"及如何调整精准量刑建议？等等。这些争议问题，不会因为刑事诉讼法、司法文件已经有规定或者实践中已经有了具体做法而失去探讨的价值，相反，对于这些问题的深入探讨，是完善刑事诉讼中认罪认罚从宽制度的应有之义。

上述问题的存在，使得认罪认罚从宽制度改革一直受到法学法律界的高度关注并促进了法学理论研究的持续繁荣，相关研究成果层出不穷，研究势头方兴未艾。其中，臧德胜博士以其几十年从事法官和律师的丰富阅历和实践经验，历经数年时间撰写而成的《认罪认罚从宽制度中被追诉人权利保护研究——以公正与效率的动态平衡为基点》一书，则是国内首部研究认罪认罚从宽制度中被追诉人权利保护问题的专著，也是深入研究认罪认罚从宽制度的一部代表作，作者从公正与效率平衡、权力与权利平衡的角度深入地探讨了认罪认罚从宽制度试点工作开展以来存在的相关争议问题，提出的观点和建议具有较强的理论和实践价值。总体来看，本书具有如下特点。

一是研究对象意义重大，突出了问题导向。本书把认罪认罚从宽这一"新制度"与被追诉人权利保护这一"老问题"相结合，对完善认罪认罚从宽制度、丰富被追诉人权利保护理论，均具有积极意义。长期以来，理论界对被追诉人权利保护问题进行了深入的研究，学说林立，但更多关注的是被追诉人否认犯罪、否认指控情况下的权利保护问题。近年来，虽然认罪认罚从宽制度的研究成为一个学术热点，硕果累累。但是，对认罪认罚从宽制度中被追诉人权利保护问题的研究却呈现出附带式（即在研究认罪认罚从宽制度时，对被追诉人的权利保护有所涉及和关注）、专题型（即专门著文研究认罪认罚从宽制度中被追诉人权利保护的某一方面）的特点。

本书将二者有机结合，做了系统性研究，填补了学术研究的空白。

二是研究方法具有科学性，体现了理论与实践有机结合。本书所涉及的相关问题均具有深厚的理论基础，同时具有实践性特点，作者把二者有机结合，在每一章节的研究中，都做到了以理论为基础，以实践为导向。对人权保护、公正与效率关系、免于被迫自认其罪、量刑协商、程序正当性等问题均进行了深入的研究。作者作为一名法律实务工作者，以亲历者的视角，把规范分析、比较研究和案例研究相结合，展现了认罪认罚从宽制度运行的现状，并运用相关理论提出了解决问题的思路。

三是研究内容具有体系性，结构清晰。本书把认罪认罚从宽制度中被追诉人的权利区分为两个层次，即原生权利（包括自愿认罪的权利和自愿认罚的权利）和派生权利（即保障原生权利的权利，包括程序选择权、律师帮助权、保释权和救济权），这是具有创新意义的分类，这一分类厘清了被追诉人依法享有的诉讼权利的关系和主次，形成了权利保护的科学体系，开拓了被追诉人权利保护研究的新视野。

四是研究结论具有实用性，有助于这项制度的优化实施和发展完善。本书对于如何加强被追诉人权利保护，如何完善认罪认罚从宽制度，提出了诸多可行性的建议。如将被追诉人的认罪认罚区分为不同类型，体现认罪认罚的多样性；在审查起诉阶段实行证据开示制度；区分量刑建议对不同诉讼主体的效能；合理解释"从宽"的含义；努力实现辩护律师全覆盖；着力规范被告人的上诉权；等等。这些建议及其观点，在立法层面和司法层面均有利于该项制度的完善，既可转化为规范性文件，也可供司法人员在操作中掌握。

五是对于制度的解读具有法哲学意蕴，丰富了刑事诉讼法学理论。认罪认罚从宽制度虽然通过刑事诉讼法的修订得以确立，但该项制度本身的正当性及法哲学基础，仍然是一个需要深入研究论证的问题。本文通过对认罪案件审理制度发展历程的研究，论证了该制度对于丰富我国刑事诉讼制度体系的积极价值以及理论基础。后在各章分别论证了以量刑优惠换取被追诉人认罪供述、赋予被追诉人量刑协商权及获得从宽处罚、程序从简的正当性，不失为认罪认罚从宽制度的"科学背书"。

总之，本书是新近研究认罪认罚从宽制度的一部有深度有分量的专著，也是德胜博士在香港城市大学攻读博士学位后而获得的毕业论文成果。当年在其读博士和写作本书的过程中，我们曾就一些问题进行过多次讨论，我对德胜博士的观点和见解基本上都是赞同的。我认为这本书很有阅读的价值，对于具体运用认罪认罚从宽制度有参考启发价值，故很乐意向广大读者推荐本书。与此同时，我也希望德胜同志转型做律师后，继续发扬当法官时的刻苦钻研精神，不断总结办案经验，不断推出新的学术研究成果，成为一名专家型的大律师，在法学理论研究的道路上走得更高、更远。

2023 年 10 月于北京

前　言

　　2014年10月，党的十八届四中全会审议通过了《中共中央关于全面推进依法治国若干重大问题的决定》，提出"推进以审判为中心的诉讼制度改革，确保侦查、起诉的案件事实证据经得起法律的检验"。这一改革以对诉讼活动投入大量司法资源为前提。作为配套制度，同时提出"完善刑事诉讼中认罪认罚从宽制度"，通过对认罪认罚案件的快速办理，实现案件繁简分流。经过分别为期两年的速裁程序和认罪认罚从宽制度试点之后，2018年10月26日，《刑事诉讼法》修订，正式确立了认罪认罚从宽制度。

　　认罪认罚从宽制度具有双重价值，一是鼓励被追诉人认罪认罚，减少对抗，化解社会矛盾；二是通过被追诉人认罪认罚，简化诉讼程序，提高诉讼效率，节约司法资源。在该项制度中，通过被追诉人减让部分诉讼权利，获得从宽处理，从而实现诉讼效率的提升和诉讼效果的优化。这种诉讼制度价值的实现有赖于被追诉人获得公正的待遇，表现为立法和司法对被追诉人权利的保护。但是，对诉讼效率的追求，使得被追诉人的权利保护容易被弱化。如果被追诉人的权利没有得到保障，一方面难以保证其认罪认罚的自愿性、明智性，可能造成实体上的不公；另一方面会造成程序上的不正当，让其感受不到法律的公正与关怀，也就难以真正的悔罪。在认罪认罚从宽制度中，保护被追诉人的权利，需要关注公正与效率的平衡。如果过于追求诉讼效率，势必会导致诉讼权利保护的弱化，而如果过多强化诉讼权利保护，则难以提升诉讼效率，制度的优势就无从体现。为此，有必要结合被追诉人权利保护的一般理论，针对认罪认罚从宽制度的特殊性，研究该项制度中被追诉人权利保护的理论问题和实现路径。

　　本书以公正与效率的动态平衡为基点，分三个部分四个章节研究认罪认罚从宽制度中被追诉人的权利保护，以探寻认罪认罚被告人权利保护的特殊性，丰富被追诉人权利保护理论，完善诉讼制度，为司法实践提供认罪认罚从宽制度被追诉人权利保护的指引。

第一部分为基础论，即本书第二章，论述认罪认罚从宽制度与被追诉人权利保护的基本问题。认罪认罚从宽制度是一种协作性司法，具有效率导向，而权利保护又是一种以对抗、不信任为前提的制度，注重公正导向。

在认罪案件审理制度发展的过程中，对于认罪的要求、认罪的后果以及程序的适用出现了一些变化，总的趋势是对认罪认罚的被告人，给予量刑优惠，从而简化诉讼程序，提升效率。认罪认罚从宽制度在追求效率价值的同时，要关注公正价值。被追诉人权利是人权的重要组成部分，能够直观反映一个国家和地区的人权保护水平，我国的诉讼人权保护有待进一步完善，要强化对公权力的制约，加强私权利的供给，同时要落实权利保护。对于以追求效率为导向的认罪认罚从宽制度，更应该关注被追诉人权利的保护，包括两个层次的权利：（1）原生权利即第一层级的权利，包括认罪自愿性的权利即免于被迫自我归罪权和认罚自愿性的权利即量刑协商权；（2）派生权利即第二层级的权利，主要包括程序选择权、律师帮助权、保释权、救济权等。保护认罪认罚从宽制度中被追诉人的权利，需要保持公正与效率之间的动态平衡。

第二部分为本论，即第三章、第四章，针对认罪认罚从宽制度的两个核心要素论证被追诉人权利保护的问题和实现路径。

第三章研究认罪自愿性的保障问题，涉及免于被迫自我归罪权的保护问题。在认事基础上的认罪有典型（承认指控罪名）和非典型（承认构成犯罪）之分。违心认罪有多种类型，严重程度不同，发生的概率不同，需要采取针对性防范措施。认罪认罚从宽制度与免于被迫自我归罪权并不冲突，本身不会导致被追诉人虚假认罪，但要防范司法人员强迫、引诱被追诉人认罪，要将此作为被追诉人权利保护的重点。对认罪认罚案件要坚持"证据确实、充分"的一般证明标准，在审查起诉阶段实行证据开示制度，甄别、防范被追诉人对案件定性的"误认"，审判机关要加强审查。

第四章研究认罚自愿性的保障问题，就是要保障被追诉人的量刑协商权问题。将认罚做类型化区分，有利于保障被追诉人的权利。认罪认罚是独立的量刑情节，据此对被追诉人从宽处罚具有正当性，可以将从宽解释为包括从轻、减轻和免除处罚。我国已经在事实上形成了量刑协商制度，这一制度有利于保护被追诉人权利，增强其诉讼主体地位。量刑协商由控辩双方在审查起诉阶段开展，要确保过程和结果的公正性，可以通过制定量刑规范指引和发布指导案例等方式明确量刑标准，同时提升犯罪嫌疑人的协商能力，并赋予其在不同阶段的反悔权。量刑建议应当在控辩双方充分协商的基础上提出，是确定刑还是幅度刑要根据案情决定。量刑建议对公诉机关具有绝对拘束力，对被告人没有法律上的拘束力，而对法院具有相对拘束力，要赋予审判机关的审查职权。

第三部分为辅论，即第五章，综合论述被追诉人权利保护的辅助路径，也是实现认罪自愿性和认罚自愿性的辅助性权利。

一是程序选择权。涉及程序从简自愿性的实现。认罪案件程序从简具有正当性，不违背正当法律程序原则。但程序从简要以保障公正为限度，需要赋予被追诉人程序适用的选择权，通过立法和司法两个层面完善。

二是律师帮助权。律师参与是被追诉人认罪认罚自愿性、明智性的保障，律师除了担任辩护人之外，还可以为其提供法律帮助。在认罪认罚从宽制度中形成了值班律师提供法律帮助制度，但存在律师参与程度不高，律师提供法律帮助的效果有限等问题。有必要完善值班律师的法律规定，从长远看应全面推行委托辩护和指定辩护制度，确保认罪认罚被追诉人均有辩护人参与诉讼。

三是保释权。获得非羁押性强制措施的权利即保释权，在认罪认罚从宽制度中具有实体和程序上的双重价值。从制度设计上要明确对认罪认罚的被追诉人以非羁押性强制措施为常态，以羁押性强制措施为例外的原则。在实务操作层面，要调动诉讼各方适用非羁押性强制措施的积极性。

四是救济权。主要是上诉权的保护及限度问题。上诉制度倾向于公正价值，认罪认罚从宽制度倾向于效率价值，二者存在冲突。在现行制度下，上诉权是被告人的法定权利，应当依法予以保障，但实践中还存在一些问题，司法机关应从一审、二审两个阶段予以保障。为了规范上诉，实现公正与效率的平衡，应从立法层面作出调整：（1）对于认罪认罚后上诉的案件，二审法院仅在被告人上诉范围内进行审查；（2）对于适用速裁程序审理的案件，被告人以事实不清、证据不足为由提出上诉的，发回重审后依法裁判，不受原判结果的影响。

综上，认罪认罚从宽制度中被追诉人权利的保护可以概括为：追求一个平衡，确保两个自愿，强化四项权利。追求一个平衡，是追求公正与效率的动态平衡；确保两个自愿，是确保自愿认罪和确保自愿认罚；强化四项权利，是强化程序选择权、律师帮助权、保释权和救济权。

目 录

第一章　导论：不可忽视的权利 …………………………………… 1
　第一节　问题的提出 ……………………………………………… 1
　第二节　研究的现状 ……………………………………………… 3
　第三节　研究的意义 ……………………………………………… 7
　第四节　研究的方法 ……………………………………………… 9
　第五节　本书的框架 ……………………………………………… 11

第二章　认罪认罚从宽制度与被追诉人权利保护 ………………… 14
　第一节　认罪认罚从宽制度的基本问题 ………………………… 14
　第二节　被追诉人权利保护的基本问题 ………………………… 54
　第三节　认罪认罚从宽制度中被追诉人权利的特殊性 ………… 80

第三章　免于被迫自我归罪权的保护——认罪自愿性的实现 …… 106
　第一节　自愿认罪的理解 ………………………………………… 106
　第二节　免于被迫自我归罪权的界限 …………………………… 118
　第三节　认罪自愿性的保障 ……………………………………… 135

第四章　量刑协商权的保护——认罚自愿性的实现 ……………… 173
　第一节　实体从宽的限度 ………………………………………… 173
　第二节　量刑协商中的权利保护 ………………………………… 187
　第三节　量刑建议中的权利保护 ………………………………… 197
　第四节　认罚自愿性的保障 ……………………………………… 214

第五章　被追诉人权利保护的辅助路径 ………………………… 231
第一节　程序选择权的保护——程序从简自愿性的实现 …………… 231
第二节　律师帮助权 ……………………………………………… 251
第三节　保释权 …………………………………………………… 271
第四节　救济权——上诉权的保护及限度 …………………………… 284

第六章　结语：被追诉人权利保护没有止境 ……………………… 317
第一节　结　　论 ………………………………………………… 317
第二节　展望与期许 ……………………………………………… 320

参考文献 …………………………………………………………… 323
后　　记 …………………………………………………………… 334

第一章
导论：不可忽视的权利

第一节 问题的提出

2014年10月，党的十八届四中全会审议并通过的《中共中央关于全面推进依法治国若干重大问题的决定》（以下简称《依法治国决定》）提出："推进以审判为中心的诉讼制度改革。确保侦查、审查起诉的案件事实证据经得起法律的检验。"这项改革"有利于促使办案人员增强责任意识，通过法庭审判的程序公正实现案件裁判的实体公正，有效防范冤假错案产生"。[1] 达成这一目标，以对诉讼活动投入大量司法资源为前提，为此，需要对案件繁简分流，优化司法资源配置，实现公正与效率的统一。[2] 与之相配套，《依法治国决定》同时提出"完善刑事诉讼中认罪认罚从宽制度"，通过对认罪认罚案件的快速办理节约司法资源，"好钢用在刀刃上"，将更多的司法资源用于重大复杂疑难案件。

2018年10月26日，全国人大常委会对《刑事诉讼法》作出修改，其中一项重要内容是"完善刑事案件认罪认罚从宽制度和增加速裁程序"。[3] 这是经过了分别为期两年的速裁程序试点和认罪认罚从宽制度试点工作后，从立法层面对《依法治国决定》所提出的"完善刑事诉讼中认罪认罚从宽制度"的具体落实。此次《刑事诉讼法》修改从四个方面完善了认罪认罚从宽制度。一是在

---

[1] 习近平：《关于〈中共中央关于全面推进依法治国若干重大问题的决定〉的说明》，载求是网，http://www.qstheory.cn/dukan/2020-06/04/c_1126073326.htm，2022年10月20日访问。

[2] 卞建林：《扎实推进以审判为中心的刑事诉讼制度改革》，载《人民法院报》2016年10月11日，第3版。

[3] 沈春耀：《关于〈中华人民共和国刑事诉讼法〉（修正草案）的说明》，2018年4月25日。

总则中明确刑事案件认罪认罚可以从宽处理的基本原则，在第 15 条规定："犯罪嫌疑人、被告人自愿如实供述自己的罪行，承认指控的犯罪事实，愿意接受处罚的，可以依法从宽处理。"二是对认罪认罚从宽制度的具体程序作出了规定。三是增设了速裁程序，适用于基层法院审理的可能判处三年有期徒刑以下刑罚的认罪认罚案件。四是加强对当事人的权利保障，对诉讼权利告知、建立值班律师制度、明确将认罪认罚作为采取强制措施时判断社会危险性的考虑因素等作出规定。

认罪认罚从宽制度的基本法理基础在于"权利让渡换取量刑优惠"，即被追诉人放弃或者消减无罪辩护等诉讼权利，换取相对轻缓、快速的处理结果，实现国家与个人的双赢。该制度被认为有助于实现两个方面的价值：一是节约司法资源，实现案件繁简分流。认罪认罚从宽制度是以审判为中心诉讼制度改革的配套制度，旨在对认罪认罚案件从简从快审理，节约司法资源，把更多的司法资源用于解决疑难、复杂、有争议案件。二是化解社会矛盾，减少对立面。通过对认罪认罚的被告人从宽处理，促使其真诚悔罪，接受裁判结果，减少对抗，促进社会和谐。

这两个价值目标的实现，需要一个前提条件，即被追诉人受到了公正的待遇，既包括实体公正，也包括程序公正。只有实体公正，对确实实施了犯罪行为的认罪认罚的人科处了轻缓的刑罚，其才能接受裁判结果。只有程序公正，让其受到了应有的尊重，自愿放弃部分诉讼权利，诉讼过程反映了其真实的意愿，才能提高诉讼效率。这种公正的待遇，表现为对被追诉人权利的尊重与保护。随着法治的进步，被追诉人的权利保护日益受到关注，但这种关注更多集中于普通程序审理的被告人不认罪、辩护人有异议的案件。

在认罪认罚从宽制度中，被追诉人权利保护成为容易被忽视的问题。从立法层面看，由于将该制度设定为适用于认罪认罚案件，立法人员自然会认为对认罪认罚的人没必要投入过多司法成本，就存在淡化权利保护的潜在风险。基于对效率价值的过多关注，以及迫于认罪认罚案件适用率等考核指标的压力，不排除极少数司法人员采取诱导、欺骗甚至胁迫等手段促使被追诉人认罪认罚。而有些被追诉人基于信息不对等、后果不可知甚至替人顶罪等原因，违心认罪认罚，事后并不能接受裁判结果，甚至提出上诉、申诉。从实践的反馈来看，被追诉人非自愿认罪认罚、非理性认罪认罚的案件并不鲜见。这种现象的存在，违背了认罪认罚从宽制度的初衷，自然无法实现制度的价值。保障犯罪嫌疑人、被告人在自愿的前提下认罪认罚，是认罪认罚从宽制度能否取得实效的关键。[1] 反过来看，"认罪认罚从宽制度最大的风险莫过于使无辜的人被迫认罪认罚或者因替人顶罪而被错误定罪"。[2] 破解这一问题的路径，在于建立科学的制度机制，保障被追诉人的诉讼权利，使得司法人员不愿意、不敢于促成被追诉人非自愿认罪认罚，同时确保被追诉人敢于、善于真实地表达意愿，做到恰如其分地认罪认罚。

强化对被追诉人的权利保护，有助于实现公平正义，但必然会制约诉讼效率。而正如有学者所指出，"'公正为本，效率优先'应当是认罪认罚制度改革的核心价值取向"。[3] 对效率的追求一定程度上会制约权利保护的力度。本文在对认罪认罚从宽制度进行深入、系统研究的基础上，结合该类案件中被追诉人权利保护的特殊性，论证认罪认罚从宽制度中被追诉人权利保护的理论和实践问题，寻求被追诉人权利保护理论上的创新和实践上的完善。

第二节　研究的现状

被追诉人权利保护一直是宪法学者和刑事诉讼法学者们关注和深耕的课题。对刑事被追诉人权利保护的程度，也反映了一个国家和社会法治进步和文明的程度。"考察国际人权宪章和各国的法律，诉讼人权保障主要强调的是刑事诉讼中犯罪嫌疑人和被告人的诉讼权利保障。"[4] 这是因为，刑事诉讼涉及公民的财产、人身、自由甚至生命等重大权利，作为被追诉者的个人与作为追诉者的司法机关之间力量悬殊，不对刑事被追诉人的权利加强保护，就难以保证无罪的人不受刑事追究，而这就使得所有的人都有可能沦落为刑事追诉的牺牲品。

---

[1] 苗生明、周颖：《认罪认罚从宽制度适用的基本问题》，载《中国刑事法杂志》2019年第6期，第8页。

[2] 杨立新：《认罪认罚从宽制度理解与适用》，载《国家检察官学院学报》2019年第1期，第61页。

[3] 陈卫东：《认罪认罚从宽制度研究》，载《中国法学》2016年第2期，第51页。该文同时认为，认罪认罚从宽制度的价值取向包括四个方面：公正基础上的效率观；承载现代司法宽容精神；探索形成非对抗的诉讼格局；实现司法资源的优化配置。

[4] 樊崇义主编：《诉讼原理》，法律出版社2003年版，第279页。

一、关于被追诉人权利保护的研究

凡是从事刑事诉讼法学研究的，甚至从事宪法学研究的学者，或多或少、或深或浅都会对被追诉人的权利保护进行相应的研究，其中不乏一些深入研究的成果。一些著作将被追诉人权利问题作为其中的部分章节，如樊崇义主编的《诉讼原理》[①]中的第五章即研究"诉讼人权"，重点在于刑事犯罪嫌疑人和被告人的权利研究。有些著作以被追诉人的权利保障作为研究程序问题的主线，如陈瑞华的《程序正义理论》[②]始终关注着被追诉人的权利问题，冀祥德的《控辩平等论》[③]正是针对我国"刑事诉讼立法与司法在实现控辩平等、保障人权方面取得了较大发展"这一情况做了研究。更有一些专门研究被追诉人权利的论著，如田圣斌的《刑事诉讼人权保障制度研究》，[④]岳悍惟的《刑事程序人权的宪法保障》，[⑤]屈新的《刑事诉讼中的权力制衡与权利保障》，[⑥]韩阳的《被追诉人的宪法权利》，[⑦]尹茂国的《冲突与衡平：被追诉人权利保障研究》[⑧]等。

综观上述研究成果，研究的基本出发点在于被追诉人否认犯罪、否认指控的情况下如何保障其诉讼权利，从而实现诉讼程序的公正性和实体结果的科学性。这些立论的基础在于控辩双方存在分歧和对抗，研究的成果在于如何提高被追诉人的抗辩能力，从而实现权利与权力的平衡。

被追诉人权利是认罪认罚从宽制度被追诉人权利的上位概念，对被追诉人权利保护的研究能够对认罪认罚从宽制度被追诉人权利保护研究提供理论支撑。但是，当前对被追诉人权利保护的研究缺乏对认罪案件被追诉人权利保护问题的关注，难以直接适用于认罪认罚从宽制度之中，二者缺乏契合点。为此，本文把特殊性与普遍性相结合，对认罪认罚从宽制度被追诉人权利保护做

[①] 樊崇义主编：《诉讼原理》，法律出版社2003年版，第257—308页。
[②] 陈瑞华：《程序正义理论》，中国法制出版社2010年版。
[③] 冀祥德：《控辩平等论》，法律出版社2018年版。
[④] 田圣斌：《刑事诉讼人权保障制度研究》，法律出版社2008年版。
[⑤] 岳悍惟：《刑事程序人权的宪法保障》，法律出版社2010年版。
[⑥] 屈新：《刑事诉讼中的权力制衡与权利保障》，中国人民公安大学出版社2011年版。
[⑦] 中国政法大学2005年博士学位论文。
[⑧] 吉林大学2010年博士学位论文。

了针对性的研究，使其既符合认罪认罚从宽制度的实际，又符合被追诉人权利保护理论的一般要求。

二、关于认罪认罚被追诉人权利保护的研究

认罪认罚从宽制度具有特殊性，属于一种合作性司法，甚至被认为是"放弃审判制度"的刑事诉讼的"第四范式"，[①] 其理论基点在于控辩双方能够达成一致，在双方没有分歧或者没有重大分歧的基础上，寻求诉讼的效率。这种诉讼模式，虽然有优势，但也存在风险，因为这一模式倾向于降低对诉讼程序严格性和定案证据充分性的要求，弱化审判机关对侦查和检察活动的制约，放松对非法取证等审前行为的审查，打破不同诉讼主体之间的力量平衡等，从而使得这种模式下被追诉人的权利类型以及权利保护的方式均有其特殊性。而且，从横向维度来看，我国的认罪认罚从宽制度与其他国家和地区的认罪案件处理机制虽然存在某些相似之处，但又存在较大差异，具有鲜明的本土特色。[②] 这就决定了必须在被追诉人普遍权利研究的基础上，植根于我国认罪认罚从宽制度的实际，研究被追诉人的权利保护问题。

在认罪认罚从宽制度试点以来，对该项制度的功能定位、价值取向、程序设计、未来展望等方面的研究如火如荼，[③] 但对被追诉人权利的研究尚未受到应有的重视。少量的研究表现为两种方式。

第一，附带式研究，即在研究认罪认罚从宽制度时，对被追诉人的权利保护有所涉及和关注，与其他研究内容相融合，这也是最为常见的研究方式。陈光中、马康在《认罪认罚从宽制度若干重要问题探讨》一文中强调通过完善证明标准防范错案时提出，为了防止"被迫认罪"和"替人顶罪"，特别是冤错案件的发生，必须对犯罪事实已经发生、犯罪分子是谁等主要事实的证明达到

[①] 熊秋红：《比较法视野下的认罪认罚从宽制度——兼论刑事诉讼"第四范式"》，载《比较法研究》2019年第5期。该文指出，弹劾式诉讼模式为"第一范式"，纠问式诉讼模式为"第二范式"，以法德为代表的审问式诉讼模式和以英美为代表的对抗式诉讼模式为"第三范式"。

[②] 熊秋红：《比较法视野下的认罪认罚从宽制度——兼论刑事诉讼"第四范式"》，载《比较法研究》2019年第5期。

[③] 截至2021年1月5日，在中国知网高级查询以"认罪认罚"为篇名查询，检索结果为2686条，其中期刊文章有2040篇。专题的博士学位论文也已面世，如柴苗苗：《认罪认罚从宽制度研究》，中南财经政法大学2020年博士学位论文；白宇：《认罪认罚从宽制度研究》，中国人民公安大学2020年博士学位论文。

确定无疑的程度，并认为在认罪认罚从宽制度中，辩护律师对保障被追诉人的合法权益尤为重要。[1] 左卫民在《认罪认罚何以从宽：误区与正解——反思效率优先的改革主张》一文中研究"从宽的制度落实"，提出"实体法为重心，程序法为保障"的观点，在"程序法方面的改革"中提出进一步加强被追诉人在侦查程序中的权利保障，合理设定认罪认罚事实的证明标准和证明责任分配，保障认罪认罚从宽的法庭调查、辩论、救济程序的充分性三点建议。[2] 樊崇义在《认罪认罚从宽协商程序的独立地位与保障机制》一文中专门论述了"认罪认罚从宽诉讼程序的正义保障机制"，指出，认罪认罚从宽诉讼程序作为一种独立的诉讼程序类型，有其特殊的本体内容，如认罪认罚的自愿性、控辩的量刑协商、（庭审）程序简化等。为了确保程序正义的实现，应当对自愿性审查、量刑协商的合法化与庭审方式等内容作出规范。[3] 曾亚在《认罪认罚从宽制度中参与主体之角色研究》一文中，通过角色分析提出制度完善包括权利保护问题的路径。[4] 附带式研究受到篇幅以及视角的限制，更多是提出观点和思路，缺乏深入的论证。

第二，专题型研究，即专门著文研究认罪认罚从宽制度中被追诉人权利保护。当前，此种类型的研究数量较少，尚处于起步阶段。刘少军、张菲《认罪认罚从宽制度中的被追诉者权利保障机制研究》[5] 一文分析了认罪认罚从宽制度中被追诉者权利保障可能存在的问题，提出从四个方面构建被追诉者的权利保障机制，一是明确被追诉者权利保障的主体；二是加强对认罪认罚自愿性的外部保障；三是加强被追诉人的知悉权；四是完善被追诉者认罪后的程序回转机制。蓝向东、王然《认罪认罚从宽制度中权利保障机制的构建》一文提出从四个方面构建认罪认罚从宽制度权利保障机制，即知悉权保障机制、程序选择

---

[1] 陈光中、马康：《认罪认罚从宽制度若干重要问题探讨》，载《法学》2016年第8期，第3—11页。
[2] 左卫民：《认罪认罚何以从宽：误区与正解——反思效率优先的改革主张》，载《法学研究》2017年第3期，第160—175页。
[3] 樊崇义：《认罪认罚从宽协商程序的独立地位与保障机制》，载《国家检察官学院学报》2018年第1期，第120页。
[4] 曾亚：《认罪认罚从宽制度中参与主体之角色研究》，湖南大学2020年博士学位论文。
[5] 刘少军、张菲：《认罪认罚从宽制度中的被追诉者权利保障机制研究》，载《政法学刊》2017年第5期，第64—71页。

权保障机制、值班律师工作保障机制、被害人权益保障机制。① 董林涛的《论认罪认罚程序中的被追诉人同意》一文将认罪认罚界定为同意，建议从三个方面保障被追诉人同意的有效性。② 上述文章未能对被追诉者的诉讼权利进行系统地研究，尤其是对被追诉者的量刑协商权这一最为重要的权利并未涉及，使得研究缺乏系统性和针对性。

综观当前的研究现状，存在以下问题：

一是研究的针对性不足。认罪认罚从宽制度中被追诉人权利问题具有其独特性，关于一般案件尤其是不认罪案件中被追诉人权利保护的研究难以解决此类问题。认罪认罚从宽制度也不同于传统的简易程序，是在特定时代背景下形成的一项新的制度。当前的研究仍然局限于传统的被追诉人权利保护的研究模式，且未能对当前的司法实践进行实证研究，从而得出新的理论体系。

二是研究的系统性不足。认罪认罚从宽制度是一项贯穿于刑事诉讼全流程的诉讼制度，而且涉及的内容广泛，既有程序问题也有实体问题；既有传统问题也有新兴问题，需要进行系统性地研究。当前的研究仍然呈现出支离破碎的状况。

三是研究的深入性不足。认罪认罚从宽制度作为一项新的诉讼制度，需要有科学的理论的支撑和指导。当前的研究整体上未能深入，也未能明确认罪认罚被追诉人权利保护的理论支点，从而导致研究的结论缺乏生命力。

第三节 研究的意义

一、理论意义：探寻认罪认罚被告人权利保护的特殊性，丰富被追诉人权利保护理论

如前文所述，被追诉人权利保护是一个老问题，具有了一定的研究范式，

---

① 蓝向东、王然：《认罪认罚从宽制度中权利保障机制的构建》，载《人民检察》2018 年第 3 期，第 30—35 页。

② 董林涛：《论认罪认罚程序中的被追诉人同意》，载《法学杂志》2020 年第 9 期，第 111—119 页。

而认罪认罚从宽制度是一项新制度，有自身的新特点。相应地，认罪认罚从宽制度中被追诉人权利保护也就是一个老问题与新制度相结合的新课题，具有新的研究价值。本课题的研究实现了以下目标。

一是论证认罪认罚从宽制度的正当性及法哲学基础。认罪认罚从宽制度已经通过《刑事诉讼法》的修订得以确立，但该项制度本身的正当性及法哲学基础，仍然是一个需要研究论证的问题。本文通过对认罪案件审理制度发展历程的研究，论证了该制度对于丰富我国刑事诉讼制度体系的积极价值以及理论基础，后在各章分别论证了以量刑优惠换取被追诉人认罪供述、赋予被追诉人量刑协商权及获得从宽处罚、程序从简的正当性。

二是明晰认罪认罚从宽制度中被追诉人权利体系。通过对认罪认罚从宽制度中被追诉人权利的内容和特点的研究，在被追诉人权利的上位概念之下，形成独具特色的权利体系。权利体系的形成，是做好权利保护的前提条件。同时，通过权利体系的形成，营造出保护认罪认罚从宽制度中被追诉人权利的氛围。

三是提出认罪认罚从宽制度中被追诉人权利保护的理论基础。认罪认罚从宽制度具有明显的效率主导的特征，对其中被追诉人权利保护需要兼顾公正与效率，做到二者的平衡。本书在充分论证公正与效率的关系以及二者在认罪认罚从宽制度中的地位的基础上，形成以动态平衡观为指导的认罪认罚从宽制度被追诉人权利保护观，得出既要充分保护又不能过度保护的结论，既要保障被追诉人的权利，又要保障诉讼行为的顺利进行。

四是形成认罪认罚从宽制度被追诉人权利保障的新型模式。认罪认罚从宽制度和对抗式诉讼模式不同，被追诉人权利保护的模式也就不同。文章在深入研究的基础上，提出了主要针对认罪认罚自愿性、协商性的保障问题的一级权利保障模式，并辅之以程序选择权、获得律师帮助权、保释权、救济权等二级权利保障模式。区别于传统的权利保障模式，这一新型模式丰富了被追诉人权利保护理论。

二、实践意义：完善诉讼制度，为司法实践提供被追诉人权利保护的规范指引

认罪认罚从宽制度作为一项诉讼制度改革，具有很强的实践性。理论研究也要从实践中来，到实践中去。本课题的研究正是基于对司法实践的观察，试

图解决实践难题，所以在研究中坚持问题导向和务实原则，在以下几个方面具有一定的学术价值。

一是解决绝大多数刑事案件中的棘手问题。在刑事诉讼中，被告人认罪认罚的案件约占60%，[1] 也就是说，大多数的刑事案件均涉及认罪认罚从宽制度的适用问题。认罪认罚从宽制度设计的好坏以及实践运行的效果如何，关乎对整个刑事诉讼制度的评价。在此类案件被告人普遍认罪的情况下，如何有效防范虚假认罪认罚、不理智认罪认罚，将面临在公正与效率之间如何抉择的难题。本文直面这一问题，试图实现二者的平衡，以达到既不妨碍诉讼效率，又能有效防范冤假错案，保护被追诉人的权利的结果。

二是引发实务部门对认罪认罚从宽制度被追诉人权利保护的关注，并形成规范指引。徒法不足以自行，各项诉讼制度和法学理论需要司法实务部门的践行，只有司法人员认识到位了，理论和制度才能落实到位。而在认罪认罚从宽制度下，由于缺乏对抗，被追诉人的权利保护更容易被司法人员忽视。本文在理论研究的基础上回归实践，提出建立一套认罪认罚被追诉人权利保护的机制，形成准制度规范，便于司法人员掌握和运用。随着研究成果的推出和转化，应能够引发实务部门对这一问题的关注。

三是为决策机构提供完善认罪认罚从宽制度的建议。认罪认罚从宽制度尚处于初步运行阶段，困扰立法部门和司法部门的问题尚未解决，进而也导致司法实践中的做法不一，亟待实现制度上的完善。本书中提出一些完善认罪认罚从宽制度的思考和建议，可以供立法机关以及司法解释制定机关参考，从而实现理论研究、司法实践、立法规范之间的互动。

第四节 研究的方法

本课题研究的内容，属于被追诉人权利保护这一传统问题与认罪认罚从宽这一新型制度的结合体。这就决定了本课题在研究方法上，需要多种方法的贯通。

---

[1] 2020年10月15日，最高人民检察院负责人在第十三届全国人大常委会上所作的《关于人民检察院适用认罪认罚从宽制度情况的报告》中指出，2019年1月至2020年8月，全国检察机关适用认罪认罚从宽制度办结案件1416417件涉1855113人，人数占同期办结刑事案件总数的61.3%。

一、规范分析方法

规范分析方法以法律制度事实及其构成作为研究对象，从价值层面探究法律的合法与非法，从社会层面探究法律的运行及效果，从技术层面分析权利和义务的关系。[①] 通过运用这种方法，可以对法律规范的含义作出逻辑上自洽的解释，以指导司法实践。[②] 本文研究认罪认罚从宽制度中被追诉人的权利保护问题，这种新制度中的"老问题"，涉及多种刑事诉讼原理，需要进行多项价值判断。在研究的过程中，始终着眼于制度规范的内在含义，结合诉讼原理进行分析论证，考察该项制度运行的效果，进而规范权利（权力）与义务的关系，做到有机统一。本文以研究制度规范为基础，对其进行理论分析并进行演绎推理，从而确保研究结论具有正确的理论基础。在研究过程中，对公正、效率、诉权、免于被迫自我归罪权、量刑协商权、程序选择权等一系列问题的概念、内涵、价值、意义、地位等进行文义、学理分析，体系性地界定其自身的特性。在此基础上，将这些理论问题放在诉讼制度改革的背景下进行论证，始终保持规范与价值的兼顾。

二、比较研究方法

德国学者茨威格特和克茨指出："对于发展中国家的法律改革，比较法研究是极有用的，通过比较法研究可以刺激本国法律秩序的不断的批判，这种批判对本国法的发展所作出的贡献比局限之内进行的'教条式'的议论要大得多。"[③] 被追诉人权利属于人权的重要方面，相关国际公约对此亦有体现。研究我国认罪认罚从宽制度中被追诉人的权利，需要关注其他国家和地区关于此问题的经验和做法，并分析其存在的社会基础以及与之相关的配套制度，进而研判其对我国的启发和借鉴。本文摒弃资料罗列的比较方式，而根据研究需要对域外的认罪案件被追诉人权利进行类型化处理，对于成熟的诉讼原理和诉讼经验进行分析。在被追诉人权利保护体系中，围绕联合国人权保护的相关文献，

[①] 谢晖：《论规范分析方法》，载《中国法学》2009 年第 2 期，第 38—42 页。
[②] 孙长永：《刑事诉讼法学研究方法之反思》，载《法学研究》2012 年第 5 期，第 10 页。
[③] ［德］K. 茨威格特、H. 克茨著，潘汉典等译，《比较法总论》，贵州人民出版社 1992 年版，第 27 页。

比较了认罪案件审判制度较为成熟的英美法系国家的权利类型。在认罪自愿性、认罚自愿性以及程序选择权等问题上，选取两大法系中具有代表性的美国和德国的司法制度作为比较对象，通过对域外相关制度产生、发展、现状以及价值定位的研究，探讨认罪认罚从宽制度、被追诉人放弃诉讼权利等问题正当性的基础，并进而通过中外法律背景差异的比较，论证完善我国被追诉人权利保护的方向和路径。比较研究为科学设置我国认罪认罚案件被追诉人权利保护机制提供了重要参考。

三、案例分析方法

本课题研究问题的提出，来自司法实践的需要，建立被追诉人权利保护机制，需要了解掌握当前被追诉人权利保护的状况以及认罪认罚制度改革的效果。本人作为一线司法实务工作者，直接参与了大量认罪认罚案件的办理，对认罪认罚从宽制度运行状况具有直观感受。在认罪认罚从宽制度推行过程中，产生了一些引起广泛关注的典型案例，这些案例是认罪认罚从宽制度当前状况的缩影，也能客观反映被追诉人权利保护的实际情况。本文通过深入研究一些具体案例，包括本人直接经办的案件和具有代表性、引发公众关注的案件，考察一些具体实务操作规则，了解、挖掘了实践中的经验做法和存在的问题，并对实践问题加以理论剖析，实现从个别到一般，从实践到理论的提升。在研究具体案例的同时，本文通过调取全国认罪认罚从宽制度开展情况总结评估资料，把握全国范围内认罪认罚从宽制度开展情况以及认罪案件被追诉人权利保护的基本情况，为建立被追诉人权利保护机制提供实证依据。

综上，结合规范分析、比较研究、案例研究等研究方法，把认罪认罚从宽制度中被追诉人权利保护问题放在司法改革的时代背景下进行研究论证，总结归纳实践问题，结合其他国家和地区的研究成果和有益经验进行分析论证，在科学理论的指导下，以求构建科学的认罪认罚案件被追诉人权利保护机制。

第五节　本书的框架

认罪认罚从宽制度内容丰富，本文聚焦于被追诉人权利保护这一主题，围绕认罪认罚从宽制度中"认罪""认罚"这两个核心要素和环节中被追诉人权利保护进行研究。正文可以分为三个部分：

第一部分为基础论，即本书第二章，论述认罪认罚从宽制度与被追诉人权利保护的基本问题。认罪认罚从宽制度是一种协作性司法，具有效率导向，而权利保护又是一种以对抗、不信任为前提的制度，注重正义导向。本章采用规范分析与比较研究相结合的方法，在对二者进行梳理、论述的基础上，寻求二者的结合点和冲突点，论证认罪认罚从宽制度中被追诉人权利的类型和特点。

第二部分为本论，即第三章、第四章，针对认罪认罚从宽制度的两个核心要素论证被追诉人权利保护的问题和路径。

认罪认罚从宽制度的首要条件是被追诉人确实有罪且自愿认罪，如果被追诉人无罪或者非自愿认罪，都不能适用该制度。要保障无罪的人不受追诉不被迫认罪，防范冤假错案，必须确保被追诉人不被强迫、诱导认罪。即便是有罪的人，也需要建立制度保障其不被迫认罪，而是真诚自愿认罪，故第三章以被追诉人的免于被迫自我归罪权为基础，以认罪的自愿性为切入点展开。本章对免于被迫自我归罪权进行理论考察，比较美国、德国等司法制度，结合典型案例进行分析论证，在肯定自愿认罪具有正当性的基础上，提出保障认罪自愿性的机制。

对于实施了犯罪行为且自愿认罪的被告人来说，赋予其应有的量刑优惠，既是兑现刑事政策，也是贯彻罪刑相当原则。对于多数认罪认罚案件来说，控辩双方争议的焦点、博弈的对象，正是如何量刑的问题，量刑协商是关键。如何保障被追诉人能够与控方平等协商，得到应有的实体"从宽"，是第四章研究的内容。本章考察量刑协商制度的发展及价值，比较域外实践经验，通过典型案例考察被追诉人权利保护的不足，从而提出保障量刑协商权和实现量刑优惠的措施。

第三部分为辅论，即第五章，综合论述被追诉人权利保护的辅助路径，研究如何通过配套制度建设，辅助被追诉人权利保护的实现，这些内容也是实现认罪自愿性和认罚自愿性的辅助性权利。

一是保障被追诉人的程序选择权，涉及正当程序原则的理解和实现问题。认罪认罚从宽制度中的"从宽"，包括了程序从简、从快，这是被告人速审权的体现，但也具有侵犯被告人正当程序权利的风险。需要通过对正当程序原则的研究，论证认罪认罚案件程序从简的正当性，分析被追诉人程序选择权的保障。二是保障律师帮助权问题，目的在于提高被追诉人的诉讼能力，这是辩护权的实现方式。三是完善保释制度，既是程序从宽的应有之义，也是提高权利保护能力的路径，因为人身不自由的人，难以真正地实现意志的自由。四是赋予被追诉人适度的救济权。认罪认罚的被告人能否上诉，如何设置上诉权问题，已经引起了广泛的讨论，实质上涉及被告人认罪认罚后的反悔权或者撤回权问题，既包括对认罪的反悔，也包括对认罚的反悔。救济权可以倒逼司法机关依法办案。在本章中，对程序选择权、上诉权等问题进行了理论分析，对其他国家和地区的相关制度进行比较考察，结合当前认罪认罚从宽制度运行的实际情况，提出立法、司法层面的意见、建议。

第二章
认罪认罚从宽制度与被追诉人权利保护

被追诉人的权利保护是一个受到广泛关注并已经得到深入研究的问题，但认罪认罚从宽制度属于我国刑事诉讼中新近确立的具有自身特色的诉讼制度，其中被追诉人的权利保护问题也具有其自身特点。只有对认罪认罚从宽制度的历史发展及价值定位有正确的认识，才能科学评价被追诉人的权利保护并建立相应的保护机制。把认罪认罚从宽制度中被追诉人的权利保护放在一般诉讼程序的被追诉人权利保护的大背景之下检视，才能把握正确的方向，做到特殊性与一般性的统一。本章研究认罪认罚从宽制度与被追诉人权利保护的一般问题，为后文研究的具体问题奠定理论基础。

第一节 认罪认罚从宽制度的基本问题

从法定的诉讼制度而言，认罪认罚从宽制度是2018年10月修订的《刑事诉讼法》新确立的一项诉讼制度。但任何一项制度都不是横空出世的，而是具有一个逐步孕育、发展、演变、确立的过程。认罪认罚从宽制度正是诉讼制度逐步自我完善的结果，追根溯源，其属于认罪案件审理制度的一种新型模式。

在刑事诉讼过程中，被告人总会有认罪[①]与不认罪之分，而从诉讼程序上如何区别对待不同认罪态度的被告人，就存在认罪案件审理程序和不认罪案件审理程序之分。典型的诉讼构造是按照被告人不认罪的模式设计的，因为法律制度不能寄希望于被告人都认罪，立法需要解决的是在被告人不认罪的情况下，如何通过审判程序发现案件事实，解决法律适用的问题。如果被告人主动

[①] 认罪的被告人中又有认罪认罚与认罪不认罚之分，这种区分对于相应的程序设置具有一定的意义。

认罪，控辩双方不存在争议和分歧，案件的事实认定相对简单，可以采取相对简单的诉讼模式。通过不认罪案件的诉讼模式解决被告人认罪案件，并不影响案件事实的查明，从诉讼目的角度看并无坏处。但是反过来看，适用相对简单的认罪案件审理模式，就难以解决不认罪案件中的事实认定问题，否则既不利于保障被告人的诉讼权利，也不利于保证案件处理结果的公正性。所以，在诉讼程序没有细化，没有形成多元化的诉讼程序的情况下，往往只是以被告人不认罪为基础，设置一种普通的审判程序。这是从制度设计层面而言，但是不论制度本身如何，在实际操作层面，认罪案件和不认罪案件的审理方式总会有所差别，其中认罪案件审理会有其自身的特点。所以，考察认罪案件审理制度，不能仅关注规范层面，还要关注实践层面，根据实际运行情况进行考察。

认罪案件审理制度，不能等同于简易程序审理制度。简易程序是相对于普通程序而言的，是对案情简单的案件适用的相对简化的诉讼程序。"从刑事诉讼的发展史看，应当说，普通程序与简易程序不是同时产生的，而是先有普通程序后有简易程序。"① 简化诉讼程序，也就会限制被告人的部分诉讼权利，其前提条件是案件本身（主要是案件事实认定）没有争议。适用简易程序审理案件，程序简单，周期缩短。所以，一般而言，简易程序属于认罪案件的审理程序，② 但是，审理认罪案件适用的并非都是简易程序。认罪案件不适用简易程序审理，往往有两个原因，一是制度原因，即没有设置简易程序，也就不存在适用简易程序；二是案件原因，即虽然被告人认罪，但不符合简易程序的其他条件，如罪行严重不宜适用简易程序。所以，研究认罪案件的审理程序，不能仅关注简易程序的设置，还需要结合认罪案件自身的特点进行考察。

一、制度的形成

2014年10月，党的十八届四中全会通过的《依法治国决定》作出了"完

---

① 胡靖：《刑事审判程序分流研究》，中国政法大学2018年博士学位论文，第1页。有观点认为：简易程序的发展存在一个不自觉发展时期，不自觉是指"并非刻意创制刑事简易程序的状态"。在人类社会法制发展的早期，整个司法制度都处在逐渐摸索的过程中，如何解决纠纷的程序即诉讼程序在当时都是较为简单的，不可能在先形成完备的普通程序之后再创设简易程序。而刑事简易程序的自觉发展是指在完善的普通程序之下主动创设刑事简易程序的状态。这些刑事简易程序可视为现代意义上的刑事简易程序。参见马贵翔：《刑事简易程序的价值及其实现》，中国政法大学2005年博士学位论文，第8页。

② 在特定的历史时期，也存在把不认罪的轻微案件，按照简易程序审理的情况。

善刑事诉讼认罪认罚从宽制度"的重大部署,其后认罪认罚从宽制度经过试点逐步确立。既然是"完善"认罪认罚从宽制度,可见并非凭空创建一项全新制度,而是在既有制度基础上发展起来的具有新的内涵的新制度。[1] 研究认罪认罚从宽制度的形成,必须从我国刑事诉讼制度的确立尤其是简易程序的设立说起。

(一)认罪案件审理程序的发展

1. 几经周折:中华人民共和国成立前后认罪案件审理程序的沿革

关于认罪案件的审理程序,我国具有悠久的历史。早在清朝末期,清政府仿照日本《违警罪即决例》(1885年颁布)制定了《违警律》,采用快速方法处理违警罪,且"对其不服者不得呈控审判衙门或其他地方官衙门"。[2] 也就是说,被处罚人对处理结果没有救济的权利,体现了立法上对于轻罪案件重效率轻权利的倾向。这一规定,更多地表现为一种行政处罚的方式,而不是正式的刑事诉讼程序,[3] 但有观点认为这属于"近代中国刑事简易程序立法的萌芽"。[4]

中国现代意义上的刑事诉讼法,是从中华民国时期开始制定和实施的。1913年,北洋政府制定并颁布了《地方厅刑事简易庭暂行规则》和《审检厅处理简易案件暂行细则》,适用对象为犯罪事实据现有证据属于明确,而应判处刑罚又在四等以下有期徒刑[5]、拘役或罚金之刑者,[6] 但对于被告人是否认罪,未做要求。所以这一制度并不等同于被告人认罪案件审理程序。

1922年,民国政府颁布实施《刑事诉讼条例》及相应《施行条例》,并公布了《刑事简易程序暂行条例》(教令第2号)。此条例规定了简易程序的适用方式:一是检察官的起诉时间,在受理后至迟不得逾2日,或被告人自认犯罪或请求依简易程序办理之翌日;二是公判时间,应予案件起诉后即开始公判,

---

[1] 苗生明、周颖:《认罪认罚从宽制度适用的基本问题》,载《中国刑事法杂志》2019年第6期,第3页。

[2] 戴鸿映编:《旧中国治安法规选编》,群众出版社1985年版,第25页。

[3] 左卫民等著:《简易刑事程序研究》,法律出版社2005年版,第146页。该书中认为晚清时期的《违警律》实际上是一种行政性质的处罚,其程序也并非正式的审判程序。

[4] 艾静:《中国刑事简易程序的改革和完善》,法律出版社2013年版,第95页。

[5] 1912年,北洋政府成立之初,经对《大清新刑律》修订而形成《暂行新刑律》,规定有期徒刑最高为15年,分为五等,一等15年以下10年以上,二等5年以上未满10年,三等3年以上不满5年,四等1年以上不满3年,五等2月以上不满1年。

[6] 左卫民等著:《简易刑事程序研究》,法律出版社2005年版,第147—148页。

不得逾翌日；三是罚金治罪的特殊程序，对于专科罚金案件，如果被告人愿缴纳法定最高度之罚金额，可以不经审判，径行执行。①

民国政府在《刑事诉讼条例》的基础上，于1928年7月颁布了《刑事诉讼法》，其中以专门一编规定了简易程序，纳入了原《刑事简易程序暂行条例》的相关内容，在中国历史上开创了以刑事诉讼法典规定简易程序的立法模式。根据规定，适用简易程序，需要依自白或其他现存证据已足认定被告人犯罪，且对被告人作出的处罚仅限于六个月以下有期徒刑、拘役或罚金，法院应不经通常审判程序径以命令处刑，但有必要时，应于处刑前讯问被告。这种诉讼程序并没有给予被告人充分的权利保障，如缺乏指定辩护律师和相关救济的规定。

中国共产党成立以后，在新民主主义革命过程中，在革命根据地先后制定了一些处理司法案件的相关规定，尤以党的政策为主。值得关注的是，在解放区也开始探索并创设了一些富有特色的简易刑事程序，如在基层刑事司法中普遍实行独任制、搞巡回审判等。② 限于特殊时期的革命形势，尚未建立在全国范围内统一适用的刑事诉讼法律制度。但是，这些做法和实践，为全国解放以后法律制度的建立提供了经验。

1949年2月，时值全国解放前夕，为了统一认识、消除分歧，中共中央发布了《关于废除国民党的六法全书与确定解放区的司法原则的指示》，针对法律适用问题指出：在人民新的法律还没有系统地发布以前，应该以共产党政策以及人民政府与人民解放军所已发布的各种纲领、法律、条例、决议作依据。③ 这一指示彻底否定了民国时期的法律规范，决定在共产党原有司法经验和相关政策基础上建立崭新的法律制度。从刑事诉讼法角度看，中华人民共和国成立以后，"民国政府制定的刑事诉讼领域的刑事简易程序也在新生的人民司法中完全消失"。④

在中华人民共和国成立以后直至1979年《刑事诉讼法》的制定期间，我国在刑事诉讼领域尚无统一的刑事诉讼法。但是，刑事诉讼活动却是持续开展

---

① 谢振民编著、张知本校订：《中华民国立法史》，中国政法大学出版社2000年版，第1015页。
② 艾静：《我国刑事简易程序的改革与完善》，法律出版社2013年版，第101页。
③ 孙国华主编：《中华法学大辞典（法理学卷）》，中国检察出版社1997年版，第520页。
④ 艾静：《我国刑事简易程序的改革与完善》，法律出版社2013年版，第102页。

的，开展刑事诉讼活动的依据，主要是党的政策以及一些单行的法律规范。这样一种缺乏统一法律制度约束的诉讼环境下，被追诉人的权利难以得到完全有效的保障。与此同时，刑事诉讼法的立法工作也在断断续续进行之中。1954年，中央人民政府法制委员会组织起草了《中华人民共和国刑事诉讼条例》，随后又组织专门机构起草了《中华人民共和国刑事诉讼法草案（草稿）》，1962年中央主管部门又开展了刑事诉讼法草案的修订工作，并于次年完成了《中华人民共和国刑事诉讼法草案（初稿）》。

2. 单一程序：1979年《刑事诉讼法》的规定

1979年，在前期《中华人民共和国刑事诉讼法草案（初稿）》的基础上，经过多次修改，制定出中华人民共和国第一部《刑事诉讼法》。该法于1979年7月7日通过，1980年1月1日施行。

一般认为，1979年《刑事诉讼法》并没有根据案件类型设置不同的诉讼程序，没有设置简易程序或者认罪案件审理程序，只规定了普通程序一种程序。其实所谓的简易程序、普通程序都是相比较而存在的。1979年《刑事诉讼法》没有规定简易程序等特殊程序，而所谓的普通程序也只是研究者根据与后来规定的简易程序相比较而提出的称谓。

需要关注的是，1979年《刑事诉讼法》第105条第1款在审判组织部分规定："基层人民法院、中级人民法院审判第一审案件，除自诉案件和其他轻微的刑事案件可以由审判员一人独任审判以外，应当由审判员一人、人民陪审员二人组成合议庭进行。"从中可以看出，审理案件的类型不同，相应的审判组织也就不同。这里区分了案件的两种审理方式。一是独任制审理方式，针对的是自诉案件和其他轻微的刑事案件。二是合议制审理方式，针对的是前述情形之外的案件。这种根据案件类型不同采用不同审判组织的规定，与当前所提倡的繁简分流具有异曲同工之处。

1979年《刑事诉讼法》在第一审程序部分也为简化诉讼程序留下了余地。第112条第1款规定："人民法院审判公诉案件，除罪行较轻经人民法院同意的以外，人民检察院应当派员出席法庭支持公诉。"据此规定，对于罪行较轻的案件，经人民法院同意，公诉人可以不出庭。至于何种案件为罪行较轻的案件，《刑事诉讼法》未作规定，这就为实践操作留下了空间。

这些关于审判组织简化、公诉人不出庭的规定，与之后1996年《刑事诉讼法》规定的简易程序内容相当，只是没有关于诉讼程序、庭审环节简化的内容。但是，在具体办案过程中，对于被告人认罪的案件，程序自然会有所简化。比如，1979年《刑事诉讼法》第114条规定："公诉人在审判庭上宣读起诉书后，审判人员开始审问被告人。公诉人经审判长许可，可以讯问被告人。被害人、附带民事诉讼的原告人和辩护人，在审判人员审问被告人后，经审判长许可，可以向被告人发问。"其中的审判人员审问被告人是必经程序，但是如果被告人自愿认罪口供稳定的，审问的内容自然简单。公诉人、被害人、辩护人均是"可以"讯问被告人或者向被告人发问，而不是"应当"，那么，在被告人自愿认罪的情况下，自然也就可以省略。

可见，1979年《刑事诉讼法》虽然没有设立专门的认罪案件审理程序，但还是为简化审理轻微案件、认罪案件提供依据，有利于实践中探索认罪案件的审理方式，也为之后的刑事诉讼立法积累了经验。

在1979年《刑事诉讼法》实施过程中，如何快速打击犯罪维护社会治安稳定成为必须解决的问题。1983年，全国人民代表大会常务委员会通过了《关于迅速审判严重危害社会治安的犯罪分子的程序的决定》（现已失效），该决定规定："对杀人、强奸、抢劫、爆炸等严重危害公共安全应当判处死刑的犯罪分子，主要犯罪事实清楚，证据确凿，民愤极大的，应当迅速及时审判，可以不受刑事诉讼法第一百一十条规定的关于起诉书副本送达被告人期限以及各项传票、通知书送达期限的限制。前条所列犯罪分子的上诉期限和人民检察院的抗诉期限，由刑事诉讼法第一百三十一条规定的十日改为三日。"理论界对这一决定有很多解读，一般认为，这是一种事实上的简易程序，虽然没有冠以简易程序之称。① 当然，这一特殊时期适用的特殊刑事诉讼制度，与一般意义上的简易程序具有较大的区别。一般来说，简易程序的适用具有两个条件，一是罪行相对较轻，当然何谓较轻是一个相互比较的概念，没有统一的标准，但一般不适用于罪行最为严重的犯罪，对于重大犯罪程序不宜简化。而这一决定却是专门适用于罪行严重的犯罪，适用于应当判处死刑的案件。二是被告人对指控没有异议，或者基本没有异议。作为刑事案件，涉及被告人是否被判刑这一

---

① 例如，陈瑞华教授认为："尽管没有人明确对此加以定性，但这一'速决程序'实际上就是中国的刑事简易程序。"参见陈瑞华：《刑事诉讼的前沿问题》，中国人民大学出版社2000年版，第418页。

重大利益，即便罪行较轻的案件，如果被告人存有异议，也不能简化诉讼程序，而应当给予程序上的保障。所以，简易程序一般均适用于被告人认罪的案件。但是，该决定却不论被告人是否认罪，一律简化诉讼程序，快速审判。

这一决定在特定的历史时期对于打击犯罪发挥了一定的作用，具有一定的功效。虽然法学研究者对此褒贬不一，但确实开创了程序分流的先河，对刑事案件不是一律按照同一诉讼程序模式审判，而是根据案情和诉讼目的，选择适用不同的程序，从而使一部分案件得到快速审理。这为以后的刑事诉讼立法尤其是程序分流机制的建立提供了一定的经验。

3. 专门程序：1996年《刑事诉讼法》的规定及实践的探索

随着改革开放的深入，我国的经济建设发展较快，与之相伴的各类刑事案件也在增长。为了应对刑事案件的增长，及时处理案件，修订刑事诉讼法，完善刑事诉讼程序，确有必要。经过多轮修改，1996年3月，第八届全国人大第四次会议审议通过的《刑事诉讼法》应运而生。在对1979年《刑事诉讼法》诸多修订中，较为引人关注的莫过于增设了简易程序。[①] 该法在"第一审程序"一章，专门开设"简易程序"一节，规定了简易程序的适用条件和适用方式。第174条规定："人民法院对于下列案件，可以适用简易程序，由审判员一人独任审判：（一）对依法可能判处三年以下有期徒刑、拘役、管制、单处罚金的公诉案件，事实清楚、证据充分，人民检察院建议或者同意适用简易程序的；（二）告诉才处理的案件；（三）被害人起诉的有证据证明的轻微刑事案件。"简易程序适用于三类案件，其中第2项、第3项是自诉案件，第1项是公诉案件。对于公诉案件，本条只规定了刑罚条件，即可能判处三年以下有期徒刑、拘役、管制、单处罚金。从中可见，简易程序适用于相对较轻的刑事公诉案件，至于较轻的标准，以可能判处的刑罚即宣告刑确定。即使是法定刑较高的犯罪行为，只要最终可能判处的刑罚较低，也可以适用简易程序。

该条并未要求被告人认罪即对案件事实没有异议，但简易程序的适用并非不考虑被告人的认罪态度。该法第179条从反向作了排除适用的规定："人民法院在审理过程中，发现不宜适用简易程序的，应当按照本章第一节或者第二节的规定重新审理。"也就是说，并非符合第174条规定的案件，均可适用简

[①] 樊崇义主编：《刑事诉讼法学》，中国政法大学出版社2009年版，第36页。

易程序审理，当发现不宜适用简易程序的，应按照普通程序审理。何种情形不宜适用简易程序，《刑事诉讼法》未作规定。最高人民法院《关于执行〈中华人民共和国刑事诉讼法〉若干问题的解释》[①]（以下简称1998年《刑事诉讼法解释》，现已失效）第222条规定："人民法院审理具有以下情形之一的案件，不应当适用简易程序：（一）公诉案件的被告人对于起诉指控的犯罪事实予以否认的；（二）比较复杂的共同犯罪案件；（三）被告人是盲、聋、哑人的；（四）辩护人作无罪辩护的；（五）其他不宜适用简易程序的。"其中，被告人否认起诉书指控的犯罪事实和辩护人作无罪辩护，都是排除简易程序适用的情形。通过司法解释与立法规定相结合，就明确了简易程序的适用条件，虽然没有规定适用简易程序被告人必须认罪，但反向规定了被告人不认罪或者辩护人作无罪辩护不能适用简易程序。

将简易程序的规定和认罪案件相比较可见，简易程序属于认罪案件审理程序，但不等于认罪案件审理程序，因为此处的简易程序仅适用于判刑较轻的刑事案件。而不论罪行何等严重，被告人都有可能属于自愿认罪，所以认罪案件并没有全部纳入简易程序的适用范围，只是其中的一部分适用简易程序审理。

在简易程序中，庭审程序大为简化，庭审对抗完全缺失。根据《刑事诉讼法》及司法解释的规定，适用简易程序，公诉人可以不出庭，[②] 辩护律师也可以不出庭，只提交书面辩护意见。[③] 在公诉人不出庭、辩护人不出庭的情况下，控辩双方的辩护和对抗不复存在，庭审进展也就更为顺利。

由于1996年《刑事诉讼法》是我国刑事诉讼立法史上首次设立简易程序制度，立法经验和理论储备均不充分，立法相对粗糙，仅有四个条文作了一些原则性规定。1998年司法解释虽然作了进一步的细化和弥补，但经过几年的审判实践检验，在实际运用中仍然存在问题。为了适应实践的需要，提高简易程序的适用效果，最高人民法院联合最高人民检察院、司法部于2003年3月14日发布了《关于适用简易程序审理公诉案件的若干意见》，（以下简称《简易

[①] 法释〔1998〕23号，1998年6月29日最高人民法院审判委员会第989次会议通过，1998年9月8日施行。

[②] 1996年《刑事诉讼法》第175条规定：适用简易程序审理公诉案件，人民检察院可以不派员出席法庭。

[③] 1998年《刑事诉讼法解释》第226条规定：适用简易程序审理的案件，被告人委托辩护人的，辩护人可以不出庭，但应当在开庭审判前将书面辩护意见送交人民法院。

程序意见》，现已失效），对简易程序制度作了完善，明确了简易程序适用条件，① 在原条件的基础上增加一项即被告人及其辩护人对所指控的基本犯罪事实没有异议。进一步明确了简易程序只适用于被告人认罪案件，反过来说，如果被告人不认罪，即便是轻微的刑事案件，也不能适用简易程序。

我国 1996 年《刑事诉讼法》关于简易程序的设置，充分体现了对诉讼效率的追求。在司法实践中，简易程序的效率价值得到了充分的体现，司法人员也热衷于适用简易程序审理案件。但是，由于简易程序适用范围有限，仅仅适用于可能判处三年以下有期徒刑、拘役、管制、单处罚金的案件，使得大量没有争议的案件，由于刑期超过有期徒刑三年而无法适用，只能按照普通程序审理。随着案件数量的逐年增长，司法实务部门开始自发地探索如何在既定的法律框架下简化案件的审理程序，主要针对的就是被告人认罪案件，控辩双方没有争议的情况下，如何既依法适用普通程序审理，又能简化程序提高效率。经过多年的实践，最高人民法院、最高人民检察院、司法部于 2003 年 3 月 14 日联合发布了《关于适用普通程序审理"被告人认罪案件"的若干意见（试行）》（以下简称《普通程序简化审意见》，现已失效），对被告人对被指控的基本犯罪事实无异议，并自愿认罪的第一审公诉案件，如何简化适用刑事普通程序审理作了规定。② 两个关于认罪案件审理程序的规定同时发布，有三个方面的目的：一是解决困扰司法效率提高的突出问题；二是总结、推广庭审方式改革取得的成功经验，从而有利于统一规范全国司法机关的诉讼活动；三是进一步完善我国刑事诉讼制度，借鉴国外的相关做法，简化被告人认罪案件的审理方式。③ 从实践中看，简易程序和普通程序简化审已经成为具有自身特点的

---

① 《简易程序意见》第 1 条规定：对于同时具有下列情形的公诉案件，可以适用简易程序审理：（一）事实清楚、证据充分；（二）被告人及辩护人对所指控的基本犯罪事实没有异议；（三）依法可能判处三年以下有期徒刑、拘役、管制或者单处罚金。

② 《普通程序简化审意见》第 1 条规定：被告人对被指控的基本犯罪事实无异议，并自愿认罪的第一审公诉案件，一般适用本意见审理。对于指控被告人犯数罪的案件，对被告人认罪的部分，可以适用本意见审理。第 2 条规定：下列案件不适用本意见审理：1. 被告人系盲、聋、哑人的；2. 可能判处死刑的；3. 外国人犯罪的；4. 有重大社会影响的；5. 被告人认罪但经审查认为可能不构成犯罪的；6. 共同犯罪案件中，有的被告人不认罪或者不同意适用本意见审理的；7. 其他不宜适用本意见审理的案件。

③ 孙军工、刘洪江：《适用普通程序审理被告人认罪案件和适用简易程序审理公诉案件若干意见的理解与适用》，载《人民司法》2003 年第 6 期，第 13—16 页。

认罪案件处理程序，促成了大量案件的审结。① 但是，由于认罪案件简化审程序并未确立量刑协商制度，被告人只是认事认罪，而最终的量刑结果并不一定符合其心理预期。

4. 扩大范围：2012年《刑事诉讼法》的规定

经过近十年的运行，认罪案件普通程序简化审理得到了司法机关的认可，对于快速处理认罪案件，起到了重要的作用。总结已有经验，在2012年的刑事诉讼法修订过程中，调整简易程序适用范围，完善第一审程序成为一项重要修改内容。全国人民代表大会常务委员会负责人指出："在保证司法公正的前提下，适当调整简易程序的适用范围，实行案件的繁简分流，有利于提高诉讼效率。为此，修正案草案将适用简易程序审判的案件范围，修改为基层人民法院管辖的可能判处有期徒刑以下刑罚、被告人承认自己所犯罪行的案件。"② 此次修订的《刑事诉讼法》在第一审程序一章，专门开辟一节，规定简易程序，共有八个条文，内容相对更为具体。对刑事简易程序的完善，成为本次《刑事诉讼法》修改的一个亮点，其中体现了提高诉讼效率，节约诉讼成本的价值追求，也适应了当时诉讼"爆炸"、案件急速增多的要求，更是诉讼分流原理在诉讼程序中的体现。③

和1996年《刑事诉讼法》相比，此次简易程序的范围明显扩大，根据2012年《刑事诉讼法》第208条第1款规定："基层人民法院管辖的案件，符合下列条件的，可以适用简易程序审判：（一）案件事实清楚、证据充分的；（二）被告人承认自己所犯罪行，对指控的犯罪事实没有异议的；（三）被告人对适用简易程序没有异议的。"这一规定，将简易程序的适用范围由原来的可能判处三年以下有期徒刑、拘役、管制、单处罚金的案件，调整为基层法院管辖的符合条件的案件。也就是说，除了无期徒刑、死刑案件以外，都存在适用简易程序审理的可能。根据《刑法》关于有期徒刑期限和数罪并罚制度的规定，基层法院管辖的案件最高能判处有期徒刑二十五年。这一调整等于将原来

---

① 郭明文：《被告人认罪案件的处理程序研究》，西南政法大学2007年博士学位论文，第72页。
② 《关于〈中华人民共和国刑事诉讼法修正案（草案）〉的说明》，载《全国人民代表大会常务委员会公报》2012年第2期，第193—199页。
③ 樊崇义：《我国刑事诉讼制度的进步与发展——2011年〈刑事诉讼法修正案（草案）〉评介》，载《法学杂志》2012年第1期，第1—12页。

的简易程序和认罪案件普通程序简化审理程序适用的案件，除了可能判处无期徒刑的以外，都纳入了简易程序的范围，解决了原来认罪案件普通程序简化审程序缺乏法律依据的问题。

从审判组织上，对简易程序案件根据可能判处的刑罚情况，分别采用独任制和合议制。其中可能判处三年以下有期徒刑等刑罚的轻罪案件，可以实行独任制，由审判员一人独任审判。而对于判处三年以上有期徒刑等刑罚的案件，则必须组成合议庭审理。这一立法模式，考虑到刑罚轻重不同的案件，涉及被告人的利益大小不同，刑期越高的案件，越需要采取更为慎重的审判方式，通过合议庭审理，集中众人智慧，更能保障裁判结果的公正性。而对于罪行较轻的案件，则没有必要投入更多的审判资源。这一做法，也为设置刑事诉讼中其他程序性事项提供了思路，刑期越重的，越需要给予更为充分的保障。

此次修订《刑事诉讼法》，没有设置检察机关与被告人的量刑协商机制，没有关于量刑建议的规定，也只是要求被告人认罪，并没有认罚的要求。如此一来，在控辩双方发表意见的基础上，由法院决定量刑，控辩双方只能提出从宽或者从严处罚的意见，并没有具体的量化的意见。

5. 小结

认罪案件审理程序和简易程序的发展有一个逐步演变的过程。我国刑事诉讼中的简易程序适用范围由认罪和轻微两个条件逐步发展为认罪一个条件，适用范围越来越大。这既是诉讼制度逐步完善的体现，也是司法实践的需要，因为案件数量的上升需要诉讼制度的回应。

(二) 认罪认罚从宽制度的形成

党的十八大以来，我国各个领域的改革全面推进，司法领域的改革是其中的重要一环。而完善刑事诉讼制度，是司法改革的一个重要方面。2014 年 10 月，党的十八届四中全会发布了《依法治国决定》，第四部分"保证公正司法，提高司法公信力"中，在刑事诉讼领域作出了两个方面的制度改革和完善。一是以审判为中心的诉讼制度改革。《依法治国决定》在"推进严格司法"部分提出："推进以审判为中心的诉讼制度改革，确保侦查、审查起诉的案件事实证据经得起法律的检验。全面贯彻证据裁判规则，严格依法收集、固定、保存、审查、运用证据，完善证人、鉴定人出庭制度，保证庭审在查明事实、认定证据、保护诉权、公正裁判中发挥决定性作用。"二是认罪认罚从宽制度建设。《依法治国决定》在"优化司法职权配置"部分提出:"完善刑事诉讼中认罪认罚从宽制度。"这是从中央层面对一项诉讼制度所作的重大部署,充分体现了认罪认罚从宽制度的重大意义和重要地位。认罪认罚从宽制度的形成,包括了三个阶段。

1. 小心翼翼:速裁程序试点

2014年6月27日,全国人大常委会发布《关于授权最高人民法院、最高人民检察院在部分地区开展刑事案件速裁程序试点工作的决定》(以下简称《速裁程序试点决定》,[①]授权"两高"在十八个地区开展刑事案件速裁程序试点工作,针对被告人自愿认罪的十一类可能判处一年有期徒刑以下刑罚的案件适用速裁程序审理,试点期限为二年。

根据全国人大常委会的授权,最高人民法院、最高人民检察院、公安部、司法部("两高两部")于2014年8月22日颁布了《关于在部分地区开展刑事案件速裁程序试点工作的办法》(法〔2014〕220号,以下简称《速裁程序试点办法》),对如何具体适用速裁程序审理案件作了规定。这些规定对速裁程序的适用范围作了严格限制,既有案由上的限制,又有刑期上的限制,当然,被告人自愿认罪是一个根本性的条件。

作为我国刑事诉讼中首次规定的速裁程序,与以往的简易程序相比庭审程序更加简化,免去了法庭调查和法庭辩论环节。适用简易程序审理案件,出示证据、质证、辩论环节可以简化,但不能取消。而《速裁程序试点办法》第11条规定:"人民法院适用速裁程序审理案件,应当当庭询问被告人对被指控的犯罪事实、量刑建议及适用速裁程序的意见,听取公诉人、辩护人、被害人

[①] 2014年6月27日,全国人民代表大会常务委员会发布《关于授权最高人民法院、最高人民检察院在部分地区开展刑事案件速裁程序试点工作的决定》(2014年6月27日第十二届全国人民代表大会常务委员会第九次会议通过):为进一步完善刑事诉讼程序,合理配置司法资源,提高审理刑事案件的质量与效率,维护当事人的合法权益,第十二届全国人民代表大会常务委员会第九次会议决定:授权最高人民法院、最高人民检察院在北京、天津、上海、重庆、沈阳、大连、南京、杭州、福州、厦门、济南、青岛、郑州、武汉、长沙、广州、深圳、西安开展刑事案件速裁程序试点工作。对事实清楚,证据充分,被告人自愿认罪,当事人对适用法律没有争议的危险驾驶、交通肇事、盗窃、诈骗、抢夺、伤害、寻衅滋事等情节较轻,依法可能判处一年以下有期徒刑、拘役、管制的案件,或者依法单处罚金的案件,进一步简化刑事诉讼法规定的相关诉讼程序。试点刑事案件速裁程序,应当遵循刑事诉讼法的基本原则,充分保障当事人的诉讼权利,确保司法公正。试点办法由最高人民法院、最高人民检察院制定,报全国人民代表大会常务委员会备案。试点期限为二年,自试点办法印发之日起算。

及其诉讼代理人的意见。被告人当庭认罪、同意量刑建议和适用速裁程序的，不再进行法庭调查、法庭辩论。但在判决宣告前应当听取被告人的最后陈述意见。"适用速裁程序，法庭审理的重点在于被告人自愿认罪的真实性，征询其对三个问题的意见，即犯罪事实、量刑建议和适用速裁程序。得以保留的是被告人最后陈述环节，以赋予被告人反悔的机会，然后径行宣判。

速裁程序试点工作，是认罪认罚从宽制度的先行先试，是一种路径探索，为认罪认罚从宽制度的全面推行，乃至以后的《刑事诉讼法》修订奠定了基础。为了准确把握速裁程序开展情况，为认罪认罚从宽制度的开展做准备，2015年11月2日至3日，十二届全国人大常委会第十七次会议审议了最高人民法院、最高人民检察院关于刑事案件速裁程序试点情况的中期报告。[①] 根据报告[②]反映，截至2015年8月20日，各试点地区共适用速裁程序审结刑事案件15606件涉16055人，占试点法院同期判处一年有期徒刑以下刑罚案件的30.70%，占同期全部刑事案件的12.82%。刑事诉讼效率明显提高，诉讼周期缩短，当庭宣判率提升。[③] 这种速裁程序的推行，由于提升了办案节奏，能够减少审前羁押，从而避免罪行较轻但羁押时间过长引发的刑期倒挂显现，从实体角度看也具有积极意义。

2. 大刀阔斧：认罪认罚从宽制度试点

2016年7月22日，中央全面深化改革领导小组第二十六次会议审议通过了《关于认罪认罚从宽制度改革试点方案》。此方案指出，完善刑事诉讼中认罪认罚从宽制度，要明确法律依据、适用条件，明确撤案和不起诉程序，规范审前和庭审程序，完善法律援助制度，选择部分地区依法有序稳步推进试点工作。

2016年9月，全国人大常委会授权最高人民法院、最高人民检察院在北京

[①] 《聚焦审议：检察机关适用速裁程序试点稳步推进》，载中华人民共和国最高人民检察院网，网址：https://www.spp.gov.cn/spp/zdgz/201511/t20151104_106865.shtml，2019年4月4日访问。

[②] 参见《最高人民法院、最高人民检察院关于刑事案件速裁程序试点情况的中期报告》，载《中华人民共和国全国人民代表大会常务委员会公报》2015年第6期。

[③] 据抽样统计，检察机关审查起诉周期由过去的平均20天缩短至5.7天；人民法院速裁案件10日内审结的占94.28%，比简易程序高58.40个百分点；当庭宣判率达95.16%，比简易程序高19.97个百分点。参见《最高人民法院、最高人民检察院关于刑事速裁程序试点情况的中级报告》，载《中华人民共和国全国人民代表大会常务委员会公报》2015年第6期。

等十八个地区（与速裁程序试点地区一致）开展认罪认罚从宽制度试点工作，①"对犯罪嫌疑人、刑事被告人自愿如实供述自己的罪行，对指控的犯罪事实没有异议，同意人民检察院量刑建议并签署具结书的案件，可以依法从宽处理"。试点期限为2年，之前开展的速裁程序试点工作，继续进行。由于全国人大的授权决定中对适用认罪认罚从宽制度的案件范围未作限制，只要认罪认罚，均可适用，使得试点工作案件范围扩大，认罪认罚从宽制度的影响力也增大。

2016年11月，最高人民法院、最高人民检察院、公安部、国家安全部、司法部（"两高三部"）发布了《关于在部分地区开展刑事案件认罪认罚从宽制度试点工作的办法》（以下简称《认罪认罚试点办法》），对认罪认罚案件的适用程序作了规定，扩大了速裁程序的适用范围，对于判处三年有期徒刑以下刑罚的认罪认罚案件，适用速裁程序审理。相应地，对于判处三年有期徒刑以上刑罚的认罪认罚案件，可以适用简易程序审理。

3. 水到渠成：认罪认罚从宽制度确立

"总结认罪认罚从宽制度、速裁程序试点工作经验，需要将可复制、可推

---

① 《全国人民代表大会常务委员会关于授权最高人民法院、最高人民检察院在部分地区开展刑事案件认罪认罚从宽制度试点工作的决定》（2016年9月3日第十二届全国人民代表大会常务委员会第二十二次会议通过，以下简称《认罪认罚试点决定》）：为进一步落实宽严相济刑事政策，完善刑事诉讼程序，合理配置司法资源，提高办理刑事案件的质量与效率，确保无罪的人不受刑事追究，有罪的人受到公正惩罚，维护当事人的合法权益，促进司法公正，第十二届全国人民代表大会常务委员会第二十二次会议决定：授权最高人民法院、最高人民检察院在北京、天津、上海、重庆、沈阳、大连、南京、杭州、福州、厦门、济南、青岛、郑州、武汉、长沙、广州、深圳、西安开展刑事案件认罪认罚从宽制度试点工作。对犯罪嫌疑人、刑事被告人自愿如实供述自己的罪行，对指控的犯罪事实没有异议，同意人民检察院量刑建议并签署具结书的案件，可以依法从宽处理。试点工作应当遵循刑法、刑事诉讼法的基本原则，保障犯罪嫌疑人、刑事被告人的辩护权和其他诉讼权利，保障被害人的合法权益，维护社会公共利益，完善诉讼权利告知程序，强化监督制约，严密防范并依法惩治滥用职权、徇私枉法行为，确保司法公正。

最高人民法院、最高人民检察院会同有关部门根据本决定，遵循刑法、刑事诉讼法的基本原则，制定试点办法，对适用条件、从宽幅度、办理程序、证据标准、律师参与等作出具体规定，报全国人民代表大会常务委员会备案。试点期限为二年，自试点办法印发之日起算。

2014年6月27日第十二届全国人民代表大会常务委员会第九次会议授权最高人民法院、最高人民检察院在上述地区开展的刑事案件速裁程序试点工作，按照新的试点办法继续试行。

最高人民法院、最高人民检察院应当加强对试点工作的组织领导和监督检查，保证试点工作积极、稳妥、有序进行。试点进行中，最高人民法院、最高人民检察院应当就试点情况向全国人民代表大会常务委员会作出中期报告。试点期满后，对实践证明可行的，应当修改完善有关法律；对实践证明不宜调整的，恢复施行有关法律规定。

本决定自2016年9月4日起施行。

广的行之有效做法上升为法律规范,在全国范围内实行。"① 经过 2 年的试点工作,将认罪认罚从宽制度写进《刑事诉讼法》,实现该项制度的有法可依势在必行。经过多轮的修改论证,2018 年 10 月 26 日,全国人大常委会第六次会议审议通过《关于修改〈中华人民共和国刑事诉讼法〉的决定》,其中一项重要内容是"完善刑事案件认罪认罚从宽制度和增加速裁程序",② 此次《刑事诉讼法》修改从四个方面完善了认罪认罚从宽制度。

一是确立了认罪认罚从宽的刑事诉讼基本原则,在《刑事诉讼法》总则部分增加一条,作为第 15 条,即"犯罪嫌疑人、被告人自愿如实供述自己的罪行,承认指控的犯罪事实,愿意接受处罚的,可以依法从宽处理"。这一条文沿袭了认罪认罚从宽制度试点工作授权决定的表述方法,突出认罪案件"既认事又认罪"的要求,把"同意检察机关量刑建议"改为"愿意接受处罚"。这也是认罪认罚案件与一般意义上的认罪案件的区别,一个条文中包含了认事、认罪、认罚的内容,对被告人提出了较高的要求。正是由于对被告人提出了较高的要求,所以也就给予了优惠的量刑条件,即"可以依法从宽处理"。

二是对认罪认罚从宽制度的具体程序作出了规定。③ 修订后的《刑事诉讼法》对检察机关如何征询当事人以及辩护人或者值班律师的意见、签署具结书,如何提出量刑建议,法院如何审查被告人认罪认罚的自愿性,如何裁判等问题作出了具体规定。

三是增设了速裁程序,对于可能判处三年有期徒刑以下刑罚的案件,可以适用速裁程序审理,而对于其他认罪认罚案件,可以适用简易程序审理。这种程序上的分类,突出了根据案件严重程度决定司法资源配置的思路。对于罪行越轻的案件,适用的程序越简化。

四是加强对当事人的权利保障。对诉讼权利告知、建立值班律师制度、明确将认罪认罚作为采取强制措施时判断社会危险性的考虑因素等作出规定。

(三) 小结

认罪认罚从宽制度是近年提出并推进的一项诉讼制度改革举措。但正如中

---

① 沈春耀:《关于〈中华人民共和国刑事诉讼法〉(修正草案)的说明》,2018 年 4 月 25 日在第十三届全国人民代表大会常务委员会第二次会议上所作。

② 沈春耀:《关于〈中华人民共和国刑事诉讼法〉(修正草案)的说明》,2018 年 4 月 25 日在第十三届全国人民代表大会常务委员会第二次会议上所作。

③ 《刑事诉讼法》第 173 条、第 174 条、第 176 条、第 190 条、第 201 条等。

央文件中"完善刑事案件认罪认罚从宽制度"的提法，只是一个完善，而不是一个典型的新创。梳理刑事诉讼制度尤其是认罪案件审判制度的发展沿革可见，该项制度是长期积累的关于认罪案件审理制度逐步完善的结果。由于这是一项中央部署的改革举措，虽然经过了前期试点，但不论试点效果如何，实践经验是否成熟，理论研究是否充分，都必然按部就班地进入刑事诉讼立法。虽然已经完成了立法，但这项制度仍然处于完善的过程之中，需要结合刑事诉讼实际情况进一步地改进，其中如何保障认罪认罚被追诉人的权利已经有所规定，但需要进一步完善，并在实践中落实。

二、认罪认罚从宽制度的发展变化

前文梳理了认罪认罚从宽制度从无到有、从朦胧到清晰的历史演变过程，可见认罪认罚从宽制度不是空中楼阁，而是刑事诉讼制度发展完善的结果。分析制度中几个核心问题的变化规律，有助于我们更好地把握制度的特点，从而更好地完善制度。

（一）对认罪内容的要求逐步提升

认罪认罚从宽制度属于认罪案件审判制度的一种特定形式，从属于认罪案件审判制度。从1996年《刑事诉讼法》设定简易程序以来，直至2018年《刑事诉讼法》确立认罪认罚从宽制度，对其中认罪的要求逐步提升。

1. 1996年《刑事诉讼法》：对认罪的要求雾里看花

1996年《刑事诉讼法》，是中华人民共和国成立后首次在立法上规定简易程序，主要用以处理认罪案件。其中第174条第1项规定了公诉案件适用简易程序的条件，即"对依法可能判处三年以下有期徒刑、拘役、管制、单处罚金的公诉案件，事实清楚、证据充分，人民检察院建议或者同意适用简易程序的。"对于案件类型，主要是从罪行轻重角度作的规定，以有期徒刑三年作为划分的标准，可能判处三年有期徒刑以下刑罚的才可适用。这一条文中，没有关于是否认罪的要求，只要求"事实清楚、证据充分"。

该条并未要求被告人认罪即对案件事实没有异议，但简易程序的适用并非不考虑被告人的认罪态度。对此需要结合其他条文进行分析。该法第179条从反向作了排除适用的规定："人民法院在审理过程中，发现不宜适用简易程序的，应当按照本章第一节或者第二节的规定重新审理。"也就是说并非符合第

174条规定的案件，均可适用简易程序审理，当发现不宜适用简易程序的，应按照普通程序审理。何种情形不宜适用简易程序，刑事诉讼法未作规定，只能通过司法解释探寻。1998年《刑事诉讼法解释》第222条规定："人民法院审理具有以下情形之一的案件，不应当适用简易程序：（一）公诉案件的被告人对于起诉指控的犯罪事实予以否认的；（二）比较复杂的共同犯罪案件；（三）被告人是盲、聋、哑人的；（四）辩护人作无罪辩护的；（五）其他不宜适用简易程序的。"其中，被告人否认起诉书指控的犯罪事实和辩护人作无罪辩护，都是排除简易程序适用的情形。通过司法解释与立法规定相结合，就明确了简易程序的适用条件，虽然没有规定适用简易程序被告人必须认罪，但反向规定了被告人不承认犯罪事实或者辩护人作无罪辩护不能适用简易程序。对于被告人承认犯罪事实，但否认自己的行为构成犯罪的案件能否适用，并未规定。

2. 认罪案件审理的两个意见：对认罪的要求初见端倪

从规范角度看，我国刑事诉讼制度中，首次使用"认罪"概念并进而区分诉讼程序的，是2003年3月4日最高人民法院、最高人民检察院、司法部联合发布的《普通程序简化审意见》和《简易程序意见》。《普通程序简化审意见》第1条第1款规定："被告人对被指控的基本犯罪事实无异议，并自愿认罪的第一审公诉案件，一般适用本意见审理。"《简易程序意见》进一步明确了简易程序适用条件，[①] 在原条件的基础上增加一项即"被告人及其辩护人对所指控的基本犯罪事实没有异议"。这就进一步明确了简易程序只适用于被告人认罪案件，反过来说，如果被告人不认罪，即便是轻微的刑事案件，也不能适用简易程序。《简易程序意见》和《普通程序简化审意见》是我国刑事诉讼历史上第一次专门针对认罪案件所做的程序规定，开创了制度层面认罪案件与不认罪案件程序分流的先河，[②] 也为准确把握"认罪"奠定了基础，积累了经验。

长期以来，认罪一直没有作为一个法律概念而存在，而两个意见中明确使用"认罪"概念，既具有程序意义，也具有实体意义。从程序角度看，确定了

[①] 《简易程序意见》第1条规定：对于同时具有下列情形的公诉案件，可以适用简易程序审理：（一）事实清楚、证据充分；（二）被告人及辩护人对所指控的基本犯罪事实没有异议；（三）依法可能判处三年以下有期徒刑、拘役、管制或者单处罚金。

[②] 如前文所述，不论有无制度上的规定，认罪案件与不认罪案件在实践操作层面，审理的方式总会有所区别。所以事实上的程序分流是一直存在的，而此次两个意见的出台，实现了从制度层面的分流。

认罪案件审理程序，即将认罪案件与不认罪案件作出区分，适用不同的程序，实现繁简分流。从实体角度看，认罪是从宽处罚的基础，确定认罪的含义，并将其作为从宽处罚的依据，使得"认罪"成为准法定量刑情节。《简易程序意见》和《普通程序简化审意见》均在第9条规定："人民法院对自愿认罪的被告人，酌情予以从轻处罚。"从文义上看，对此类被告人从轻处罚是必然的，所谓的"酌情"只是针对从轻幅度而言的。

既然认罪具有重要的意义，就必须明确何谓认罪。从字面上看，认罪就是承认犯罪，但究竟是承认犯罪事实还是承认犯罪罪名，需要结合制度本身来理解。《普通程序简化审意见》第1条第1款规定："被告人对被指控的基本犯罪事实无异议，并自愿认罪的第一审公诉案件，一般适用本意见审理。"这是关于本意见适用范围的规定，也就明确了所谓的被告人认罪案件的内涵，包括两个条件，一是认事，即对基本犯罪事实无异议。二是认罪，即认可自己的行为构成了犯罪。二者必须同时具备方属于本意见所称的认罪案件。与之相区别的是认事不认罪和认罪不认事。前者是指行为人认可公诉机关指控的案件事实，承认系其所为，但认为不是犯罪行为，相应地也就不接受刑罚处罚。这种情况下控辩双方对案件的定性有重大的分歧，不能适用简化程序审理。对于不认为自己行为构成犯罪的被告人，对其定罪量刑必须遵循法定程序，保障其诉权。后者是指行为人认可罪名的指控，而否认犯罪事实。这种看似矛盾的问题，却在司法实践中并不鲜见。有的被告人一方面辩解自己没有实施符合特定罪名构成要件的行为；另一方面勉强接受罪名的指控，如诈骗案件，一些被告人否认采用了欺骗的手段，或者否认具有非法占有的目的，但对罪名的指控没有异议。在共同犯罪案件中，否认与同案犯有犯意联络，否认对同案犯的犯罪有帮助行为等，但又认可指控的罪名。这两种情况下，控辩双方在根本性问题上有所分歧，需要适用典型的普通程序审理。

怎样才属于"认事"，《普通程序简化审意见》要求是"对指控的基本犯罪事实无异议"。这一具有弹性的规定没有要求对全部犯罪事实无异议，为简化程序的适用提供了更大的空间。检察机关指控的犯罪事实，是对已经发生的客观事实的再现与描述，难以做到完全相符。从公诉的角度，应当尽可能地全面认定案件事实，对于适用两个文件审理的案件，起诉书的内容不能简化，特别是案件事实应当详细、具体、明确，从而使合议庭及被告人、辩护人从中最大限度地了解和获取公诉机关指控犯罪的内容。① 在基本犯罪事实没有争议的情况下,如果被告人对于其中的部分细节与情节有异议,不影响罪名的成立,也不会对量刑具有重大的影响。"实践中,有的被告人实施的犯罪行为较多或者较为复杂,如连续犯等,即使其自愿认罪,也可能交代不清全部的犯罪事实。对此,只要其能够对指控的基本犯罪事实无异议,不影响追究刑事责任,即可适用本意见进行审理。"② 如果要求对指控的全部事实完全没有异议,将会大大缩小这种程序的适用范围,难以发挥其价值。

关于"认罪",《普通程序简化审意见》在适用范围一条中并未明确,只是表述为"自愿认罪"。这就涉及所认之"罪"的范围问题。是认可自己的行为构成犯罪即可,还是必须认可公诉机关指控的罪名?对此需要结合《普通程序简化审意见》的全文做体系性的理解。该意见第 7 条第 4 项规定:"控辩双方主要围绕确定罪名、量刑及其他有争议的问题进行辩论。"由此可见,对被告人的行为如何确定罪名,是可以辩论的内容,那么也就可以理解为,被告人无须认可公诉机关指控的罪名,可以对公诉机关指控的罪名提出异议。有理由认为,"被告人自愿认罪,是指被告人自愿承认其行为构成犯罪,但并不要求被告人完全承认被指控的罪名。有些情况下,被告人虽然知道其行为构成犯罪,但可能并不清楚其行为究竟触犯何种罪名,因此,被告人是否认同指控的罪名一般不影响本意见的适用"。③ 这是司法解释制定者关于本意见适用范围的解读,也就明确了被告人认罪案件的内涵包括两个条件,一是认事,即对基本犯罪事实无异议;二是认罪,即认可自己的行为构成了犯罪。

3. 2012 年《刑事诉讼法》:对认罪的要求若隐若现

2012 年《刑事诉讼法》扩大了简易程序的适用范围,但对认罪的要求却语焉不详。2012 年《刑事诉讼法》第 208 条规定适用简易程序的条件之一是"被告人承认自己所犯罪行,对指控的犯罪事实没有异议"。与两个意见相比,删去了关于"认罪"的表述。只能通过文义解释,去体味其中蕴含的对认罪的

---

① 史卫忠:《〈关于适用普通程序审理"被告人认罪案件"的若干意见(试行)〉、〈关于适用简易程序审理公诉案件的若干意见〉的理解与适用》,载《人民检察》2003 年第 6 期,第 11 页。
② 孙军工、刘洪江:《适用普通程序审理被告人认罪案件和适用简易程序审理公诉案件若干意见的理解与适用》,载《人民司法》2003 年第 6 期,第 13—16 页。
③ 孙军工、刘洪江:《适用普通程序审理被告人认罪案件和适用简易程序审理公诉案件若干意见的理解与适用》,载《人民司法》2003 年第 6 期,第 13—16 页。

要求。"承认自己所犯罪行",即承认自己的行为是犯罪行为,而不是指承认犯罪事实,因为本句话后面有"对指控的犯罪事实没有异议"的要求。两相结合,可以认为,这一句话中包括了认罪和认事两个方面的内容。再者,结合第209条关于不适用简易程序的情形的规定,也可以得出结论:适用简易程序以被告人认罪为前提。该条规定的不适用简易程序的情形之一是"共同犯罪案件中部分被告人不认罪或者对适用简易程序有异议的"。在多名被告人案件中,有一名被告人不认罪,则全案不能适用简易程序,那么在一名被告人的案件中,如果其不认罪,自然也不能适用简易程序审理。所以说,这次简易程序的修改,"将被告人认罪作为适用简易程序的前提条件。司法实践证明,尽管罪行不严重,案情不复杂,但只要被告人不认罪,审理程序就难以简易"。[①]

至于认罪到何种程度,从条文表述看,应该是认可自己的行为构成犯罪即可,而不要求对具体罪名的承认,并不要求其对指控罪名照单全收。2012年的《刑事诉讼法解释》第295条第1款第4项规定适用简易程序庭审简化的内容之一为:"控辩双方对与定罪量刑有关的事实、证据没有异议的,法庭审理可以直接围绕罪名确定和量刑问题进行。"从中可以看出,罪名问题是可以辩论的,不能因为适用简易程序而要求被告人必须接受指控的罪名。

4. 认罪认罚从宽制度试点以后:认罪与认罚二要件

2014年6月27日,全国人大常委会发布《速裁程序试点决定》,速裁程序适用的范围为:"事实清楚,证据充分,被告人自愿认罪,当事人对适用法律没有争议的危险驾驶、交通肇事、盗窃、诈骗、抢夺、伤害、寻衅滋事等情节较轻,依法可能判处一年以下有期徒刑、拘役、管制的案件,或者依法单处罚金的案件",突出了"自愿认罪"。速裁程序试点工作,是认罪认罚从宽制度改革中的重要一环,体现了认罪认罚案件的基本要求。

2016年9月,全国人大常委会发布《认罪认罚试点决定》,适用的范围为"犯罪嫌疑人、刑事被告人自愿如实供述自己的罪行,对指控的犯罪事实没有异议,同意人民检察院量刑建议并签署具结书的案件"。这里没有采用自愿认罪的表述,采用了自愿如实供述罪行,对犯罪事实没有异议的表述,但是结合授权决定的标题可见,针对的案件范围是被告人既认罪又认罚的案件。同年11

[①] 黄太云:《刑事诉讼法修改释义》,载《人民检察》2012年第8期,第46页。

月,"两高三部"发布的《认罪认罚试点办法》第 10 条第 2 款规定:"犯罪嫌疑人自愿认罪,同意量刑建议和程序适用的,应当在辩护人或者值班律师在场的情况下签署具结书。"这里又采用了"自愿认罪"的表述。

2018 年《刑事诉讼法》,对认罪认罚从宽制度授权决定的表述做了微调,适用范围为"犯罪嫌疑人、被告人自愿如实供述自己的罪行,承认指控的犯罪事实,愿意接受处罚的"案件。认罪包括了如实供述罪行和承认犯罪事实,体现了认事和认罪两个方面的要求。

通观认罪认罚从宽制度试点以来的规定,对于该项制度的适用,不仅要求认罪,而且要求认罚,这就对被告人提出了更高的要求,也是新制度不同于传统的认罪案件审理制度的地方。

5. 小结

从制度的演变可见,认罪案件大致上具有一个从认事到认罪再到认罚的发展过程。随着认罪认罚从宽制度的形成,对被告人主动认罪配合诉讼的要求逐步提升,反映了立法者对诉讼效率的追求和对被追诉人态度的看重。

(二)被告方的程序选择权逐步确立

处理认罪案件,总是能够相对地简化诉讼程序,节约司法资源,这一点是有利于国家的。被告人作为刑事追诉的对象,总是会争取对自己有利的诉讼程序,从而维护自身合法权益,从立法上就需要确立被告人相应的诉讼地位。在认罪案件审理程序中,被告人及其辩护人应当扮演什么样的诉讼角色,是必须明确的问题。设置认罪案件审理的特殊程序,目的在于提高此类案件的审判效率,对案件审理实行繁简分流。在这一功利目的驱使之下,必然会简化诉讼程序,限制被告人的部分诉讼权利。一旦被告人认罪,其在诉讼程序中是否还具有主体地位,其能够参与到何种程度,既会影响被告人的参与积极性,也会影响被告人的实体权利,进而影响到诉讼程序的公正性。在认罪认罚从宽制度形成的过程中,被告人一方的诉讼地位尤其是程序选择权也是处于发展变化之中。作为中华人民共和国成立后的第一部刑事诉讼法,1979 年《刑事诉讼法》只规定了一种诉讼程序,一般称为普通程序,适用于所有的刑事案件,被告人自然也就没有选择的余地。作为研究的对象,可以从 1996 年《刑事诉讼法》开始。

1. 1996 年《刑事诉讼法》:没有程序选择权

从刑事诉讼理论上看,任何被告人均有获得正当程序的权利,不论是否认罪，均有权利要求按照普通程序审理，享有完全的诉讼权利，如果认罪的话，具有选择适用简易程序的权利。而根据 1996 年《刑事诉讼法》及相关司法解释的规定，被告人并没有此项权利，人民法院是否适用简易程序，需要经检察院建议或者同意，但并不需要征求被告人的意见。1998 年的《刑事诉讼法解释》第 223 条第 1 款规定："人民法院决定适用简易程序审理案件，应当在向被告人送达起诉书副本的同时，告知该案适用简易程序审理。"显然，人民法院的义务仅为告知被告人适用简易程序审理，至于被告人是否同意在所不问，被告人仅有知情权。而只有在被告人否认指控的事实或者辩护人作无罪辩护的情况下，人民法院才不能适用简易程序审理。被告人要想获得普通程序审理，只能采取翻供的手段，或者由律师作无罪辩护。但一些被告人没有辩护律师，被告人翻供又可能失去从轻处罚的机会，这就决定了被告人在认罪后即丧失了程序选择权。

2. 认罪案件审理的两个意见：唯有程序否定权

2003 年发布的《简易程序意见》和《认罪案件简化审意见》突出了被告人的主体地位，赋予其部分程序选择权，主要表现为否定程序的权利，即其可以不同意适用简易程序或者普通程序简化审。根据《简易程序意见》的相关规定，① 简易程序的适用有两种发起方式，一般由人民检察院发动提起；部分案件由人民法院发起，不论哪一种方式人民法院均需要征求被告人一方的意见，被告人一方可以不同意适用简易程序审理，即使被告人认罪，也可以要求法院采用普通程序审理。当然，在司法实践中，被告人为了争取好的态度，获得有利的判决结果，也为了尽早结案，一般会同意适用简易程序审理。但是，由于简易程序审理期限较短，有的被告人基于筹措赔偿款、调取有利于自己的证据等因素考虑，也会选择适用普通程序审理。

《普通程序简化审意见》对被告人的诉讼地位给予有限度的保障。一方面，

---

① 《简易程序意见》第 3 条第 1 款和第 2 款规定："人民检察院建议适用简易程序的，应当制作《适用简易程序建议书》，在提起公诉时，连同全案卷宗、证据材料、起诉书一并移送人民法院。人民法院在征得被告人、辩护人同意后决定适用简易程序的，应当制作《适用简易程序决定书》，在开庭前送达人民检察院、被告人及辩护人。"第 4 条第 1 款规定："对于人民检察院没有建议适用简易程序的公诉案件，人民法院经审查认为可以适用简易程序审理的，应当征求人民检察院与被告人、辩护人的意见。人民检察院同意并移送全案卷宗和证据材料后，适用简易程序审理。"

人民法院决定简化适用普通程序审理案件，需要征求被告人、辩护人的意见。①如此规定的目的在于赋予被告人一定的自主权，其可以反对适用简化程序审理案件。另一方面，在被告人不愿意放弃相应的诉讼权利，不愿意简化诉讼程序的情况下，人民法院不能适用该程序。而且被告人不同意适用该程序的，无须说明理由。为了进一步保障被告人的自主权，该意见第5条进一步规定："人民法院对决定适用本意见审理的案件，应当书面通知人民检察院、被告人及辩护人。"通过确立书面通知制度，从而要求人民法院做到程序上的规范化，使被告人、辩护人更加明确知悉案件所适用的程序。

相较于1996年《刑事诉讼法》及1998年司法解释对于简易程序的规定，2003年的两个意见对被告人的诉讼地位给予了一定程度的尊重和保障。但是，被告人在认罪案件诉讼程序中仍然处于相对弱势的地位，参与度仍有待提高。一是缺乏主动的程序选择权，即被告人不能主动要求适用认罪案件审理程序。两个意见只是规定了检察机关的程序建议权和审判机关的程序决定权，赋予了被告人程序否定权，即被告人可以不同意适用简化程序审理，但是并未赋予被告人适用简化程序的建议权。在被告人自愿认罪，而检察院没有建议，法院也没有决定适用简化程序审理的情况下，被告人或者辩护人能否主动提出建议，不仅关乎被告人的程序选择权，而且也会关乎被告人最终的量刑结果。因为两个意见明确规定，适用简化程序审理的，对被告人予以从轻处罚。从逻辑上看，即使没有适用认罪程序审理，对认罪的被告人也同样可以从轻处罚，但这种逻辑毕竟不像司法解释有所规定作为准法定情节效果好。这样的制度设计，也会影响到程序适用的范围，使得有些本来可以适用简化程序审理的案件未能适用，影响到诉讼效率。二是被告人参与协商的权利。综观两个意见，仍然是检察机关主导的单方追诉程序，被告人自愿认罪能够获取多大利益，自愿认罪到何种程度，并不能得到体现。对于公诉机关指控的事实，被告人只能被动地表示认可与不认可，完全认可与部分认可，而不能主动地提议如何认定案件事实。从量刑上来说，公诉机关指控事实和罪名，无须提出量刑建议，被告人也就无法针对量刑问题提出有针对性的辩护意见，其对量刑结果也就没有心理预

---

① 《普通程序简化审意见》第4条规定："人民法院在决定适用本意见审理案件前，应当向被告人讲明有关法律规定、认罪和适用本意见审理可能导致的法律后果，确认被告人自愿同意适用本意见审理。"

期。在此情况下，整个审判过程中，被告人始终处于缺乏预期的忐忑状态。这种处理结果的不可预测性，也会影响到被告人认罪的自愿性和真实性，从而影响到实体上的公正性。这一问题的存在，有待于在认罪案件审理程序的发展过程中逐步解决，也为今后程序的完善提供了实践基础。

3. 2012年《刑事诉讼法》：程序选择权进一步提升

2012年《刑事诉讼法》对被告人在程序适用中的参与权利进一步提升，尤其是在与公诉机关的比较之下，存在此消彼长的趋势。《刑事诉讼法》第211条规定："适用简易程序审理案件，审判人员应当询问被告人对指控的犯罪事实的意见，告知被告人适用简易程序审理的法律规定，确认被告人是否同意适用简易程序审理。"这就把被告人同意作为适用简易程序审理案件的条件，经询问被告人，被告人不同意适用简易程序的，则不能适用。与之相对应的是，2012年《刑事诉讼法》弱化了检察院的程序启动权，在第208条第2款规定，"人民检察院在提起公诉的时候，可以建议人民法院适用简易程序"。2012年的《刑事诉讼法解释》突出了人民法院在程序适用中的主导权，第289条规定："基层人民法院受理公诉案件后，经审查认为案件事实清楚、证据充分的，在将起诉书副本送达被告人时，应当询问被告人对指控的犯罪事实的意见，告知其适用简易程序的法律规定。被告人对指控的犯罪事实没有异议并同意适用简易程序的，可以决定适用简易程序，并在开庭前通知人民检察院和辩护人。对人民检察院建议适用简易程序审理的案件，依照前款的规定处理；不符合简易程序适用条件的，应当通知人民检察院。"不论检察院是否建议适用简易程序，人民法院都主动尝试适用简易程序，具体来说，就是要询问被告人的意见。一旦被告人同意，对检察院只是通知。也就是说，如果检察院建议适用简易程序，经被告人同意后法院决定适用的，将决定通知控辩双方即可。如果检察院建议适用简易程序，而被告人不同意适用的，法院将决定不适用简易程序，并通知检察院。如果检察院没有建议适用简易程序，而被告人对指控事实没有异议，同意适用简易程序的，人民法院将决定适用简易程序，并通知控辩双方，人民检察院不能不同意。回顾1996年《刑事诉讼法》，人民法院经被告人同意后拟适用简易程序审理的，应征求检察院的意见，在检察院同意的情况下才能适用简易程序审理。这种此消彼长的过程，是被告人诉讼主体地位提升的过程，是控辩双方逐步走向平等的过程，体现了司法的文明与进步，突出了对被告人的权利保护。

4. 授权决定：具备程序适用建议权

在速裁程序试点工作中，根据《速裁程序试点办法》，被告人的诉讼地位进一步提升，初步具有了程序适用建议权。一方面，检察机关建议适用速裁程序，要征求被告人的意见，只有被告人同意的才能建议适用。而在以往的简易程序中，没有此项规定。经征求意见，犯罪嫌疑人承认自己所犯罪行，对量刑建议及适用速裁程序没有异议并签字具结的，人民检察院可以建议人民法院适用速裁程序审理。在此，将被告人的同意及签字具结作为程序适用的条件。另一方面，辩护人可以向人民检察院提出适用速裁程序的建议。《速裁程序试点办法》第5条第2款规定："辩护人认为案件符合速裁程序适用条件的，经犯罪嫌疑人同意，可以建议人民检察院按速裁案件办理。"这就使得被告人一方在程序适用上具有了一定的主动权，这一制度设计在我国刑事诉讼发展过程中具有开创意义。

随后进行的认罪认罚从宽制度试点工作中，却没有了相应的规定，仅规定了人民检察院应当就认罪认罚后的程序适用问题听取被告人及其辩护人或者值班律师的意见。不过，在试点办法中规定，原刑事案件速裁程序试点相关规定可以参照执行，据此，被告人及其辩护人或者值班律师仍然可以建议适用相应程序。

5. 2018年《刑事诉讼法》：程序建议权缺失

2018年《刑事诉讼法》将认罪认罚从宽制度纳入刑事诉讼法典，尤其是增设了刑事速裁程序。但是，新法并未对被告人一方建议适用相关程序的权利作出明确的规定。在速裁程序一节，规定了速裁程序的适用条件以及检察机关的程序建议权，并未提及被告人的权利。只是在认罪认罚的相关条款中规定了听取意见的相关内容。[①]

但是，司法实务部门显然关注到了程序选择权的重要性。2019年10月发

[①] 2018年《刑事诉讼法》第173条规定：人民检察院审查案件，应当讯问犯罪嫌疑人，听取辩护人或者值班律师、被害人及其诉讼代理人的意见，并记录在案。辩护人或者值班律师、被害人及其诉讼代理人提出书面意见的，应当附卷。犯罪嫌疑人认罪认罚的，人民检察院应当告知其享有的诉讼权利和认罪认罚的法律规定，听取犯罪嫌疑人、辩护人或者值班律师、被害人及其诉讼代理人对下列事项的意见，并记录在案：（一）涉嫌的犯罪事实、罪名及适用的法律规定；（二）从轻、减轻或者免除处罚等从宽处理的建议；（三）认罪认罚后案件审理适用的程序；（四）其他需要听取意见的事项。人民检察院依照前两款规定听取值班律师意见的，应当提前为值班律师了解案件有关情况提供必要的便利。

布的"两高三部"《关于适用认罪认罚从宽制度的指导意见》（以下简称《认罪认罚指导意见》）规定，值班律师为认罪认罚的犯罪嫌疑人、被告人提供法律帮助的内容包括："提出程序适用的建议"，辩护人要"就定罪量刑、诉讼程序适用等向办案机关提出意见"，检察机关要"保障犯罪嫌疑人的程序选择权"。并且规定被告人对适用速裁程序有异议的，不得适用速裁程序。这些规定，使得被告人具有了一定的程序建议权。

6. 小结

在认罪认罚从宽制度发展演变过程中，被告人一方的程序选择权呈现出有所反复、整体提升的特点。但是2018年《刑事诉讼法》只赋予了被告人一方否定权，缺乏建议权甚至是要求适用权。而程序适用既关乎诉讼效率，也关乎实体结果，因为认罪认罚的被告人能够得到从宽处理。尤其是对被羁押的被告人意义更大，因为实践中会出现被告人被羁押时间过长，导致轻罪重判的情形。如何设立程序选择权，确保认罪认罚的被追诉人都能获得从宽从快的机会，是需要解决的课题。

（三）量刑协商制度初步形成

从职权配置来看，量刑是法院审判权的一部分。但是，现代司法中协商性司法制度兴起，对于控辩双方争议不大的案件，由控辩双方进行量刑协商，审判机关进行确认，有利于案件的高效解决。量刑协商制度也是认罪认罚从宽制度的重要内容。

1. 认罪认罚从宽制度试点前：只辩论不协商

从1979年《刑事诉讼法》制定，到2012年《刑事诉讼法》的修订，我国的刑事诉讼中一直没有量刑协商制度，也没有关于检察院量刑建议的规定。按照当时的法律，量刑问题是控辩双方的重要辩护内容。尤其是对于被告人认罪的案件，事实认定问题双方没有争议，法庭辩论的重点主要就在于量刑问题。2012年《刑事诉讼法解释》第295条第1款规定："适用简易程序审理案件，可以对庭审作如下简化：（一）公诉人可以摘要宣读起诉书；（二）公诉人、辩护人、审判人员对被告人的讯问、发问可以简化或者省略；（三）对控辩双方无异议的证据，可以仅就证据的名称及所证明的事项作出说明；对控辩双方有异议，或者法庭认为有必要调查核实的证据，应当出示，并进行质证；（四）控辩双方对与定罪量刑有关的事实、证据没有异议的，法庭审理可以直接围绕罪名确定和量刑问题进行。"按照当时的法律,检察机关不提量刑建议,只是在庭审中发表被告人应当从重或者从宽处罚的意见,被告人及辩护人发表辩护意见,但都是泛泛而谈,没有量化标准。最终的量刑,由法院在听取控辩双方意见以后,直接裁判。

2. 认罪认罚从宽制度试点后:可协商少对抗

在速裁程序试点期间,"两高两部"《速裁程序试点办法》对检察机关的量刑建议权作出明确规定,这是速裁程序试点的突出创新之处。① 根据规定,检察院在向法院起诉时,如果建议适用速裁程序,需要提出量刑建议,而在向法院提出量刑建议前,要征得被告人的同意。如果被告人不同意检察院的量刑建议,则检察院不得建议适用速裁程序。法院适用速裁程序审理案件,只能在量刑建议内判刑。如果超出量刑建议范围判刑,不论是高于量刑建议还是低于量刑建议,均需要转为简易程序或者普通程序审理。《速裁程序试点办法》规定了不适用速裁程序审理的几种情形,② 其中一项为"被告人对量刑建议没有异议但经审查认为量刑建议不当的"。如果法院按照速裁程序审理,则量刑结果必然在量刑建议的范围之内,这就增强了裁判结果的可预测性。由于速裁程序中公诉机关的量刑建议是经被告人同意的,所以被告人的上诉权设置问题就引起了讨论,存在保留与取消两种意见。"考虑全国人大常委会授权决定明确要求试点应当遵循刑事诉讼法的基本原则,当然包括'二审终审'原则,从严格按照授权依法开展试点考虑,《速裁程序试点办法》没有限制速裁案件的上诉权,拟待试点结束再根据试点情况提出立法建议。"③

随后的《认罪认罚试点办法》,对认罪认罚从宽制度的适用条件、适用程

---

① 李本森:《刑事速裁程序试点研究报告——基于18个试点城市的调查问卷分析》,载《法学家》2018年第1期,第171页。
② 《速裁程序试点办法》第2条规定:具有下列情形之一的,不适用速裁程序:(一)犯罪嫌疑人、被告人是未成年人,盲、聋、哑人,或者是尚未完全丧失辨认或者控制自己行为能力的精神病人的;(二)共同犯罪案件中部分犯罪嫌疑人、被告人对指控事实、罪名、量刑建议有异议的;(三)犯罪嫌疑人、被告人认罪但经审查认为可能不构成犯罪的,或者辩护人作无罪辩护的;(四)被告人对量刑建议没有异议但经审查认为量刑建议不当的;(五)犯罪嫌疑人、被告人与被害人或者其法定代理人、近亲属没有就赔偿损失、恢复原状、赔礼道歉等事项达成调解或者和解协议的;(六)犯罪嫌疑人、被告人违反取保候审、监视居住规定,严重影响刑事诉讼活动正常进行的;(七)犯罪嫌疑人、被告人具有累犯、教唆未成年人犯罪等法定从重情节的;(八)其他不宜适用速裁程序的情形。
③ 最高人民法院刑一庭课题组:《关于刑事案件速裁程序试点若干问题的思考》,载《法律适用》2018年第4期,第22页。

序等内容作了较为详细的规定。和之前的简易程序、速裁程序相比，在认罪认罚从宽制度中首次设立控辩双方的量刑协商程序，更大限度地保证了被告人一方的权利。其中第 10 条规定："在审查起诉过程中，人民检察院应当告知犯罪嫌疑人享有的诉讼权利和认罪认罚可能导致的法律后果，就下列事项听取犯罪嫌疑人及其辩护人或者值班律师的意见，记录在案并附卷：……（二）从轻、减轻或者免除处罚等从宽处罚的建议……犯罪嫌疑人自愿认罪，同意量刑建议和程序适用的，应当在辩护人或者值班律师在场的情况下签署具结书。"这就使得被告人一方可以就罪名的确定、量刑建议的形成等内容与控方进行协商，在协商一致的情况下，由被告人签署认罪认罚具结书。在公诉机关向人民法院起诉时，随案移送起诉书和量刑建议书。《认罪认罚试点办法》第 11 条第 2 款规定："量刑建议一般应当包括主刑、附加刑，并明确刑罚执行方式。可以提出相对明确的量刑幅度，也可以根据案件具体情况，提出确定刑期的量刑建议。建议判处财产刑的，一般应当提出确定的数额。"据此规定，量刑建议是比较明确具体的，只是对有些案件提出的量刑建议是一个量刑幅度，存在上限和下限。《认罪认罚试点办法》第 20 条规定："对于认罪认罚案件，人民法院依法作出判决时，一般应当采纳人民检察院指控的罪名和量刑建议，但具有下列情形的除外：（一）被告人不构成犯罪或者不应当追究刑事责任的；（二）被告人违背意愿认罪认罚的；（三）被告人否认指控的犯罪事实的；（四）起诉指控的罪名与审理认定的罪名不一致的；（五）其他可能影响公正审判的情形。"这一规定，突出了量刑协商的价值。接着在第 21 条规定："人民法院经审理认为，人民检察院的量刑建议明显不当，或者被告人、辩护人对量刑建议提出异议的，人民法院可以对建议人民检察院调整量刑建议，人民检察院不同意调整量刑建议或者调整量刑建议后被告人、辩护人仍有异议的，人民法院应当依法作出判决。"也就是说，在审判阶段，仍然可以进行量刑协商。鉴于检察院的量刑建议是控辩双方协商的结果，所以法院一般应当采纳检察院的量刑建议，即在量刑建议的范围之内判处刑罚。

2018 年《刑事诉讼法》吸纳了认罪认罚从宽制度试点办法的精神，继续规定了量刑协商制度，并且延续了《认罪认罚试点办法》的精神，要求人民法院一般应当在量刑建议范围内量刑。① 这些规定都突出了量刑协商结果的重要性。

3. 小结

量刑协商和量刑建议制度的确立，是认罪认罚从宽制度的重大创新，增强了判决结果的可预测性，提升了被追诉人一方在量刑过程中的地位，也使得判决结果更容易为控辩双方所接受。这一制度是认罪认罚从宽制度的核心，也是关乎被追诉人权利的关键，被追诉人的其他各项诉讼权利也都与量刑协商权有一定的关联。

（四）小结

在认罪认罚从宽制度形成和发展的过程中，关于认罪的要求、程序选择权利和量刑协商制度的规定逐步完善，内容逐步清晰。这三个方面是认罪认罚从宽制度的重要内容，而且，被告人对裁判结果的认可程度，与这三个方面具有较强的关联。只有真诚自愿认罪，才能保证案件处理结果的正确性；只有自愿选择程序适用，才能使被告人感受到程序的公正性；只有被告人能够有效进行量刑协商，才能要求被告人服从裁判结果。研究认罪认罚从宽制度被追诉人的权利，也需要从这些关键问题入手。

三、认罪认罚从宽制度的理论基础

（一）认罪认罚从宽制度的价值取向

认罪认罚从宽制度是简易程序的进一步发展，与简易程序的价值具有一定的共性。随着简易程序逐步成熟，学者们对简易程序的价值的看法也逐步趋于一致，主要包括以下几个方面：（1）有利于实现司法资源的合理配置，符合诉讼效益原则；（2）有利于提高司法机关的工作效率，缓解法院办案力量不足的压力；（3）是当前世界各国刑事诉讼发展的必然趋势。②

---

① 2018年《刑事诉讼法》第201条第1款规定：对于认罪认罚案件，人民法院依法作出判决时，一般应当采纳人民检察院指控的罪名和量刑建议，但有下列情形的除外：（一）被告人不构成犯罪或者不应当追究刑事责任的；（二）被告人违背意愿认罪认罚的；（三）被告人否认指控的犯罪事实的；（四）起诉指控的罪名与审理认定的罪名不一致的；（五）其他可能影响公正审判的情形。在审判过程中，人民检察院可以调整量刑建议。人民法院经审理认为量刑建议明显不当或者被告人、辩护人对量刑建议提出异议的，应当依法作出判决。

② 甄贞主编：《刑事诉讼法研究综述》，法律出版社2002年版，第474页。

全国人大常委会在授权"两高"开展速裁程序试点和认罪认罚从宽制度试点的决定中，分别表明了授权目的。《速裁程序试点决定》表述为："为进一步完善刑事诉讼程序，合理配置司法资源，提高审理刑事案件的质量与效率，维护当事人的合法权益……";《认罪认罚试点决定》表述为："为进一步落实宽严相济刑事政策，完善刑事诉讼程序，合理配置司法资源，提高办理刑事案件的质量与效率，确保无罪的人不受刑事追究，有罪的人受到公正惩罚，维护当事人的合法权益，促进司法公正……";"两高三部"《认罪认罚指导意见》指出："适用认罪认罚从宽制度，对准确及时惩罚犯罪、强化人权司法保障、推动刑事案件繁简分流、节约司法资源、化解社会矛盾、推动国家治理体系和治理能力现代化，具有重要意义。"

这些司法文件的表述，反映了决策机构对于速裁程序和认罪认罚从宽制度的期待。开展认罪认罚从宽制度，包括其中的制度设计，尤其是被追诉人的权利保护问题，亦应贯彻这样的精神，围绕这样的目的。为了更好地理解认罪认罚从宽制度，需要结合制度的目的，探寻支撑制度运行的价值取向。

1. 根本价值：追求效率、快速结案

第一，观点之争：效率导向？两个授权决定中都有关于提高效率的表述，"提高办理刑事案件的质量与效率"直接使用了效率一词，而合理配置司法资源，也是建立在效率观的基础之上。如何看待效率与认罪认罚从宽制度的关系，学者们也进行了较为深入的研究。认罪认罚从宽制度要关注效率，实现公正与效率的统一，这是一个不争的事实。

但对效率应当重视到何种程度，效率是否居于优先地位，则存在不同看法。陈卫东在《认罪认罚制度研究》一文中开辟"价值取向"一节，指出"公正为本，效率优先"应当是认罪认罚制度改革的核心价值取向。[①] 陆旭认为，追求诉讼效益是认罪认罚从宽制度的首要价值，认罪认罚从宽制度对被告人和司法机关均可以提高诉讼效率，并产生诉讼利益。[②] 曾国东在实证研究的

---

① 陈卫东：《认罪认罚从宽制度研究》，载《中国法学》2016年第2期，第51页。该文同时认为，认罪认罚从宽制度的价值取向包括四个方面：1. 公正基础上的效率观；2. 承载现代司法宽容精神；3. 探索形成非对抗的诉讼格局；4. 实现司法资源的优化配置。

② 陆旭：《认罪认罚从宽的价值体认与制度构建》，载《湖北社会科学》2017年第9期，第150页。

基础上提出"应当确认效率优先的价值理念"。① 如果确立效率优先的理念，则在制度安排上需要尽可能地克服那些掣肘制度运行的因素，哪怕在一定程度上牺牲了公正，在两相比较中，通过效率优先获取更大的效益。

而另一种意见反对将认罪认罚从宽制度的要旨简单地等同于对认罪认罚的嫌疑人、被告人的从快、从简处理，提出应当思考如何加强对被追诉人的权利供给，尤其是实体权利供给，认为"将提高诉讼效率作为认罪认罚从宽制度改革的目的是认识上的误区"。② 这一观点对效率优先论提出了批评，要求司法改革要把目光聚焦于被追诉人的权利保护。有学者提醒："提高司法效率是认罪制度所追求的直接价值目标，但是，向效率价值的倾斜并不意味着对公正价值的完全取代，司法公正依然是认罪制度所应追求的终极价值目标，必须守住'底线公正'。"③

这种观点上的对立，在改革的初期，具有很大的必要性，有利于制度改革的慎重推进。但是，随着改革的深入，为了完善制度，保障诉讼制度改革正确的方向，必须确立明确的指导思想。

第二，基于产生背景的考察：效率主导！正确认识效率与认罪认罚从宽制度的关系，需要结合认罪认罚从宽制度的背景来考察。认罪认罚从宽制度的提出，有其特殊的时代背景。"近年来，刑事案件整体呈现出急剧增长的趋势，总量不断攀升，司法机关'案多人少'的矛盾突出。2017 年，全国法院审一审刑事案件近 130 万件，比 2010 年增加 66.7%。"④ 近 20 年来，检察机关受理审查起诉刑事犯罪从 1999 年 82.4 万人增加到 2019 年 220 万人，其中，起诉严重暴力犯罪从 16.2 万人降至 6 万人，醉驾、侵犯知识产权、破坏环境资源等新型危害经济社会管理秩序犯罪大幅上升，被判处三年有期徒刑以下刑罚的轻罪

---

① 曾国东认为："应当确认效率优先的价值理念，多数案件应当在价值选择时站到诉讼经济或效率一边，只有在处理少数重罪案件时才应选择对正义的无限追求。唯有将诉讼效率和诉讼经济作为核心理念赋予绝大多数案件，才能实现促进案件分流的制度设计初衷。"参见曾国东：《刑事案件认罪认罚从宽制度的定位分析——基于检察视域的实证研究》，载《东方法学》2017 年第 6 期，第 128 页。

② 左卫民：《认罪认罚何以从宽：误区与正解——反思效率优先的改革主张》，载《法学研究》2017 年第 3 期，第 160—175 页。

③ 李晓丽：《程序法视野下的认罪制度研究》，中国社会科学院 2017 年博士学位论文，第 40 页。

④ 胡云腾主编：《认罪认罚从宽制度的理解与适用》，人民法院出版社 2018 年版，第 77 页。

案件占比从 54.4% 上升至 83.2%。① 从案件类型上来看，严重危害社会治安的犯罪案件反而呈下降趋势，持续增长的主要是一些较轻犯罪，这些案件被告人认罪态度总体较好。面对这种案件整体增加而简单案件比例上升的局面，就有必要采取类型化的诉讼模式，区分案件类型，对简单案件快速简化审理，繁简分流。

另外，党的十八大以来，我国先后纠正了一批冤假错案，包括一些被告人已经被判处并执行了死刑的重大案件。这些冤假错案的出现，刺激着公众的神经，如何防范冤假错案成为一项重要的课题。要防范冤假错案，必须强化诉讼过程中被追诉人权利的保障，实现庭审的实质化，让被追诉人一方能够充分行使权利，对抗公诉机关，从而形成控辩之间的对抗，审判机关根据证据裁判原则，依法判决。据此，中央提出了以审判为中心的诉讼制度改革。建立以审判为中心的诉讼制度，是以控辩双方存在对抗为前提的，必将投入较多的司法资源，耗时耗力，但这是实现司法公正的需要。然而，司法资源总是有限的，破解之道就是对案件进行分流，实现繁案精审，简案快审，将认罪案件节约出来的司法资源投入不认罪案件的审判之中。

从认罪认罚从宽制度的形成背景看，该项制度从其孕育和出生，就承担着节约司法资源的重任，突出了对效率的追求，而且确实"通过'该宽则宽'明显提升了程序效率"。② 失去效率的认罪认罚从宽制度，也就缺乏其存在的合理性和必要性。这种以快速结案为导向的制度，必然将效率放在突出的位置。"就认罪制度而言，公正与效率这两大基本价值之间的平衡点滑向效率一方，与普通程序相比，认罪制度对效率价值的追求相对优先。"③ 从世界范围看，案量激增是世界各法治国家共同面临的问题，在很多情况下司法机关不得不将效率作为优先考虑的价值，破解之道就是推行简易程序和协商程序。在很多国家，均出现了协商程序、简易程序在数量上取代普通审判程序成为主流的现象，"传统刑事司法所追求的实体优先、精确量刑的目标很大程度上被诉讼经

---

① 参见最高人民检察院检察长张军于 2020 年 10 月 15 日在第十三届全国人民代表大会常务委员会第二十二次会议上所作的《最高人民检察院关于人民检察院适用认罪认罚从宽制度情况的报告》。
② 陈光中等著：《司法改革问题研究》，法律出版社 2018 年版，第 407 页。
③ 李晓丽：《程序法视野下的认罪制度研究》，中国社会科学院研究生院 2017 年博士学位论文，第 37 页。

济的价值取代"。① 我国的这一做法，是顺应了国际刑事司法的大潮流，追求诉讼效率具有积极正向的一面，在认罪认罚从宽制度设计中要科学决策，不可回避效率导向。

2. 内在价值：实现公正、感化罪犯

"协商性司法是一种倾向于效率价值的司法形态，但这并不代表效率是唯一的价值追求，公正、真实、人权保障等价值也不应忽视。"② 认罪认罚从宽制度的价值当然具有两面性，对效率的追求不能掩盖其对公正的保障。如果片面强调效率，过多地牺牲公正，则这种制度同样没有生存的空间。从司法实践看，"从快处理"在提高诉讼效率、节约司法资源的同时，也带来了对实体公正的减损。③ "某些法律制度，不管它们如何有效率和安排有序，只要它们不正义，就必须加以改造或废除。"④ 认罪认罚从宽制度本身就蕴含着对公正的追求和保障，应当引起关注，并全力保证公正的实现。

其一，以"从宽"促进感化。认罪认罚从宽制度适用于认罪案件，认罪案件以轻罪案件居多。随着劳动教养的废除，刑法的不断修订，一些以前不属于犯罪的行为入罪，如危险驾驶罪、扒窃型的盗窃罪，这些犯罪在刑事案件中占有较大比例。"全国法院判处三年有期徒刑以下刑罚的案件比例，近几年都在80%以上。"⑤ 这些轻罪被告人被犯罪化，需要解决两个方面的问题。一方面，被告人的心态问题，如果这些人不能从内心认罪悔罪，不能接受所判处的刑罚，将会产生对抗的情绪，难以很好地改造。国家有责任有义务采取相应的措施，感化挽救被告人，避免其走向社会的对立面。而通过认罪认罚从宽制度，让被告人获得较轻的刑罚，而且让其参与到量刑协商，提升其诉讼主体地位，使其尊严得以维护，将有利于被告人接受刑罚，很好地回归社会。另一方面，对轻刑犯如何克服短期自由刑的流弊，避免交叉感染，一直是一个社会问题。

---

① 杜国强、冉容：《德国认罪协商及相关制度考察报告》，载胡云腾主编：《认罪认罚从宽制度的理解与适用》，人民法院出版社2018年版，第473页。

② 王迎龙：《协商性刑事司法错误：问题、经验与应对》，载《政法论坛》2020年（第38卷）第5期，第55页。

③ 孙长永、冯科臻：《认罪认罚案件抗诉问题实证研究——基于102份裁判文书的分析》，载《西南政法大学学报》2020年第4期，第103页。

④ ［美］罗尔斯著：《正义论》（修订版），何怀宏、何包钢、廖申白译，中国社会科学出版社2009年版，第3页。

⑤ 胡云腾：《认罪认罚从宽制度的理解与适用》，人民法院出版社2018年版，第76页。

本来没有犯罪前科的人，因为羁押而有可能受到其他在押人员的不良影响，释放以后再次走上犯罪道路。对于轻罪犯罪人，处以较为轻缓的刑罚，具有很大的必要性。认罪认罚从宽制度的从宽方式，主要表现为扩大非监禁刑的适用，给予被告人开放式处遇。这样的制度更有利于感化挽救被告人，帮助被告人回归社会。

其二，以"及时"实现正义。"迟来的正义是非正义"，正义不仅要实现，而且要及时实现。一个刑事案件的发生，就是犯罪行为对社会秩序的破坏。要修复这种遭到破坏的社会秩序，最为直接的方式，就是让被告人罪有应得，承担相应的刑罚，实现正义，这种正义来得越及时，对社会秩序的修复效果就越好。人们因为犯罪而产生的不安也就能及时消除。同时，对于被告人来说也是一样，有罪定罪，无罪放人，在判决宣告之前，被告人都是处于不确定状态。而常规的普通程序审理案件，冗长的诉讼过程，会导致案件周期过长。判决的结果迟迟不出，正义姗姗来迟，本身就是不正义。

对于轻罪案件来说，由于审理周期过长，还容易出现"刑期倒挂"的现象。一些轻微犯罪案件，根据罪行判处几个月刑期即可，但是普通程序案件经过侦查、批捕、起诉等环节，到了法院审判时已经羁押数个月甚至一年以上。在这种情况下，司法机关往往会采取"押多少判多少"的做法，对羁押期限实报实销。在宣判以后，由于被告人被立即释放或者即将释放，往往不再上诉。但被告人实际羁押的时间超过了其应当被判处的刑期，超范围承担了责任。对于这种情况，被告人往往没有任何救济的手段。而通过认罪认罚从宽制度，无疑能够提升办案速度，尤其是速裁程序，能够避免这种侵犯被告人合法权益的现象发生，从而维护正义。

同时，认罪认罚案件的处理过程尊重被追诉人的主体地位，给予其协商的机会，培养其契约精神，从社会治理的角度看，认罪认罚从宽制度可能会赋予我国刑事诉讼制度一种新的品质：刑事诉讼制度在追诉惩罚犯罪的同时，还可以成为一种培育犯罪嫌疑人、被告人规则意识、法治观念的有效社会控制手段。[①]

3. 延伸价值：繁简分流、防范错案

如前文所述，认罪认罚从宽制度，是以审判为中心的诉讼制度改革的配套

[①] 吴宏耀：《认罪认罚从宽制度的体系化解读》，载《当代法学》2020年第4期，第67页。

措施，除了自身所具有的效率和公正方面的价值之外，对于完善整个诉讼制度，也具有重要的意义。

第一，认罪认罚从宽制度是实现繁简分流的路径。

对于不同的案件应当适用不同的诉讼程序，是基本上已经能够达成共识的问题。作为一个法治发达的国家，有义务设置不同的诉讼程序，供被告人选择适用。选择诉讼程序的过程，也是体现被告人诉讼主体地位的过程，让被告人能够有尊严地参与诉讼。只有程序多元，才具有选择程序的可能性，才能针对案情量体裁衣式地适用程序。建立多元化的刑事诉讼程序体系，已经为多数法治发达国家的立法、司法实践所采用。构建起多层次、多元化的刑事诉讼体系，对刑事诉讼程序繁简分流，从而合理配置司法资源，是现代刑事诉讼制度改革所承载的重要功能。[①] 对认罪认罚案件依法从简、从快、从宽处理，在我国有利于推动刑事诉讼程序制度的层次化改造，根据刑事被告人认罪与否、案件难易、刑罚轻重等情况，探索速裁程序、简易程序、普通程序有序衔接、繁简分流的多层次诉讼制度体系，能够为完善刑事诉讼程序制度提供实践基础。[②] 认罪认罚从宽制度深入推行，将能够解决大量案件的快速审理问题，对实现案件繁简分流作用巨大。[③]

第二，认罪认罚从宽制度是防范错案的措施。

防范冤假错案，除了需要改变司法人员的办案理念之外，还要制定并执行严格的被告人权利有保障的诉讼程序。而实施一项严格的诉讼程序，控辩对抗相对激烈，诉讼周期相应延长，无疑需要投入大量的司法资源。在当前司法资源总量有限的情况下，通过认罪认罚从宽制度节约出司法资源，用以弥补严格诉讼程序所需要占用的司法资源，是行之有效的办法。认罪认罚从宽制度改革与以审判为中心诉讼制度改革相伴而生、互为补充，认罪认罚从宽制度间接作

---

① 李晓丽：《程序法视野下的认罪制度研究》，中国社会科学院研究生院 2017 年博士学位论文，第 44 页。
② 周强：《对〈关于授权在部分地区开展刑事案件认罪认罚从宽制度试点工作的决定（草案）〉的说明》，2016 年 8 月 29 日在第十二届全国人民代表大会常务委员会第二十二次会议上所作。
③ 最高人民检察院检察长张军于 2020 年 10 月 15 日在第十三届全国人民代表大会常务委员会第二十二次会议上所作《最高人民检察院关于人民检察院适用认罪认罚从宽制度情况的报告》指出，2019 年 1 月至 2020 年 8 月，全国检察机关使用认罪认罚从宽制度办结案件 1416417 件涉 1855113 人，人数占同期办结刑事案件总数的 61.3%。

用于防范冤假错案，对实现司法的整体公正具有积极意义。

同时，认罪认罚从宽制度通过保障认罪认罚的自愿性，从而防范虚假认罪认罚，也能防范冤假错案。认罪案件在所有刑事案件中占有较高的比例，通过合理的制度设计，使得被追诉人罚当其罪，能够避免大量冤假错案。

4. 小结

认罪认罚从宽制度追求效率，需要简化诉讼程序，但追求效率以保证公正为前提，不能牺牲公正，否则会使认罪认罚从宽制度失去正当性，而且难以实现制度的目的。对被追诉人权利的保护，要与认罪认罚从宽制度的价值取向相结合，既不能缺位，也不能过度。

（二）认罪认罚从宽制度的法哲学基础

认罪认罚从宽制度是一项关乎人的重要权利的诉讼制度，在关注其价值取向的同时，有必要追寻其法哲学基础。

1. 分配正义理论

分配正义理论是社会正义的核心内容，涉及社会资源、财富的分配方式。按照西方传统分配正义理论，所谓分配正义，无非就是依据某种尺度或权利使"应得者得其应得"。[①] 亚里士多德把社会正义分为分配正义和矫正正义，认为，分配正义就是"作为德性的一个部分的正义"，即"具体的正义"，它涉及对荣誉、钱物和共同财产的分配。分配正义的实质在于成比例，分配不正义则在于违反比例。强调根据每个人不同的地位、财产、能力或者贡献等因素给予不同的待遇，而矫正正义则是指无差别地给予一切人以均等的对待。[②] 穆勒在《功利主义》中写到，社会应当平等地对待所有应当平等地获得这种平等待遇的人，也就是说，社会应当平等地对待所有应当绝对平等地获得这种平等待遇的人。分配正义理论在不同的历史时期有不同的发展，有"要素平等""规则平等""实质平等"不同的侧重，[③] 但是对正义目标的追求是一致的，即构建良好的社会秩序。

[①] 黄建军：《唯物史观论域中的分配正义及历史生成逻辑》，载《中国社会科学》2021年第8期，第80页。

[②] 亚里士多德：《尼各马可伦理学》，廖申白译，商务印书馆2017年版，第149页。

[③] 颜景高：《分配正义的演变逻辑探析》，载《天津师范大学学报（社会科学版）》2020年第1期，第28页。

分配正义包括了两项基本原则,即差异性原则和同一性原则。差异性原则即差异性分配正义,要求不同的人因某些被认可的差异而得到不同的对待,强调不同情况要区别对待,同一性原则即同一性分配正义,要求人们因为某些被认可的同一而得到相同的对待,强调相同情况要相同对待。

认罪认罚从宽制度契合了分配正义理论,主要表现在两个方面。

一是司法资源的分配要根据案件的差别区别对待。司法资源是社会资源的重要组成部分,丰富的司法资源是实现司法公正、维护公平正义的重要保障。刑事诉讼尤其如此,如果司法资源不足,投入每一个案件中的司法资源包括(人力财力)过少,则案件难免草率处理,诉讼参与人的各项权利难以保障,也就很难期待案件的实体结果科学准确。鉴于此,有必要合理分配司法资源,"好钢用在刀刃上",对于没有争议的案件尽量地简化审理节约司法资源。认罪认罚从宽制度,鼓励被追诉人认罪认罚,减少案件争议,从而实现快速简化审理。按照分配正义的差异化原则,对于不同类型的案件,分配不同的司法资源,具有正当性。反过来看,对于认罪认罚没有争议的案件,如果投入过多的司法资源,将是一种浪费,也是不正义的。

二是刑罚的分配要因人而异。刑罚对于犯罪分子来说是一种惩罚,而对于国家来说则是社会资源的投入,包括监狱、警察等。对犯罪的人科以何种刑罚,需要根据案件事实以及犯罪人的具体情况确定。二者之间要合乎比例,具有相当性。对认罪认罚的被告人从宽处罚,一方面是对其节约司法资源的奖励;另一方面是因为其犯罪的后果减轻,改造难度降低,刑罚量需求相对较小。所以对认罪认罚的被追诉人与不认罪认罚的追诉人区别对待,差异化量刑,也符合分配正义的基本要求。

2. 意思自治原则

意思自治是指每一个社会成员依自己的理性判断管理自己的事务,自主选择、自主参与、自主行为、自主负责。意思自治原则是私法领域的一项重要的基础性原则,起源于罗马法。罗马法首次将公法与私法分开,承认私法中一切私法主体的意志自由,有观点认为,"一部罗马法史,就是一部意思自治(抑或契约自由)思想由不成熟到比较成熟的生成史"。[①] 真正正式提出意思自治原

---

① 蒋先福:《契约文明:法治文明的源与流》,上海人民出版社1999年版,第95页。

则的是 16 世纪法国学者查理·杜摩林，其核心观点就是在私法领域应充分尊重当事人自己在法律方面的各项选择，其中包括订立契约的自由，也包括选择契约应适用的法律的自由。[1] 但随着社会化的发展，政府在社会中的国家干预力度也在增强，契约自由和个人主义让位于社会利益，意思自治原则也被框定了法律的范围，需要以正义为前提。[2]

意思自治原则的思想基础是人的自由意志、权利，亦即自然法中的人本主义。人本主义从起源上是一种心理学的学说，关注人的需求，强调人的独立性和主动性，承认人的价值和尊严，认为人应该对自己的行为负责，同时认为人有不同层次的需求，这些需求应该得到尊重。人本主义也发展成为一种哲学观点，强调以人为本，突出人的主体地位。[3] 人本主义在国家治理层面具有重要的意义，据此，任何制度的设立和构建，都要关注人的主体地位。

刑事诉讼要解决的是被追诉人的刑事责任问题，由于犯罪行为不仅是对个人利益的侵犯，更是对社会利益的侵犯，所以追诉犯罪问题本来并没有意思自治原则的适用空间。但是，随着人们对刑事诉讼制度认识的深入和司法理念的更新，恢复性司法得到了重视。在刑事诉讼中给予当事人意思自治的一定空间，有利于获得更好的司法效果。认罪认罚从宽制度赋予被追诉人主体地位，关注其不同层次的需求，体现了对被追诉人的尊重，有助于培育犯罪嫌疑人、被告人"自治、自决、负责任"现代法治主体意识，[4] 是意思自治原则在刑事诉讼中的重要体现，符合人本主义的精神。

一是刑事诉讼在一定程度上尊重当事人的意思自治。对于有受害人的犯罪行为，被害人在诉讼过程中有权利选择与被追诉人和解，或者放弃追诉主张。国家需要给当事人的自由意志提供一定的空间。我国刑事和解制度的确立，体现了这样的精神。认罪认罚从宽制度，进一步赋予被追诉人与被害人之间和解、协商的权利，意思自治原则得到了更明显的体现。

---

[1] 王钢：《论民商事调解的当事人意思自治原则》，载《中国国际私法与比较法年刊》2015 年第 1 期，第 209 页。

[2] 王婷婷：《论意思自治原则的法哲学基础及其发展》，载《科技文汇》2018 年 6 月（下），总第 426 期，第 156 页。

[3] 刘天麟：《复归马克思主义人本主义思想》，载《金古文创》2021 年第 11 期，第 57—58 页。

[4] 吴洪耀、徐艺宁：《充分发挥认罪认罚从宽制度的社会治理功能》，载《检察日报》2020 年 10 月 22 日。

二是被追诉人需要对自己的行为负责,承担相应的责任。犯罪行为是行为人基于自由意志所实施的,其需要对自己的犯罪行为承担责任。同样,对于犯罪以后的诉讼行为,被追诉人可以自愿选择是否认罪认罚,对其基于自由意志作出的决定,要自行承担后果。

三是突出被追诉人的主体地位,满足其不同层次的需求。认罪认罚从宽制度赋予被追诉人主体地位,让其能够自我抉择,进行程序选择,开展量刑协商。同时,从制度上提供不同的诉讼方式和处罚后果供被追诉人选择,可以选择合作,也可以选择抗辩,正是意思自治原则的体现。

(三)认罪认罚从宽制度的刑事政策依据

前文已经论述,认罪认罚从宽制度的确立,有其自身的制度渊源和特定的时代背景。从制度渊源角度看,我国在长期的刑事立法、司法活动中形成的宽严相济刑事政策,为认罪认罚从宽制度奠定了基础,提供了依据。而当前繁简分流的司法制度改革,直接催生了认罪认罚从宽制度。前文已经对繁简分流的司法制度改革做过分析,不再赘述,再次有必要明确宽严相济刑事政策的内涵以及与认罪认罚从宽制度的关系。

1. 宽严相济刑事政策的含义

中华人民共和国成立以来,我国惩治犯罪的刑事政策在不同时期,有不同的表现。1956年9月,在中国共产党第八次全国代表大会的政治报告中,明确提出了"惩办与宽大相结合"的政策。[①] 这一政策是对革命战争时期"镇压与宽大相结合"政策的调整,惩办和宽大相结合政策的适用对象是反革命分子和其他犯罪分子。我国1979年《刑法》第1条规定:"中华人民共和国刑法依照惩办与宽大相结合的政策……制定",突出了惩办与宽大相结合政策精神的地位。2006年10月,党的十六届六中全会作出的《中共中央关于构建社会主义和谐社会若干重大问题的决定》指出,"实施宽严相济的刑事司法政策",就是首次从全党全国的高度确立了我国的基本刑事政策。[②]

最高人民法院发布的《关于贯彻宽严相济刑事政策的若干意见》(法发〔2010〕9号)指出,"贯彻宽严相济刑事政策,要根据犯罪的具体情况,实行

[①] 《刘少奇选集》,人民出版社1958年版,第254页。

[②] 黄春燕:《宽严相济刑事政策古今考辨》,载《南京社会科学》2018年第2期,第87页。

区别对待，做到该宽则宽，当严则严，宽严相济，罚当其罪，打击和孤立极少数，教育、感化和挽救大多数，最大限度地减少社会对立面，促进社会和谐稳定，维护国家长治久安"。至此，"该宽则宽，当严则严，宽严相济，罚当其罪"成为宽严相济刑事政策含义的官方表述。如何实现"从宽"，该意见指出，"被告人案发后对被害人积极进行赔偿，并认罪、悔罪的，依法可以作为酌定量刑情节予以考虑"。这些内容是案发以后被告人的表现，成为影响量刑的因素。

2. 认罪认罚从宽制度与宽严相济刑事政策

正如前文所述，宽严相济刑事政策将被告人案发后的表现包括诉讼中的表现作为影响量刑的因素予以考量，这也就为认罪认罚从宽制度的形成奠定了基础，提供了依据。

第一，认罪认罚从宽制度是宽严相济刑事政策的新发展和具体化。二者均由党中央从全党全国的高度提出，具有较高的定位。宽严相济刑事政策是一个基础性政策，涉及犯罪治理的各个方面和环节，内容相对较为原则。如何实现"宽严相济"中"宽"的一面，尤其是在诉讼程序中如何体现，需要进一步的明确。认罪认罚从宽制度应运而生，对犯罪后认罪认罚的被追诉人如何从宽予以制度化，充实发展了宽严相济刑事政策的内涵。

第二，认罪认罚从宽制度与宽严相济刑事政策具有共同的价值追求。一项刑事政策或者诉讼制度，均蕴含内在的价值追求。认罪认罚从宽制度与宽严相济刑事政策一脉相承，预防与减少犯罪、恢复司法正义、维护社会和谐稳定是二者共同的价值追求。认罪认罚从宽制度的产生，具有特定的社会背景，是国家治理现代化的一个体现，制度的价值不仅在于制度本身，更在于通过制度实施促进社会的发展、稳定和进步，这一点也正是宽严相济刑事政策价值的体现。

四、小结

认罪认罚从宽制度是认罪案件审理制度发展到现阶段的产物，虽然是新制度，但具有长期的积淀和基础。在认罪案件审理制度发展的过程中，对于认罪的要求，认罪的后果以及程序的适用出现了一些变化，总的趋势是对认罪认罚的被告人给予量刑优惠，从而简化诉讼程序，提升效率。认罪认罚从宽制度在追求效率价值的同时，要关注公正价值，对被追诉人作出公正的处理，包括程序公正和实体公正，才能实现制度的目的。该制度以分配正义理论和意思自治原则为基础，以宽严相济刑事政策为依据，具有旺盛的生命力。

第二节 被追诉人权利保护的基本问题

刑事诉讼是"在国家专门机关的主持和相关诉讼参与人的参加下，查明犯罪事实、追究和惩罚犯罪、保障人权的活动"，[①] 所要解决的是国家和追诉对象之间的纠纷。作为追诉对象的个体在诉讼过程中需要与国家机关相抗衡，处于相对弱势的地位，为了防止其被错误追究或者不当追究，保护其在诉讼中的权利，就显得尤为重要。加强被追诉人权利保护，是防止冤假错案的需要，也是保障有罪的人能够有尊严地参与诉讼的需要。

一、被追诉人权利

被追诉人是社会中的一个特殊群体，是指受到刑事指控和追诉的人，其将有可能受到相应的刑事制裁。被追诉人的权利，属于人权的一个方面，通过对人权、被追诉人等概念的解读，可以明确被追诉人权利的含义。

（一）人权的基本问题

1. 人权概念的形成

人权观念是人类社会发展到一定阶段才产生的一种认识。当社会有了进步，发展到一定阶段后，人们才会思考个人在社会中是否受到了应有的待遇和尊重，是否实现了公平正义，逐步形成人权观念。"古代奴隶制社会，人民在反抗奴役和暴政的过程中，逐渐产生了追求平等、自由的观念，这是朴素的处于萌芽状态的人权思想。"[②] 人权观念的形成由来已久，保罗·劳伦认为，人权思想可追溯到世界主要宗教典籍和古希腊、罗马哲学思想，古代中国、印度、

[①] 樊崇义主编：《刑事诉讼法学》，中国政法大学出版社2009年版，第3页。
[②] 樊崇义：《从"人权保障"到"人权司法保障制度"》，载《中国党政干部论坛》2014年第8期，第16页。

伊斯兰文明对人权思想都有所贡献。① 特别是古代自然法思想和理念对于人权的发展起到了推动作用。"自然法理论中的人文关怀和对理性的呼唤昭示了人类对权利的诉求，因此可以说，在古代自然理念中的人权是一种粗糙的、朴素的人类权利观，体现着人类对自然的最原初的好奇与崇敬。"② 也就是说人权思想的形成，具有历史继承性，是人类社会发展过程中逐步形成的。近代资产阶级将人权作为反对基督教统治、反对封建君主的阶级革命的理念和口号，使得人权的观念得以普遍的发展。"虽然人道主义理念早已有之，但直到20世纪40年代'人权'作为英美等国在"二战"中的战争目标及战后制度安排才开始被广泛使用，国际人权标准和区域人权保护机制随之得到发展。"③ 樊崇义教授总结认为，近代200多年来，人权观念和实践经历了三次重大变化和发展。第一次是资本主义的人权理论和实践，主要代表和标志是1776年美国《独立宣言》和1789年法国《人权和公民权宣言》。第二次是社会主义的人权理论和实践，其中重点内容是主张社会主义的人权。1917年俄国十月革命的胜利，消灭了剥削，消灭了封建专制，建立的社会主义成果，其思想基础是马列主义的人权观。其中包括我国社会主义的革命、建设与实践。第三次是国际人权的理论与实践，其标志是1948年发表的《世界人权宣言》，它标志着人权开始成为国际政治的重大问题。④

对于何谓人权，存在认识逐步加深的过程。格维尔茨认为："人权是所有的人因为他们是人就平等地具有的权利。"⑤ 米尔恩认为："人权概念是这样一种观念：存在某些无论被承认与否都在一切时间和场合属于全体人类的权利。"⑥ 所以，人民仅凭其作为人就享有这些权利，而不论其国籍、宗教、性别、社会身份、职业、财富、财产或其他任何种族、文化或社会特性方面的差异。这些观点从最根本的特性界定人权，认为人权是人与生俱来的不以人的认

---

① ［美］保罗·戈登·劳伦：《国际人权的演进》，第9页。转引自刘祥：《西方史学界的人权史研究述评》，载《世界历史》2018年第1期，第140页。
② 陶菁：《人权概念的语用学分析》，载《人权》2015年第2期，第13页。
③ 刘祥：《西方史学界的人权史研究述评》，载《世界历史》2018年第1期，第138页。
④ 樊崇义：《从"人权保障"到"人权司法保障制度"》，载《中国党政干部论坛》2014年第8期，第17页。
⑤ 沈宗灵、黄楠森：《西方人权学说》（下），四川人民出版社1994年版，第116页。
⑥ ［英］A.J.M 米尔恩：《人的权利与人的多样性——人权哲学》，夏勇、张志铭译，中国大百科全书出版社1995年版，第2页。

识为转移的权利,但没有界定人权的具体内容。认为人权是一种潜在的观念,而不论是否被认识到、被保护到,这更多是从道德层面对人权的解释。由于缺乏一定的标准或者说具体内容,使得人权概念并不完整,也难以发挥应有的作用,因为这种人权观念依赖于国家、政府组织能够自觉地遵守并予以保护。米尔恩认为,一个政府无论它是否承认普遍道德的要求,都必须服从它们。普遍道德不仅要求政府负有义务去竭力保护其管辖下的每个人的人权,而且要求政府负有义务,始终尊重并因此绝不以任何形式侵犯与它发生交往的任何人的人权。①

我国学者李步云认为,"人权是依其自然属性和社会属性所享有和应当享有的权利"。② 这一概念,从内容上涉及自然属性和社会属性,从状态上既包括已经享有的权利,又包括应当享有的权利,是实然和应然的统一体。从个体层面看,既要实现已有的人权,也要争取应有的人权;从国家层面,要保障现有法定人权,还要提高保障的范围和层次。

但是,权利要想实现,必须具有相对确定的内容,并且有制度上的保障,否则容易陷入空谈。尽管人权不因制度而存在,但制度能够赋予人权特定的意义。"道德人权只有转化为制度人权,才能成为活生生的人权。"③ 没有制度保障的人权,更多的是一种理想,人权只有落实到具体的制度层面才具有实际意义。在国家出现后,制度就成为国家治理的重要手段。在人权领域,需要由国家制定制度来保障人权。"国家的最终目的在于保障人权,因此,保护人权,尊重人的尊严,应是每个国家制度设计的主线。"④ 从道德人权的角度看,人权具有普遍性的特点,而从制度人权的角度看,人权具有特定性,与每一个国家的实际情况有关。将人权纳入制度语境之后,发端于自然权利的人权概念自身产生了分离,具有自然属性的人权中核心性、重要性的权利内容被写入法律文本,成为法定人权;同时,人权仍然保留其应然的理想性的一面,在法律规定之外,发挥着价值指引的作用。所以,人权概念中体现了规范与价值的融合。⑤

---

① [英] A.J.M 米尔恩:《人的权利与人的多样性——人权哲学》,夏勇、张志铭译,中国大百科全书出版社1995年版,第190页。
② 李步云:《论人权》,社会科学文献出版社2010年版,第66页。
③ 岳悍惟:《刑事程序人权的宪法保障》,法律出版社2010年版,第19页。
④ 岳悍惟:《刑事程序人权的宪法保障》,法律出版社2010年版,"自序"部分第2页。
⑤ 陶菁:《人权概念的语用学分析》,载《人权》2015年第2期,第20页。

随着社会的发展，人权由道义上的、观念上的人权逐步发展为制度上的人权，也就有了最低程度的保护标准。国内法开始关注人权问题，将人权问题具体化、制度化。

2. 国际公约中的人权

国际社会普遍关注人权，人权也成为世界性的问题。国际组织需要通过公约的形式对人权保护问题进行规范，联合国大会于 1948 年 12 月 10 日第 217A（Ⅲ）号决议通过并颁布了《世界人权宣言》①（《Universal Declaration of Human Rights》）。这一具有历史意义的《世界人权宣言》颁布后，大会要求所有会员国广为宣传，并且"不分国家或领土的政治地位，主要在各级学校和其他教育机构加以传播、展示、阅读和阐述"。从篇幅上看，《世界人权宣言》只有序言和 30 个条文，但从内容上看，既包括第一阶段的公民的政治权利，也包括更进一步的第二阶段的公民的经济、社会和文化权利，范围广泛。问题在于《世界人权宣言》仅规定了国际法之一般原则，尚属于倡导性的宣言，并未规定会员国必须将这些原则付诸实行，缺乏强制保障。

随后，联合国于 1966 年 12 月通过两项人权公约，分别为《公民权利和政治权利国际公约》（International Covenant on Civil and Political Rights）以及《经济、社会及文化权利国际公约》（International Covenant on Economic, Social and Cultural Rights》）②，并于 1976 年 1 月 3 日开始生效。该两项公约明确了基本人权和自由的范围，并规定所有缔约国有责任采取各种适当措施贯彻这些规定，这就使得公约具有更强的实际意义。

3. 我国关于人权的基本立场和实践

人权问题已经成为世界性问题，并规定于国际公约之中，各成员国自然应当予以践行。在我国，人权的发展水平和保护水平日益提高，并形成了中国特色的人权保护体系。2015 年 9 月，以"和平与发展：世界反法西斯战争的胜利与人权进步"为主题的"北京人权论坛"召开，习近平主席在贺信中阐明了中国特色社会主义人权观："中国共产党和中国政府始终尊重和保障人权。长期

---

① 联合国大会第 217 号决议，A/RES/217，法语：《La déclaration universelle des droits de l'homme》。
② 联合国大会第 2200 号决议，A/RES/2200。公民权利和政治权利出现较早，称为第一代权利，表现为个人免于遭受来自国家层面的干预和压制。经济、社会及文化权利出现较晚，属于第二代权利，表现为国家层面积极介入为公民提供资源和机会。

以来，中国坚持把人权的普遍性原则同中国实际相结合，不断推动经济社会发展，增进人民福祉，促进社会公平正义，加强人权法治保障，努力促进经济、社会、文化权利和公民、政治权利全面协调发展，显著提高了人民生存权、发展权的保障水平，走出了一条适合中国国情的人权发展道路。"[1] 有观点进一步指出，中国特色社会主义人权观包含五项要义：其一，提高生存权与发展权的保障水平是中国人权发展道路的首要目标；其二，为了提高人民生存权和发展权的保障水平，经济、社会、文化权利与公民、政治权利需要全面发展；其三，社会主义法治是中国人权事业的基本保障；其四，不断推动经济、社会发展是增进人民福祉、实现人权的基础；其五，中国长期以来坚持的人权事业是将人权的普遍性原则与中国实际相结合做出的正确选择。[2]

改革开放40多年来，我国"牢固树立尊重和保障人权的治国理政原则……'尊重和保障人权'先后载入中国共产党的全国代表大会报告、党章、宪法以及国家发展战略规划，成为中国共产党和中国政府治国理政的一条重要原则"[3]。1982年宪法没有出现关于"人权"的表述，但在"总纲"和"公民的基本权利和义务"中全面系统规定了全体人民享有广泛的人身人格权利，财产权利，政治权利和经济、社会、文化权利。近20年来，我国保障人权的观念和水平逐步提升，人权保障问题已经通过党的文件和立法等方式进行规定，并且明确提出了"人权"概念。1997年9月，党的十五大首次提出"尊重和保障人权"[4]，这是党的十五大报告中引人注目的一句话。[5] 2002年，"尊重和保障人权"作为社会主义政治文明建设的重要目标再次写入党的十六大报告。2004年3月召开的十届人大二次会议通过《宪法修正案》，"国家尊重和保障

---

[1] 《习近平致"2015·北京人权论坛"的贺信》，载中国政府网，网址：http://www.gov.cn/xinwen/2015-09/16/content_2932998.htm，2019年4月4日访问。

[2] 参见柳华文：《中国特色社会主义人权观——结合习近平致"2015·北京人权论坛"贺信的解读》，载《国际法研究》2015年第5期，第3—16页。

[3] 《改革开放40年中国人权事业的发展进步》白皮书，国务院新闻办公室2018年12月12日发布。

[4] 党的十五大报告："共产党执政就是领导和支持人民掌握管理国家的权力，实行民主选举、民主决策、民主管理和民主监督，保证人民依法享有广泛的权利和自由，尊重和保障人权。"

[5] 沈宝祥：《十五大报告写上"人权"是一个突破》，载《前言理论》1997年第22期，第15—16页。

人权"写入宪法,①"开创了以宪法原则指引人权事业发展的新格局。"② 这次宪法修正"首次将'人权'由一个政治概念提升为法律概念,将尊重和保障人权的主体由党和政府提升为'国家'"。③ 这一宪法修正具有重大意义,"尊重和保障人权"作为一项宪法原则,将对我国的立法起到重要的指导作用。人权不是一个空洞的概念,而是体现在具体的法律关系中。因为"尊重和保障人权",所以社会关系的调整要更加注重权力和权利的平衡、权力与责任的平衡、权利和义务的平衡。通过各个部门法,合理配置个人与社会、个人与个人的权利义务关系,从而实现社会的和谐有序发展。④

2007年,党的十七大报告在总结过去五年"人权事业健康发展"的同时,进一步指出要"尊重和保障人权,依法保证全体社会成员平等参与、平等发展的权利"。同年,"尊重和保障人权"写入《中国共产党章程》。2013年11月,党的十八届三中全会明确提出"建设法治中国,必须深化司法体制改革……健全司法权力运行机制,完善人权司法保护制度"。⑤ 中央的这一要求,对加强人权司法保障起到了直接推动作用。2014年,党的十八届四中全会通过《依法治国决定》,从推进国家治理体系和治理能力现代化的高度,作出了全面依法治国的重大战略部署,强调"加强人权司法保障""增强全社会尊重和保障人权意识"。我国的人权保障已经不仅是一种追求,而是已经落到制度层面,而且突出了人权的司法保障。

根据《改革开放40年中国人权事业的发展进步》白皮书,我国所保障的人权具有丰富的内容,主要包括两大类,一是基本的生存发展权;二是其他的各项权利,具体包括人身人格权、财产权、工作权、社会保障权、受教育权、文化权、选举权、知情权、参与权、表达权、监督权、宗教信仰权等。白皮书

---

① 《宪法修正案》第24条规定:宪法第三十三条增加一款,作为第三款:"国家尊重和保障人权。"第三款相应地改为第四款。
② 《改革开放40年中国人权事业的发展进步》白皮书,国务院新闻办公室2018年12月12日发布。
③ 樊崇义:《从"人权保障"到"人权司法保障制度"》,载《中央党政干部论坛》2014年第8期,第17页。
④ 信春鹰:《国家尊重和保障人权——关于人权入宪的历史意义》,载中国人大网,网址:http://www.npc.gov.cn/npc/oldarchives/zht/zgrdw/common/zw.jsp@label=wxzlk&id=330236&pdmc=1504.htm,2020年8月12日访问。
⑤ 《中共中央关于全面深化改革若干重大问题的决定》,2013年11月12日中国共产党第十八届中央委员会第三次全体会议通过。

总结了我国"保障当事人获得公正审判的权利"所做的努力。其中包括充分保障犯罪嫌疑人和被告人的辩护权,犯罪嫌疑人自被侦查机关第一次讯问或者被采取强制措施之日起,有权委托辩护人,被告人有权随时委托辩护人。推进刑事案件律师辩护全覆盖试点工作,努力保障所有刑事案件被告人都能获得律师辩护,促进司法公正。严格遵循证据裁判原则,对证据不足不构成犯罪的依法宣告无罪,坚决防止和纠正冤假错案。中国严格控制并慎用死刑大幅减少适用死刑的罪名。2007年,最高人民法院收回死刑复核权。建立完善法律援助制度,扩大被援助人覆盖范围,为犯罪嫌疑人、被告人提供法律咨询、辩护。截至2018年9月,全国共设立法律援助机构3200余个,法律援助工作站7万余个,建立看守所法律援助工作站2500多个,法院法律援助工作站3300多个,实现在看守所、人民法院法律援助工作站全覆盖。[①]

　　2020年5月28日,第十三届全国人民代表大会第三次会议通过的《民法典》第四编规定了"人格权",其中第990条规定:"人格权是民事主体享有的生命权、身体权、健康权、姓名权、名称权、肖像权、名誉权、荣誉权、隐私权等权利。除前款规定的人格权外,自然人享有基于人身自由、人格尊严产生的其他人格权益。"在民法典中人格权独立成编,顺应了《公民权利与政治权

[①] 白皮书还总结了中国"积极参与全球人权治理"所作出的努力:中国共参加26项国际人权文书,其中包括《经济、社会及文化权利国际公约》《消除一切形式种族歧视国际公约》等6项主要人权文书。中国认真履行条约义务,包括在国内立法、修法、制定政策等方面注重与条约规定相衔接,按照条约规定撰写并提交履约报告,全面反映国家履行人权条约的进展、困难和问题。中国认真参加条约机构对中国执行条约情况的审议,截至2018年8月,中国已向各条约机构提交履约报告26次,总计39期,接受审议26次。在审议过程中,中国与相关人权条约机构开展建设性对话,结合中国国情,积极采纳条约机构建议。中国支持对人权条约机构进行必要改革,促进条约机构与缔约国在相互尊重的基础上开展对话与合作。中国积极推荐专家参选条约机构委员,多名中国专家出任联合国经济、社会和文化权利委员会,禁止酷刑委员会,消除种族歧视委员会,消除对妇女歧视委员会,残疾人权利委员会委员。主动参与创设国际人权规则与机制。改革开放以来,中国参加了《禁止酷刑和其他残忍、不人道或有辱人格的待遇或处罚公约》《儿童权利公约》《残疾人权利公约》《保护所有移徙工人及其家属权利国际公约》,以及《经济、社会及文化权利国际公约》任择议定书等重要人权文件制定工作组会议,为这些规则的起草、修改和完善作出了重要贡献。中国作为主要推动者之一,参与了《发展权利宣言》的起草工作,积极推动联合国人权委员会和人权理事会就实现发展权问题进行全球磋商,致力于推动构建发展权实施机制。1993年,中国推动亚洲国家通过《曼谷宣言》。中国作为第二届世界人权大会的副主席国,参加了《维也纳宣言和行动纲领》的起草工作。1995年,在北京主办第四次世界妇女大会。2006年以来,中国支持联合国人权理事会设立安全饮用水、文化权、残疾人权利等专题性特别机制;倡导召开关于粮食安全、国际金融危机等的特别会议,积极推动完善国际人权机制。中国是最早参加联合国气候变化大会的国家,全程参与并有效推动国际气候谈判,为《巴黎气候变化协定》的最终通过作出贡献。中国积极推动联合国《2030年可持续发展议程》的制定和实施。

利国际公约》制定以来强化对人格权的保护的立法趋势,从根本上满足了新时代人民群众日益增长的美好幸福生活的需要。① 保护人格权、维护人格尊严,是我国法治建设的重要任务,通过人格权编全面维护个人的人格尊严,正是对这一任务的回应,也是宪法"尊重和保障人权"精神的体现。

4. 小结

人权问题具有普遍性,是一个全人类共同关注的问题,也具有普遍性的含义。我国近年来为尊重和保障人权作出了积极的努力,党的政策和国家立法中都有所体现,保障人权具有较好的氛围和条件。这些为保障被追诉人的权利提供了基础。

(二)被追诉人范围及地位

本文所称被追诉人专指受到刑事追诉的个人,且仅限于刑事公诉案件。"在我国,刑事诉讼是指公安机关、人民检察院、人民法院在当事人及其他诉讼参与人的参加下,依照法律规定的程序,查证、核实犯罪嫌疑人、被告人是否实施了犯罪,是否应当受到刑罚的处罚以及应当受到何种刑罚处罚,并保障无罪的人不受刑事追究的活动。"② 一个人受到刑事追诉是一个动态的过程,包括了侦查、起诉和审判三个阶段,在受到追诉被确定有罪并判处刑罚后,则进入刑罚执行阶段。在不同的法律制度下,被追诉人有不同的称谓。我国1979年《刑事诉讼法》将受到刑事追诉的人统称为"被告人"或者"人犯"。③ 但是,随着法治的发展,尤其是被追诉人权利保护观念的增强,对被追诉人的称谓发生了变化,1996年刑事诉讼法根据诉讼阶段的不同区分出犯罪嫌疑人和被告人两个不同的称谓。"犯罪嫌疑人和被告人是刑事诉讼中的中心人物,刑事诉讼中的一切活动都是围绕确定犯罪嫌疑人和被告人的刑事责任展开的。"④

1. 犯罪嫌疑人

我国1996年《刑事诉讼法》以检察机关提起公诉为界分,将处于侦查阶段和审查起诉阶段的被追诉人称为犯罪嫌疑人,而不是被告人或者罪犯。现行

---

① 王利明:《人格权独立成编是民法典最大亮点,弥补传统民法不足》,载澎湃新闻,网址:https://www.thepaper.cn/newsDetail_forward_7448320,2020年8月13日访问。
② 樊崇义主编:《刑事诉讼法学》,中国政法大学出版社2009年版,第3页。
③ 陈光中主编:《刑事诉讼法》,北京大学出版社、高等教育出版社2016年版,第74页。
④ 陈光中、徐静村主编:《刑事诉讼法》,中国政法大学出版社2010年版,第61页。

《刑事诉讼法》第 115 条规定："公安机关对已经立案的刑事案件，应当进行侦查，收集、调取犯罪嫌疑人有罪或者无罪、罪轻或者罪重的证据材料……"这一做法遵循了无罪推定原则的要求，因为，《刑事诉讼法》第 12 条规定："未经人民法院依法判决，对任何人都不得确定有罪。"在侦查和审查起诉阶段的被追诉人，仅仅是涉嫌犯罪受到调查和审查，是否会受到指控，有待于检察机关的审查。我国《刑事诉讼法》赋予了侦查机关和检察机关终结诉讼权，在侦查期间和审查起诉期间，都有可能终结诉讼，从而使被追诉人免于被追诉。《刑事诉讼法》第 163 条规定："在侦查过程中，发现不应对犯罪嫌疑人追究刑事责任的，应当撤销案件；犯罪嫌疑人已被逮捕的，应当立即释放，发给释放证明，并且通知原批准逮捕的人民检察院。"这就赋予了侦查机关终结诉讼权。《刑事诉讼法》第 177 条第 1 款和第 2 款规定："犯罪嫌疑人没有犯罪事实，或者有本法第十六条规定的情形之一的，人民检察院应当作出不起诉决定。对于犯罪情节轻微，依照刑法规定不需要判处刑罚或者免除刑罚的，人民检察院可以作出不起诉决定。"显然，检察机关终结诉讼有两种类型，一是对无犯罪事实的案件有终结诉讼权利，可以作出不起诉的决定，理论上称之为绝对不起诉。二是对有些有犯罪事实的案件作出不起诉的出罪处理，理论上称之为相对不起诉。赋予侦控机关程序终结权，是保护被追诉人权益的有效手段，使得被追诉人能够及时、尽早从诉讼中解脱出来，这也是以诉讼制度保护被追诉人权利的体现。把侦查、审查起诉阶段的被追诉人称为犯罪嫌疑人，也与国际上其他国家的做法保持了一致，如在英美称之为"嫌疑人"（suspect），在日本称之为"被疑者"或者"容疑者"（日文即如此），这些用语基本的考量在于尚未受到起诉的人仅仅是涉嫌犯罪。

与犯罪嫌疑人密切相关的概念是在监察程序中的被调查人。十三届全国人大一次会议于 2018 年 3 月通过的《监察法》规定，职务犯罪案件由监察机关负责调查，① 涉嫌职务犯罪的调查对象称为被调查人。经过调查，"对涉嫌职

---

① 《监察法》第 11 条规定：监察委员会依照本法和有关法律规定履行监督、调查、处置职责：（一）对公职人员开展廉政教育，对其依法履职、秉公用权、廉洁从政从业以及道德操守情况进行监督检查；（二）对涉嫌贪污贿赂、滥用职权、玩忽职守、权力寻租、利益输送、徇私舞弊以及浪费国家资财等职务违法和职务犯罪进行调查；（三）对违法的公职人员依法作出政务处分决定；对履行职责不力、失职失责的领导人员进行问责；对涉嫌职务犯罪的，将调查结果移送人民检察院依法审查、提起公诉；向监察对象所在单位提出监察建议。

犯罪的，监察机关经调查认为犯罪事实清楚，证据确实、充分的，制作起诉意见书，连同案卷材料、证据一并移送人民检察院依法审查、提起公诉"。① 对于其中认罪认罚的，监察机关可以随案移送从宽处罚的意见。② 检察机关受理案件后，与公安机关移送审查起诉的案件办案程序基本相同。据此，监察机关调查的涉嫌职务犯罪的被调查人，类似于犯罪嫌疑人，其权利义务由《监察法》规定。

2. 被告人

检察机关经过审查起诉之后，认为存在犯罪事实需要追究刑事责任的，则启动公诉程序。《刑事诉讼法》第176条第1款规定："人民检察院认为犯罪嫌疑人的犯罪事实已经查清，证据确实、充分，依法应当追究刑事责任的，应当作出起诉决定，按照审判管辖的规定，向人民法院提起公诉，并将案卷材料、证据移送人民法院。"在人民检察院向人民法院提起公诉之后，才真正地形成了控、辩、审的诉讼三方构造，被追诉人成为被告人，检察机关成为公诉机关。

在刑事诉讼法分则中，被告人一词首次出现在"第一审程序"一节，第187条第1款规定："人民法院决定开庭审判后，应当确定合议庭的组成人员，将人民检察院的起诉书副本至迟在开庭十日以前送达被告人及其辩护人。"至此，诉讼程序进入了审判阶段，也是狭义的刑事诉讼阶段，表现为人民法院与控、辩双方以及控辩双方相互之间的诉讼行为。③ 审判阶段既是控辩双方对抗最为激烈的阶段，也是被告人权利保护最为重要的阶段。因为，在侦查阶段和审查起诉阶段，均未形成诉讼双方的对抗，而是侦查机关和检察机关分别代表国家对犯罪事实进行调查和审查起诉阶段。侦查机关和检察机关尚处于超脱的地位，可以保持中立性，可以不带倾向性地认定犯罪事实是否成立，可以决定是继续诉讼还是终结诉讼，都不会影响到办案机关的利益，所以对抗性相对较弱。而案件一旦进入审判阶段，则侦控机关尤其是公诉机关明显地带有诉讼立

---

① 《监察法》第45条第1款第4项。
② 《监察法》第31条规定：涉嫌职务犯罪的被调查人主动认罪认罚，有下列情形之一的，监察机关经领导人员集体研究，并报上一级监察机关批准，可以在移送人民检察院时提出从宽处罚的建议：（一）自动投案，真诚悔罪悔过的；（二）积极配合调查工作，如实供述监察机关还未掌握的违法犯罪行为的；（三）积极退赃，减少损失的；（四）具有重大立功表现或者案件涉及国家重大利益等情形的。
③ 樊崇义主编：《刑事诉讼法学》，中国政法大学出版社2009年版，第3页。

场，要竭力维护自己对案件作出的认定。对于被告人提出的异议，控方会进行强力的反驳。而被告人一方在案件进入了审判阶段后，也只有放手一搏，争取对自己更好的结果。

3. 与被追诉人相关的概念

刑事诉讼是一个动态的过程，是一个多种人员共同参与的诉讼活动，除了犯罪嫌疑人、被告人之外，尚有一些相关的概念。对这些概念的澄清，有助于加深对被追诉人的认识。

一是关于罪犯的概念。罪犯是指已经被生效判决确定为有罪的且在刑罚执行期间的人。根据无罪推定的刑事诉讼原则，未经人民法院依法确定有罪的人，均应被推定为无罪，包括犯罪嫌疑人和被告人，尽管被追诉人有很大概率被认定为有罪，但在判决确定之前，均应推定为无罪，不能给其贴上罪犯的标签。即便一审作出了有罪判决，在判决生效之前，仍然不能称之为罪犯，包括上诉、抗诉期间和二审期间。案件进入二审程序的，被告人自己提出上诉的则称为上诉人，如果是同案被告人上诉或者检察机关提出抗诉的，称为原审被告人，均不属于罪犯。判决生效之前的被追诉人，不论最终是否被认定有罪，都不能称之为罪犯。反过来说，罪犯不再属于被追诉人，也就不属于本文研究的对象。

由于我国刑事诉讼中存在审判监督程序，也就使得相关人员的身份存在变更的可能。对于已经生效的判决，如果启动了再审程序，则案件再次进入诉讼阶段，罪犯也就重新具有了被告人的身份，即使原审是无罪判决的，也重新成为被告人，都属于被追诉人。

二是其他诉讼参与人。参与刑事诉讼的人，除了犯罪嫌疑人、被告人之外，还有多种类型。《刑事诉讼法》第108条对相关人员作出了界定。其中规定"当事人"包括被害人、自诉人、犯罪嫌疑人、被告人、附带民事诉讼的原告人和被告人，这些人员均属于与诉讼结果有直接利害关系的人，也属于直接的诉讼参与人。比其含义更广的概念为诉讼参与人，就是依法参与刑事诉讼活动的人，包括了当事人、法定代理人、诉讼代理人、辩护人、证人、鉴定人和翻译人员，理论上把当事人之外的诉讼参与人称为其他诉讼参与人。这些人员参与诉讼之中，与诉讼结果有一定的关系，或者会影响诉讼的进行，在诉讼过程中同样具有一定的诉讼权利。法律对其他诉讼参与人的诉讼权利作出了相应的规定。其中，证人、鉴定人、翻译人员与案件结果没有利害关系，属于配合诉讼进行的人员，在诉讼过程中，既有权利亦有义务。但他们的诉讼行为会影响到诉讼结果，与被追诉人的权利具有关联性。法定代理人、诉讼代理人、辩护人的权利，是当事人权利的延伸，他们能够帮助或者代为当事人维护诉讼权利。这些人员权利保护的程度，影响到当事人权利保护的效果，也是本文需要一并关注的问题。

(三) 被追诉人权利的概念及意义

被追诉人权利，是指犯罪嫌疑人、被告人在刑事诉讼过程中所享有的诉讼权利。在诉讼过程中，所有的诉讼参与人都享有相应的权利。不同的主体，权利的内容有所不同。"诉讼人权保障更主要的是指个人人权而非集体人权保障，具体而言就是指诉讼参与人的权利保障，首要的是犯罪嫌疑人、被告人的人权保障。"[1] 被追诉人与诉讼结果的关系最为密切，而且很可能是对其不利的诉讼结果，这种诉讼结果关乎被追诉人的重大利益，属于剥夺性的而非给予性的，所以必须特殊对待。对于不同的事项，程序的要求是不同的。如果要授予相对方某种利益，程序以及程序正义都是无关紧要的，甚至是可有可无的；反过来看，如果要剥夺相对方某种利益，则程序和程序正义都将是至关重要、不可或缺的。"因为相对于不公正的程序，公正的程序更容易化解失去利益一方的不满，令其失去抵抗不力的借口。"[2]

为了使被追诉人在诉讼过程中不受非法侵害，就需要赋予其在诉讼过程中享有一些特殊权利。随着法治的发展，人们逐步认识到保护被追诉人权利的重要性，将其作为人权保障的重要内容。"现在，几乎所有的刑事诉讼法学研究者都接受了诸如刑事诉讼既要以惩罚犯罪为目标，又要坚持保障人权的思想，甚至参与刑事诉讼立法和司法的官员，也对加强刑事诉讼中的人权保障问题产生了较为清醒的认识。"[3] 人们普遍特别关注刑事被追诉人的权利保护，甚至认为"犯罪嫌疑人、被告人的人权保障状况，是衡量一国人权保护的标志"。[4] 这种认识有其自身的道理。一是因为刑事追诉涉及被追诉人的重大利益。被追诉

---

[1] 陈光中：《改革、完善刑事证据法若干问题之思考》，中国法制出版社2004年版，第5页。
[2] 陈瑞华：《程序正义理论》，中国法制出版社2010年版，第7页。
[3] 陈瑞华：《刑事诉讼的前沿问题》，中国人民大学出版社2000年版，第99页。
[4] 岳悍惟：《刑事程序人权的宪法保障》，法律出版社2010年版，"自序"部分第2页。

人一旦被认定有罪，将会面临人身自由、财产甚至是生命的限制和剥夺。涉及的利益越大，诉讼行为越需要慎重，相应地，赋予利益主体的对抗权利和对抗机会也就要增强。二是因为刑事诉讼的双方实力悬殊。不同于民事诉讼中平等主体之间的对抗，刑事诉讼的一方是代表国家行使公权力的公安、检察机关，具备足够的调查手段，而且具有强制措施的决定权。另一方是被追诉的犯罪嫌疑人或者被告人，尽管其具有被推定为无罪的权利，但其具有接受和配合调查的义务，自身诉讼能力有限，尤其是在受到羁押性强制措施之后，人身不自由会或多或少地导致意志不自由，再加上对国家机关的敬畏之心，导致对抗能力和对抗意志的双重缺失。可以说，在刑事诉讼过程中，侦控一方相对于被告人一方具有压倒性的优势。在力量不对等的情况下，对于弱势的一方就需要给予一定的关注，赋予其相应的权利，从而缩小双方的差距。三是社会上的人都有可能成为潜在的刑事被追诉人，加强对刑事被追诉人的权利保护，也就是加强对所有人的权利的保护。一个具体的公民可以保证自己不犯罪，但难以保证自己不成为被追诉人，人们一定程度上系出于对自己安危的考虑，呼吁加强被追诉人的权利保护。"保护犯罪嫌疑人和被告人的诉讼权利其实不仅是保护具体人的权利，而是对不特定的社会大众的保护，因为如果没有这种保护，社会中每一个人都可能成为刑事司法中被追诉的对象。"[1]

被追诉人的权利属于人权的一个重要方面，从性质上看，更多表现为人身权利，因为这一权利关乎被追诉人的人身自由、人格尊严等内容。对被追诉人权利的侵犯，主要也表现为对其人身权利的侵犯。如果被追诉人权利没有得到有效保护，进而导致对其不利的裁判结果，也会进一步侵犯其人身权利，包括生命权和人身自由权，这正是刑罚的内容。当然，被追诉人的权利也包括政治权利的内容，如使用本民族语言进行诉讼的权利等。

（四）小结

刑事被追诉人是一个特殊的群体，包括犯罪嫌疑人和刑事被告人，在刑事诉讼中处于相对弱势的地位，但其尚不属于有罪的人，应当被推定为无罪，需要对其权利给予充分的尊重和保护。

---

[1] 樊崇义主编：《诉讼原理》第五章"诉讼人权"，法律出版社2003年版，第276页。

二、国际公约的相关规定

和人权观念一样，被追诉人权利保护问题是各个国家共同面临的问题，国际组织对被追诉人的权利保护问题给予了应有的关注。人权问题制度化，要求各成员国遵守国际公约的相关规定，将公约内容在国内法中实现。

第二次世界大战是全人类的一场灾难，人的基本权利受到践踏。基于对"二战"的反思，联合国于1946年成立人权委员会负责起草《世界人权宣言》，旨在维护人类基本权利。联合国大会于1948年12月10日在法国巴黎通过了具有30个条文的《世界人权宣言》，包括了公民的政治、经济、文化和社会权利，这是第一份在全球范围内表述所有人类都应该享有的权利的文件。《世界人权宣言》作为一份宣言，并非强制性的公约，只是制定了关于人权的一般原则，并未规定会员国必须将这些原则付诸实行。

为进一步推动人权建设，联合国于1966年12月通过了两项人权公约，分别为《公民权利和政治权利国际公约》以及《经济、社会及文化权利国际公约》，1976年1月3日开始生效。该两项公约列出基本人权和自由，并规定所有缔约国有责任采取各种适当措施，贯彻这些权利，从而赋予了公约的强制力。其中《公民权利和政治权利国际公约》规定了公民个人所应享有的权利和基本自由，主要包括：生命、自由和人身安全的权利，不得使为奴隶和免于奴役的自由，免受酷刑的自由，法律人格权，司法补救权，不受任意逮捕、拘役或放逐的自由，公正和公开审讯权，无罪推定权，私生活、家庭、住房或通信不受任意干涉的自由，迁徙自由，享有国籍的权利，婚姻家庭权，财产所有权，思想、良心和宗教的自由，享有主张和发表意见的自由，结社和集会的自由，参政权。至此，《世界人权宣言》与《经济、社会及文化权利国际公约》《公民权利和政治权利国际公约》一起构成了国际人权法案。"与国际法其他领域相比，国际人权条约却有一个非常重要的特征，这就是一方面直接将义务施于国家；另一方面又通过国家将个人的权利保护问题提到国际层面上来。"[1]

综观《世界人权宣言》和《公民权利和政治权利国际公约》等国际人权

---

[1] 龚刃韧：《司法公正的前提——B公约第14条第1款与中国司法制度》，载北京大学法学院人权研究中心编：《司法公正与权利保障》，中国法制出版社2001年版，第77页。

性法律文件的规定以及其他一些发达国家的相关法律规定可以看出,国际上对犯罪嫌疑人、被告人的权利保护主要是通过设定正当的刑事诉讼程序来实现的,具体有两条途径:一是设定限制国家机关权力的诉讼程序,以防止司法权的滥用和专横,避免公民的权利遭受侵犯;二是赋予并保障犯罪嫌疑人、被告人充分的程序性诉讼权利,以提高其在刑事诉讼中与国家机关相抗衡的能力,从而有效保护自身权利。① 这也是我国《刑事诉讼法》在保护被追诉人权利方面可以持续深入的路径。

按照这一思路,梳理国际公约中关于被追诉人权利保护的内容,有助于检视和完善我国刑事诉讼中被追诉人的权利保护。

(一) 权利赋予

被追诉人处于相对弱势的地位,有必要赋予其一些权利,保护其作为人的尊严,同时也能增强其能力,从而与公权力相抗衡。

1. 人道待遇权

"法律的基本前提都是将生物意义上的人承认为具有法律意义的人,这是现代法律同一切野蛮法律的最基本区别。"② 具有法律意义的人自然享有人的尊严和待遇。《世界人权宣言》第5条和《公民权利和政治权利国际公约》第7条规定:"任何人不得加以酷刑,或施以残忍的、不人道的或侮辱性的待遇或刑罚。" 从被追诉人的角度看,这一规定包括了两个方面的内容,一是最终判处的刑罚应该是人道的,不能是酷刑,或者残忍的、侮辱性的。二是在诉讼过程中以及刑罚执行过程中,不受到酷刑或者其他非人道待遇,重点内容是不得受到刑讯逼供等。关于"酷刑",既可以是严酷的刑罚,也可以是一种逼取口供的手段。按照《禁止酷刑和其他残忍、不人道或有辱人格的待遇或处罚公约》第1条的界定,酷刑是指"为了向某人或第三者取得情报或供状,为了他或第三者所为或涉嫌的行为对他加以处罚,或为了恐吓或威胁他或第三者,或为了基于任何一种歧视的理由,蓄意使某人在肉体或精神上遭受剧烈疼痛或痛苦的任何行为,而这种疼痛或痛苦是由公职人员或以官方身分行使职权的其他人所造成或在其唆使、同意或默许下造成的"。但是,"纯因法律制裁而引起或

---

① 田圣宾:《刑事诉讼人权保障制度研究》,法律出版社2008年版,第22页。
② 陈光中等著:《司法改革问题研究》,法律出版社2018年版,第19页。

法律制裁所固有或附带的疼痛或痛苦不包括在内"。这一权利的设定，旨在保护被追诉人得到人道待遇，而不论他最终是否有罪，也能保护无罪的人免于受到迫害而被迫自证其罪。

《世界人权宣言》对于人在法律面前的普遍性权利作了规定，这些对于一般人的规定，同样适用于被追诉人。第6条规定："人人在任何地方有权被承认在法律前的人格。"第7条规定："法律之前人人平等，并有权享受法律的平等保护，不受任何歧视。人人有权享受平等保护，以免受违反本宣言的任何歧视行为以及煽动这种歧视的任何行为之害。"《公民权利和政治权利国际公约》第16条规定："人人在任何地方有权被承认在法律前的人格。"

2. 抗辩权

被追诉人在被追诉过程中有权利抗辩，包括增强自身的抗辩能力等。《世界人权宣言》第11条规定："（一）凡受刑事控告者，在未经获得辩护上所需的一切保证的公开审判而依法证实有罪以前，有权被视为无罪。（二）任何人的任何行为或不行为，在其发生时依国家法或国际法均不构成刑事罪者，不得被判为犯有刑事罪。刑罚不得重于犯罪时适用的法律规定。"这一条文确立了两个原则，一是无罪推定原则，相应地也就科以追诉机关提供证据的义务，对被追诉人来说是赋予了被推定为无罪的权利；二是罪刑法定原则，要求追诉机关提供追诉的法律依据，对于被追诉人来说，具有了法无明文规定不为罪的权利。

为了在追诉过程中保证这一权利，《公民权利和政治权利国际公约》第15条①重申了宣言的这一规定，同时对被追诉人如何能够与追诉机关抗辩，作出了赋予权利的规定，第14条规定："……二、凡受刑事控告者，在未依法证实有罪之前，应有权被视为无罪。三、在判定对他提出的任何刑事指控时，人人完全平等地有资格享受以下的最低限度的保证：（甲）迅速以一种他懂得的语言详细地告知对他提出的指控的性质和原因；（乙）有相当时间和便利准备他

---

① 《公民权利和政治权利国际公约》第15条：一、任何人的任何行为或不行为，在其发生时依照国家法或国际法均不构成刑事罪者，不得据此认为犯有刑事罪。所加的刑罚也不得重于犯罪时适用的规定。如果在犯罪之后依法规定了应处以较轻的刑罚，犯罪者应予减刑。二、任何人的行为或不行为，在其发生时依照各国公认的一般法律原则为犯罪者，本条规定并不妨碍因该行为或不行为而对任何人进行的审判和对他施加的刑罚。

的辩护并与他自己选择的律师联络；（丙）受审时间不被无故拖延；（丁）出席受审并亲自替自己辩护或经由他自己所选择的法律援助进行辩护；如果他没有法律援助，要通知他享有这种权利；在司法利益有此需要的案件中，为他指定法律援助，而在他没有足够能力偿付法律援助的案件中，不要他自己付费；（戊）讯问或业已讯问对他不利的证人，并使对他有利的证人在与对他不利的证人相同的条件下出庭和受讯问；（己）如他不懂或不会说法庭上所用的语言，能免费获得译员的援助；（庚）不被强迫作不利于他自己的证言或强迫承认犯罪……"这些规定，大致上确立了被追诉人的知情权、辩护权、获得律师帮助权、与证人对质权、用自己的语言参与诉讼权、免于被迫认罪权以及迅速受审权等。这些权利的赋予，有利于被追诉人与追诉机关对抗，缩小二者之间的力量差距。

3. 救济权

在被追诉人的权利受到侵害的情况下，其应当有救济的权利，《公民权利和政治权利国际公约》第14条第5款规定："凡被判定有罪者，应有权由一个较高级法庭对其定罪及刑罚依法进行复审。"这是一项专属于刑事被追诉人的权利，既扩展了被追诉人的权利范围，也能够起到权力制衡作用。该条第6款规定："在一人按照最后决定已被判定犯刑事罪而其后根据新的或新发现的事实确实表明发生误审，他的定罪被推翻或被赦免的情况下，因这种定罪而受刑罚的人应依法得到赔偿，除非经证明当时不知道的事实的未被及时揭露完全是或部分是由于他自己的缘故。"这是关于因错判而获得赔偿的权利，能敦促拥有权力的机构审慎行使职权。第7款规定："任何人已依一国的法律及刑事程序被最后定罪或宣告无罪者，不得就同一罪名再予审判或惩罚。"这是关于一事不再罚的权利。

（二）权力制约

被追诉人的权利受到的侵犯主要来自国家司法机关，所以，约束司法机关的行为，制约其享有的权力，避免权力滥用，就成为保护被追诉人权利的重要手段。

1. 获得法庭公正审判的权利

《世界人权宣言》10条规定："人人完全平等地有权由一个独立而无偏倚的法庭进行公正的和公开的审讯，以确定他的权利和义务并判定对他提出的任何刑事指控。"《公民权利和政治权利国际公约》第14条对此细化:"所有的人在法庭和裁判所前一律平等。在判定对任何人提出的任何刑事指控或确定他在一件诉讼案中的权利和义务时,人人有资格由一个依法设立的合格的、独立的和无偏倚的法庭进行公正的和公开的审讯……"这一规定保障了被追诉人不被任意追诉,所有的刑事追诉,都要经过中立的法庭来进行,而且这个法庭能够独立作出裁决。据此,其他司法机关不能最终决定对被告人不利的裁决,但可以作出认定被告人无犯罪事实或者不构成犯罪的终局认定。这一规定起到了权力制约的作用,限制了国家追诉权行使的随意性和扩张性。据此要求,只要是刑事案件,不论案件类型,最终的司法裁判权归于法庭。

2. 不被非法逮捕、拘禁权

对于受到刑事追诉的人来说,人身自由程度直接关乎其权利行使能力,也能反映其权利受保护程度。即使正在受到刑事追诉的人,对其限制甚至剥夺人身自由必须满足特定条件,通过附加条件,制约了国家机关的权力,实现权力和权利的相对平衡。《世界人权宣言》第9条规定:"任何人不得加以任意逮捕、拘禁或放逐。"

《公民权利和政治权利国际公约》作出了更为具体明确的规定。第9条规定:"一、人人有权享有人身自由和安全。任何人不得加以任意逮捕或拘禁。除非依照法律所确定的根据和程序,任何人不得被剥夺自由。二、任何被逮捕的人,在被逮捕时应被告知逮捕他的理由,并应被迅速告知对他提出的任何指控。三、任何因刑事指控被逮捕或拘禁的人,应被迅速带见审判官或其他经法律授权行使司法权力的官员,并有权在合理的时间内受审判或被释放。等候审判的人受监禁不应作为一般规则,但可规定释放时应保证在司法程序的任何其他阶段出席审判,并在必要时报到听候执行判决。四、任何因逮捕或拘禁被剥夺自由的人,有资格向法庭提起诉讼,以便法庭能不拖延地决定拘禁他是否合法以及如果拘禁不合法时命令予以释放。五、任何遭受非法逮捕或拘禁的受害者,有得到赔偿的权利。"第10条规定:"一、所有被剥夺自由的人应给予人道及尊重其固有的人格尊严的待遇。二、(甲)除特殊情况外,被控告的人应与被判罪的人隔离开,并应给予适合于未判罪者身份的分别待遇;(乙)被控告的少年应与成年人分隔开,并应尽速予以判决。……"这些规定旨在保障被追诉人在被判决确定之前,免受非法侵害,国家机关对被追诉人实施逮捕、拘禁等强制措施要受到相应的限制。

（三）小结

国际公约对被追诉人权利保护作出了一些明确的规定，为国内刑事诉讼立法和司法提供了参考。我国已于1997年签署了《经济、社会及文化权利国际公约》，2001年批准了该公约，于1998年签署了《公民权利和政治权利国际公约》。近年来，一系列的立法和司法改革为批准该公约及其后的履约创造了条件。理论研究和司法实践要结合我国自身实际，对标国际公约，创造性地做好被追诉人权利保护。

三、被追诉人权利的内容及保护方式

被追诉人属于刑事诉讼参与人的一个重要群体，其权利属于诉讼人权的一部分。陈光中教授指出，刑事诉讼中的人权保障内涵十分丰富：一是通过对犯罪人及时惩处，保护一般公民的人身、财产、生命等合法权利，使其不受犯罪行为的侵犯；二是在打击犯罪的同时保障无罪的人不受刑事追究；三是保障包括犯罪嫌疑人、被告人、被害人在内的所有诉讼参与人的诉讼权利得到充分行使；四是保障有罪的人受到公正的惩罚，即做到程序合法、事实准确、定罪正确、量刑适当。[1] 按照这一概括，刑事诉讼中的人权保障主要内容在于被追诉人的权利保障，对一般公民的权利保障，也是通过惩治对其实施犯罪的被追诉人来实现的，所以被追诉人权利保障问题是贯穿于《刑事诉讼法》的一条主线，也是《刑事诉讼法》的灵魂所在。

（一）被追诉人权利的内容

研究被追诉人权利的内容，主要是解决被追诉人在刑事诉讼中享有哪些权利的问题。对此，从不同的角度有不同的理解，既可以按照诉讼程序的进展顺序研究其权利，也可以按照与其他主体的比较研究其权利。例如，尹茂国认为，诉讼中的权利归属于利益，被追诉人的总体利益可以概括为：在审判机关作出最终有罪判决之前，被推定为无罪；以诉讼主体的身份参与刑事诉讼活动；在刑事诉讼中得到了平等对待；得到了充分申辩的机会；获得了律师为其

---

[1] 陈光中：《坚持惩罚犯罪与保障人权相结合、立足国情与借鉴外国相结合——参与刑事诉讼法修改的几点体会》，载《政法论坛》1996年第6期，第26页。

提供的法律帮助或辩护服务；所提出的申辩得到了充分的重视和肯定；对自己所作出的任何认定都是建立在法定的事实和证据基础之上；权利在诉讼中遭受侵害后，具有充分的救济途径。① 这种概括既存在遗漏也存在重合，其中有些问题究竟是否属于权利也存在疑问，如无罪推定问题。但这种概括抓住了被追诉人权利的要点，也都是研究者关注的问题。

研究被追诉人的权利，既要关注现行法律中已经作出规定的权利，也要关注法律尚未规定但需要保障的权利。

1. 实然的权利

陈光中主编的刑事诉讼法学教材对被追诉人的权利做了全面的梳理，并将其根据"性质和作用的不同，分为防御性权利和救济性权利两种"。② 根据我国《刑事诉讼法》的规定，具体包括以下内容：

一是防御性权利，是指犯罪嫌疑人、被告人为对抗追诉方的指控、抵消其控诉效果所享有的诉讼权利。结合2018年修订的《刑事诉讼法》的规定，主要有：有权使用本民族语言文字进行诉讼；有权及时获知被指控的内容和理由，获知所享有的诉讼权利；有权获得辩护，获得值班律师的法律帮助是最低限度；有权拒绝回答侦查人员提出的与本案无关的问题，不被强迫证实自己有罪；有权申请变更、解除强制措施；获得法院通知参加庭前会议的权利；有权参加法庭调查和法庭辩论，对证据和案件情况发表意见并且可以相互辩论；有权向法庭作最后陈述。

二是救济性权利，是指犯罪嫌疑人、被告人对国家专门机关所作的对其不利的行为、决定或裁判，要求另一专门机关予以审查并作出改变或撤销的诉讼权利。主要包括：申请回避权，对驳回申请回避的决定，有权申请复议；控告权，对审判人员、检察人员和侦查人员侵犯公民诉讼权利和人身侮辱的行为，有权提出控告；对于人民检察院不起诉决定的申诉权；对一审判决、裁定的上诉权；对生效判决、裁定的申诉权。

除了上述诉讼权利，被追诉人还享有一系列程序保障，以维护被追诉人的诉讼主体地位。比如，在未经人民法院依法判决的情况下，不得被确定有罪；

---

① 尹茂国：《冲突与平衡：被追诉人权利保障研究》，吉林大学2010年博士学位论文，第24页。
② 陈光中主编：《刑事诉讼法》，北京大学出版社、高等教育出版社2016年版，第76—77页。

获得人民法院的公开、公正、独立的审判；不受审判人员、检察人员、侦查人员以刑讯逼供等非法方法进行的讯问；不受侦查人员的非法搜查、扣押等侦查行为；在提出上诉时不得被加重刑罚。

《刑事诉讼法》的大量内容是关于被追诉人人权保障的条款，突出了《刑事诉讼法》的价值目标。"这就表明，我国刑事诉讼的任务已经从一元化转向了二元化，即从单纯的打击和惩罚犯罪转向既要惩罚犯罪又要保障人权。'保权'是刑事诉讼的一项独立的任务。"① 刑事诉讼通过程序设计来保障被追诉人的权利，而权利保护的主体在于国家，具体地说就是承担刑事诉讼职能的国家司法机关。一方面国家司法机关通过行使权力来保障被追诉人的权利；另一方面通过限制国家司法机关的权力，来保障被追诉人的权利，实现二者的均衡。在刑事诉讼中，国家与个人之间形成了二元对抗关系，国家权力指向被追诉人。正是法律关于权利的规定，确立了被追诉人的独立性与主体性。"因而，权力与权利的关系构成了刑事诉讼人权保障思想发展的主线。"②

2. 应然的权利

通过明确的法律规定和科学的程序设计保护被追诉人的权利，《刑事诉讼法》不仅具有这样的工具价值，而且公正的程序本身就具有独立的价值，这种价值体现为对人的权利和尊严的尊重，这就涉及尊严理论。"'尊严理论'的核心内容是，评价法律程序或者裁决制作过程正当性的主要标准是它使人的尊严、自尊得到维护和增强的程度。"③ 刑事诉讼程序的设计就需要围绕着这种目标展开。设计法律程序时，要关注程序自身的公正、公平、合理，这些是与程序所要产生的结果无关的独立价值，只有这些价值得到保障，那些其利益会受到程序结果直接影响的人才能受到基本的公正对待，即享有作为一个人而非动物或物品所必需的尊严和人格自治。④

被追诉人在刑事诉讼中究竟应该享有哪些权利，不能满足于法律的现有规定，因为被追诉人的权利本身就具有动态性，是一个发展的过程。在不同的时

---

① 樊崇义：《从"人权保障"到"人权司法保障制度"》，载《中央政法干部论坛》2014 年第 8 期，第 19—20 页。
② 田圣斌：《刑事诉讼人权保障制度研究》，法律出版社 2008 年版，第 1 页。
③ 陈瑞华：《程序正义理论》，中国法制出版社 2010 年版，第 112 页。
④ 陈瑞华：《程序正义理论》，中国法制出版社 2010 年版，第 27 页。

期法律赋予被追诉人的权利内容不同,权利保护的程度也不同。我国《刑事诉讼法》的修订就是一个被追诉人权利保护逐步完善的过程。

1996年《刑事诉讼法》修改,注入了人权保障的内容。第1条明确了制定《刑事诉讼法》的目的在于"保证刑法的正确实施,惩罚犯罪,保护人民,保障国家安全和社会公共安全,维护社会主义社会秩序",在第2条规定的任务中继续写入"保障无罪的人不受刑事追究"。通过修改《刑事诉讼法》赋予了被追诉人一系列的权利,如确立了控辩对抗的诉讼结构,确立了无罪推定原则,提早了律师介入的时间,保障了被追诉人的辩护权等,因此,"这次修订在我国刑事诉讼法律史上具有里程碑意义"。[1]

2012年《刑事诉讼法》在任务中加入了"尊重和保障人权"的内容,这是在人权入宪之后,在部门法中关于人权问题的一次明确规定,但是有些国际公约中关于被追诉人权利保护的内容有待进一步在我国《刑事诉讼法》中体现。

2018年修订《刑事诉讼法》,继续坚持惩罚犯罪与保障人权相结合的理念,在这一理念指导下,有关缺席审判制度、与监察法衔接相关规定以及值班律师制度等,都应当以保障当事人的合法权益,防止国家滥用刑罚权为根本,彰显我国法治文明的进步。[2] 尤其是认罪认罚从宽制度的设立,属于本次修法的重要内容,加强人权保障的要求也有所体现。

被追诉人究竟应该享有哪些权利,对此不能满足于我国《刑事诉讼法》的既有规定,而是要结合国际人权公约的相关规定,以及法治发达国家的先进经验,来审视考量我国被追诉人的权利保障。我国已经于1998年签署了《公民权利和政治权利国际公约》,在《刑事诉讼法》中落实这些规定,既是对公约义务的履行,也是提升国内被追诉人权利保护,提升司法文明程度的有效路径。

综观国际公约的规定,被追诉人的权利最起码应当包括以下内容:

(1)被推定为无罪的权利。这既是一项权利,也是一项法治原则,更是一种司法理念。赋予被追诉人被推定为无罪的权利,也就给侦控机关科以了举证的义务。大陆法系和英美法系虽然在无罪推定原则的内涵上有不同的理解,但是均认为认定犯罪的证明责任由代表国家的控方来承担,这也是无罪推定原则

---

[1] 田圣宾:《刑事诉讼人权保障制度研究》,法律出版社2008年版,第3页。
[2] 樊崇义:《2018年〈刑事诉讼法〉最新修改解读》,载《中国法律评论》2018年第6期,第2页。

的应有之义。①

（2）免于自我归罪的权利。与无罪推定相对应，被追诉人没有证实自己无罪的义务，更没有证实自己有罪的义务。这一权利的确立，可以防范刑讯逼供等非法取证，也是沉默权的权利源泉。

（3）获得公平公正公开审判的权利。最终认定被追诉人有罪，是由法院的审判来确定，其他国家机关只能做出罪处理。能否获得公平公正公开的法庭审判至关重要。

（4）快速受审权。为了使被追诉人免于诉累，免于无休止诉讼的折磨，其有快速接受审判的权利，从而避免程序的烦琐与拖延。

（5）辩护权。这是被追诉人表达诉求，与追诉机关对抗的手段。辩护权既包括自行辩护，也包括委托辩护律师为自己辩护，与此相对应，在被追诉人无能力聘请辩护律师的情况下，有权利获得法律援助。

（6）使用本民族语言文字权。这也是法律面前人人平等原则以及被追诉人有尊严地参加诉讼的需要。为了保护这项权利，被追诉人就有获得翻译的权利。

（7）不受非法逮捕、拘禁权。追诉机关对被追诉人的逮捕、拘禁行为，要接受司法审查，应实现权力制约，尽可能保障被追诉人被判刑之前免于羁押。

（8）上诉权。对于法院的裁决结果不服，有权提出上诉，实现权力制约，避免或者减少裁判差错。

（9）免于双重危险的权利。这一权利派生出一事不再罚原则，要求对被追诉人不能因为一次违法行为遭受两次以上的追诉，或者两次以上面临被追诉的风险。

以上应然的权利，在我国的刑事诉讼立法和司法中或深或浅有所体现，但存在进一步完善的空间。有的在立法上没有完全实现，有的在司法上权利的行使受到了制约，如我国《刑事诉讼法》规定，犯罪嫌疑人对于公安机关的讯问，具有如实回答的义务，并不完全契合免于自我归罪的权利；公安机关可以决定拘留，检察机关可以批准逮捕，羁押犯罪嫌疑人并不需要经过司法审查，犯罪嫌疑人、被告人申请取保候审得到批准的机会较少。这些问题的存在，为

---

① 陈光中等著：《司法改革问题研究》，法律出版社2018年版，第212页。

我国诉讼人权保障建设提供了空间，尤其是在诉讼制度改革过程中，需要关注被追诉人权利保护，并将其作为衡量改革成效的重要指标。

3. 小结

被追诉人权利具有丰富的内容，而且是一个动态的过程，我国的《刑事诉讼法》在很大程度上实现了对被追诉人的权利保护，但仍有不足。对被追诉人权利的保护没有终点，法律应当不断地完善被追诉人权利保护。

(二) 被追诉人权利保护的方式

权利和权利保护是两个不同的概念，前者的主体是权利人，重点在于权利人有哪些权利需要保护，后者的主体是国家，重点在于如果保护权利人的权利，将权利落到实处。被追诉人权利保护，是指国家通过立法和司法行为，保护被追诉人在刑事诉讼过程中享有并实现法定权利。保护被追诉人权利既是国家的法定义务，也是道义义务，国家应当通过多种途径提升被追诉人权利保护水平。

1. 强化权力制约

刑事诉讼形成国家与个人之间的追诉与被追诉关系。刑事诉讼的目的在于准确实现国家的刑罚权，让有罪的人受到恰当的刑罚，无罪的人免于刑罚。国家的追诉权，由具体的机关和具体的人员来实施。反过来说，要实现对被追诉人的权利保护，首先要做的是通过正当的程序来制约司法机关的权力，避免权力的滥用。司法权力的滥用是被追诉人权利保护的天敌。通过权力制约实现权利保护，可以包括以下三个方面。

一是弱化司法机关的公权力。公权力相对于私权利占有先天性的优势，在私权利范围既定的情况下，要实现二者的平衡，就需要弱化公权力，以与其职能相匹配。比如，对司法机关羁押被追诉人的时间进行限制，对办理案件的期限作出规定，禁止刑讯逼供或者采用其他违法手段取证等，都会弱化公权力，但如果不做此限制，就容易侵犯被追诉人的权利。

二是形成公权力之间的相互制约机制。不受监督、缺乏制约的权力，就难免被滥用，司法权也不例外。形成权力之间制约机制，是约束公权力滥用的有效手段。在刑事诉讼领域，主要表现为侦控审三机关之间的相互制约，尤其要突出审判的中心地位，以审判的标准检视侦控的质量，从而实现制约。

三是建立责任追究机制。违法使用公权力、滥用公权力需要承担相应的责任,从而倒逼司法机关依法正确行使职权。司法人员不能从违法行为中获利,即实施违法行为不能有助于其办理案件,同时要反向地遭受不利的后果。比如,刑讯逼供取得的口供不仅不能作为定案的依据,而且要让侦查人员承担刑讯逼供的责任。

2. 加强权利供给

在公权力范围既定的情况下,赋予被追诉人权利,是实现权利与权力均衡的重要途径。同时,赋予被追诉人权利,不仅是对抗公权力的手段,其本身也是追求公平正义、维护个体尊严的体现。可以从多个方面赋予权利。

一是自己参加诉讼的各种权利。包括能够有尊严地参与诉讼,不受各种不人道、不公正待遇,能够当庭发表意见,当面与证人质证,申请调取证据等;能够自由表达意志,不受强迫、压制、诱骗,免于自我归罪;对案件适用的程序具有参与权、选择权,具有快速接受审判,免遭诉讼迟延的权利等。

二是增强自己诉讼能力的权利。被追诉人要有效地行使权利,对抗追诉,需要具备一定的诉讼能力,在自身诉讼能力既定的情况下,能够得到各种帮助。被追诉人具有知情权,了解自己涉嫌的犯罪,了解相关的法律规定和法律后果,司法机关有义务告知、释明,向被追诉人展示证据。被追诉人要具有获得辩护的权利,可以自主决定聘请律师,在自己没有能力聘请律师的情况下,能够得到法律援助,而且律师能够有效参与诉讼,真正发挥作用。在不通晓法庭使用的语言的情况下,有权利获得翻译。

三是救济权。在司法机关作出相应裁决之后,被追诉人有权利针对该裁决提出申诉、异议,从而引发对该裁决的再审查。对办案人员具有申请回避的权利,对司法机关作出的不予回避的决定具有申请复议的权利。有权利申请变更、解除强制措施,办案机关应给予答复。对法院的裁决结果,有上诉的权利,司法机关不得以任何形式剥夺。对于司法机关的行为,有权申诉、控告。遭受错误羁押、判刑的,有权利获得赔偿。

3. 善意落实权利保护

以上两点更多是从立法、制度层面保障被追诉人的权利,这些都是最为基础的要求,但是徒法不足以自行,只有司法人员切实执行法律规定落实这些权利,相关规定才有实际意义。而且,在法律规定不明或者存在多种解释时,司法人员应本着权利保护的理念,善意地执行法律,扩大权利保护的范围,提升权利保护的力度。

一是司法机关必须依法办事。司法机关的所有权力都来源于法律的规定，遵循法无授权不可为的原则。司法机关不得在诉讼过程中扩大自己的权力，要有限、审慎地行使权力。凡是作出不利于被追诉人的决定必须有法律依据。

二是司法机关不得限制被追诉人的权利。法律赋予被追诉人的权利，就应当得到法律的保障，不得以任何理由任何方式剥夺。司法机关也不得以变相的方式限制被追诉人的法定权利。比如，被追诉人要求自行聘请律师辩护的，不能以指定辩护的方式阻止其自行委托律师；被告人提出上诉的，不能以提起抗诉相要挟，要求被告人撤回上诉。

三是在法无规定或规定不明时，作出有利于被追诉人的解释。被追诉人的权利保护没有止境，法律规定也是处于逐步完善过程中。在切实保护法律已经规定的被追诉人权利的基础上，司法人员要善意司法，最大限度地保障、尊重被追诉人的权利。在法律规定不明确时，作出有利于被追诉人的解释而不是相反。对于法律没有规定的诉讼权利，按照惩罚犯罪与保障人权并重的司法原则，对于符合司法正义、符合人权保障精神的权利请求，应尽可能地予以满足。

4. 小结

被追诉人权利保护既在于立法，更在于司法。司法人员需要从正反两个方面保护被追诉人的权利，严以律己、宽以待人，对自己严一些，对被追诉人宽一些。

四、小结

人权是一个发展性的概念，具有普遍性，也具有一个国家和地区以及社会发展状况的特殊性，我国党和政府为此做出了不懈的努力。被追诉人权利是人权的重要组成部分，能够直观反映一个国家和地区的人权保护水平。我国的《刑事诉讼法》在被追诉人权利保护方面取得了巨大的进步，但被追诉人权利保护内容丰富，没有止境，需要在现有规定的基础上进一步完善，尤其是司法机关应当在实践中做好人权保护。

第三节　认罪认罚从宽制度中被追诉人权利的特殊性

前文从被追诉人的整体概念出发，论述了被追诉人权利保护的一般问题，是针对所有的被追诉人而言。本文研究的重点在于认罪认罚从宽制度中被追诉人的权利保护，不同于具有普遍性的被追诉人权利保护，有必要立足于认罪认罚从宽制度中被追诉人权利的特殊性，并借鉴域外认罪案件被追诉人权利保护的先进经验，对我国认罪认罚从宽制度中被追诉人权利保护的一般性问题进行探讨，为后文奠定基础。

一、域外认罪案件被追诉人权利保护的经验

研究被追诉人权利保护问题，既要结合本国法律的实际，也要考虑国际通行的标准，尤其是法治发达国家和地区的先进经验，在比较借鉴中完善自身的权利保护体系。严格地说，比较借鉴需要具有相同或者相似的制度背景，或者针对相同或者相似的诉讼制度进行比较。认罪认罚从宽制度是我国刑事诉讼发展过程中对长期坚持的刑事政策进行完善而形成的一项独特的诉讼制度，域外没有现成的经验可以复制。但是，认罪认罚从宽制度属于认罪案件诉讼制度的下位概念，研究其他国家和地区认罪案件诉讼程序中被追诉人的权利保护，可以促使我们反思认罪认罚从宽制度中的被追诉人权利保护问题。

（一）罪状认否权

在英美法系的刑事诉讼中，被告人被起诉到法院以后，有权利、有机会就指控内容进行答辩，答辩的内容包括认罪答辩、无罪答辩和不争答辩。无罪答辩就是否认指控，案件将进入正式审判程序。而如果作认罪答辩，一经法院确认接受了其认罪答辩，则等于被告人放弃了要求正式审判的权利，法庭将直接认定被告人有罪，案件将进入量刑程序。不争答辩是指被告人并不作有罪供述，但对指控不提异议，是一种消极的认罪，一旦被法庭接受，将和认罪答辩具有相同的效果。

在英美法系，往往设有提审制度，如在美国，由被告人正式出庭以答辩指控。不论是轻罪指控还是重罪指控，都有这样的程序，给予被告人答辩的机

会。在提审中，大多数案件的被告人只是答辩有罪，作出有罪供述并放弃陪审团审判及其他审判权利，在少数案件中被告人答辩无罪，从而使法庭获取无罪答辩并安排案件的审判。① 这种诉讼制度更多活跃于英美法系国家，而对于实行职权主义诉讼模式的大陆法系国家和地区来说，法院受到被告人答辩的约束相对较小，但被告人对罪状的认可与否，对诉讼程序仍然具有一定的影响。

我国香港地区受英美法系的影响，刑事诉讼程序与英国相当，可以以我国香港地区为例考察被告人的罪状认否程序。在我国香港地区，凡是属于《简易程序治罪条例》所规定的罪行，由裁判法院以简易程序审判。可诉罪行多以普通程序在高等法院或者地方法院审理，也可以适用简易程序。法院受理案件以后，设置提讯和答辩程序，被告人针对指控作有罪答辩或者无罪答辩。"对于被告人认罪的案件，法官可以不经法庭质证、辩论径行判决"②，判决的内容包括罪名和量刑。

根据我国香港地区的规定，一些特别轻微的罪行，被告人可以选择书面认罪，而不必按传票上的指示出庭。当然，是否可以书面认罪，传票上会有注明。如果违法者以书面认罪，则不会被判囚入狱或罚款超过500元。除了法律规定可以书面认罪的以外，被告人必须亲自上庭认罪或不认罪，不出庭的，法庭可以下令拘捕到庭审讯。③ 对于经发布拘捕令仍未能将被告人带上法庭出席审判的，法庭可以缺席判决。④ "若被告承认有罪，法庭通常于当日作出判处；若法庭认为须先行取阅感化报告、劳教中心报告或戒毒所报告，则会押后处理。若被告否认有罪，法庭会编排审讯日期。"⑤ 对于认罪案件，法官只需要按照被告人犯罪的事实依法定罪判刑即可，没有复杂的调查程序。

区域法院的审讯不设陪审团，在区域法院审理的刑事案件，亦是由一名法官审理。根据我国香港地区2000年第28号法令修订的《区域法院条例》规定，地方法院"一名单独的法官必须审理和处置在区域法院的法律程序及该法

---

① 参见［美］爱伦·豪切斯泰勒·斯黛丽、南希·弗兰克：《美国刑事法院诉讼程序》，陈卫东、徐美君译，中国人民大学出版社2002年版，第447页。
② 郭天武、何邦武：《香港刑事诉讼法专论》，北京大学出版社2009年版，第184页。
③ 甄贞主编：《香港刑事诉讼法》，河南人民出版社1997年版，第194页。
④ 刘枚：《香港和内地刑事诉讼制度比较研究》，中国政法大学出版社2001年版，第250—251页。
⑤ 徐静琳：《演进中的香港法》，上海大学出版社2002年版，第300页。

律程序而产生的事务"。① 对移送区域法院的刑事案件，检控官将公诉书存档后，进行公诉提控。若被告人认罪，经宣读案情摘要，法官定罪，定罪问题不进行法庭审理，然后围绕量刑问题进行调查作出判决。②

在我国香港地区高等法院审理的认罪案件，如果被告人作认罪答辩，而法庭又确信他是在真实、自愿的基础上作出的，则应予接受。此种情况下不必再召集陪审团，经过听证和辩论，即可由法庭作出判决。被告人作出无罪答辩或不服罪的答辩后，陪审团即应宣誓就座。③"被告人在被交由陪审团审理后作出有罪答辩，须对被告人再提讯，使被告人的有罪答辩对陪审团作出，由陪审团来作出裁定是否接受。"④ 在开庭审讯时，由被告回答控罪，若被告认罪，则不予审理，直接宣读案情摘要，由陪审团定罪，然后进行量刑调查并作出判决。在我国香港地区，刑事审判程序中被告人认罪，则免除开庭审理程序，大大提高了审判效率。⑤

从以上描述可以看出，被告人的答辩是程序分流的依据，不论被告人在侦控期间认罪态度如何，到了法院审理期间都有答辩的机会，法院根据其答辩情况决定案件的适用程序。这种罪状认否的程序，是被告人的一种权利，也是其主体地位的体现。有学者指出，我国推行认罪认罚从宽制度，其目的就是进一步优化刑事诉讼中司法资源的配置情况，凸显繁简分流的效果。因此确立罪状认否程序，将被追诉人的认罪（认罚）作为后续程序分化的前提，赋予"认罪"以"有罪答辩"的程序法意义，有助于我国刑事诉讼程序多元化的有序发展，避免实践中在"认罪"认定上的困难，简化分流过程。⑥

(二) 交易协商权

在一些国家和地区，被追诉人可以根据案情，与司法机关进行交易协商，争取获得各方都能接受的结果，主要内容就是被追诉人表示认罪，而司法机关

---

① 龙韶华：《香港司法体制沿革》，商务印书馆2012年版，第187页。
② 赵泽龙：《香港特区司法制度的特点及借鉴》，载《重庆行政》2002年第4期，第11页。
③ 蓝天主编：《"一国两制"法律问题研究（香港卷）》，法律出版社1997年版，第399页。
④ 甄贞主编：《香港刑事诉讼法》，河南人民出版社1997年版，第244页。
⑤ 赵泽龙：《香港特区司法制度的特点及借鉴》，载《重庆行政》2002年第4期，第11页。
⑥ 郭志媛：《认罪认罚从宽制度的理论解析与改革前瞻》，载《法律适用》2017年第19期，第52页。

同意降格追诉，或者从宽量刑。① 在这一制度下，如果司法机关掌握的证据越少，定罪的把握越小，其给予被追诉人的优惠就会越大，包括对案件事实的就低认定，对罪名的降格适用，对量刑的最大优惠等。相反，如果司法机关掌握的证据越充分，其交易的动力就越小。但是，由于现代刑事诉讼制度赋予被告人广泛的诉讼权利，被告人得到了有效的武装，如果其拒绝配合司法机关的追诉，将会给司法机关的诉讼活动制造巨大的麻烦，开展诉讼所需要投入的司法资源巨大，所以，司法机关仍然倾向于与被告人一方达成协议。

对于被告人来说，愿意认罪也是基于功利的考虑，在作无罪辩护没有把握的情况下，为了获得有利的处理结果而选择认罪。当然也不排除有些被告人基于内心的忏悔而选择认罪。一旦被追诉人选择认罪，等于放弃了要求正式审判的权利。

这种交易协商在不同的法律体系下有不同的表现。其中，美国辩诉交易制度具有较大的影响力，是由控辩双方就定罪和量刑问题达成一致意见，然后交由法庭审判。② 而作为大陆法系国家代表的德国，这种交易是在被告人和法官之间进行的，法庭可以与诉讼参与人就程序的进一步发展以及诉讼的结果进行协商，达成一致，从而推动案件的顺利进行。③ 辩诉交易或者认罪协商，既是一项诉讼制度，也是被告人的一项诉讼权利。因为，在很大程度上，这种交易或协商是有利于被告人的，使其获得相对轻缓的处理结果。当然，从制度的效果角度看，也存在冤错案件的风险，有些本来无罪的被告人由于对无罪辩护没有把握而违心地选择了认罪。

（三）迅速受审权

1. 迅速受审权的含义

刑事诉讼中一个案件往往要经历侦查、起诉、审判多个诉讼环节，存在一个诉讼周期。诉讼的时间越长，被追诉人在不确定性中受到的煎熬就越多，尤其是在先行羁押的情况下。如果案件能够得到快速审判，尽早得出一个确定性

---

① 杨立新：《认罪协商制度之比较研究》，载胡云腾主编：《认罪认罚从宽制度的理解与适用》，人民法院出版社2018年版，第419—436页。

② 何东青：《美国辩诉交易制度考察报告》，载胡云腾主编：《认罪认罚从宽制度的理解与适用》，人民法院出版社2018年版，第449—458页。

③ 宋英辉、孙长永、朴宗根等著：《外国刑事诉讼法》，北京大学出版社2011年版，第336页。

的结论,对被追诉人来说能够减少诉累,对社会来说能够尽早实现公平正义。被追诉人面临刑事指控,有权获得及时的审判,这就涉及被追诉人的迅速受审权,这一权利有不同的表述,如妥速审判权、迅速审判权、适时审判权等。"被追诉人的刑事速审权利是对审判不受无故拖延权、迅速审判权、合理期间受审权等一系列权利的总称。"① 当前,认可与保障被追诉人的妥速审判权已成为一种国际刑事司法潮流。《公民权利和政治权利国际公约》第 14 条第 3 款规定,"在判定对他提出的任何刑事指控时,人人完全平等地有资格享受以下的最低限度的保证:……(丙)受审时间不被无故拖延……"这是从国际公约层面对迅速受审权的规定。这一规定是一个最低限度的保证,也就是说属于被追诉人权利的底线,各签约国应当在国内法中落实。其中包括了三个层面的含义。

一是从国家层面,应当尽快地审理案件,如果案件不能及时审理,应当具有正当的理由。一个案件究竟应当在多长时间内审结,没有必要也无法作出具体要求,案件的难易程度不同,审理的节奏和时间就不同。对于被告人认罪且没有争议的案件,就没有理由不及时审判。这一规定,也是对国家权力的制约,要求国家正确地行使权力,而不能无故拖延。

二是从被追诉人层面,这是其享有的一项诉讼权利,国家机关有义务建构能迅速审判且不忽略被告人权利的司法机制。被追诉人有权要求国家对其尽快审判,从而减少审前羁押,减少因诉讼而产生的精神痛苦。对于无故拖延的行为,个人可以进行控告,以维护自己的权利。对于案情简单的被追诉人认罪的案件,更没有必要久拖不决,而应该通过快速审判,让被追诉人避免诉累,这也是对其认罪的一种鼓励。

三是从社会层面,快速审判既能及时实现公平正义,也能节约司法资源。通过快速审判,使遭受破坏的社会秩序及时得以恢复,让无罪的人及时洗白冤屈,实现社会正义。快速审判无疑能够节约司法资源,也是对司法资源的合理分配。

2. 其他国家和地区的实践

刑事被追诉人的这一权利得到了国际社会的广泛认可。1215 年英国《大宪章》(Great Charter)第 40 条对该权利作了明确的规定:"余等不得向任何人出

---

① 冯喜恒:《刑事速审权利研究》,中国政法大学出版社 2019 年版,"导论"部分第 1 页。

售、拒绝，或延搁其应享之权利与公正裁判。"1679 年英国《人身保护法》（Habeas Corpus Act）也对妥速审判权作出了规定。

1791 年，美国联邦通过联邦宪法第六修正案，将妥速审判权规定为宪法性权利。随后，美国五十个州的宪法也均将妥速审判权纳入宪法性权利范围。1967 年，美国联邦最高法院通过科勒普案（Kloper v. North Carolina），将妥速审判权条款与联邦宪法第十四修正案正当程序条款相结合，从而使联邦宪法妥速审判权的约束力扩及美国各州。1974 年，为进一步保障妥速审判权，美国国会制定《1974 年联邦妥速审判法》（Federal Speedy Trial Act of 1974），此后很多州也相继制定各自的妥速审判法。

日本《宪法》第 37 条第 1 款规定："在一切刑事案件中，被告人享有接受法院公正迅速的公开审判的权利。"《日本刑事诉讼法》第 1 条也将通过正当程序迅速处理刑事案件视为刑事诉讼法的目的之一，以至于日本学者认为"刑事诉讼法是以正确而快速解决刑事案件为目的的法律制度。"① 2003 年日本又专门制定《关于快速进行审判的法律》，要求法院根据诉讼程序的各自特点，在短期内审结案件。

快速受审权对于被追诉人具有积极的意义，有利于减少诉累，正义及时实现，尤其对于受到先行羁押的被追诉人来说，这种权利更是具有实体意义。因为遭受长期羁押的被告人，即使后来被宣告无罪，其已经受到羁押的事实也无法更改。而对于罪行轻微的被追诉人来说，漫长的羁押时间很可能超过了其应当判处的刑期。

（四）保释权

保释首先是一项制度，"是英美法系国家刑事诉讼中采用的在一定条件下将被逮捕人或者被羁押人予以释放的制度"。② 主要解决刑事诉讼中被追诉人在裁判确定之前的人身自由处于何种状态的问题。对被追诉人解除羁押，与无罪推定原则密切相关。任何人在没有被法院确定为有罪之前，应被推定为无罪的。被推定为无罪的人，其享有其他人所享有的基本权利，包括人身自由权。对未被确定有罪的人采取羁押措施，与人身自由权是相悖的。采取羁押措施，

---

① ［日］田口守一：《刑事诉讼法》（第七版），张凌、于秀峰译，法律出版社 2019 年版，第 3 页。
② 朗胜：《欧盟国家审前羁押与保释制度》，法律出版社 2006 年版，第 59 页。

有可能造成两个方面的后果，一是不利于被追诉人行使诉讼权利，在人身自由被剥夺的情况下，很难指望其理智地对待诉讼。二是有可能侵犯被追诉人的实体权利，如果其被宣告无罪，则这种错误羁押的后果将无法弥补。同时这种审前羁押状态还容易导致审判机关在对其作出无罪裁决时顾虑重重，也会使司法人员先入为主地认为被追诉人是有罪的。

但是，对保释权的保护存在一个限度的问题，需要做平衡考量。如果一个人具有严重的危害社会的暴力倾向，或者明显会实施一些影响诉讼顺利进行的行为，国家就需要进行利益衡量，两害相权取其轻，决定不予以释放。既然称为保释，对被追诉人的释放是有条件的，其必须提供一定的担保，具体的方式在不同的法律体系下会有不同的做法，主要有两种：财保和人保。

保释制度起源较早、发展较为完备的是英国，英国的现代保释制度是在《1976年保释法》（Bail Act 1976）的基础上构建起来的，该法第4条规定："除了法律明文规定的例外情况外，对在刑事诉讼中被羁押的被告人均应当批准保释。"该法的核心是宣告了一种普遍的保释权利。被羁押的人在刑事诉讼的任何阶段都有权请求保释，并且根据无罪推定的原则，当被告人提出保释请求时，除特定情况，必须准予保释。所有的案件都适用保释，保释并不因案件的性质及严重程度而有所不同。[1] 从此，保释在英国被视为一种普遍性常态意义上的权利，英国的保释制度也逐步走上了一条程序化、法治化的道路。[2]

美国联邦政府于1789年颁布法令规定，刑事案件中所有被捕的人都应当允许保释，除非可能判处死刑。1791年美国联邦宪法第八修正案规定，不能要求过多保释金。保证的方式较多，包括具结保证、无担保出庭保证书、保证人保释、现金保释以及其他附加非金钱条件的释放等。[3]

德国《刑事诉讼法》第116条规定：如果不执行逮捕羁押，也足以达到待审羁押之目的或者足以大幅度减小调查真相困难或者足以预计被指控人将遵守特定命令的，法官可以延期执行逮捕令，即可以停止羁押，适用保释措施。如果可以较轻微之措施代替之的，则可以免除逮捕的执行。[4]

---

[1] 李先波、陈杨：《保释制度探微》，载《时代法学》2013年第3期，第22—23页。
[2] 韩涛：《论英国保释制度及其借鉴意义》，中国政法大学2008年硕士学位论文，第4页。
[3] 宋英辉、孙长永、朴宗根等著：《外国刑事诉讼法》，北京大学出版社2011年版，第77页。
[4] [德] 克劳思·罗科信：《刑事诉讼法》，吴丽琪译，法律出版社2003年版，第294页。

保释已经成为被追诉人的一种权利，国家司法机关在没有法律规定的不可保释情形时，应当准许。我国有取保候审和监视居住制度，但当前的司法实践中仍然以羁押为主。在认罪认罚从宽制度推行过程中，有必要加大非羁押性强制措施的力度，既鼓励被追诉人认罪认罚又保障其认罪认罚的自愿性。

（五）获得律师帮助权

联合国《公民权利和政治权利国际公约》第14条第3款（乙）项规定，在判定对他提出的任何刑事指控时，人人完全平等地有资格享受以下的最低限度的保证：有相当时间和便利准备他的辩护并与他自己选择的律师联络。这是关于被追诉人获得律师帮助权的规定，据此，犯罪嫌疑人、被告人除了自己行使辩护权之外，有权利获得律师的帮助。

在现代法治发达国家和地区的诉讼制度中，对被追诉人获得律师帮助权都有较好的保障措施。法国《刑事诉讼法》第495-8条第4款的规定，"（在庭前认罪答辩程序中）被告不得放弃律师协助权"，律师应在程序的任何阶段现场为被告提供咨询和帮助。也就是说，在庭前认罪答辩阶段，被告"承认所被指控之犯罪事实"时，律师必须在场。[1]

按照美国的辩诉交易制度，被告人为了获取轻判而自愿作出的认罪答辩是有效的，符合宪法规定的，但是这种辩诉交易必须是在辩护律师的有效参与下进行。被告人不仅要得到律师的辩护，而且要得到有效辩护，否则属于程序违法。[2] 美国的有效辩护制度在世界范围内都有深远的影响。在美国的刑事诉讼程序中，把被告人获得有效辩护的权利作为一项基本的权利，如果被告人没有得到有效辩护，或者说其得到的是无效辩护，那么上级法院可以将此作为案件程序问题，发回重审。1791年通过的美国宪法第六修正案规定："在刑事诉讼中，被指控人应当享有……获得律师帮助辩护的权利。"据此，被告人获得律师帮助权是其宪法权利，这种权利既包括其委托辩护的权利，也包括在其因经济困难等原因无力委托辩护时，获得指定辩护的权利。但是，这种获得律师帮助的权利不能满足于形式，还要求律师的帮助是有效的，即获得了有效辩护。美国联邦最高法院通过具体案件确立了有效辩护制度。[3] 根据该制度，被告人

---

[1] 熊秋红：《认罪认罚从宽的理论审视与制度完善》，载《法学》2016年第10期，第104页。
[2] 祁建建：《美国辩诉交易中的有效辩护权》，载《比较法研究》2015年第6期，第126页。
[3] 胡晴晴：《美国刑事诉讼中有效辩护制度的启示》，载《中国检察官》2017年第2期，第74页。

虽然获得了律师的辩护,但是,如果律师的辩护达不到要求,不符合标准,并因此导致对被告人不利的后果,则被告人可以在上诉程序中提出,二审需要审查被告人是否获得了有效辩护,如果二审法院认为被告人所述理由成立,则赋予其和程序违法一样的性质地位,作为撤销原判发回重审的理由。在美国法院看来,被告人没有获得有效辩护,与其没有获得律师帮助是一样的。如何衡量辩护的有效性,或者反过来说,什么样的辩护是无效辩护?美国的司法实践确立了具体的标准。第一,律师的辩护工作存在缺陷,辩护行为存在错误,无法达到预期的效果,也就是说律师没有尽职。第二,因为律师的不尽职导致被告人获得了不利的后果,反过来说,如果律师辩护没有错误,律师不是这样做而是那样做,可以合理预期,诉讼结果将对被告人更有利。

（六）上诉权

上诉权属于救济权,是指被追诉人对于审判机关作出的裁决不服,有申请上级审判机关复审的权利。上诉权的存在具有多方面的意义,一是给予被追诉人救济的途径,使错误的裁判得以纠正；二是上诉权的存在对原审法院是一个潜在的威慑,使得原审法院自觉审慎地行使职权。同时,通过上诉法院对个案的审判,能够在一定范围内统一裁判标准。各个国家对于被追诉人上诉权的设置有所不同,尤其对于认罪案件,不同的理念会影响上诉权保护的程度。

英国被告人有权利作出罪状认否答辩,根据罪行的轻重不同,上诉的权利也不同。对治安法院作出的判决,如果有罪答辩的,针对定罪问题不能上诉,除非有罪答辩不真实。针对量刑问题可以上诉,但上级法院不受上诉不加刑原则的约束,被告人可能遭至更重的刑罚。对刑事法院的判决,不论以何种理由上诉,都需要上诉法院的批准,有罪答辩后提出定罪问题的上诉,很难得到批准。针对量刑问题的上诉,上诉法院受上诉不加刑原则的约束。[①] 英国对上诉权的诸多限制,体现了英国司法对司法效率的关注,采取措施避免被告人无正当理由上诉浪费司法资源。

在美国刑事诉讼中,因为贯彻禁止双重危险原则,即被追诉人不得因同一事由两次以上遭受被追诉的危险,大大限制了控方的上诉权,控方只有在两种情况下可以上诉,一是控方上诉的理由是纯粹的法律适用错误,因而不至于导

[①] 宋英辉、孙长永、朴宗根：《外国刑事诉讼法》,北京大学出版社2011年版,第42—46页。

致对事实的重新审理；二是被告人贿赂了陪审员或者法官，因而导致其在前一次审判中并未真正的置于危险之中。① 美国《刑事诉讼法》对被告人的上诉权利给予了较为广泛的保障。但是，通过辩诉交易程序处理案件，被告人需要放弃上诉权。也就是说一旦作有罪答辩或者不争答辩，接受辩诉交易，则需要放弃上诉权。作为例外，通过辩诉交易作有罪答辩的被告人只能以控诉机关违反"禁止双重危险"的宪法原则或者法院缺乏管辖权为由提起上诉。② 那么，只有作无罪答辩的被告人，才能正常行使上诉权。我国中央司法体制改革领导小组代表团赴美考察发现，尽管辩诉协议中通常会包含被告人放弃上诉权的条款，但被告人仍可提出上诉，如果有正当理由，还可申请撤回认罪答辩。虽然形式上保留了被告人的上诉权，但二审是法律审，除非被告人能证明答辩时未获得有效律师帮助、答辩非自愿等，否则难以得到支持。③ 对于上诉案件，上诉法院不审理事实问题，而仅审理适用法律是否错误进而影响判决。所以，被告人上诉时，需要提出原审在适用法律方面的错误，才能提起上诉。如果被告人上诉成功，上诉法院将案件发回重新审判，原审法院重审时不受上诉不加刑原则的限制，可以对被告人处以更重的刑罚。

德国《刑事诉讼法》对上诉问题作了类型化的规定，而且采取三审终审制。第二审上诉权较为广泛，对于区法院作出的判决，被告人原则上有上诉权，但是德国《刑事诉讼法》第313条规定轻微刑事案件，上诉必须满足德国《刑事诉讼法》特别规定的容许性条件，上诉法院具有自由裁量权，如果上诉法院认为上诉明显没有意义，则可以拒绝接受上诉，第二审上诉将因为不被许可而遭驳回。④ 而对于大刑事庭、陪审法庭以及州高等法院作出的判决，被告人都具有完全的上诉权，而且允许上诉法院从事实和法律两个方面进行重新审查。可见，"在德国，简易程序中的被告人对判决具有有限的上诉权，即在上诉前需要由法院做资格审查，如果审查符合上诉条件，则可以上诉，否则就会

---

① 宋英辉、孙长永、朴宗根：《外国刑事诉讼法》，北京大学出版社2011年版，第95—96页。
② 参见张吉喜：《被告人认罪案件处理程序的比较法考察》，载《时代法学》2009年第3期，第26页。
③ 何东青：《美国辩诉交易制度考察报告》，载胡云腾主编：《认罪认罚从宽制度的理解与适用》，人民法院出版社2018年版，第453页。
④ [德]克劳思·罗科信：《刑事诉讼法》（第21版），吴丽琪译，法律出版社2003年版，第503页。

驳回上诉（德国《刑事诉讼法》第313条）"。① 被告人对于第二审判决不服，还可以提起第三审上诉。"但它是一种受限制的法律救济。原则上，不能针对法庭错误的或者是不完全的事实认定提出第三审上诉，而只能基于法院判决违反实体法或者程序法方面的法律规定而出现的错误。"② 也就是说第三审上诉只能针对法律适用问题，而不能针对事实认定问题。而且，针对区法院的判决，当事人可以选择第二审上诉或者第三审上诉。

在德国的认罪协商制度中，司法人员往往会要求被告人放弃上诉权。③ 按照德国法律的规定，这种对上诉权的放弃是无效的。2009年，德国联邦议会通过了《刑事程序中的协商规定》（Gesetz zur Regelung der Verständigung im Strafverfahren vom 29. Juli 2009），对认罪协商制度进行了立法规范，其中包括对放弃上诉权的规定，只有在法官履行了"合格信息"的"加重告知义务"后，被告人依然坚持放弃上诉权的，放弃上诉的协议才会有效。④ 也就是说，如果控辩双方就被告人放弃上诉权达成了协议，那么在向被告人宣布判决结果时，除了要告知其有权上诉以外，还应当进行"加重告知"：放弃上诉权的协商是无效的，现在依然有权提出上诉，如果被告人坚持不上诉，那么放弃上诉权协议生效，该判决立刻成为生效判决。

二、权利保护的必要性

在被追诉人权利保护问题已经得到深入研究的情况下，之所以关注认罪认罚从宽制度中被追诉人权利保护，就是因为其具有特殊性，而且这种权利存在受到侵害的可能性。《法制日报》（现为《法治日报》）刊登的《认罪认罚从宽制度会不会导致错案增多》一文提出，认罪认罚从宽制度的适用存在一些争议，如会不会出现公检法机关为了提高破案率、结案率，通过强迫、威胁与欺骗手段促使被告人、被害人达成和解，强迫被告人认罪悔罪、强迫被害人谅解？认罪认罚从宽制度广泛适用，会不会导致错案增多？怎样消除制度运行中

---

① 李本森：《我国刑事案件速裁程序研究——与美、德刑事案件快速审理程序之比较》，载《环球法律评论》2015年第2期，第122页。
② 宋英辉、孙长永、朴宗根等著：《外国刑事诉讼法》，北京大学出版社2011年版，第338页。
③ 高通：《德国刑事协商制度的新发展及其启示》，载《环球法律评论》2017年第3期，第163页。
④ 孙长永：《比较法视野下认罪认罚案件被告人的上诉权》，载《比较法研究》2019年第3期，第46页。

司法不公正的隐患?[①] 这些疑问不是空穴来风,而是具有现实基础的。这些问题最终也指向了一个问题,即在认罪认罚从宽制度中如何保护被追诉人的权利,被追诉人权利保护到位,错案的概率自然降低。

(一) 一则案例[②]的启示

被告人孔某,因涉嫌犯危险驾驶罪于 2019 年 3 月 25 日被取保候审。

检察机关指控:2019 年 3 月 24 日 21 时许,被告人孔某醉酒(血液中酒精含量为 96.7 毫克/100 毫升)驾驶小型普通客车,行驶至广州市番禺区观景路出御湖街西 58 米地下停车库发生交通事故。事故发生后,被告人孔某在现场等候交警处理。被告人孔某有自首情节,并自愿签署认罪认罚具结书,建议对其判处拘役二个月以下,并处罚金。

一审法院适用刑事案件速裁程序进行审理,认为公诉机关指控被告人孔某犯危险驾驶罪的事实清楚,证据确实、充分,指控罪名成立,量刑建议适当。鉴于被告人孔某自动投案,如实供述自己的罪行,是自首,并自愿认罪认罚,确有悔罪表现,可以从轻处罚并适用缓刑。遂判决:被告人孔某犯危险驾驶罪,判处拘役一个月,缓刑二个月,并处罚金二千元。

宣判后,孔某提出上诉称:

原审判决未查明全案事实,包括事发地下停车场为不属于公众通行的公共停车场,在案证据不能证明其处于醉酒状态下驾驶车辆,依法不足以认定其犯危险驾驶罪;根据相关事实和情节,即使认定其醉酒驾驶,也应依法不予定罪处罚。

辩护人提出:

1. 案发地不属于《道路交通安全法》第 119 条所列"道路"的范围,对上诉人交通事故行为不适用《道路交通安全法》。2. 原审对上诉人据以定罪的血液酒精含量检查是车辆发生轻微刮蹭事故的四个小时以后,且在上诉人未驾驶车辆的状态下进行,检查结果依法不能证明上诉人在醉酒状态下驾驶车辆。3. 侦查机关向公诉机关和审判机关隐瞒或遗漏上诉人案发当晚第二次喝酒、影

---

① 《认罪认罚从宽制度会不会导致错案增多》,载《法制日报》2019 年 4 月 11 日。
② 广东省广州市 (2019) 粤 01 刑终 960 号刑事判决书,载中国裁判文书网,网址 http://wenshu.court.gov.cn/website/wenshu/181107ANFZ0BXSK4/index.html? docId=e05147b212f24ad7a310aad500aed400,2018 年 10 月 14 日访问。

响定罪的重大事实。事实上，当晚保险公司勘查员到达现场后，以上诉人涉嫌酒驾为由拒绝理赔，上诉人因此心生闷气返回家中第二次饮酒，这次饮酒发生在抽血检查酒精含量之前。4. 即使认定上诉人有醉驾的事实，由于"情节显著轻微危害不大"，根据本案的事实和法律规定，建议二审对上诉人不予定罪处罚。5. 关于上诉人撤回认罪认罚的后果。上诉人签署认罪认罚具结书，源于侦查机关及检察机关没有向上诉人解释认罪认罚制度，上诉人对该制度并不理解。上诉人撤回认罪认罚，但其行为仍构成自首情节。综上，恳请二审改判上诉人孔某无罪或不予定罪处罚。辩护人还提交了案发当晚交警乘坐电梯至上诉人家中的视频截图及酒瓶照片，以证明上诉人存在家中二次饮酒的事实。

二审法院经审理查明：

2019年3月24日21时许，上诉人孔某与家人及朋友在本市番禺区南村镇"壹号大厨房"聚餐并饮酒，餐后驾驶粤A×××××宝马牌小汽车回家，行驶至广州市番禺区观景路出御湖街西58米地下停车场时，车辆与人防大门门柱发生轻微擦碰。上诉人孔某停车后回到家中再次饮酒，之后决定向保险公司报案索赔，并驾车返回事故位置停放。22时许，保险公司勘查员到达现场，怀疑上诉人孔某酒后驾驶，双方就保险赔偿事宜协商未果，于是勘查员报警。次日1时许，交警到达现场，先后对上诉人孔某进行现场呼气酒精测试及抽血送检。经检验，上诉人孔某的血液酒精含量为96.7毫克/100毫升。

对于上诉人孔某及辩护人提出的部分上诉意见及辩护意见，二审法院评判如下：

1. 关于二次饮酒的问题。上诉人孔某提出保险公司勘查员离开后其回到家中第二次饮酒。辩护人还提交一些案发当晚交警乘坐电梯至上诉人家中的视频截图及酒瓶照片等材料，但这些材料至多只能证明上诉人有在家饮酒的事实，并不能证明饮酒的具体时间。针对此问题，交警已作过调查核实。据上诉人妻子吴某反映，事故发生后夫妇俩发生争吵，上诉人因此生气在家中又喝了一点酒，之后决定向保险公司报案，于是返回停车场将车开回到事故位置。吴某确定上诉人二次饮酒的时间是在保险勘查员到达事故现场之前。因此，上诉人称其在勘查员离开后回家二次饮酒的辩解与事实不符，事实是上诉人酒后驾驶机动车发生事故后回家再次饮酒并且返回现场再次驾驶车辆。

2. 关于酒精含量的问题。醉驾时的酒精含量与最后抽血检测的酒精含量肯定存在一定差距。据证人陈某的证言，吃饭时上诉人与证人丈夫李某2、父亲三人共喝了不到一瓶53度的白酒，白酒是证人带过去的。而据上诉人自己的供述，其大约喝了一两的白酒。其女儿做证称，上诉人喝了3小杯。一般情况下，饮用一两53度的白酒就足以达到醉驾标准，况且之后上诉人又二次饮酒。通常情况下酒精自饮用30—90分钟后就开始消解，上诉人是在20时40分许酒后驾驶，在21时许发生事故，至次日1时许交警到达现场检测，已经过了四个多小时，所检测的血液酒精含量只会低于醉驾时的真实含量，更有利于上诉人。

3. 关于居民小区停车场的法律性质问题。《道路交通安全法》第119条规定，"道路"是指公路、城市道路和虽在单位管辖范围但允许社会机动车通行的地方，包括广场、公共停车场等用于公众通行的场所。第77条还规定，车辆在道路以外通行时发生的事故，公安机关交通管理部门接到报案的，参照本法有关规定办理。《道路交通安全法实施条例》第67条规定，在单位院内、居民居住区内，机动车应当低速行驶，避让行人；有限速标志的，按照限速标志行驶。第97条规定，车辆在道路以外发生交通事故，公安机关交通管理部门接到报案的，参照道路交通安全法和本条例的规定处理。《道路交通事故处理程序规定》第110条规定，车辆在道路以外通行时发生的事故，公安机关交通管理部门接到报案的，参照本规定处理。涉嫌犯罪的，及时移送有关部门。根据以上规定，车辆无论是道路以内还是道路以外，无论是交通事故还是通行事故，在居民小区内道路发生的车辆交通事故均应当由交警部门处理。居民小区在内部就是一个小社会，住户人数众多，小区内路段一定程度上也具有公共性，车辆在小区内行驶引发的事故不断增加也是不争的事实，同样损害了不特定多数人的生命财产安全。停车场是道路的自然延伸，内部由车位与通道组成，还有通道与外界道路相连，设有交通标志，司机和行人在停车场内驾驶和通行同样要遵守交通规则。居民小区停车场无论是实行开放式、半开放式还是封闭式管理，均属于道路的范畴，车辆在停车场内发生事故，应由交警部门依照交通法规处理。

二审法院认为，孔某违反交通法规，醉酒后在道路上驾驶机动车，其行为已构成危险驾驶罪。上诉人孔某具有自首情节，且自愿认罪认罚，原审已对其从轻处罚，但根据本案的具体情况，对上诉人孔某仍有从轻的空间。鉴于上人孔某醉驾时血液酒精含量较低,醉驾距离较短,发生轻微交通事故但未造成他人受伤或财产损失,犯罪情节轻微,决定对其免予刑事处罚。二审判决:上诉人孔某犯危险驾驶罪,免予刑事处罚。

本案从侦查到起诉直至一审判决期间,均按照被告人认罪认罚处理,被告人也确实签署了认罪认罚具结书,认可指控罪名和量刑建议,一审适用速裁程序,在量刑建议之内判处了刑罚。而后被告人提出上诉,对罪名和量刑均提出异议。二审法院采纳了被告人及辩护人的部分意见,改判为免予刑事处罚。在推定二审结果正确的情况下,一审的判决显然侵犯了被追诉人的权利,从程序上看包括其认罪是否自愿?量刑建议是否控辩双方充分协商的结果?案件事实的认定是否客观?适用速裁程序审理是否剥夺了被告人的法庭调查权、辩论权等。从实体上看,被告人在一审获得了并不恰当的刑罚,本来可以免予刑事处罚的,却判处了拘役缓刑。而这一案件并非孤立的存在,被追诉人权利受到侵犯的现象还存在着。

(二)被追诉人权利保护的必要性

之所以需要加强对认罪认罚从宽制度中被追诉人权利的保护,根本原因在于对这种权利的侵犯是客观存在的。认罪认罚从宽制度的内在特性,决定了加强被追诉人权利保护的必要性。

1. 效率导向导致权利供给不足

认罪认罚从宽制度是一种效率导向的诉讼制度,设立的重要目的之一就是快速审理大部分没有分歧的案件,从而节约司法资源,实现繁简分流。这样一种功能定位,会使得立法机关在设置制度时对被追诉人权利保护关注不足。当权利保护与诉讼效率发生矛盾时,存在为追求效率而牺牲权利的风险。立法机关或者决策机关有意无意地会认为,被告人都已经认罪认罚了,相应的权利保护制度也就无足轻重。基于对司法人员的信任,立法中也会出现一些具有弹性的条文,寄希望于司法人员能够善意地理解法律。在认罪认罚从宽制度设计中注入权利保护的理念,使立法机关或者决策机关在追求效率与权利保护之间保持平衡,具有现实必要性。

2. 效率导向导致权利保护被忽视

对认罪认罚从宽制度效率导向的功能定位,也使得司法人员把注意力集中在如何快速推进案件的审理。为了实现快速审判的目的,各地司法机关纷纷采取了提高诉讼效率的举措。

检察机关推出了公诉人轮值制度，指派一名或者几名公诉人出庭支持多起案件的公诉。出庭公诉人并不是案件的实际承办人，对案情并不了解，出庭仅在于满足公诉人必须出庭的刑事诉讼法要求。而实际承办人一旦将案件移送起诉，则这项工作将告一段落。这种承办人和出庭公诉人相分离的做法，影响公诉人认真履职、合格履职。

法院对认罪认罚案件尤其是适用速裁程序或者独任制简易程序审理的案件，采用集中审判的做法，使得有些情况下，法庭审理流于形式，难以真正查清被告人是否真的自愿认罪认罚。

3. 力量对比的差距使得被追诉人的权利难以行使

在刑事诉讼中，被追诉人需要面对的是代表国家行使公权力的司法机关，司法机关具有明显的优势。一是能力上的优势，因为司法人员是受过专业训练而且具有一定办案经验的人员，现行的司法制度提高了司法人员的任职门槛，专业性整体较强。二是地位上的优势，司法人员可以行使专属于国家机关的职权，如决定逮捕，决定量刑结果等。尤其是作为控辩双方之一的公诉机关，同时具有监督职能，在诉讼过程中具有一定的主导地位。[1]

而被告人一方明显处于劣势。一是在诉讼能力上，多数被告人是没有受过法律教育的，甚至文化程度偏低。即便受过法律教育的人，也并非都了解刑事诉讼，更谈不上精通。被追诉人缺乏法律知识，自然也就难以和专业人士相抗衡。二是在诉讼地位上，作为被追诉人，从心理上就处于弱势。即使是无辜的人，在身受羁押的情况下，也难以保护自己的权利。而那些实施了犯罪行为，或者实施了疑似犯罪行为的人，对自己的权利更是没有太多的期待。这样一种实力上的差距，使得被追诉人难以完全确保自愿认罪，也难以与公诉机关进行量刑协商。

4. 考核制度使得办案人员的注意力不在于权利保护

在我国的司法系统中，出于管理的需要存在各种考核，即以办理案件的各种指标来评价办案单位和办案人员。就认罪认罚从宽制度而言，作为一项中央

---

[1] 2019年3月12日，张军在十三届全国人大二次会议上作最高人民检察院工作报告时指出，检察机关在办理认罪认罚从宽案件中充分发挥主导作用，检察机关建议适用该程序审理的占98.3%，试点期间量刑建议采纳率96%。

进行部署，全国范围内大力推行的新制度，自然少不了考核，以考核来推动落实。作为考核的需要，也就少不了各类指标，如认罪认罚适用率，量刑建议采纳率，被告人服判息诉率，二审发回重审、改判率。这些考核指标的存在一定程度上有利于改革的推进。但一些地方的司法机关和司法人员为了满足考核的需要，就可能出现以指标为导向办案的现象。比如，有的工作人员为了提高认罪认罚适用率，会尽力动员被追诉人认罪认罚，使得被追诉人勉强、被迫接受认罪认罚。这种不当的政绩观，会驱使司法人员在忽视甚至侵犯被追诉人权利的道路上越行越远。

由于认罪认罚从宽制度具有上述被追诉人权利保护不足的可能性，加强其中被追诉人的权利保护就具有了多项现实意义，一是保证认罪认罚自愿合法；二是促进侦查机关、检察机关、审判机关诉讼行为的规范；三是提升刑事司法活动的人权保障水平。①

（三）小结

认罪认罚从宽制度中被追诉人权利受到侵犯的案例使我们不得不重视权利保护问题，认罪认罚从宽制度自身存在使权利不受关注的特性，实务部门存在忽视权利保护的动因，这都要求我们把认罪认罚从宽制度中的权利保护问题提到重要的位置上考量。

三、权利的类型

认罪认罚从宽制度具有其自身的特殊性，在普通程序诉讼中所强调的被追诉人的一些权利，在认罪认罚从宽制度中并没有适用的余地。正如贝勒斯所言，在那些契约性的协商、自愿放弃某一行为的场合，当事者如果选择其他程序便可以保护自己的利益，程序正义的原则就不必在程序设计中加以体现。甚至在刑事审判过程中，被告人也可以用放弃包括获得律师帮助、不自证其罪、获得陪审团审判等在内的程序性权利，换取检察官从轻起诉。当然，当事人在上述情况下对程序性权利的放弃必须是自愿、自由和不受强迫的。而且，这种放弃必须有助于当事人获得更大的利益，而不放弃程序性权利会使得适用程序

---

① 刘少军、张菲：《认罪认罚从宽制度中的被追诉者权利保障机制研究》，载《政法学刊》2017年第5期，第64—71页。

正义原则的本来目的无法实现。①

研究认罪认罚从宽制度中被追诉人的权利,就要结合认罪认罚从宽制度的特点,从其中容易遭到侵犯或者被忽视的权利入手,注重研究的针对性,对症下药。其中一些权利涉及认罪认罚从宽制度的根基,如果没能有效加以保护,就会影响司法公正,进而影响认罪认罚从宽制度推行的效果。认罪认罚从宽制度中,被追诉人具有两个层级的权利。

(一)原生权利即第一层级的权利

原生权利是指认罪认罚从宽制度中被追诉人必须具有的权利,这些权利关乎认罪认罚从宽制度的根基,是认罪认罚从宽制度的应有之义,本身既是权利也是目的,可以称之为第一层级的权利。

1. 关于认罪自愿性的权利

认罪认罚从宽制度以被追诉人自愿认罪为前提,确保被追诉人自愿认罪是认罪认罚从宽制度正当性的重要基础。如果被追诉人的自愿性不能保障,迫使其自我归罪,甚至违心承认不存在的犯罪,司法正义将不复存在,认罪认罚从宽制度也就失去了赖以存在的基础。认罪自愿性的权利,是认罪认罚从宽制度中最为核心的权利。

2. 关于认罚自愿性的权利

认罚即愿意接受处罚,具体而言有不同层次的要求。《认罪认罚指导意见》指出,认罪认罚从宽制度中的"认罚",是指犯罪嫌疑人、被告人真诚悔罪,愿意接受处罚。"认罚",在侦查阶段表现为表示愿意接受处罚;在审查起诉阶段表现为接受人民检察院拟作出的起诉或不起诉决定,认可人民检察院的量刑建议,签署认罪认罚具结书;在审判阶段表现为当庭确认自愿签署具结书,愿意接受刑罚处罚。按照诉讼法的要求,公诉机关要就量刑建议征询被追诉人及其辩护人或者值班律师的意见。被追诉人一方同意的,签署具结书,检察机关据此向法院提出量刑建议。是否同意量刑建议,被追诉人具有自决权,不受他人压制、裹挟。但如果被追诉人的权利保护不足,就难以理性地表达自己的意见,尤其是遇到强势的公诉人时,被追诉人由于处于被压制的地位,无法对公诉机关的量刑建议说不。认罚不自愿或者勉强认罚,也是当前认罪认罚案件被

---

① 陈瑞华:《程序正义理论》,中国法制出版社2010年版,第297页。

告人上诉的主要原因。

（二）派生权利即第二层级的权利

除了上述权利之外，被追诉人在认罪认罚从宽制度中还享有多项权利，这些权利本身不是目的，只是手段，服务于第一层级的权利，属于第二层级的权利。

1. 关于程序选择的权利

被追诉人已经具有了诉讼主体地位，可以参与诉讼程序的选择适用。按照被追诉人具有速审权的理论，其在认罪认罚的情况下，有权利得到迅速、简洁的审判，反过来看，如果其对案件事实或者定罪量刑有异议，则有获得正当程序的权利。从理论上说，在被追诉人"作出认罪认罚表示之后，是否进入简易程序或速裁程序应当由犯罪嫌疑人、被告人明晰利弊后自主选择"。[①] 但是，我国当前的《刑事诉讼法》对被追诉人的程序参与权缺乏规定，也就难以期待司法机关有效保护被追诉人的程序选择权。

2. 获得律师帮助权

被追诉人应当有专业律师为其提供辩护或者提供法律帮助。被追诉人一旦认罪认罚，会失去一些争辩的机会和权利，所以，关于认罪认罚的表示应当是理性的。而被追诉人的诉讼能力普遍较低，得到专业律师的帮助是提升其诉讼能力的重要手段。从立法和司法层面，都应当为被追诉人提供保障，确保其得到了律师的有效帮助。

3. 保释权

认罪认罚的被追诉人应当得到相对宽缓的程序待遇，在同等情况下，能够得到相对宽缓的不太激烈的程序处置，最主要的表现方式就是保释，减少审前羁押。保释的被追诉人人身自由没有被剥夺，意志也就更为自由，诉讼能力也能得到提升，这样才能更好地保障认罪认罚的自愿性。

4. 救济权

被追诉人对自己行为及行为性质的认识有个逐步加深的过程。其曾经认可的罪名认定、量刑建议及程序适用，也可能随着诉讼的进展而发生变化，赋予其反悔权，也是对其认罪认罚自愿性的保障。上诉是反悔的一种表现形式，也

[①] 刘少军、张菲：《认罪认罚从宽制度中的被追诉者权利保障机制研究》，载《政法学刊》2017年第5期，第67页。

是实现救济的手段。上诉权是被告人所具有的一项救济权利,现行的法律对上诉权给予了充分完全的保障,被告人可以以任何理由提出上诉。

四、公正与效率在权利保护中的体现

公正与效率始终是刑事诉讼所追求的基本价值,"更是对每一项刑事司法制度进行程序设计并落实该项制度所追求的基本目标",[1] 也是检验刑事诉讼程序设计是否科学合理的重要指标。2001 年的《最高人民法院工作报告》中曾明确指出"公正与效率是新世纪人民法院的工作主题"。[2] 在当前司法体制改革的大背景下,公正与效率仍然是司法的永恒价值追求,是司法体制改革的"落脚点"和"试金石"。[3] 在刑事诉讼中保护被追诉人的权利,目的在于实现公正,但如果保护过度,则会牺牲效率。而如果过于强调效率,则容易损害公正。所以,研究公正与效率的关系,找到二者的平衡点,是研究被追诉人权利保护的前提条件。

(一)公正与效率的关系

公正与效率是一对相生相克的概念,既有相伴而生的一面,又有相互克制的一面,二者的内涵和要求有所不同。

1. 关于公正

公正即公平正直之意,按照《说文解字》的释义,"公"即平分,"正"即直。公正一词结合起来,要求做到没有偏私,不偏不倚,对待人和事能够做到一视同仁。怎样才算公正,就涉及价值判断问题,因为公正不是一个超然的概念,而是实实在在地体现在具体的事情中,不同的人对待公正可能会有不同的判断标准。所以,既然评价是否公正,就需要有一个统一的标准、标尺,作为衡量的依据,这种依据就是一些规则,符合规则的,则是公正的,当然规则本身也存在是否公正的问题。典型的规则就表现为法律,在一定程度上,公正与法律是密切相关的。

---

[1] 李晓丽:《程序法视野下的认罪制度研究》,中国社会科学院研究生院 2017 年博士学位论文,第 37 页。
[2] 《中华人民共和国最高人民法院公报》,2001 年第 2 期,第 44 页。
[3] 李承运:《深化诉讼制度机制改革,促进司法公正与效率相统一》,载《人民法院报》2020 年 9 月 8 日,第 2 版。

在社会生活领域，公正还包含着对正义的追求，要求具体的规则或者行为符合人们对真善美的追求，符合社会发展的趋势。尤其作为公正源头的规则，自身要符合正义，否则即便是公平的，但并不一定是公正的。

公正体现在社会生活的各个领域，但是，在法治社会中，更受关注的当属司法领域的公正。司法是解决纠纷的场所，往往存在相互对立冲突的双方，这就需要通过一套普遍认可的规则来解决纠纷，而不是依靠裁判者的个人好恶，从而摆脱任意性。

司法裁判的依据表现为法律，而如果法律本身不能体现公正，则相应的司法裁判就很难公正。所以说，立法公正是司法公正的前提。在法治社会中，通过科学的立法程序，制定符合社会公平正义需要的法律，具有重大意义。党的十九大报告提出，"以良法促进发展、保障善治"，强调了立法在实现社会治理，实现公平正义方面的重要作用。

但是，徒法不足以自行，即便是完善的立法，也离不开司法机关的善意执行。如果司法体制运行不畅，司法人员任意司法，会极大地影响法律实施的效果，影响裁判结果的公正性。反过来看，良好的司法能够弥补立法上的不足，尤其在法律规定不明确或者存在空白的情况下，更需要司法机关和司法人员发挥能动作用，秉持公平正义的理念解决现实问题。

刑事诉讼中的司法公正通常表现为两个方面，一是实体公正，即结果上的公正；二是程序公正，即过程上的公正。

实体公正更多表现在裁判结果上，对被追诉人的行为作出正确的评价，包括是否有罪、构成何罪、如何处罚等。从实体上看，公正表现为罚当其罪，不偏不倚。无罪判有罪，轻罪判重罪，量刑畸重，对被追诉人来说无疑是不公正的。有罪判无罪，重罪判轻罪，量刑畸轻，对社会整体来说也是不公正的。但是，当无法实现理想的公正，前述两种情形只能选其一时，确保无罪的人、罪轻的人不受错误的追诉却是更为重要的。没有任何理由牺牲个人的正当利益来追求所谓的社会公正。为了不至于放纵而冒着错误追诉的风险，将会牺牲更大的社会公正。

程序公正表现在诉讼的过程中，要求给予被追诉人公正的诉讼处遇，落实正当法律程序原则。即使有罪的人，也有权利有尊严地参与诉讼，有权利为自己辩护，有权利被推定为无罪。一方面，程序公正能够保障实体公正，良好的诉讼程序有利于发现真相，有利于裁判者科学决策。另一方面，程序公正本身具有重大意义，能够让被追诉人有良好的诉讼体验，有利于有罪的人发自内心接受裁判的结果。

公正是刑事诉讼的最高境界，也是刑事诉讼矢志不渝的追求目标。设置诉讼程序，实施诉讼行为，推行诉讼改革，都要以有利于实现公正为目标，而不能以牺牲公正为代价。

2. 关于效率

效率作为一个经济学概念，通常是指在单位时间里完成的工作量，或者说是某一工作所获的成果与完成这一工作所花时间和人力的比值，效率值越高越好。在社会生活领域，效率表现为最有效地使用社会资源以满足人类的愿望和需要。

在司法领域，效率表现为以单位司法资源的投入以获得尽可能多的案件处理，或者是司法产出与司法投入之间的比值。在司法案件量确定的情况下，提高司法效率能够节约司法资源，减少司法投入。反过来看，在司法资源有限的情况下，提高司法效率，可以处理更多的司法案件。在司法资源和司法案件都确定的情况下，提高司法效率，有利于提升案件办理的质量，也就有利于维护公正。

提升司法效率具有多种途径。一是完善刑事诉讼立法，调整刑事诉讼流程。诉讼程序越简化，越有利于诉讼效率的提升。简化的方式包括，缩短相关的诉讼期限，删减部分诉讼环节，取消被追诉人的部分权利，赋予办案机关部分权力等。二是优化刑事诉讼司法，合理配置司法资源。理顺侦查机关、检察机关、审判机关之间的关系，减少消耗；加强办案机关内部管理，调整人员分工，发挥规模效应；调整案件办案办理模式，减少不必要的诉讼环节等。

3. 公正与效率的关系

在司法领域，公正无疑是核心价值目标，是评判一切司法行为的终极标准。但是，对效率同样是不可忽视的一个方面。因为，司法资源总是有限的，不关注效率的话，就会导致一些案件不能得到办理或者不能得到及时办理，对这些案件也是不公正的。

公正和效率属于一对对立统一的概念，既具有统一的一面，也具有对立的一面。当二者和谐共生时，公正能提升效率，效率能推动公正。但很多情况下，为了公正就会牺牲效率，尤其是程序公正，需要司法资源的投入。反过来看，为了效率也容易影响到公正，具有侵犯公正的隐患。

在公正与效率关系问题上，法经济学派对效率问题给予了高度关注。魏建指出："法经济学的研究表明：法律的存在基础不仅仅是正义，对效率的追求也是其存在的根本理由。法律是同市场一样的资源配置机制。"① 波斯纳指出，"正义的第二种含义——也许是最普遍的含义——是效率"，② 所以他认为，绝不能无视诉讼制度运行的成本。也就是说，效率本身体现了正义和公正，对于诉讼效率是必须高度关注的问题。

"公正为本，兼顾效率"，应该说是对司法领域公正与效率关系的准确概括。其一，效率要服从于公正的需求，只能是在确保公正的前提下追求效率的提升。刑事诉讼解决的争议涉及公民的财产、自由乃至生命等重大利益，失去了公正就失去了灵魂。其二，效率是公正的保障，无视效率地片面追求公正，最终将导致不公正。盲目投入司法资源，设置复杂的诉讼程序，并不必然带来公正的提升。如果一种司法投入不能带来司法产出，这种投入本身就缺乏正当性。正确的做法是按需投入，让每一份投入都能获得更大的产出。

（二）动态平衡观的体现

1. 动态平衡的含义

动态平衡原本是自然科学领域中的一个概念，是物质系统在不断运动和变化情况下的宏观平衡。平衡一词的本意是指衡器两端承受的重量相等，不倾斜，表现为一种状态。从哲学角度看，平衡是事物处在量变阶段所显现的面貌，是绝对的、永恒的运动中所表现的暂时的、相对的静止。由于事物总是处于运动变化之中，所以平衡就表现为一种动态的过程，世界上没有绝对的、静止的平衡。

司法本来就属于一种平衡的艺术，因为司法包含了多种价值追求，这些价值追求都具有其自身的一些合理性，需要在其中保持平衡，做到兼顾。尤其是对于一些存在冲突的价值，需要找到其中的平衡点。陈光中先生在刑事诉讼研究中从五个方面阐释了动态平衡诉讼观，一是实体法与程序法的平衡；二是惩罚犯罪与保障人权的平衡；三是客观真实与法律真实的平衡；四是公正与效率

---

① 魏建：《法经济学：效率对正义的替代及其批评》，载《甘肃社会科学》2002年第1期，第71页。
② ［美］波斯纳：《法律的经济分析》（中译本），中国大百科全书出版社1997年版，第31页。

的平衡;五是控辩对抗与控辩和合的平衡。① 公正与效率在很多场合存在对立的一面,容易顾此失彼。如果过分强调公正,就需要对被追诉人赋予权利,就需要加强权力制约,这必然会影响公正。而为了提高效率,就需要删减诉讼环节,压缩办案周期,限制权利行使,这就可能会影响公正。

在刑事诉讼中,公正和效率之间很难有也不会有一个固定的平衡模式,这种动态性首先表现在案件类型上,在不同的案件中对公正和效率应有不同的侧重。对于重罪案件、有争议案件,要偏重程序正义,着重关注被告人权利的保护。而对于没有争议的轻罪案件,应侧重效率的考虑。研究域外刑事简易程序的发展表明:"当多年实践着的程序公正这一诉讼价值或许把它们的司法推向越陷越深的程序烦琐、诉讼成本的日益膨大、被告人权利的过分强调、犯罪指控成功率不断降低的泥潭之时,诉讼效益这一诉讼价值随着工业化程度的深入逐渐被司法采纳,快速审判的原则和这一原则派生的简易程序应运而生。"② 正是对公正的追求催生了以效率为导向的简易程序,也正说明了公正与效率之间的关系。

公正与效率之间的动态平衡,还体现在刑事诉讼过程中,在不同的诉讼环节和诉讼场域,会有不同的平衡点,表现出一种动态的特性。"动态平衡是在动态的过程中寻求相对平衡,其中必然涉及事物发展运动的全局与整体。"③ 研究刑事诉讼中公正与效率的平衡,不能就事论事,而应当将问题置于诉讼的全程以及特定的社会背景下去考察,否则容易盲人摸象。

2. 动态平衡观的指导意义

公正与效率是刑事诉讼两个重要的价值追求,对认罪认罚从宽制度也不例外。作为一项新的诉讼制度,没有可供复制的经验可供利用,其中的一些制度设计都具有原创的性质,设计制度的准则就是既要保障公正,又要利于效率。"长期以来,关于刑事诉讼效率及不同类型案件的司法资源的配置问题,特别是对刑事被告人认罪案件审理方式的选择,是刑事诉讼法学研究的难点。"④ 之

---

① 卞建林:《秉持动态平衡诉讼观,推动刑事理论与实践的繁荣发展》,载《中国检察官》2018年第7期,第26页。
② 王国枢、项振华:《中外刑事诉讼简易程序及比较》,载《中国法学》1999年第3期,第155页。
③ 李翔海:《论邓小平的动态平衡观》,载《毛泽东邓小平理论研究》1998年第1期,第80页。
④ 李本森:《法律中的二八定理——基于被告人认罪案件审理的定量分析》,载《中国社会科学》2013年第3期,第86页。

所以是难点，就是因为难以保证公正与效率的兼顾。

解决这一难点，需要对公正与效率之间的平衡有正确的认识和期待。动态平衡观给我们提供了指导，公正与效率之间难以做到绝对的平衡，只能是相对的平衡。在诉讼程序中，公正与效率之间呈现出一种动态的平衡。这种动态平衡体现在两个方面。一是在诉讼的不同阶段、不同环节，存在不同的平衡，公正与效率具有不同的侧重。二是同一个诉讼环节，在不同的历史时期和社会背景下，存在不同的平衡，对公正与效率的追求有所不同。这就要求我们以动态的眼光来看待公正与效率的关系。

在认罪认罚从宽制度中，公正与效率的关系具有多种表现，包括权利保障与司法效率的平衡，被告人的权利让渡与量刑优惠的平衡问题等，终极目标在于以尽可能少的资源投入获取最为公正的办案效果。

研究认罪认罚从宽制度中的权利保护，有必要将公正与效率的平衡作为一个基本的价值目标。[1] 平衡只是一种理想的状态，具有动态性和相对性，在不同的案件类型和不同的诉讼场域中需要有不同的侧重。这也是我们研究认罪认罚从宽制度中的权利保护应当关注的问题。本文研究所涉及的关于认罪自愿性的保障，认罚自愿性的保障，以及程序选择权、律师帮助权、保释权、上诉权等问题，在每一个问题中，公正与效率的平衡有不同的表现。而且在认罪认罚案件适用的速裁程序、简易程序以及普通程序中，公正与效率的平衡也有不同的特点。找到在具体问题上的平衡点，有利于我们科学地设置权利保护的路径，而且要认识到这个平衡点也会随着时间的推移和法治的发展而变化。在认罪认罚从宽制度中，一些举措和制度设计只能是一个次优选择，而没有一个完美的答案。我们要用动态平衡的理念来推动刑事诉讼法学研究，指导程序制度设计，指导司法实践。[2] 唯有如此，我们才能不至于为现行方案的瑕疵而纠结，也才具有进一步研究完善的动力。

五、小结

认罪认罚从宽制度与其他国家和地区的认罪案件处理制度具有共性，也具

---

[1] 顾培东：《效益：当代法律的一个基本价值目标》，载《中国法学》1992年第3期，第89页。
[2] 卞建林：《秉持动态平衡诉讼观，推动刑事理论与实践的繁荣发展》，载《中国检察官》2018年第7期，第27页。

有自己的特点。确保被追诉人认罪的自愿性、明智性是各类诉讼制度共同关心的问题，围绕这一问题，产生了被追诉人一系列的诉讼权利。对于以追求效率为导向的诉讼制度，更应该关注被追诉人权利的保护，让被追诉人成为提高司法效率获益者。认罪认罚从宽制度中，需要重点关注的权利与正当程序中的权利有所不同，对此问题的研究要结合该类案件的自身特点，放在公正与效率的视野下，以二者的动态平衡为基础。公正与效率在认罪认罚从宽制度的不同诉讼程序、不同诉讼阶段、不同争议问题上有不同的平衡模式，动态平衡观是研究认罪认罚从宽制度中被追诉人权利保护的科学立场。

第三章
免于被迫自我归罪权的保护——认罪自愿性的实现

认罪认罚从宽制度的最基础条件是被追诉人自愿认罪，能够如实供述所犯罪行。而免于被迫自我归罪是被追诉人的一项基本权利，唯有认罪系被追诉人基于完全自愿的选择，才不至于落入被迫自我归罪的泥潭。本章将研究认罪认罚从宽制度中自愿认罪的基本内涵，结合免于被迫自我归罪权的界限，探寻认罪自愿性的权利保障机制。

第一节　自愿认罪的理解

作为认罪认罚从宽制度的核心概念，"认罪"的界限应当是清晰明确的。令人遗憾的是，认罪认罚从宽制度施行至今，对何谓认罪仍然众说纷纭，这一现状极不利于认罪认罚从宽制度的推进，更不利于被追诉人权利的保护。对此，有必要予以澄清。《刑事诉讼法》第15条规定："犯罪嫌疑人、被告人自愿如实供述自己的罪行，承认指控的犯罪事实，愿意接受处罚的，可以依法从宽处理。"这一规定也是理解认罪的基础。正确理解认罪的含义具有两个方面的价值，一是能够准确界定认罪认罚从宽制度的适用范围，决定案件的适用程序，从而更好地发挥制度的功能。二是能够科学地评价被追诉人是否认罪，避免强迫认罪或者把认罪当作不认罪对待，从而避免侵犯被追诉人的权利。

一、认罪的内涵：认事基础上认罪①

（一）关于"认罪"含义的不同观点

在认罪认罚从宽制度实施过程中，对于何谓"认罪"，一直是个热议且有争议的话题。

一是认事说，认为"'认罪'实质上就是'认事'"，即"承认主要的犯罪事实，犯罪嫌疑人、被告人对指控的个别细节有异议或者对行为'性质'的辩解，不影响认罪的认定"。②有学者基于"被告人对行为性质的辩解不影响自首的成立"的理由，认为只要犯罪嫌疑人、被告人如实供述了被指控的行为事实，并在后续的协商过程中达成了承认罪行指控的协议，就应当被认定为符合"认罪"的要求。③据此观点，只要被告人能够如实供述主要犯罪事实，或者"与司法机关就基本犯罪事实达成一致"，④不论其是否承认自己的行为构成犯罪，是否认可公诉机关指控的罪名，均属于认罪。但是，被追诉人不认可的事实如果重要到会影响案件的公正定罪，那么，视为被追诉人未认罪。⑤

二是概括认罪说，认为认罪应当是被追诉人自愿承认被指控的行为构成犯罪，但不包括被追诉人对自己行为性质（罪名、犯罪形态等）的认识。⑥这种观点相较于"认事说"，适当地缩小了认罪案件的范围，被追诉人不仅要承认被指控的行为，而且要认可自己的行为构成犯罪，既认事又认罪，但所认的是概括的犯罪，不要求精准化，不要求承认公诉机关指控的罪名，因为法院拥有最终的定罪量刑裁判权。⑦有学者认为，"这是对'认罪'最恰切的界定"，⑧

---

① 本部分内容笔者已经以《多样态认罪认罚及其后果——认罪认罚从宽制度基本概念的再认识》一文发表，载《警学研究》2020年第2期，第80—88页。
② 杨立新：《认罪认罚从宽制度理解与适用》，载《国家检察官学院学报》2019年第1期，第52页。
③ 陈卫东：《认罪认罚从宽制度研究》，载《中国法学》2016年第2期，第53页。
④ 李晓丽：《程序法视野下的认罪制度研究》，中国社会科学院研究生院2017年博士学位论文，第23页。
⑤ 张建伟：《认罪认罚从宽处理：内涵解读与技术分析》，载《法律适用》2016年第11期，第3页。
⑥ 陈光中、马康：《认罪认罚从宽制度若干重要问题探讨》，载《法学》2016年第8期，第3—11页。另，王敏远认为："认罪认罚的含义虽然涉及范围广，但应该确定其核心含义：认罪，承认其犯罪的行为和事实，并悔罪；愿意接受刑事处罚和尽力予以民事赔偿。"参见王敏远：《认罪认罚从宽制度中的重点、难点问题》，载《人民司法》2019年第10期，第46页。
⑦ 钱春：《认罪认罚从宽制度的检视与完善》，载《政治与法律》2018年第2期，第154页。
⑧ 郭志媛：《认罪认罚从宽制度的理论解析与改革前瞻》，载《法律适用》2017第19期，第49页。

并进而指出,"此处的'认罪'既非实体法上的'承认',也非证据法上的'自白',而应当是具有程序意义的有罪答辩"。①

三是精准认罪说,即被告人对公诉机关指控的事实和罪名均无异议,既认事又认罪,而且是公诉机关指控的罪名。这种观点认为,认罪与认罚是两个性质截然不同的供认行为,其中认罪是指被告人对检察院指控的犯罪事实和罪名给予了认可。② 这种观点对认罪作出了最大的限缩,也是最为典型意义上的认罪,但压缩了认罪认罚从宽制度的适用空间。

(二)"认罪"的两层含义

正确理解认罪认罚从宽制度中"认罪"的含义,需要结合法律规范以及规范演变的过程来把握。前文已经论述了我国刑事诉讼制度对"认罪"要求的演进,2018年《刑事诉讼法》将"愿意接受处罚"作为认罪认罚的条件之一。愿意接受处罚,以认可自己的行为构成犯罪为前提,如果被告人不认罪,即使其认罚,司法机关也不能适用简化程序直接对其处罚。所以,认罪认罚从宽制度中的认罪不能仅仅要求承认犯罪事实,而且要求承认犯罪,否则就不存在认罚的问题。如果被告人仅仅承认犯罪事实,而不认为是犯罪,可以根据刑法关于坦白等规定从轻处罚,但不能按照认罪认罚从宽制度从程序角度对其从宽处罚。

从上文的分析可见,被告人仅仅"认事"而不认罪,也就不存在认罚的问题,程序也无法简化,就不能适用认罪认罚从宽制度。如果被告人认事并认可自己的行为构成犯罪,不论其是否认可检察机关指控的罪名,都具有两个方面的积极意义。一是对自己行为的犯罪性质有正确认识,从而体现了一种悔罪的态度;二是能够实现诉讼程序的适度简化,节约司法资源。这两个方面都契合了认罪认罚从宽制度的立法目的,自然也就应当可以适用认罪认罚从宽制度。被告人在认罪的基础上,是否认可检察机关指控的罪名,即是否精确认罪,会影响到诉讼程序的适用问题。如果被告人如实供述犯罪事实,承认自己的行为构成犯罪,愿意接受刑事处罚,但不认可检察机关指控的罪名,从《刑事诉讼法》的规定上看,符合认罪认罚从宽制度的适用范围。《刑事诉讼法》第173

---

① 郭志媛:《认罪认罚从宽制度的理论解析与改革前瞻》,载《法律适用》2017年第19期,第49页。
② 陈瑞华:《"认罪认罚从宽"改革的理论反思——基于刑事速裁程序运行经验的考察》,载《当代法学》2016年第4期,第4页。

条要求检察机关就犯罪嫌疑人"涉嫌的犯罪事实、罪名及适用的法律"听取意见。第 174 条第 1 款规定"犯罪嫌疑人自愿认罪，同意量刑建议和程序适用的，应当在辩护人或者值班律师在场的情况下签署认罪认罚具结书"。如果被告人一方不同意检察院认定罪名，能否签署认罪认罚具结书，立法并未规定。在立法未作禁止规定的情况下，应当允许被告人坚持自己关于具体罪名的意见，不能因为被告人认可的罪名与公诉机关不一致，就否定其认罪认罚，并进而剥夺其获得从宽处罚的权利。但如果控辩双方对罪名存在分歧，则不能适用速裁程序审理。因为速裁程序没有法庭调查和辩论的环节，适用速裁程序等于剥夺了被告人关于罪名辩护的机会。对于这种情况可以适用简易程序或者普通程序审理，审理的重点在于罪名问题及法律适用问题，而不是事实认定问题。

据此，可以把认罪认罚从宽制度中的"认罪"做两个层面的区分。一是广义的认罪，即概括认罪，既认事又认罪，但不要求认可确定的罪名，只要认可构成犯罪即可。二是狭义的认罪，即精细认罪，既认事又认罪，而且对控方认定的罪名没有异议。适用速裁程序审理的，只能是狭义认罪的案件。而广义认罪的案件，仍然可以按照认罪认罚从宽制度从宽处理，但只能适用简易程序或者普通程序审理。

对于已经做到广义认罪的被告人，既不能否认其认罪，也不能强行要求其做到狭义认罪，否则都属于对其权利的侵犯。

二、自愿认罪的含义和意义

"在适用被告人认罪案件处理程序的案件中，保障被告人认罪的自愿性显得尤为重要，这是被告人是否享有程序主体地位的标志。"[①] 认罪自愿性是开展认罪认罚从宽制度的前提，所以，有必要研究何为自愿认罪及其在刑事诉讼中的意义。

（一）自愿认罪的含义

认罪是被追诉人在诉讼过程中的客观表现，即承认自己的罪行，呈现为一种结果。但这一认罪结果是否为被追诉人的真实意愿，是否为其理性判断后作出的选择，则不是认罪所能包含的。认罪包括自愿认罪和违心认罪两种类型。

[①] 郭明文：《被告人认罪案件的处理程序研究》，西南政法大学 2007 年博士学位论文，第 41 页。

何为认罪的自愿性,理论界有不同的认识,有观点认为,"自愿性是指认罪主体出于本人的真实愿望真诚认罪悔罪,而不是出于物理或精神强制的被迫"。① 这种界定,强调了真实意愿,但没能揭示真实意愿如何而来、如何判定,不利于从实践层面把握认罪的自愿性。有观点认为可以通过两个标准来把握认罪的自愿性,一是在客观方面,被追诉人在诉讼阶段的权益是否受到了明显的不法侵害;二是在主观方面,被追诉人是否对自己的行为性质及认罪后果有充分了解。② 这种观点把权益保护纳入认罪自愿性的考察范围,值得称道,但权益是否受到侵害与认罪自愿性之间并无必然联系。笔者认为,自愿认罪或者认罪的自愿性,表现为被追诉人在对自己的行为及后果有正确认识的基础上,基于理性判断而自愿如实供述自己的罪行,并承认指控的犯罪事实。

1. 自愿认罪的内容

从内容上,自愿认罪是被追诉人自愿如实供述自己的罪行,承认指控的犯罪事实。按照前文的论述,包括两个层面的认罪,如实供述犯罪事实并承认指控罪名的狭义认罪和如实供述犯罪事实并承认构成犯罪的广义认罪。无论哪种认罪,被追诉人都不能只是对司法机关的追诉不持异议,而是要主动地供述犯罪事实。

从认罪的程度上看有两种形式,一是消极的认罪,或者是被动的认罪,即对司法机关认定的事实没有异议,主要表现为对公诉机关指控的事实予以认可;二是积极的认罪,或者是主动的认罪,要求被告人主动如实供述犯罪事实,形成认罪的口供。《刑事诉讼法》第 15 条规定:"犯罪嫌疑人、被告人自愿如实供述自己的罪行,承认指控的犯罪事实,愿意接受处罚的,可以依法从宽处理。"从其中"自愿如实供述自己的罪行"的表述看,认罪认罚从宽制度要求被追诉人积极认罪,即不仅不否定犯罪事实,还要主动供述犯罪事实。仅仅对控诉机关指控的事实不持异议,尚不符合法律规范所要求的条件,达不到认罪的要求。

2. 自愿认罪的主观心态

从主观上,自愿认罪是被追诉人理性自愿的选择。按照现代汉语词义解

---

① 桂梦美:《刑事诉讼中认罪认罚从宽制度本体描述与理论参照》,载《河南社会科学》2016 年第 9 期,第 37 页。
② 李洪杰:《认罪自愿性的实证考察》,载《国家检察官学院学报》2017 年第 6 期,第 109—110 页。

释，自愿是指"自己愿意",① 意即自己愿意而没有受他人强迫去做的。行为人在作出认罪的表示时，应当具有意志自由，不受他人强迫。同时，这种决定应当是其基于对案件的全面认识基础上作出的，知道自己实施了何种行为，司法机关掌握了何种证据，这种行为在法律上如何评价，认罪之后有何法律后果，认罪与不认罪有何区别等。在对这些问题知悉的基础上权衡利弊，作出的认罪表示，才具有自愿性。

3. 自愿认罪的客观表现

从形式上，自愿认罪要有明确的意思表示。由于认罪认罚已经制度化，具有量刑情节的意义，所以，被追诉人的认罪不能是模棱两可，也不能是默认，而是应当表现为有形的显性的形式，即有证据证明犯罪嫌疑人、被告人自愿认罪，要做到有据可查，否则不能确认认罪的自愿性。典型的认罪形式就是检察机关审查起诉期间签署认罪认罚具结书，检察机关将具结书随案移送至法院。但签署具结书也不是唯一的方式，尤其是在侦查和审判期间。在侦查期间，犯罪嫌疑人认罪表现为配合侦查机关制作讯问笔录，如实供述犯罪事实，并承认犯罪，记载于卷宗之中。在审判期间，对于没有签署具结书的，如果被告人自愿认罪认罚，可以通过签署确认书或者制作讯问笔录等方式，确认认罪认罚。在庭审过程中，则表现为口头作出认罪表示，计入庭审笔录。即便是在审查起诉阶段，也并非一律签署具结书。《刑事诉讼法》第174条规定了可以不签署具结书的情形,② 对于这些特殊情形，不是通过签署具结书表示认罪，而是通过笔录等形式。按照本书的观点，被告人不同意检察院指控的罪名，但能够如实供述罪行，并承认构成犯罪的，也是认罪，在这种情况下，也就无法签署具结书，但通过讯问笔录等形式表明其认罪，就是一种认罪表示。

(二) 自愿认罪的意义

由于认罪认罚从宽制度已经成为法定制度，所以被追诉人自愿认罪也就具

---

① 《现代汉语词典》（第6版），中国社会科学院语言研究所词典编辑室编，商务印书馆2012年版，第1729页。

② 《刑事诉讼法》第174条规定：犯罪嫌疑人自愿认罪，同意量刑建议和程序适用的，应当在辩护人或者值班律师在场的情况下签署认罪认罚具结书。犯罪嫌疑人认罪认罚，有下列情形之一的，不需要签署认罪认罚具结书：（一）犯罪嫌疑人是盲、聋、哑人，或者是尚未完全丧失辨认或者控制自己行为能力的精神病人的；（二）未成年犯罪嫌疑人的法定代理人、辩护人对未成年人认罪认罚有异议的；（三）其他不需要签署认罪认罚具结书的情形。

有了法定的价值和独特的属性。

1. 程序意义：决定案件适用的程序

自愿认罪具有程序价值，能够决定案件所适用的程序以及程序的进展效果。如果被追诉人不认罪，案件诉讼进程也就没法提速，司法机关需要全面保障被追诉人的诉讼权利，尤其是要让其享受到正当的法律程序。在审判阶段，只能适用普通程序审理。而反过来看，如果被追诉人自愿认罪，则诉讼程序可以适度简化，从侦查到起诉直至审判都可以相应地提速。在审判阶段则可以适用简易程序或者速裁程序审理，至于适用简易程序还是速裁程序，取决于案件的刑期和是否认罚。因为速裁程序只适用于判处三年有期徒刑以下刑罚的案件，且没有法庭调查和辩论环节，所以不认罚的案件和刑期超过三年有期徒刑的案件，不能适用速裁程序。认罪可以发生在刑事诉讼的全部阶段，如果被告人在侦查期间就认罪，则就有可能获得较为宽缓的强制措施如取保候审，还可以使诉讼流程加快，减少审前等候时间。如果在审查起诉阶段认罪的，则公诉机关可以建议法院适用审判程序。

2. 实体意义：可以从宽处理

对被追诉人来说，认罪认罚从宽制度中最有吸引力的在于"从宽"，尤其是实体上的从宽处理。自从1996年《刑事诉讼法》确立了简易程序制度以来，该制度就适用于自愿认罪案件，适用的结果也包括对被告人从宽处理，把认罪态度作为从宽处罚的量刑情节。现行《刑事诉讼法》把认罪和认罚作出了捆绑式的规定，把二者的结合作为从宽的法定情节。如此一来，自愿认罪就有了两个层次的实体量刑价值。一是与认罚相结合形成法定量刑情节，按照《刑事诉讼法》第15条的规定，对被告人从宽处理。二是与认罚相分离，仅有认罪而没有认罚的情况下，自愿认罪仍然是一个量刑情节，只不过属于酌定的量刑情节，而不属于《刑事诉讼法》第15条所规定的从宽处罚情形。在运行并强调认罪认罚从宽制度时，不能忽视自愿认罪本身的价值，即使脱离了认罪认罚从宽制度，其仍然可以作出从宽处罚的依据，对被告人仍然具有积极的意义。

3. 证据意义：定罪依据之一

前文说过，认罪包括消极的认罪和积极的认罪。消极的认罪，也是一种认罪的态度，被告人对指控事实认可而不争辩，是一种不否认的态度，但不会形成新的证据，也就是说司法机关认定案件事实的证据不会得以补强。从证明标准看，如果案件本来证据不充分，不会因为被告人的认罪而变得充分，至多只是增强了司法人员的内心确信而已。认罪认罚从宽制度要求的认罪，应当是积极的认罪，除非被告人因为醉酒后遗忘等原因确实无法供述犯罪事实。在积极认罪的情况下，被告人所作的有罪供述就具有了证据价值。犯罪嫌疑人、被告人的供述和辩解，是法定证据种类之一，经过庭审查证属实的，可以作为定案的依据。被追诉人出于自愿作出的有罪供述具有两个方面的证据价值，一是补强在案证据。在其他证据尚难以形成相互印证达到确实、充分的证明标准的情况下，被追诉人的有罪供述与其他证据相印证，就能形成完整的证据体系。二是作为发现其他证据的线索。被告人作为犯罪行为的亲历者，最为了解案情，其对犯罪事实的交代有利于侦查机关发现、查找其他证据，如犯罪嫌疑人交代犯罪工具的下落，违法所得的去向，交代有谁参与犯罪或者了解案情等。

(三) 违心认罪的表现

与自愿认罪相对应的就是非自愿认罪，可以称之为违心认罪。按照现代汉语意思，违心是指"不是出于本心，跟本意相反"，[1] 表现为违背自己意愿所说的话或做的事。违心认罪，就是被追诉人由于受到其他外界因素的干扰，而违背自己意愿供述犯罪事实，并承认自己的行为构成犯罪。"在司法实践中，违心认罪依然是困扰司法机关的关键问题。"[2] 有学者把协商性司法中出现的冤假错案称为协商性刑事司法错误，并认为这属于"一种新型的错案类型"。[3] 一旦存在被追诉人违心认罪并进而被错误判刑的案例，就会动摇认罪认罚从宽制度的根基。

1. 根据认罪原因的分类

根据认罪的原因，即被追诉人为什么要认罪，可以把违心认罪分为三类。

一是被强迫认罪，即司法机关基于各种动机强迫被追诉人认罪。从侦查机关的角度来说，出于破案以及办案效率的考虑，其具有强迫犯罪嫌疑人认罪的直接动机。从检察机关、审判机关的角度来说，出于诉讼效率的考虑，其也存在强迫犯罪嫌疑人、被告人认罪的现实动机，毕竟不认罪的案件审理难度加

---

[1] 《现代汉语词典》（第6版），中国社会科学院语言研究所词典编辑室编，商务印书馆2012年版，第1352页。
[2] 李洪杰：《认罪自愿性的实证考察》，载《国家检察官学院学报》2017年第6期，第109页。
[3] 王迎龙：《协商性刑事司法错误：问题、经验与应对》，载《政法论坛》2020年第5期，第48页。

大，付出的精力更多。

二是被引诱认罪，即司法机关采用欺骗、引诱等手段，使得被追诉人违心认罪。具体的手段可以是虚假告知案件证据情况，如在没有证据的情况下告诉犯罪嫌疑人已经有人指认其犯罪，在鉴定意见排除或者不能证明犯罪嫌疑人实施犯罪的情况下谎称鉴定意见已经证实其犯罪；也可以是夸大认罪的从宽效果，如告诉犯罪嫌疑人只要认罪就可判处缓刑或者不作为犯罪处理。再有就是利用被追诉人法律知识的欠缺而诱导其认罪，在案件事实客观存在的情况下，从法律层面如何评价，是否构成犯罪，往往超过了被追诉人的认识范围。对于一些本来不构成犯罪的行为，经过司法人员的引导，被追诉人作了认罪表示。这些情况，被追诉人系基于信息不对等或者是对从宽处罚的期待而选择违心认罪。

三是替人顶罪而认罪，即行为人基于自己的原因而主动揽责，把不是自己实施的犯罪行为说成是自己实施的。在这种情况下，司法机关往往也是无辜的受害者，有些案件难以识破。

随着司法行为规范化建设的深入，强迫被追诉人认罪后暴露的可能性越来越大，风险也就越来越大，所以司法机关刑讯逼供极少。而欺骗、引诱被追诉人认罪难以被查实，被追诉人有口难辩，所以在司法实践中还存在着，也是需要防范的重点。替人顶罪的案件也时有发生，办案人员不可掉以轻心。[①]

2. 根据认罪内容的分类

在违心认罪的情况下，认罪的内容不同，后果的严重程度和发生的可能性也有所区别。从被追诉人权利保护的角度，需要关注的程度也就不同。

一是无中生有型，即被追诉人没有实施犯罪行为而承认实施了犯罪行为。这是一种最为严重的违心认罪，最终的结果是导致没有实施犯罪行为的人受到了刑事处罚，成为犯罪人。一般而言包括两种情况，其一，由于司法机关的原因导致的，司法机关为了办案需要必须找到嫌疑人，或者基于错误判断认为该人就是真正的犯罪分子，从而逼迫、诱导被追诉人认罪。其二，由于被追诉人自身的原因导致的，即替人顶罪。

二是夸大事实型，即扩大了被追诉人的犯罪事实。这种情形下被追诉人实

---

① 王迎龙：《协商性刑事司法错误：问题、经验与应对》，载《政法论坛》2020年第5期，第53页。

施了一定的犯罪行为，但是司法机关认定的犯罪事实更为严重，包括犯罪金额更高，如盗窃、贪污等金额型犯罪认定了过高的金额，会导致量刑加重；犯罪后果更为严重，如故意伤害案件将轻伤认定为重伤，量刑档次也就提升了；犯罪情节更为严重，如将普通抢劫认定为入户抢劫，把普通强奸认定为轮奸，会导致量刑的大幅度增加。

三是非罪认有罪，即被追诉人的行为不构成犯罪，却认可构成犯罪。这种情形下，被追诉人的行为确定存在，但这种行为在法律上如何评价，是否应该定罪，界限并不清晰。行为人基于自己法律知识的欠缺而选择了认罪，或者虽然有所质疑但为了获取较轻的刑罚，害怕遭到更重的刑罚而选择认罪。这也是违心认罪的主要表现形式。

以刘某被控交通肇事案[1]为例。

公诉机关指控：

被告人刘某于2015年4月18日1时许，在本市朝阳区化工路田中园KTV门前，驾驶"北京现代"牌小型轿车由南向北行驶时，将由东向西步行横过道路的被害人刘某鹏撞倒，造成被害人头部受损伤，致脑内血肿、多发性大脑挫裂伤伴出血，脑室内积血，创伤性蛛网膜下腔出血，行右颞顶枕开颅血肿清除+去骨瓣减压术，经刑事科学技术鉴定，被害人属重伤二级。经公安机关交通管理部门认定，被告人负此事故全部责任。之后，被告人刘某逃逸，于同年4月22日投案。

公诉机关认为，被告人刘某违反交通管理法规，在遇行人横过道路时，未按规定避让，发生交通事故，造成一人重伤的后果，且发生事故后逃逸，其行为已构成交通肇事罪。

被告人刘某在庭审中对公诉机关的指控不持异议。被告人刘某的辩护人认为：刘某有自首情节，案发后积极抢救被害人，主观恶性不大，愿意赔偿被害人的损失，建议对其从轻、减轻处罚并适用缓刑。

法院经审理查明：

2015年4月18日1时许，被告人刘某驾驶"北京现代"牌小型轿车在本市朝阳区化工路田中园KTV门前由南向北行驶时，遇被害人刘某鹏（男，35

---

[1] 北京市朝阳区人民法院（2016）京0105刑初149号刑事判决书。

岁）酒后由东向西步行横过道路，刘某所驾车辆将刘某鹏撞倒，造成被害人头部受损伤。刘某随即停车后与刘某鹏的朋友崔某一起将刘某鹏抬上车，由刘某驾车将刘某鹏送往医院进行救治，后刘某将其母亲杨某荣留在医院，其本人以筹措钱款为由先行离开。崔某于当日2时26分报警，民警接警后到达医院寻找刘某未果，后告知杨某荣让刘某去公安机关处理问题。被告人刘某及家属于当日下午及次日到医院为被害人缴纳了部分医疗费用。后被告人与被害人双方始终保持联络。被告人刘某于2015年4月22日到朝阳交通支队劲松大队投案。经诊断，刘某鹏受伤致"脑内血肿，多发性大脑挫裂伤伴出血，脑室内积血，创伤性蛛网膜下腔出血，行右颞顶枕开颅血肿清除+去骨瓣减压术"。经鉴定刘某鹏属重伤二级。经公安交管部门认定，刘某负此次事故全部责任，刘某鹏无责任。案发后，刘某先行支付了被害人刘某鹏的部分治疗费等费用共计人民币9万元。在法院审理期间，被告人刘某向被害人刘某鹏支付了赔偿款人民币20万元。

　　法院经审理后认为，刘某的交通肇事行为致一人重伤，只有同时具备"为逃避法律追究逃离事故现场"的情形才构成交通肇事罪，而刘某的行为并不符合此特征，故依法宣告刘某无罪。

　　本案中，对于刘某交通肇事的事实没有争议，但该行为从法律评价上并不构成犯罪。而被告人刘某却选择了认罪，其目的在于获取较轻的刑罚，能够判处缓刑，担心如果不认罪有可能被判处实刑，由于对重刑的顾虑使其退而求其次，选择了认罪。这种认罪是其对法律缺乏正确理解和认识的情况下作出的，属于非理性的违心认罪。

　　四是轻罪认重罪，即被追诉人的行为只构成轻罪，却认可了较重的罪名指控。刑法分则罪名形成了一个严密的法网，用以评价各种各样的犯罪行为，但如果法网过于严密，必然导致一些罪名之间存在相互交织的情况，有些罪名之间界限并不清晰。专业的司法人员都会对罪名的选择适用产生分歧认识，何况缺乏专业知识的被追诉人。在被追诉人明知自己已经犯罪的情况下，更是缺乏信心和能力在罪名上去争辩，进而选择认可司法机关确定的罪名。

　　在司法实践中，存在这种轻罪重认的情况，如张某辉开设赌场上诉案。[1]

---

[1] 广东省广州市中级人民法院（2017）粤01刑终1427号刑事判决书，载中国裁判文书网，网址http://wenshu.court.gov.cn/website/wenshu/181107ANFZ0BXSK4/index.html？docId=3da507082467424d971ea7fa00efec87，2019年10月26日访问。

2017年1月，被告人张某辉提供其租赁的广州市花都区狮岭镇联合村旧屋菜市场旁一铁皮屋供他人赌博并抽水获利，2017年2月15日，公安人员前往上述地址抓获被告人张某辉及参赌人员曾某1等人，依法扣押现金430元、扑克牌1副。在审查起诉阶段，张某辉对检察机关指控的事实，罪名及一年六个月以下的量刑建议没有异议，并签字具结。一审适用认罪认罚从宽审理程序判决张某辉犯开设赌场罪，判处有期徒刑九个月，并处罚金二千元。张某辉不服提出上诉理由：（1）其与朋友休闲娱乐打牌，不是赌博，更没有开设赌场；（2）原判量刑过重，请求从轻处罚。二审法院经过审理认定，张某辉以营利为目的，聚众赌博，其行为已构成赌博罪，依法应予惩处。上诉人张某辉提供给他人赌博的场所为菜市场旁边一间简陋的铁皮屋，持续时间不足一个月，聚赌人数十余人，就其聚众赌博的空间、持续时间、聚集方式和参赌人数来看，上诉人聚赌行为的组织性、开放性还没有达到开设赌场的规模，其行为应以赌博论处。原判认定事实清楚，审判程序合法，唯认定上诉人张某辉的行为构成开设赌场罪不当，应予纠正。综合张某辉聚众赌博的性质、情节、认罪态度及其一贯表现，判处九个月的有期徒刑过重，遂撤销了一审判决，依法改判上诉人张某辉犯赌博罪，判处有期徒刑七个月，并处罚金人民币二千元。

开设赌场罪与赌博罪规定于刑法同一条文[①]中，但二者的罪状不同，法定刑也有区别，开设赌场罪重于赌博罪。本案被告人在认罪认罚具结书上签字认可构成开设赌场罪，但其对于本罪的含义是否真正了解，检察人员是否向其做了清晰的介绍都是存疑的，导致的结果就是被告人认可了较重的罪名，而在判决之后又提出上诉通过二审程序维护了其权利。

三、小结

认罪认罚从宽制度中的认罪，以认事为前提，需要承认并如实供述犯罪事实，在认事的基础上承认自己的行为构成犯罪，就符合了认罪的条件。如果承认指控的罪名，则是更高一层次的典型的认罪。认罪能够导致程序从简、实体从宽的效果，还能作为证据之一从而影响到证明责任。认罪认罚从宽制度排除

---

① 《刑法》第303条规定：以营利为目的，聚众赌博或者以赌博为业的，处三年以下有期徒刑、拘役或者管制，并处罚金。开设赌场的，处五年以下有期徒刑、拘役或者管制，并处罚金；情节严重的，处五年以上十年以下有期徒刑，并处罚金。

违心认罪，但现行的司法制度存在被追诉人违心认罪的隐患，违心认罪有多种类型，严重程度不同，发生的概率不同，需要采取的防范措施也就不同。

第二节 免于被迫自我归罪权的界限

前文已论，认罪包括消极认罪即承认犯罪指控和积极认罪即主动交代犯罪事实，积极认罪形成的口供就成了认定被追诉人犯罪事实的证据之一。在我国的认罪案件诉讼制度发展过程中，对被告人认罪的要求有从消极认罪到积极认罪转变的过程。2012年《刑事诉讼法》(第208条)对认罪的要求是"被告人承认自己所犯罪行，对指控的犯罪事实没有异议"，而2018年《刑事诉讼法》(第15条)对认罪的要求是"自愿如实供述自己的罪行，承认指控的犯罪事实"。后法显然对被告人提出了更高的要求，也正是因为这种更高的要求，立法上又给予了被告人一定的量刑优惠，即从宽处罚。

这种"以从宽换口供"的做法，上升到立法层面，影响将极其深远，必须具备充分的正当性，具有合理的根据。首先要解决的问题是，这种制度是否违背了公民没有义务自证有罪或者无罪的原则，是否侵犯了被追诉人的免于被迫自我归罪权，也就是说立法有没有权力要求被告人作有罪供述。

一、免于被迫自我归罪权的渊源及含义

按照现代刑事诉讼理论，任何人在被依法判决认定有罪之前，都是被推定为无罪的，而证明其有罪的责任在于侦控机关，被告人没有证明自己无罪的义务，更没有证明自己有罪的义务。任何人没有义务自我归罪，不能被强迫自证其罪，成为一项普遍性共识，并"被视为现代法治国家刑事诉讼的不证自明之理"。[1] 一般称之为免于被迫自我归罪权，或者不被强迫自证有罪权。

(一) 免于被迫自我归罪权的渊源与发展

由于传统的刑事诉讼把被追诉人的口供作为认定案件的证据，甚至是最为重要的证据，所以要求被追诉人供述案件事实是一种常见的诉讼方式。被追诉

---

[1] 陈光中等著：《司法改革问题研究》，法律出版社2018年版，第220页。

人具有免于被迫自我归罪的权利,这一理论或者说认识,是一个长期的发展过程。

(二)教义上的免于被迫自我归罪权

免于被迫自我归罪的权利最早来源于基督教的学说和教义中所确立的"不自我控告的权利"。在公元3世纪的欧洲,基督徒具有忏悔罪过的义务,但如果公开忏悔就有可能因自己的忏悔而导致被刑事指控,迫于受到刑事处罚的压力,基督徒忏悔的自愿性就会受到影响,而只有自愿忏悔才有益于纯化灵魂,这就产生了矛盾。后来教会就只要求私下忏悔,因为犯错者的义务并不包括可能导致刑事诉讼的公开忏悔。从基督教的教义中,人们得出的认识是:男人和女人应该向上帝坦白他们的罪孽,而不应该被强迫向他人告知犯罪。①

(三)英国法律意义上的免于被迫自我归罪权

17世纪中叶,英国对约翰·李尔本(John Lilburne)印刷煽动性书刊案②的审判,推动了反对被迫自我归罪原则的司法化。约翰·李尔本的导师约翰·巴斯特威克(John Bastwick)是清教徒,在书稿《利特尼》(The Letany)中认为英国教堂的主教是撒旦的仆人。1636年,为了规避英国"书籍出版经销业公会"的出版许可和印刷登记,约翰·李尔本带着导师的书稿前往荷兰。后几千册《利特尼》的印刷品从荷兰被运到英国时在港口被扣押。1637年12月,当李尔本返回英国时,因涉嫌从荷兰进口诽谤性书籍而被"书籍出版经销业公会"的特工逮捕并被带到星座法庭接受审判。当时,在教会法院、星座法院及宗教裁判所的刑事程序中,采取纠问式并强令被告人就犯罪宣誓供述,被告人拒绝回答时就要受到刑讯或处罚。③ 李尔本说:"我不愿意回答任何不相干的问题,以防我的回答可能会伤害自己。这不是获得自由的方式。"为此,他拒绝宣誓并慷慨陈词:"我争取的另一个基本权利是,在刑事案件中任何人的良心不应该受到强加宣誓的折磨从而去回答或者假装回答关涉自己的问题。"最终,他因藐视法庭被判罚金500英镑,并被判鞭笞、示众和监禁。李尔本后来著述

---

① 岳悍惟:《反对自我归罪权的英美法溯源与法理分析——兼论我国刑事诉讼法相关规定的完善》,载《比较法研究》2016年第1期,第97页。

② 在该案中,约翰·李尔本在法庭上拒绝宣誓作证,并提出:"任何人不得发誓折磨自己的良心,来回答那些将自己陷入刑事追诉的提问,哪怕装模作样也不行。"

③ 宋英辉:《不必自我归罪原则与如实陈述义务》,载《法学研究》1998年第5期,第142页。

批判星座法庭的刑事审判,发展成对反对被迫自我归罪的争论。① 1641年6月25日,"代表资产阶级利益的长期国会颁布法令,确立了'反对强迫性自证其罪的证言特免权'(Privilege Against Compulsory Self-incrimination)制度"。② 后上议院驳回了对李尔本叛国罪的指控并释放了他。

1984年10月,英国议会通过《1984年警察及刑事证据法》(The Police and Criminal Evidence Act 1984),再次重申了犯罪嫌疑人同普通公民一样享有沉默权,警察在以收集证据为目的而进行讯问前,必须告知其享有此项权利。③

(四) 美国法律中的免于被迫自我归罪权

在美国,当一个人作为证人反对或者揭发另一个人时,他应当宣誓,但是法律不能在任何情况下强迫一个人发誓反对自己。1776年《弗吉尼亚权利法案》(Virginia Declaration of Rights)第8条规定:"在所有可判死刑案件或刑事诉讼中,人们有权要求知道对其起诉的理由和性质,有权与起诉人和证人对质,要求查证对其有利的证据,并有权要求由来自其邻近地区的公正陪审团进行迅速审理;未经陪审团的一致同意,不能确认他有罪,也不能强迫他自证其罪;除非根据当地法律或由与其地位相同的公民所组的陪审团裁决,不得剥夺任何人的自由。"其中,包括了任何人不能被强迫做证反对自己的内容,这一法案也对后来的美国《独立宣言》(1776年)、《美国权利法案》(1789年)以及法国大革命的《人权和公民权宣言》(1789年)等许多文献产生影响。

1791年,美国的《权利法案》第五宪法修正案规定:"任何人……不得被强迫在任何刑事诉讼中作为反对自己的证人。"④首次将免于被迫自我归罪权确立为宪法权利,对后来的司法案件产生了深远的影响。美国联邦最高法院通过司法判例,对宪法第五修正案的含义作了解释,从被追诉人角度看,这一特权仅限于刑事案件,但它不仅指实质上导致自我归罪的陈述,而且包括所有可能导致自我归罪的其他证据;这一特权不仅可以在侦查程序中主张,而且可以在审判程序中主张;犯罪嫌疑人、被告人或证人可选择做证而自愿放弃反对自我

---

① 岳悍惟:《反对自我归罪权的英美法溯源与法理分析——兼论我国刑事诉讼法相关规定的完善》,载《比较法研究》2016年第1期,第97—98页。
② 何家弘:《中国式沉默权制度之我见——以"美国式"为参照》,载《政法论坛》2013年第1期,第108页。
③ 宋英辉:《不必自我归罪原则与如实陈述义务》,载《法学研究》1998年第5期,第143页。
④ (any person) ……nor shall be compelled in any criminal case to be a witness against himself……

归罪的特权。因此,沉默权并不是绝对的。美国学者认为,赋予犯罪嫌疑人、被告人沉默权,旨在对追诉方与被告方的诉讼地位加以平衡。[1]

1966年,在米兰达诉亚利桑那州一案(Miranda v. Arizona)[2]中,联邦最高法院确立了"米兰达规则",使沉默权在美国被推到了极致。当时,亚利桑那州凤凰城警察以涉嫌绑架罪和强奸罪将米兰达予以逮捕,经过两个小时的讯问,米兰达向警察交代了自己的犯罪事实,并被法院判决构成犯罪。其后,米兰达以自己不知宪法第五修正案为由提出上诉,诉称当时警察没有告知自己具有不得自我归罪的特权,而有罪供述也是迫于刑讯压力所编造的谎言。联邦最高法院认定原审判决无效,将案件发回重审。联邦最高法院通过本案将被告人在审判中保持沉默的权利延伸至处于羁押中的犯罪嫌疑人,认为警方没有告知其保持沉默的权利违反了宪法反对自我归罪权,至此,沉默权制度正式确立。

1987年,美国联邦最高法院在洛克诉阿肯色州一案(Rock v. Arkansas)[3]中认为,宪法保障被告人宣誓做证的权利,"作证的机会……是第五修正案保障反对强迫作证的必然结果"。这是从反向上赋予被追诉人的权利,做证同样具有权利属性。"反对自我归罪权,只是用以预防折磨等强制讯问方式并保障控辩双方力量的平衡。"[4]

(五)国际组织关于免于被迫自我归罪权的相关规定

随着人们对于免于被迫自我归罪权认识的逐步深入,联合国等国际组织的文件中也逐步体现、规定了这一精神。《世界人权宣言》没有关于免于被迫自我归罪权的规定,但其中第5条规定:"任何人不得加以酷刑,或施以残忍的、不人道的或侮辱性的待遇或刑罚。"这体现了不得通过酷刑或者不公正待遇获取口供的内容。第11条第1款规定:"凡受刑事控告者,在未经获得辩护上所需的一切保证的公开审判而依法证实有罪以前,有权被视为无罪。"这是关于无罪推定的规定,与免于被迫自我归罪的权利一脉相承。

---

[1] Edited by J. A. Andrews, Human Rights in Criminal Procedure, at 273-276, Martinus Nijhoff Publishers (1982)。转引自熊秋红:《反对自我归罪的特权与如实陈述义务之辨析》,载《外国法译评》1997年第3期,第57页。

[2] Miranda v. Arizona, 384 U.S. 436 (1966).

[3] Rock v. Arkansas (1987).

[4] 岳悍惟:《反对自我归罪权的英美法溯源与法理分析——兼论我国刑事诉讼法相关规定的完善》,载《比较法研究》2016年第1期,第100页。

1966年通过的联合国《公民权利和政治权利国际公约》第 14 条第 3 款规定："在判定对他提出的任何刑事指控时，人人完全平等地有资格享受以下的最低限度的保证：……（庚）不被强迫作不利于他自己的证言或强迫承认犯罪……"这是对免于被迫自我归罪权的直接规定，作为各签约国，有必要在国内法落实。我国已经签署该公约，在刑事立法及司法活动中，应当对标公约，为履行批准程序做好准备。

1985年通过的联合国《少年司法最低限度标准规则》（又称《北京规则》）第 7 条规定："在诉讼的各个阶段，应保证基本程序方面的保障措施，诸如假定无罪、指控罪状通知本人的权利、保持缄默的权利、请律师的权利、要求父母或监护人在场的权利、与证人对质和盘诘证人的权利及向上级机关上诉的权利。"我国作为成员国，在立法和司法实践中坚持把贯彻《北京规则》与执行我国的法律、政策相结合，保证少年犯罪案件的正确处理。[1]

1994年召开的世界刑法学协会第 15 届代表大会《关于刑事诉讼法中的人权问题的决议》第 17 条规定："被告人有权保持沉默并且从警察或司法机关进行首次侦讯开始即有权知悉受控的内容。"这种决议对各国刑法学家并无法律拘束力，我国刑法学家完全可以和应该在这些决议的正式文本发表后作出自己的评论，提出自己的看法。[2]

以上规定，不同程度地包含了被追诉人免于被迫自我归罪的权利的精神，为各国刑事诉讼立法和司法活动指明了方向。

（六）我国《刑事诉讼法》中的规定

我国《刑事诉讼法》中关于免于被迫自我归罪规则的规定，有一个从无到有的发展过程。长期以来我国有着"坦白从宽、抗拒从严"的刑事政策，作为其中"抗拒从严"的规定，就蕴含着被告人应当在自己了解的范围内提供口供和其他证据的要求。1979 年制定的中华人民共和国第一部《刑事诉讼法》，不具有规定被追诉人免于自我归罪这一权利的条件。而且，该法第 64 条规定："侦查人员在讯问被告人的时候，应当首先讯问被告人是否有犯罪行为，让他陈述有罪的情节或者无罪的辩解，然后向他提出问题。被告人对于侦查人员的

---

[1] 林文肯：《〈联合国少年司法最低限度标准规则〉在中国的贯彻》，载《中外法学》1991 年第 2 期，第 74—76 页。
[2] 余叔通：《国际刑法学协会第十五届代表大会述略》，载《法学家》1995 年第 2 期，第 93 页。

提问,应当如实回答……"这一规定科以了被告人如实供述的义务,如果不如实供述,则属于抗拒,予以从严惩处。从严惩处这一结果,对被追诉人就有着一定程度的强制,是一种有形的压力。1996年《刑事诉讼法》修订时,"立法机关也担心硬性规定'沉默权'或者'不得强迫自证其罪'会不利对犯罪的打击,影响社会治安形势"。[①]所以免于自我归罪的原则在刑事诉讼法中未有体现。但是,1996年《刑事诉讼法》第43条规定:"……严禁刑讯逼供和以威胁、引诱、欺骗以及其他非法的方法收集证据……"这一规定体现了反对强迫自证其罪的精神,不过这只是针对极端的强迫自证其罪行为。

2004年3月,"尊重和保障人权"被写入宪法。免于被迫自我归罪权是人权的重要内容,应当在《刑事诉讼法》中得到体现。2012年修订的《刑事诉讼法》第50条[②]增加了"不得强迫任何人证实自己有罪"的规定:"审判人员、检察人员、侦查人员必须依照法定程序,收集能够证实犯罪嫌疑人、被告人有罪或者无罪、犯罪情节轻重的各种证据。严禁刑讯逼供和以威胁、引诱、欺骗以及其他非法方法收集证据,不得强迫任何人证实自己有罪……"这是我国首次在立法上承认不得强迫自证其罪的权利,尽管因为没有规定在总则中,影响和效果有限,[③]但仍然具有重大意义。"它不仅是我国已签署的《公民权利和政治权利国际公约》中的一项重要原则,而且也是尊重与保障人权的要求。"[④]这一规定落实了宪法精神,符合了国际公约的规定和国际潮流,当然也是我国法律建设自身的需要,"以往我国刑事诉讼相关制度的欠缺以及现行刑事诉讼法中侦查措施等的强化,需要'不得强迫任何人证实自己有罪'予以补充和平衡"。[⑤]据此,有观点认为,"中国已经建立了沉默权制度,因为'反对强迫性自证其罪'规则就是沉默权制度的基本形式之一"。[⑥]《刑事诉讼法》把刑讯逼供和以威胁、引诱、欺骗等方法认定为非法方法,如果以上述手段获取了被追诉人的口供,则属于侵犯了被追诉人的免于被迫自我归罪权。

---

① 姜小川:《"不得强迫任何人证实自己有罪"之含义》,载《时代法学》2014年第2期,第3页。
② 现行《刑事诉讼法》第52条。
③ 陈光中等著:《司法改革问题研究》,法律出版社2018年版,第28页。
④ 黄太云:《刑事诉讼法修改释义》,载《人民检察》2012年第8期,第10—73页。
⑤ 姜小川:《"不得强迫任何人证实自己有罪"之含义》,载《时代法学》2014年第2期,第3页。
⑥ 何家弘:《中国式沉默权制度之我见——以"美国式"为参照》,载《政法论坛》2013年第1期,第108页。

2017年2月,最高人民法院发布《关于全面推进以审判为中心的刑事诉讼制度改革的实施意见》,其中第2条规定:"坚持非法证据排除原则,不得强迫任何人证实自己有罪。经审查认定的非法证据,应当依法予以排除,不得作为定案的根据。"相关媒体以"最高法:不得强迫任何人证实自己有罪"[1]为题做了报道,充分说明了这一规则对公众的冲击力。

《关于办理刑事案件严格排除非法证据若干问题的规定》[2]在第1条即规定:"严禁刑讯逼供和以威胁、引诱、欺骗以及其他非法方法收集证据,不得强迫任何人证实自己有罪。对一切案件的判处都要重证据,重调查研究,不轻信口供。"在此,将不得强迫自证其罪作为证据制度的一般原则予以规定。

通过以上梳理可见,赋予被追诉人免于被迫自我归罪的权利以及与之密切相关的沉默权,是国际社会中已经广泛达成共识的做法,也是我国刑事诉讼制度中的一项重要内容。

(七)免于被迫自我归罪权的含义

现今,绝大多数国家都将不被强迫自证其罪作为保障被追诉人人权的必要手段。[3]通过历史和规范的考察可见,免于被迫自我归罪或者不得被迫自证其罪,既是被追诉人的一种权利,也是司法适用的一种规则,核心要义在于,在刑事诉讼中,被追诉人不得被迫也没有义务作为指控自己犯罪的证人,配合司法机关陈述自己的犯罪事实,司法机关不得以肉体上或者精神上的强制获取被追诉人对犯罪事实的供述。如果司法机关采取强制手段获取口供,则侵犯了被追诉人的权利,该口供不能作为定案的依据。

免于被迫自我归罪权,或者不得强迫自我归罪特权"具有十分宽泛的适用范围,并包含明显有别的违法类型,依据在于违法的严重性和违法种类"。[4]首先最严重的违法行为是不仅违反反对自我归罪的特权,还同时违反《公民权利

---

[1]《最高法:不得强迫任何人证实自己有罪》,载《法制晚报》2017年2月21日。
[2]《最高人民法院、最高人民检察院、公安部、国家安全部、司法部关于办理刑事案件严格排除非法证据若干问题的规定》(法发〔2017〕15号),2017年6月20公布。
[3] 郭здравствуйте文:《被告人认罪案件的处理程序研究》,西南政法大学2007年博士学位论文,第41页。
[4] [荷] F. Pinar Ölçer:《欧洲人权法院视野中的非法证据排除规则——基于〈欧洲人权公约〉第6条公正审判权的分析》,李国华译,载潘金贵主编:《证据法学论丛(第7卷)》,中国检察出版社2019年版,第218页。

和政治权利国际公约》第 7 条规定的禁止酷刑条款。① 其次是违反免于自我归罪的特权,但不违反公约第 7 条规定的免于虐待的规定,即施以残忍的、不人道的或侮辱性的待遇。这种行为不同时违反公约第 7 条,既非酷刑,也非虐待,但是构成直接强制。最后一种违法行为不具有强制性,但是构成欺骗。违法行为的类型不同,对被追诉人权利侵犯的程度也不同,人们可以容忍的程度也就不同。对违法行为做类型上的划分,有助于识别违法行为的严重程度,从而采取不同的防范措施。

免于被迫自我归罪的权利,是一个权利体系,也是一个规则体系,与多项刑事诉讼规则密切相关,应该做整体性研究。

一是无罪推定原则。刑讯逼供就是有罪推定的产物,把犯罪嫌疑人、被告人推定为有罪的人,自然会影响办案的态度和理念,在其不认罪不供述的情况下,就可能会采用各种强制手段。随着司法文明的推进,人们也开始对这样的司法行为进行反思。在古代法律中就有无罪推定思想的萌芽,罗马共和国的十二表法已提到无罪推定的概念。② 一般认为,把无罪推定作为一项思想原则,最早是在启蒙运动中由意大利刑法学家贝卡利亚提出来的。1764 年 7 月,贝卡利亚在其名著《论犯罪与刑罚》中,抨击了残酷的刑讯逼供和有罪推定,提出了无罪推定的思想:"在法官判决之前,一个人是不能被称为罪犯的。只要还不能断定他已经侵犯了给予他公共保护的契约,社会就不能取消对他的公共保护。"③ 这句话现在常被简化为:一个人未定罪之前,都是无辜的。1948 年 12 月 10 日,无罪推定原则在联合国大会通过的《世界人权宣言》这一联合国文件中首次被得以确认。该宣言第 11 条第 1 款规定:"凡受刑事控告者,在未经获得辩护上所需的一切保证的公开审判而依法证实有罪以前,有权被视为无罪。"其后,很多国家通过宪法或者刑事诉讼法或者判例确立了这一原则。1966 年通过的《公民权利和政治权利国际公约》第 14 条第 2 款规定:"凡受刑事控告者,在未依法证实有罪之前,应有权被视为无罪。"《欧洲人权公约》第

---

① 《公民权利和政治权利国际公约》第 7 条:任何人均不得加以酷刑或施以残忍的、不人道的或侮辱性的待遇或刑罚。

② 拉丁法谚:宣称有罪者,应负起举证责任,这个责任不应该交给宣称自己无罪的人(拉丁语:Ei incumbit probatio qui dicit, non qui negat.)体现了这个原则。

③ [意] 贝卡利亚:《论犯罪与刑罚》,黄风译,中国大百科全书出版社 1993 年版,第 31 页。

6条第2项规定："任何被指控实施犯罪的人在依法被证明有罪之前应被假定为无罪。"正是无罪推定原则,才真正催生了免于自我归罪权的诞生。因为作为一个被推定为无罪的人,就具有了和其他人一样的权利,不能要求其证实自己有罪。

二是沉默权。沉默权指犯罪嫌疑人、被告人在接受侦查机关讯问及在出席法庭接受审判时,有保持沉默而拒不回答的权利。这是被追诉人在面对追诉时从趋利避害角度选择对自己有利的行为方式的表现。中外学者对沉默权制度的阐释主要包括以下几个方面的内容:第一,被告人没有义务向法庭或司法机关提供不利于自己的证据;第二,被告人有权在接受讯问时保持沉默或者拒绝回答问题;第三,司法机关不得以刑讯或其他方式强迫被告人坦白或供述罪行;第四,侵犯被告人沉默权所获得的证据不能在审判中采用为证据;第五,司法机关不能因为被告人保持沉默而在认定案件事实时作出不利于被告人的推定。[1]同时认为,沉默权的实质内涵是犯罪嫌疑人、被告人有权就案件作出有利于或者不利于自己的陈述,这一内容也体现了对犯罪嫌疑人、被告人意志的尊重。[2]有观点认为:"两者虽然是不同的概念,但是作为保障被追诉人自由陈述的沉默权完全被包含于不被强迫自证其罪之中。"[3] 本文认为,沉默权与反对自我归罪既有联系又有区别,二者都是保护被追诉人权利的手段,都是无罪推定原则的产物,但是二者的表现方式有所不同。反对自我归罪,主要是约束司法机关不得采用强制手段调取被追诉人的口供。而沉默权除了这一要求之外,还要求办案人员要告知被追诉人这一权利,被追诉人可以无理由地拒绝回答提问。免于自我归罪权,强调的是被追诉人没有义务指证自己,即对于不利于自己的事实没有提供的义务。而享有沉默权的犯罪嫌疑人可以拒绝回答一切提问。

三是公诉机关的举证责任。既然奉行无罪推定原则,被追诉人被推定为无罪的,那么要指控并认定其构成犯罪,指控机关就负有举证责任,而被追诉人没有证明自己无罪的义务。举证责任的确定,对于案件事实认定具有重大影响,一旦负有举证责任的一方举证不力,就将承担不利的后果。由于刑事指控

---

[1] 何家弘:《沉默权制度及刑事司法的价值取向》,载《国家检察官学院学报》2000年第4期,第38页。
[2] 陈卫东:《程序正义论(第一卷)》,法律出版社2005年版,第338页。
[3] 陈学权:《比较法视野下我国不被强迫自证其罪之解释》,载《比较法研究》2013年第5期,第34页。

涉及被追诉人的生命、自由和财产等重大利益，所要求的证明标准也就较高，在我国采用"事实清楚，证据确实、充分"的证明标准。这一证明标准适用于所有的刑事案件，不论被告人是否认罪。而被追诉人免于自我归罪，与控方负举证责任的基本原理是一致的，其没有义务配合控方。

结合以上关于免于被迫自我归罪权及相关概念的含义的分析可见，在该项权利确立之后，会产生以下后果：第一，从被追诉人角度看，其只能是基于自愿作认罪供述，否则其可以不予供述。第二，从国家机关角度看，要保障被追诉人的权利，不得采用肉体上或者精神上的强制手段迫使被追诉人作出有罪供述。第三，从证据规则上看，采用强制手段获取的被追诉人的有罪供述，不能作为证据使用。第四，从证明责任上看，控诉机关有义务举证证明被追诉人有罪，不得因为被追诉人不供述而作出对其不利的事实认定。

这一规则的确立，既是从被追诉人的权利角度考虑，也是从诉讼的对抗特性角度考虑。在对抗制诉讼模式下，控诉方有国家强制力作为保障，从地位上优于被追诉人，而作为弱势一方的被追诉人没有义务帮助对手。免于被迫自我归罪的权利一定程度上弥补了被追诉人与控诉方的地位差距。但在多大程度上保障被追诉人的权利，又存在利益权衡问题。可以说，关于沉默权或者免于被迫自我归罪权的规定，实际上存在着不同利益的权衡问题，即科以被追诉者如实供述的义务以发现真实和获得定罪的高效率的利益，与防止借此强迫获取自白以维护司法纯洁和程序正当及保障人权的利益之间的权衡问题。[1]

（八）免于被迫自我归罪与自愿供述

免于被迫自我归罪规则强调的是被追诉人不得被强迫作出不利于自己的供述。如果被追诉人没有受到强制而是完全自愿作出供述，则并不违反该规则，作出的供述也是有效的定罪依据之一。从原本意义上看，反对自我归罪权禁止的是通过肉体性或精神性强制获得犯罪嫌疑人、被告人供述，并不禁止犯罪嫌疑人、被告人自愿提供不利于己的陈述，因为出于自由意志的自白，是法律上最有效的证明，是最强有力的证据。[2] 反过来看，"不得强迫自证其罪原则强调的是犯罪嫌疑人享有陈述自由权，也即他（她）可以选择自愿陈述，也可以选

---

[1] 宋英辉：《不必自我归罪原则与如实陈述义务》，载《法学研究》1998年第5期，第145页。
[2] 岳悍惟：《反对自我归罪权的英美法溯源与法理分析——兼论我国刑事诉讼法相关规定的完善》，载《比较法研究》2016年第1期，第104页。

择拒绝陈述，立法赋予其充分的人权保障"。① 如果因为免于自我归罪规则，就排除了被追诉人的自愿认罪供述，则既没有必要，也违反了被追诉人的意志自由，也是对权利的一种剥夺。

免于被迫自我归罪权一方面是刑事诉讼中公权对于个人尊严的让步，不能采用有损尊严的手段逼取口供；另一方面也是人的自我保护本能的体现，对于不利于自己的事三缄其口，这种本能从本质上说是违背人性善的要求的。但如果被追诉人能够克服这种本能而选择自愿受罚如实供述，那么"这便是一种崇高的'善'，人有为这种积极行为的道德义务"。② 但是，正如有学者提醒，"要切记这种'善'只是一种值得鼓励的道德要求，而非法律义务"。③

欧洲人权法院在 Sauders v. United Kingdo（1997）一案中表明的立场在于：尊重人的尊严和自治，要求每个嫌疑人都应该完全自由地决定他将采取何种态度来对待对他的刑事指控。禁止以任何方式强迫被追诉人与针对他的追诉机关进行合作。人权法院强调，反对自证其罪的特权主要是关于"尊重被告人的意愿"。这与上面列出的基本原理非常接近，这是由于人类尊严和自治而获得的豁免权。④ 被追诉人自行决定的对待指控的态度，自然也就包括自愿认罪，与追诉机关合作。尊重和保护犯罪嫌疑人、被告人的选择权，体现了刑事司法中的人文主义精神。⑤

既然被追诉人自愿供述是被允许的，而强制性的供述是不可接受的，那么，问题就转移到了如何认定和保障供述的自愿性问题。对供述的自愿性的审查就成为司法审判中的重要内容。在当前审判阶段强迫被追诉人供述案件事实的现象越来越少，人民法院在此阶段面临的首要任务不再是防范强迫被追诉人认罪的问题，而是如何审查被告人在侦控期间的有罪供述，把非法手段取得的证据排除在庭审之外。

---

① 缪军：《辩证理解"不得强迫自证其罪"》，载《检察日报》2013年2月1日。
② ［日］平野龙一：《侦查与人权》有斐阁1981年版，第95页。转引自孙长永：《侦查程序与人权》，中国方正出版社2000年版，第303页。
③ 岳悍惟：《反对自我归罪权的英美法溯源与法理分析——兼论我国刑事诉讼法相关规定的完善》，载《比较法研究》2016年第1期，第107页。
④ ［荷］F. Pinar Ölçer：《欧洲人权法院视野中的非法证据排除规则——基于〈欧洲人权公约〉第6条公正审判权的分析》，李国华译，载潘金贵主编：《证据法学论丛（第7卷）》，中国检察出版社2019年版，第218页。
⑤ 陈卫东：《程序正义论（第一卷）》，法律出版社2005年版，第343页。

二、免于被迫自我归罪与认罪认罚

在遵循被追诉人不得被强迫自证其罪的原则之下,被追诉人也就有权免于违背意愿作出不利于自己的供述。前文说过,强迫被追诉人作有罪供述包括多个层次的行为方式,严重程度不同。尤其是精神上的强制,包括欺骗、引诱等行为方式。而认罪认罚从宽制度以及辩诉交易等类似制度,通过处理结果上的优惠,要求被追诉人作出认罪的供述或者答辩,这就涉及制度之间的冲突问题,即这种从宽制度会不会诱发被追诉人违心地作出有罪答辩。

(一) 域外经验的启示

鼓励被追诉人认罪,从而适用相对简化的程序,并对被追诉人处以轻缓的刑罚,在世界范围内已经得到了广泛的认可。对此,可以英美法系和大陆法系的代表性国家美国和德国为例。

1. 美国辩诉交易制度的合法化

比较公认的是,美国是对正当程序原则和沉默权制度贯彻比较彻底的国家,而同时美国的辩诉交易制度也是起步较早发展较为完善的。在美国辩诉交易制度发展过程中,辩诉交易的正当性也曾饱受质疑,核心就在于辩诉交易会不会引发被告人非自愿认罪。"虽然辩诉交易实践在美国已经有至少两个世纪的历史,但是直到 1970 年的布雷迪诉美国案(Brady v. United States, 397 U.S. 742,——引者注),这一制度的合法性才被联邦最高法院以判例的形式确认。"[①]

1959 年,布雷迪因触犯联邦绑架法〔具体为 18 U.S.C. 1201(a)〕而被控方指控犯了绑架罪,且被害人受到了人身伤害。依照绑架法(a)条款,受害人受到了伤害的绑架案,在由陪审团审判的情况下,经陪审团建议,可以对被告判处死刑。因此如果经陪审团审判,布雷迪可能将面临死刑。如果其选择认罪,放弃陪审团审判,则可以避免死刑。布雷迪在辩护律师的参与下,选择作无罪答辩,案件将交由陪审团审判。后布雷迪得知他的同案犯已经认罪并且将出庭做证指控他,遂决定作有罪答辩。这种有罪答辩,必须出于被告人的自愿。审判法官两次询问他作有罪答辩是否出于自愿,布雷迪都给予了肯定的

---

① 林海:《布雷迪案:辩护交易何以合法》,载《检察风云》2017 年第 9 期,第 56—57 页。

答复。法官认可和接受了他的有罪答辩。布雷迪被判处 50 年监禁,后来被减刑为 30 年。

1967 年,布雷迪提出申诉,声称自己的有罪答辩是非自愿的情况下作出的,并提出三点理由:(1) 他当时受到"死刑条款"的强迫;(2) 他当时的辩护律师向他施加了不被允许的压力(impermissible pressure);(3) 他当时受到减刑和宽大处理陈述的引诱。布雷迪提出,审判法官并未完全遵守《联邦刑事诉讼规则》(Federal Rules of Criminal Procedure)第 11 条(有关审查有罪答辩自愿性的条款)。新墨西哥地区法院认定:"答辩是在自愿和明知的情况下作出的(plea was voluntarily and knowingly made)。"故驳回了申诉。联邦第十巡回上诉法院维持了新墨西哥地区法院的裁决。联邦最高法院发出调卷令,审查申诉人以下主张:上诉法院的判决与该法院在美国诉杰克逊案(States v. Jackson)[①] 中的判决相悖,因而是错误的。

怀特大法官代表法庭撰写了判决书,最高法院维持上诉法院判决。该案也被称为"辩诉交易的胜利"。联邦最高法院确认辩诉交易不违宪,认为"只要答辩是自愿和理智的,就是有效的","辩诉交易的核心并不是最终被告会被定什么罪,而是被告是否自愿接受认罪,成为不利于自己的证人,并放弃第五修正案不得强迫自证其罪的特权"。[②] 怀特大法官在判词中写道:"我们并不认为,依据第五修正案,被告人出于希望接受较轻的惩罚而避免庭审不确定性(可能无罪、可能有罪以及可能面临更严厉的刑罚)而作出有罪答辩,是受到胁迫和无效的。""我们并不认为如下做法是违宪的:政府和被告人能够互利双赢,且被告人愿意认罪并希望在短期内接受矫正改造,争取早日回归社会。"[③]

该案确定的规则在于,被告人基于判处较轻刑罚的诱惑而作出的有罪答辩,不属于被强迫自证其罪,不侵犯被追诉人的免于自我归罪权。虽然在美国个人被广泛地赋予了沉默权,但同时认为个人承认犯罪并接受惩罚是更为高尚的。为了鼓励被告人配合工作,《美国联邦量刑指南》承诺给予那些提供政府关于所涉犯罪充分信息的被告人大幅度量刑优惠,从而导致在大量重罪指控案

[①] States v. Jackson, 390 U.S. 570 (1968).
[②] 林海:《布雷迪案:辩护交易何以合法》,载《检察风云》2017 年第 9 期,第 56—57 页。
[③] [美] 斯蒂芬诺斯·毕贝斯:《庭审之外的辩诉交易》,杨先德、廖钰译,中国法制出版社 2018 年版,第 90—91 页。

件中，被告人通过辩诉交易作了有罪答辩。所以，"美国是将崇高的控辩模式和低俗的辩诉交易实践结合在一起的典范"。[1]

2. 德国刑事协商制度的合法化

作为大陆法系国家的代表，德国《刑事诉讼法》中体现了免于自我归罪和享有沉默权的精神。德国《刑事诉讼法》第136条第1款规定，初次讯问开始时，要告诉被指控人所被指控行为和可能适用的处罚规定。接着应告诉他依法有权利就指控进行陈述或者对案件不予陈述，并有权随时地包括在讯问之前，与由他自己选任的辩护人进行商议。[2] 一般认为，德国是职权主义诉讼代表性国家，其刑事诉讼向来以追求实质真实为主要目标。"但是由于多种因素的综合作用，以实质真实为目标的传统刑事诉讼正在逐渐被司法实务部门所'发明'的刑事协商取代。"[3] 20世纪70年代以来，随着刑事案件的逐步增多，以及正当刑事程序的日益复杂，德国的司法机关也不堪重负。虽然没有制度上的支持，但德国的司法机关自发地开始了辩诉协商、辩审协商的实践，形成了司法实务部门尤其是基层司法人员与当事人之间心照不宣的潜规则。这一做法的正当性、合法性遭到学者们的广泛质疑，但司法实务部门不为所动，仍然乐此不疲。司法实践推动了理论研究和刑事立法。2009年5月28日，德国联邦议会通过了《刑事程序中的协商规定》，"非正式的刑事协商终于被立法机关'正名'，成为德国刑事诉讼的有机组成部分"。[4] 自此，德国的刑事协商也就具有了法律上的依据。德国刑事协商盛行的原因，或者说立法认可实践具有正当性的原因无外乎两点。一是面对刑事案件日益增长的形势所做的迫不得已的选择。二是对正当程序的回应，也是正当程序的一种悖论，面对复杂冗长的被告人享有全面诉讼权利的程序，司法人员更愿意对自愿认罪的被告人网开一面，争取互利互赢。[5]

被告人通过自愿认罪而获取较轻的刑罚，并不是天然而有的诉讼制度，只是诉讼制度发展到一定阶段的产物，也不是完美无缺的诉讼制度，而是一直存

---

[1] 岳悍惟：《反对自我归罪权的英美法溯源与法理分析——兼论我国刑事诉讼法相关规定的完善》，载《比较法研究》2016年第1期，第107页。
[2] 宋英辉：《不必自我归罪原则与如实陈述义务》，载《法学研究》1998年第5期，第148页。
[3] 李昌盛：《德国刑事协商制度研究》，载《现代法学》2011年第6期，第148—159页。
[4] 李昌盛：《德国刑事协商制度研究》，载《现代法学》2011年第6期，第148—159页。
[5] 李昌盛：《德国刑事协商制度研究》，载《现代法学》2011年第6期，第148—159页。

有争议但却得到持续发展的制度。美国和德国的诉讼制度有别,但在刑事被告人认罪问题上具有基本一致的看法,即被告人基于从宽处罚的动机主动认罪,并不违法;司法机关与被告人进行协商,从而提高诉讼效率,并无不当。两个国家分别通过立法和司法途径为这种制度正名,从而推动了认罪案件审判程序的发展。对于一项新的制度,要发扬好制度本身积极的一面,解决其存在的问题。

(二) 制度冲突的破解

我国《刑事诉讼法》第52条规定:"……严禁刑讯逼供和以威胁、引诱、欺骗以及其他非法的方法收集证据,不得强迫任何人证实自己有罪……"其中,"不得强迫任何人证实自己有罪"是2012年新增的一项规定。与此相应,在认罪认罚从宽制度推行以后,就引起学者关于被告人被迫自认其罪的担忧:"过大的量刑折扣还可能刺激无辜者答辩有罪,同时造成选择正式审判的被告人与答辩有罪的被告人在量刑上的失衡,导致被告人在选择正式审判时面临很大的压力。"[1]

不得强迫自认其罪原则和认罪认罚从宽制度,都是基于善良的愿望作出的制度设计,二者具有不同的理念和价值追求。单从认罪认罚从宽制度而言,只要被告人确实实施了犯罪行为,因为主动供述而对其从轻处罚并无不当,反而是值得鼓励的高尚行为。而且,真正的犯罪人,自愿如实供述罪行,并不违背法律和正义。《刑事诉讼法》第120条规定:"……嫌疑人对侦查人员的提问,应当如实回答……"[2] 这是一种倡导性的规定,被告人应当如实回答,但是不如实回答并没有相应的不利后果。"'应当如实回答'的规定对犯罪嫌疑人并不构成心理上的强制,与'不得强迫任何人证实自己有罪'的规定并不矛盾。"[3] 问题的核心在于被告人是否自愿认罪,供述是否自愿、是否真实。"强迫自证其罪"原则的核心在于"强迫",即通过外力,使行为人违背意愿地作出有罪

---

[1] 该意见认为,应当将从宽的幅度控制在合理的范围之内。从量刑理论和刑法基本理论来看,刑罚必须受到责任主义的约束,在量刑上差别对待的主要依据是犯罪人个人的有罪性和犯罪的严重性,过多地考虑认罪认罚在降低案件复杂程度和节约司法资源方面的价值,给予认罪认罚过大的量刑折扣刺激,将使裁判结果背离罪刑相适应的基本原则。参见熊秋红:《认罪认罚从宽的理论审视与制度完善》,载《法学》2016年第10期,第102页。

[2] 《刑事诉讼法》第120条规定:侦查人员在讯问犯罪嫌疑人的时候,应当首先讯问犯罪嫌疑人是否有犯罪行为,让他陈述有罪的情节或者无罪的辩解,然后向他提出问题。犯罪嫌疑人对侦查人员的提问,应当如实回答。但是对与本案无关的问题,有拒绝回答的权利。

[3] 黄太云:《刑事诉讼法修改释义》,载《人民检察》2012年第8期,第10—73页。

供述。讨论认罪认罚从宽制度与不得强迫自证其罪的关系，需要解决三个问题。

1. 从宽处罚是否会诱使被告人作出虚假的认罪供述

从制度设计上看，对认罪认罚被追诉人从宽处罚，目的在于鼓励被追诉人如实供述犯罪事实。对于真正犯罪的人来说，从趋利避害的角度，很有可能作出如实供述，从而争取有利结果，这一制度并不会侵犯其权益。犯罪的人为了从轻处罚而如实供述，是其自由意志的结果，仍然属于自愿供述，这一点已经得到了较为广泛的认可，尤以布雷迪诉美国案的判决为典型。从这个角度看，对于实施了犯罪行为的人来说，即使其是因为量刑优惠的诱惑而选择如实供述，也并不属于被迫自我归罪。即使其事后反悔，这一点不论是从程序权利角度看还是实体权利角度看，都没有侵犯被追诉人的权利。

而对于没有实施犯罪行为的人来说，很难理解其为了从轻处罚而自愿认罪，除非受到了强迫或欺骗。认罪认罚从宽制度的量刑优惠尚未达到足以致使未实施犯罪行为的人作出认罪表示的程度，尚不足以构成《刑事诉讼法》所规定的"引诱"这一违法取证方式。《刑事诉讼法》第52条规定："……严禁刑讯逼供和以威胁、引诱、欺骗以及其他非法方法收集证据，不得强迫任何人证实自己有罪……"量刑优惠最可能触及的非法方法就是"引诱"。按照现代汉语解释，引诱包含引导劝诱和诱惑两层含义，[①] 通常含义为通过施诈，使人认识模糊而作出诱导者设计好的行为。对于没有实施犯罪行为的人来说，从趋利避害的角度看，其不会主动选择承认犯罪事实，因为不构成犯罪则不需要承担责任，构成犯罪即使从宽处罚也需要承担责任。按照我国当前的认罪认罚从宽制度，从宽是有限度的从宽，而且只是量刑上的从宽，案件事实、罪名认定均没有协商的余地。从宽处罚只能鼓励实施了犯罪的人认罪，而难以使没有实施犯罪行为的人认罪。除非被追诉人获得了错误的信息，当一个未实施犯罪行为的人误认为即使自己不认罪，也会被认定有罪的情况下，不排除其主动认罪争取获得从宽处罚。这种错误信息的获得，要么是司法人员向其传导，目的在于施压，如虚假告知其已经获得了确凿的证据，使其作出了错误的判断，或者告知其认罪就能释放判处缓刑等，使其觉得没有必要再行挣扎。但这些"引诱"

[①] 《辞海（下）》（第六版普及本），上海辞书出版社2010年版，第4739页。

的手段若已经达到了"欺骗"的程度，则属于非法手段。

2. 现行制度能否杜绝被告人被迫承认犯罪事实

避免被告人虚假认罪，不能仅靠被告人自身，还需要有制度保障。除了替人顶罪之外，一般的被告人虚假认罪的可能原因就在于遭受恐吓和诱骗。恐吓属于刑讯逼供的一种，非法性不证自明。诱骗的手段多种多样，如告知被告人承认了就能释放，会使被告人认为认罪了也没有更严重的后果；告知被告人同案犯均已交代，证据已经充分，会使被告人认为即使自己不认罪也难逃被判刑的命运，这就会使被告人违心地认罪，承认犯罪事实。在现行制度下，尚不足以排除这种强迫被追诉人供述犯罪事实的可能。相应地，就要从制度层面予以防范。只有具有了制度上的保障，认罪认罚从宽制度才能相对可靠、正当。"避免无辜者被迫认罪，使认罪真正基于自愿而非强迫，这是程序保障。为此，不仅认罪认罚制度本身的设计应符合程序公正的要求；同时，更需界定'被迫'的含义，使认罪的'自愿'法定化，使以真实为前提的自愿认罪得到有效的程序保障。"[1]

3. 能否避免被追诉人案件定性方面的虚假认罪

前文说过，我国认罪认罚从宽制度中的认罪包括了两个方面的内容，是在认事基础上的认罪。反对强迫自证其罪，更多是从认事层面的要求，即不能强迫被追诉人供述自己的犯罪事实，提供不利于自己的证据。至于在事实既定的情况下是否承认构成犯罪，属于法律适用的层面，而不是事实认定的层面。但法律适用层面的虚假认罪，同样需要关注。实践中，有的被追诉人实施了某些行为，但该行为的界限不清晰所以区分罪与非罪难度较大，或者被追诉人对该行为的性质缺乏理解，误以为构成犯罪。在此情况下，被追诉人由于法律知识的欠缺，基于对判处重刑的担忧，而选择了认罪，但其并没有虚假供述，即自愿认事，违心认罪。这种情况下，不属于被迫自证其罪，但属于违心认罪，不符合认罪认罚从宽制度的要求，也是需要防范的具有侵犯被追诉人权利隐患的关键点。

综上，认罪认罚从宽制度对被告人提出积极"认罪"的要求，以被告人自愿为前提，制度本身并不侵犯免于自我归罪权。有罪的人基于从宽处罚利益的

---

[1] 王敏远：《认罪认罚从宽制度中的重点、难点问题》，载《人民司法》2019年第10期，第46页。

驱动而主动供述犯罪,仍然属于自愿认罪。需要防范的是被追诉人被强迫承认犯罪事实,以及被追诉人针对不构成犯罪的行为作出认罪表示。

三、小结

免于被迫自我归罪权是指被追诉人不被强迫作出对自己不利的陈述,是公民权利的重要方面,对于被追诉人具有特别的意义,是防范冤假错案的主要武器,这一权利已经得到了广泛的认可,我国《刑事诉讼法》也已经确立了该项制度。但被追诉人自愿作出不利于自己的供述,并不违反该项原则,如果其为了获取有利处罚结果而自愿认罪,这种认罪不属于违背其意志的。认罪认罚从宽制度本身不会导致被追诉人虚假认罪,但要防范司法人员强迫、引诱被追诉人认罪。

第三节 认罪自愿性的保障

"被追诉人认罪的自愿性与明智性是适用认罪制度的核心要件。"[1] 认罪认罚从宽制度中的认罪包括了认事和认罪两个环节。认事是对犯罪事实的承认与供述,认罪是在认事的基础上承认自己的行为构成犯罪。确保被追诉人认罪的自愿性,也应当从这两个层面着手,一是确保案件事实的正确,且系被告人自愿供述,这一点能否做到取决于认罪认罚案件的证明标准问题和证明方式问题。二是确保案件定性的准确,确保被追诉人理性认罪,且没有受到错误追诉,这一点能否做到取决于司法机关尤其是人民法院能否准确且负责任地处理案件。这两个层面的权利保障,都有赖于加强人民法院发挥职能作用,体现相互制约的一面,严格审查侦查、起诉行为,做好司法审查。

一、认罪案件的证明——认事自愿性的保障

关于案件事实问题,保障被追诉人的权利包括两个方面,一是保障其程序

---

[1] 李晓丽:《程序法视野下的认罪制度研究》,中国社会科学院研究生院2017年博士学位论文,第26页。

权利,即从诉讼过程层面,确保被追诉人系自愿认罪,而非受到强制。二是保障其实体权利,即从诉讼结果层面,确保被追诉人没有被错误追诉,即使被追诉人自愿认罪的,也要保证最终的结论正确,不能使没有实施犯罪行为的人受到追诉。二者必须都得到了充分保障,才属于认罪认罚从宽制度中的自愿认罪。如果结果正确但系非自愿认罪,或者程序合法但结果裁判错误,均属于违背了认罪认罚从宽制度。

(一)认罪案件证明标准的一般问题

对于一个刑事案件,控方提供的证据达到什么程度才能够认定案件事实,涉及证明标准问题。我国《刑事诉讼法》第55条[1]确立了"事实清楚,证据确实、充分"的法定证明标准。[2] 其中,"确实"是对证据在质方面的要求,即证据真实、可靠,可以作为定案的依据,避免非法的、虚假的证据成为定案的依据;"充分"是对证据在量方面的要求,即证据达到了一定的数量,形成了证据体系,避免孤证定案。该条还规定了"证据确实、充分"应当符合的条件:(1)定罪量刑的事实都有证据证明;(2)据以定案的证据均经法定程序查证属实;(3)综合全案证据,对所认定事实已排除合理怀疑。2021年《刑事诉讼法解释》第140条对适用间接证据证明案件的证明标准作了规定:(1)证据已经查证属实;(2)证据之间相互印证,不存在无法排除的矛盾和无法解释的疑问;(3)全案证据形成完整的证据链;(4)根据证据认定案件事实足以排除合理怀疑,结论具有唯一性;(5)运用证据进行的推理符合逻辑和经验。《刑事诉讼法》及司法解释关于证明标准的规定适用于所有的刑事案件,并未排除认罪认罚案件。

1. 有权机关的意见

自从开展速裁程序试点以来,对于认罪认罚案件是否降低证明标准就引起关注。2016年1月中央政法工作会议在部署推进以审判为中心的刑事诉讼制度改革和认罪认罚从宽制度试点工作任务时提出:"在完善证据制度方面,要坚

---

[1]《刑事诉讼法》第55条规定:对一切案件的判处都要重证据,重调查研究,不轻信口供。只有被告人供述,没有其他证据的,不能认定被告人有罪和处以刑罚;没有被告人供述,证据确实、充分的,可以认定被告人有罪和处以刑罚。证据确实、充分,应当符合以下条件:(一)定罪量刑的事实都有证据证明;(二)据以定案的证据均经法定程序查证属实;(三)综合全案证据,对所认定事实已排除合理怀疑。

[2] 参见陈光中主编:《刑事诉讼法》,北京大学出版社、高等教育出版社2016年版,第182页。

持从我国社会主义初级阶段基本国情出发,把握好惩治犯罪和保障人权的平衡,既不人为降低证明标准,造成对当事人合法权利保障不力,又不脱离实际盲目提高证明标准,影响打击犯罪的力度和效果。研究探索对被告人认罪与否、罪行轻重、案情难易等不同类型案件,实行差异化证明标准。"① 然而,会议至今,还未出台证明标准差异化的相关规定。

最高人民法院于 2017 年 12 月 23 日所作的《关于在部分地区开展刑事案件认罪认罚从宽制度试点工作情况的中期报告》指出,"坚持证据裁判,强化权利保障,确保从快不降低标准,从简不减损权利"。② 这属于对认罪认罚从宽制度中证明标准的一次表态。

最高人民检察院负责人于 2016 年 11 月在"检察机关刑事案件认罪认罚从宽试点工作部署会议"上的讲话指出:"推动认罪认罚从宽制度改革,并未降低证明犯罪的标准,而是在坚持法定证明标准的基础上,力图更加科学地构建从宽的评价机制,特别是在程序上作出相应简化,以更好地实现公正与效率的统一。③ 因此,办理认罪认罚案件,仍须按照法定证明标准,依法全面收集固定证据、全面审查案件,虽然犯罪嫌疑人认罪,但没有其他证据,或者认为'事实不清、证据不足'的,应当坚持'疑罪从无'原则,依法作出不起诉。"④

2018 年《刑事诉讼法》修订,增加了认罪认罚从宽制度的内容,但对于证明标准问题未作修改,就表明对认罪认罚案件适用与其他案件同等的证明标准,并未降低。

2019 年 10 月 11 日,"两高三部"《认罪认罚指导意见》专门提出"坚持证据裁判原则",要求"办理认罪认罚案件,应当以事实为根据,以法律为准绳,严格按照证据裁判要求,全面收集、固定、审查和认定证据。坚持法定证明标准,侦查终结、提起公诉、作出有罪裁判应当做到犯罪事实清楚,证据确

---

① 《攻坚之年看司改风向标——聚焦中央政法工作会议》,载《人民法院报》2016 年 1 月 23 日,第 2 版。
② 时任最高人民法院院长周强于 2017 年 12 月 13 日在第十二届全国人民代表大会常务委员会第三十一次会议上所作报告。载中国人大网:http://www.dffyw.com/sifashijian/ziliao/201712/43583.html。
③ 《孙谦:刑案认罪认罚从宽制度试点工作九大问题要注意》,载正义网,网址:http://www.jcrb.com/gongsupindao/FXTX/201702/t20170208_1713961.html,2019 年 4 月 4 日访问。
④ 孙谦:《"刑事案件认罪认罚从宽制度"试点工作这九大问题要注意》,载"赢了网:法律人的社区",网址:http://s.yingle.com/ss/879724.html,访问于 2023 年 2 月 16 日。转引自孙长永:《认罪认罚案件的证明标准》,载《法学研究》2018 年第 1 期,第 167—187 页。

实、充分,防止因犯罪嫌疑人、被告人认罪而降低证据要求和证明标准。对犯罪嫌疑人、被告人认罪认罚,但证据不足,不能认定其有罪的,依法作出撤销案件、不起诉决定或者宣告无罪"。这一指导意见对认罪认罚案件的证明标准做了进一步的明确,没有任何让步的迹象。

2. 学理意见

随着速裁程序试点以及认罪认罚从宽制度试点工作的开展,关于此类案件证明标准问题的探讨就一直在持续,出现不同的观点。

(1)降低证明标准的观点。这一观点认为认罪认罚案件不同于有争议的案件,证明的标准有所不同。有学者采用内心确信的证明标准,认为"认罪认罚从宽制度适用中的证明应为自由证明,而非严格证明,其证明标准无须达到'犯罪事实清楚,证据确实、充分'的程度,只要裁判者相信被告人所认之罪有事实基础,且其认罪系自愿作出,则可认定该犯罪事实"。[①] 谢安平教授建议区分重罪与轻罪,并就重罪与轻罪设立不同的证明标准。[②] 这一观点在实务界具有一定的影响。[③] 还有观点提出:"我国在完善认罪认罚从宽制度时,适当放宽的证明标准将成为大趋势,具体来说,法院在审查认罪认罚案件时,应确保被告人认罪的控辩双方达成合意(控辩双方无异议)的犯罪事实清楚,并有相应的证据支持。"[④] 在 2016 年由中国政法大学课题组就刑事速裁程序试点效果所进行的问卷调查中,高达 73% 的法官、68% 的检察官、86% 的警察都对在刑事速裁程序中降低证明标准问题持赞同态度。[⑤] 实务部门提出这些意见,可能存在工作量太大,希望通过降低证明标准而减轻工作压力的考虑。在认罪认罚从宽制度试点期间,很多地方出台了认罪认罚从宽试点工作实施细则,一些地区在认罪认罚案件中降低了定案的证明标准。[⑥]

[①] 郭志媛:《认罪认罚从宽制度的理论解析与改革前瞻》,载《法律适用》2017 年第 19 期,第 53 页。

[②] 常锋:《改革背景下刑事诉讼制度的发展——中国刑事诉讼法学研究会 2017 年年会观点综述》,载《人民检察》2017 年第 23 期,第 36—40 页。

[③] 2015 年最高人民法院、最高人民检察院、公安部、司法部联合发布的《刑事案件速裁程序试点工作座谈会纪要(二)》第 7 条明确要求:"准确把握证明标准。被告人自愿认罪,有关键证据证明被告人实施了指控的犯罪行为的,可以认定被告人有罪。对于量刑事实的认定,采取有利于被告人原则。"

[④] 山东省高级人民法院刑三庭课题组:《关于完善刑事诉讼中认罪认罚从宽制度的调研报告》,载《山东审判》2016 年第 3 期,第 102 页。

[⑤] 陈瑞华:《认罪认罚从宽制度的若干争议问题》,载《中国法学》2017 年第 1 期,第 40 页。

[⑥] 孙长永:《认罪认罚案件的证明标准》,载《法学研究》2018 年第 1 期,第 171 页。

（2）坚持法定证明标准的观点。该观点认为认罪认罚从宽案件中的证明标准，不能因为程序简化即有所降低。① 我国《刑事诉讼法》第53条和《刑事诉讼法解释》所规定的证明标准符合现代刑事法原理，也能够满足我国司法实践的需要，是无罪的人不受刑事追究的重要保障，如果降低证明标准，一些证据不足的案件就有可能因为控辩协商一致而被判有罪，所以认罪认罚案件无论适用什么程序进行审判，均应坚持上述证明标准，不能轻易降低或者突破。② 我国的控辩协商以公安司法机关严格依法办案为前提，必须坚持"案件事实清楚，证据确实、充分"的证明标准。③

（3）证明标准不变而规则从简的观点。该观点认为，为了防止"被迫认罪"和"替人顶罪"，特别是防范冤错案件的发生，必须对犯罪事实已经发生、犯罪分子是谁等主要事实的证明达到确定无疑的程度，但在认罪认罚从宽制度中在证据规则适用上可以适当"从简"，④ 或者探索证据规则的差异化。⑤ 另有观点认为，在坚持法定证明标准的基础上，控方在证明被告人应受刑事制裁的过程中证明责任发生相应的变化，可以减轻控方审查起诉、准备公诉活动、参与庭审举证、质证等方面的负担。⑥ 该观点同时认为，对重罪案件，在适当从简的同时，应当注意对关键性证据的质证、核实。⑦ 也有观点提出对于认罪认罚案件中的证明标准采取定罪与量刑的双阶标准，定罪的证明标准要达到事实清楚，证据确实、充分和排除合理怀疑的证明标准；对于涉及的量刑证据采取基本事实清楚的基本性的证明标准。⑧

上述观点的争鸣，反映出认罪认罚从宽制度的证明标准问题对于认罪认罚从宽制度的重大意义，既要考虑证明标准对于被追诉人权利保护的作用，也要

---

① 常锋：《改革背景下刑事诉讼制度的发展——中国刑事诉讼法学研究会2017年年会观点综述》，载《人民检察》2017年第23期，第36—40页。原文："中国政法大学刑事司法学院教授汪海燕认为，认罪认罚从宽案件中的证明标准，不能因为程序简化即有所降低，需要整合审前阶段与审判阶段的诉讼要求，以审判阶段证明标准为指引，发挥证明标准的实体裁判与程序。"
② 孙长永：《认罪认罚案件的证明标准》，载《法学研究》2018年第1期，第181页。
③ 朱孝清：《认罪认罚从宽制度中的几个理论问题》，载《法学杂志》2017年第9期，第15页。
④ 陈光中、马康：《认罪认罚从宽制度若干重要问题探讨》，载《法学》2016年第8期，第9页。
⑤ 杨立新：《认罪认罚从宽制度理解与适用》，载《国家检察官学院学报》2019年第1期，第62页。
⑥ 陈卫东：《认罪认罚从宽制度研究》，载《中国法学》2016年第2期，第55页。
⑦ 陈光中等著：《司法改革问题研究》，法律出版社2018年版，第416页。
⑧ 李本森：《认罪认罚从宽制度中的证据规则：检讨与重构》，载《浙江工商大学学报》2020年第1期，第64页。

考虑认罪认罚案件的特点，兼顾公正与效率，合理规划。每一起刑事案件都会涉及证明标准问题，在认罪认罚从宽制度中，对证明标准的认识不统一，就会导致定罪的标准不统一，从而影响到案件结果的公正性。对证明标准的认识，取决于对认罪认罚从宽制度以及证据制度的认识，两项制度都有着深厚的理论基础，将二者结合，并置身于司法实践，才能得出正确的结论。

3. 域外制度的借鉴

（1）美国辩诉交易制度中的证明

在美国的诉讼制度中，遵循正当程序原则，控方负有完全的举证责任，被追诉人不负有举证责任，而且享有沉默权，可以与控方进行针锋相对的抗辩。这样严格的诉讼制度增强了被告人对抗控方的能力，增加了控方的负担，也就影响了诉讼效率。辩诉交易制度的出现，满足了控辩双方的共同需求，减轻了控方的举证负担，减小了被告人的诉讼风险。如果控辩双方达成交易，被告人在法庭上自愿作出有罪答辩，则案件可以直接进入量刑程序而不需要进行正式的审判。这样的审判模式自然不适用那种严格的证明责任和证明标准。"在办案依据上，美国的辩诉交易只要被告人认罪，即使没有其他证据，也能定罪。"[1]被追诉人一旦自愿、合法地进行有罪答辩就不再受到"无罪推定"的保护，也就不再适用"排除合理怀疑"的证明标准。美国于1970年审理的北卡罗来纳州诉阿尔弗德一案（North Carolina v. Alford）确立了相关规则。[2] 在该案中，阿尔弗德被以一级谋杀指控，按照北卡罗来纳州法律要被判处死刑。阿尔弗德的无罪主张没有佐证，在律师建议下阿尔弗德接受了检察官的答辩交易并答辩二级谋杀指控有罪，法定最高刑是30年监禁。在回答法官问题时，阿尔弗德直接表明他没有谋杀，只是因为可能被判处死刑的威胁而决定答辩有罪。法官询问他是否自愿作出的决定，确认了他知道答辩有罪的后果，所以接受了阿尔弗德的答辩。后来，被告人阿尔弗德就有罪答辩自愿性问题上诉到美国联邦最高法院。联邦最高法院在裁决中指出：因为答辩存在强有力的事实基础，尽管阿尔弗德声称自己无罪，但他明确表述进行答辩的愿望，所以我们认为审判法官在接受答辩过程中没有出现违反宪法规定的错误。联邦最高法院在阿尔弗德

---

[1] 朱孝清：《认罪认罚从宽制度中的几个理论问题》，载《法学杂志》2017年第9期，第15页。
[2] 郭明文：《美国死刑案件有罪答辩自愿性探微》，载《政法学刊》2010年第3期，第39—40页。

案中确立了两项规则：即使被告人不承认自己的罪行也可以对指控作有罪答辩；如果辩诉交易中的证据可以证明被告人有罪达到了"压倒性证据"（overwhelming evidence）的程度，则可以判定被告人有罪。这种证明标准显然低于"排除合理怀疑"的证明标准。① 该案"是辩诉交易制度的极端形态：在谋求自愿性与真实性平衡的两端，全面倒向了前者"。②

尽管辩诉交易是控辩双方自愿达成的，但法院接受被告人的有罪答辩也是有条件的，一方面要审查被告人答辩的自愿性；另一方面"在依据有罪答辩作出判决之前，法官必须确定该有罪答辩具有事实基础"，以防止无罪的被告人因经不起检察官优惠条件的诱惑而作出有罪答辩。③ 对于达到何种证明程度可以认定为具有"有罪答辩的事实基础"，联邦法院并未作出规定，往往由法官自由裁量。而法官在实践中往往仅仅进行形式审查，只要检察官有一定的证据证明被告人有罪，法官很轻易就会认定该证据构成了有罪答辩的事实基础。④ 对于"事实基础"认定的泛化和形式性审查的做法，导致在美国的司法实践中，辩诉交易的案件最终被认定为错案的情况大量存在。自1989年以来，根据有罪答辩被作出有罪判决的370人得到纠正，占错案的18.1%。⑤

(2) 德国认罪协商制度中的证明

作为大陆法系国家的代表，德国的认罪协商制度是因司法实践的需求而产生的，也是司法机关疲于应付大量刑事案件的结果。与我国的认罪认罚从宽制度不同的是，德国的认罪协商由法官和被告人展开。被告人作认罪答辩，法官承诺最高上限的量刑结果。但是德国作为大陆法系国家的代表，坚持法官具有采用职权探知事实的原则，认为法官有义务尽可能客观公正地发现案件事实真相。在德国，"审判阶段查明案件事实的全部责任置于法院……排除合理怀疑证明被告人有罪的责任同样由法院承担"。⑥ 基于此种认识，德国理论界认为被追诉人的认罪不能作为确信其有罪的唯一证据，被追诉人的认罪必须与其他证

---

① 陈光中、马康：《认罪认罚从宽制度若干重要问题探讨》，载《法学》2016年第8期，第7—8页。
② 郭烁：《在自愿与真实之间：美国阿尔弗德答辩的启示》，载《当代法学》2020年第4期，第70页。
③ 孙长永：《认罪认罚案件的证明标准》，载《法学研究》2018年第1期，第172页。
④ 孙长永：《认罪认罚案件的证明标准》，载《法学研究》2018年第1期，第173页。
⑤ 孙长永：《认罪认罚案件的证明标准》，载《法学研究》2018年第1期，第173页。
⑥ [德]托马斯.魏根特：《德国刑事诉讼程序》，岳礼玲、温小洁译，中国政法大学出版社2004年版，第155页。

据一起达到"内心确信"的证明标准。立法也对认罪协商提出了严格的限制性要求,即使被告人根据协商当庭作出认罪供述,也不影响德国《刑事诉讼法》第244条第2款规定的职权调查原则的适用。按照职权调查原则,法院为查明事实真相,应当依职权将证据调查延伸到对裁判有意义的所有事实和证据方法。① 1998年,德国联邦最高法院在确立认罪协商指导方针的一则判决中明确指出,法院必须审查被告人认罪自白的可信度,必要时应当调查其他证据以确认自白的真实性,否则可能因违反实质真实原则而违法。② 但是在实践中,法官的这种义务也有虚化的现象。因为德国的认罪协商中的认罪,更多属于形式上的认罪,被告人仅仅是对指控没有异议,而不陈述事实,这种认罪达不到增加指控证据的效果。尽管如此,法官一般还是乐意接受被告人的认罪,即使该案没有足够的证据,经调查多数法官仍然愿意接受被告人的口供,并把它作为认定有罪的主要基础,可能是因为法官在与被告人进行协商的过程中,已经形成了"内心确信"。③

除了辩审之间的认罪协商之外,德国刑事诉讼中还有单独的处罚令程序。按照德国《刑事诉讼法》第407条规定,对于可能判处罚金或缓刑等轻刑的被告人,检察官除了可以作出不起诉决定外,还可以通过一种不经审判的书面审核程序即处罚令程序请求法院直接定罪处罚。一般来说,辩护律师和检察官会就制裁金额进行协商,当达成协议后,法官几乎也会百分之百地接受检察官所请求的处罚令。④

通过对美国和德国相关制度的分析可见,在认罪案件中,从法律层面对案件事实的证明标准都提出了一定的要求,美国要求有证明基础事实的证据,德国要求全面查清事实,但在司法实践层面,只要被告人认罪,都会降低对于证据的要求。这种实践操作模式,也带来了错案的风险。域外对于认罪案件证明标准的相关制度,也会给我们的认罪认罚从宽制度证明标准带来一些启示。司法人员总会自发地降低认罪案件证明标准,所以为了保证案件质量,从立法层面应当坚持一定的证明标准,从而制约司法实践。从司法层面,对认罪案件处

---

① 孙长永:《认罪认罚案件的证明标准》,载《法学研究》2018年第1期,第173页。
② 陈光中、马康:《认罪认罚从宽制度若干重要问题探讨》,载《法学》2016年第8期,第7—8页。
③ 李昌盛:《德国刑事协商制度研究》,载《现代法学》2011年第6期,第151页。
④ 李昌盛:《德国刑事协商制度研究》,载《现代法学》2011年第6期,第150页。

理方式或多或少都会有别于普通案件。在制度设计层面，要正视司法实践的现状，而不可过于理想化。

(二) 认罪认罚案件证明标准的合理设定

认罪认罚案件首先是刑事案件的一种，应当遵循普遍的证明标准，但这种案件又有其自身的特点，被追诉人的供述补强了证据，对抗性降低，证明的难度也就降低。

1. 证明标准不降低——坚持"证据确实、充分"的证明标准

从制度层面看，认罪认罚案件要坚持"证据确实、充分"的证明标准，而不能认为降低。

第一，"证据确实、充分"的证明标准是《刑事诉讼法》的规定，适用于所有的刑事案件。《刑事诉讼法》第55条规定："对一切案件的判处都要重证据，重调查研究，不轻信口供。只有被告人供述，没有其他证据的，不能认定被告人有罪和处以刑罚；没有被告人供述，证据确实、充分的，可以认定被告人有罪和处以刑罚……"可见，这一条关于证明标准的规定，没有例外条款，适用于所有的刑事案件即"一切案件"。尤其是不轻信口供的规定，主要就是针对认罪案件，所以，没有理由降低认罪认罚案件的证明标准。这一证明标准，是我国刑事诉讼长期经验的积累，具有科学性。换个角度看，既然取证困难的被追诉人不认罪案件都需要达到此标准才能定罪，而取证相对更为简单的认罪案件，自然应该达到此标准。据调查，大多数法官在办案过程中不会把"认罪认罚"作为直接认定案件事实的依据，只是把认罪的口供作为一种证据，按照证据规则对认罪口供的内容进行审查，看是否能够与其他证据相互印证，归根结底都是对证据裁判与实质真实原则的坚持。[1]

第二，坚持"证据确实、充分"的证明标准，才能防范错案。如前文分析，认罪认罚案件同样具有错案的风险，办案过程中侵犯被追诉人权利的现象仍然存在。而"证据确实、充分"的证明标准是防范错判的有力保障。一方面，坚持这样的证明标准，能够弱化侦查、起诉机关迫使被追诉人认罪的动力。证明标准越低，被告人认罪的证据价值就越大，如果降低了认罪认罚案件的证明标准，则被追诉人自愿认罪对于案件事实成立与否就会起到关键作用。

---

[1] 宋善铭：《认罪认罚从宽案件中法官作用的实证研究》，载《法律适用》2019年第13期，第30页。

这样，就会促使侦控机关想方设法使得被追诉人认罪，因为很多案件被追诉人不认罪就不能认定，认罪就能认定。如果坚持同样的证明标准，则被追诉人认罪对于案件成立与否所起作用相对较小，侦控机关迫使被追诉人认罪的动力相对较弱。另一方面，坚持同等的证明标准，能够发挥审判机关的把关作用，防止错判。在控辩审三方关系中，审判机关属于居中裁判者，居中裁判必须有一定的标准和依据，否则就具有随意性。证明标准就是审判机关把握案件质量的一个标尺，可以对案件进行过滤。这一标准，也能促使侦查机关去积极取证，不因犯罪嫌疑人认罪而自行降低标准。同时，统一证明标准的存在，也能增强审判人员的责任心，不能以被告人认罪认罚作为错案免责的依据。

第三，降低认罪认罚案件的证明标准将会导致该类案件缺乏标准。"证据确实、充分"的证明标准，既是适用于所有刑事案件的统一标准，也是最低限度的标准。证据不确实，则属于有虚假证据或者不合法证据，更多的就表现为被告人的不真实供述，而这恰恰是认罪认罚案件需要防范的重点。证据不充分，属于虽然有证据但未能形成印证关系，只能靠孤证定案。既然是认罪认罚案件，证据不充分往往表现为只有被告人供述，而没有其他证据，这种情况下如果定罪，将会是十分危险的，一旦被追诉人反悔，则案件就失去了基础。也就是说"证据确实、充分"的标准，已经没有降低的余地。而且，认罪认罚案件确实存在落入证据不确实或者证据不充分的陷阱，需要加强防范，才能真正保护被追诉人的权利。

第四，降低认罪认罚案件的证明标准缺乏正当性。一些建议降低认罪认罚案件证明标准的观点更多是基于诉讼效率的考虑。认为对于被告人认罪的简单、轻微刑事案件应当适度放宽证明标准，以便实质性地减轻基层法官、检察官的工作负担，提高速裁程序的适用率。[1] 但是这种基于效率的考虑而降低证明标准的意见缺乏正当性。认罪认罚从宽制度具有一定效率导向，但这种效率导向是以能够实现公正为前提的，在降低证明标准具有侵犯被追诉人权利，造成冤假错案的现实危险性的情况下，不能过于看重效率的价值。反过来看，以效率导向降低证明标准，反而会导致不效率的后果，因为一旦降低了证明标

---

[1] 张勇、程庆颐、董照南、张爱晓：《推进刑案速裁，促进繁简分流——天津高院关于刑事案件速裁程序试点工作的调研报告》，载《人民法院报》2015年9月24日，第8版。

准，侦查机关对于认罪案件取证的积极性就会降低，案件进入审判阶段后，如果被告人反悔翻供，则再取证就会因为失去最佳取证时间而增大难度。

2. 举证责任可减轻——认罪案件要减轻控方的举证责任

举证责任是一种义务，在刑事诉讼中是指控诉方所担负的提供证据证明被追诉人有罪的责任。如果控诉方不能举证或者举证达不到证明标准的要求，则承担指控不力的后果。认罪认罚案件和其他案件具有同样的证明标准，但控方所担负的举证责任减小，举证难度降低。

第一，被追诉人的供述作为定案依据之一，使"证据充分"的难度降低。我国的认罪认罚从宽制度，要求被追诉人积极认罪，即供述犯罪事实，而犯罪嫌疑人、被告人的供述是法定证据之一，经查证属实的才可以作为定案的依据。虽然仅有被告人供述不能认定被告人有罪，但当被告人供述与其他证据相互印证时，则可以认定案件事实。证据要达到"充分"的要求，就应当有两份以上的证据相互印证，共同指向一个案件事实。有些案件有了被害人陈述而没有其他证据，如果被告人供述与被害人陈述是一致的，则可以定案，如果被告人拒不供认的，则无法定案。在认罪认罚案件中，公诉机关具有了被告人供述这一证据，再辅之以其他证据，就更容易达到证据充分的要求。这就如同足球比赛中，一方首先握有一球领先的优势，胜率也就更大。

第二，被告人自愿认罪，控诉机关举证难度降低。按照《刑事诉讼法》的一般规定，证据经过庭审举证、质证，查证属实的才能作为定案的依据。公诉机关的举证，需要经得起被告人及辩护人的质疑，尤其是一些言词证据具有一定的主观性，在庭审过程中，经过被告人及辩护人的询问，可能会得出不同的回答。有些情况下，即使证人的证言内容一致，但回答问题的方式和语气都会影响到法庭对证据的采纳。而且，被告人一方还可以申请重新鉴定、勘验，调取新的证据，传唤新的证人到庭，以新的有利证据来反驳控方的举证。所以在严格的正当程序之下，控方的举证难度较大。而被告人认罪案件中，这种对抗性不复存在，被告人和辩护人也就没有必要采取各种对抗性的诉讼手段，对控方来说，举证的难度明显降低。这种举证难度的降低，恰恰是认罪认罚从宽制度的效率价值的体现。

3. 认证规则可简化——审判机关对证据的认证简化

从裁判的角度看，认罪认罚案件的证明标准不变，但是对于证据的认证规则发生了变化，相对更为简单，从而能够收到效率提升的效果。

第一，举证程序简化或者取消。我国《刑事诉讼法》对于举证、质证的方式采取了类型化的处理，根据案件的诉讼程序不同，作出了区分。普通程序采用严格的诉讼程序，举证、质证的要求较高。但如果是认罪认罚的案件，即使适用普通程序审理，举证、质证也会相应地简化。认罪认罚案件多数适用简易程序审理，根据《刑事诉讼法》第219条规定："适用简易程序审理案件，不受本章第一节关于送达期限、讯问被告人、询问证人、鉴定人、出示证据、法庭辩论程序规定的限制……"由此可见，在适用简易程序审理被告人认罪认罚案件的情况下，对于出示证据就没有严格的要求，可以灵活掌握。而如果适用速裁程序则更为简化，《刑事诉讼法》第224条第1款规定："适用速裁程序审理案件，不受本章第一节规定的送达期限的限制，一般不进行法庭调查、法庭辩论，但在判决宣告前应当听取辩护人的意见和被告人的最后陈述意见。"不进行法庭调查，也就不存在举证、质证环节，这是一种高度简化的诉讼程序。

第二，认证方式简化。刑事诉讼中，在案的证据是用来认定案件事实的，认定案件事实依靠相关的证据。审判机关对于控辩双方提供的证据如何采信，则形成证据的认证规则。证据被采信需要具有两个条件，一是具有证据能力，二是具有证明力。前者是证据的资格问题，即能够成为定案的依据，需要具有合法性、客观性和关联性的特征。后者是对案件事实证明效果的问题，即能证明什么样的事实，在多大程度上能证明案件事实。审判机关经过审判之后才能作出认证。认罪认罚案件的证据认证得到了简化，相对来说更为简单。对于速裁程序来说，没有举证、质证程序，法院在确认被告人自愿认罪的情况下，直接认定并作出判决。这种情况下的证据不是通过裁判文书进行认证，在裁判文书中也得不到反映。这种案件的证据，起到的作用是在庭审之外，作为法官验证指控和被告人认罪自愿性、明智性的材料。如果法官认为在案的证据达不到确实、充分的要求，则不接受控辩双方的量刑协商，不按照认罪认罚案件处理。2021年《刑事诉讼法解释》第71条规定："证据未经当庭出示、辨认、质证等法庭调查程序查证属实，不得作为定案的根据。"适用速裁程序审理的案件，证据未经庭审举证、质证，但是，这是《刑事诉讼法》对速裁程序的特殊规定，所以不影响相关证据的效力。在简易程序中，庭审举证、质证简化，公诉人往往只是说明有哪些证据证明被告人的犯罪行为，对于证据的具体内容不再说明或者简单说明，被告人及辩护人没有异议，法庭也就可以当庭认证，在判决书中也不用分析认证的理由。即使适用普通程序审理的，只要被告人认罪认罚，对证据没有异议，一般也可以当庭作出认证，裁判文书中也没有说明认证理由的必要。

综上，在认罪认罚案件中，坚持法定证明标准，减轻控方举证责任，简化法官认证方式，能够实现保护被追诉人权利与提高诉讼效率的统一。

(三) 证据开示制度的设置

影响被追诉人认罪自愿性的原因之一就是，有的司法人员利用被追诉人对案件信息认知的不足，对于证据不足或者存疑的案件，欺骗被追诉人认罪。被追诉人只有在对案情有了一定了解的基础上作出的认罪表示，才属于自愿明智的决定。"自愿性虽然是出于嫌疑人自己的意志自愿作出认罪表示，但若嫌疑人自愿的表示不是在清楚了解案件事实以及缺乏相应的专业知识的情况下作出的，也不能认作是真正的自愿，而是盲目的自愿。"[1] 盲目的自愿认罪，很可能导致最终裁判的错误。尤其是个别公诉人存在不当的政绩观，不能秉持公正，为了追求纸面上的认罪认罚适用率等考核指标，就存在利用被追诉人信息不全的弱点欺骗其认罪的情况。"从美国辩诉交易的实践看，公诉人为了赢得辩诉交易，常常是'虚张声势'，使得被告人的利益得不到保护。"[2] 这些现象需要引起我们的重视。

证据知悉权是被告人了解控方证据的基本手段，该权利有助于被告人作出是否认罪以及是否同意适用认罪案件处理程序的明智选择。[3] 为了保证被追诉人认罪的充分自愿性，让其理智地作出是否认罪的决定，有必要设置证据开示制度。证据开示制度，是指控辩双方在庭审之前，向对方展示自己所拥有并拟在法庭出示的证据，以便对方可以提前准备，避免当庭证据突袭。我国《刑事诉讼法》未直接规定证据开示制度，但辩护人在审查起诉阶段和审判阶段有权利查阅、摘抄、复制证据材料，从而了解控方的证据，被告人及辩护人对拟在法庭出示的证据，需要在开庭前向人民法院提交，否则对方可以提出异议或者

---

[1] 沈红卫、葛晓蒁：《论认罪认罚自愿性的界定标准及保障》，载《湖北经济学院学报（人文社会科学版）》2018年第11期，第97页。
[2] 张智辉：《辩诉交易制度比较研究》，中国方正出版社2009年版，第397页。
[3] 郭明文：《被告人认罪案件的处理程序研究》，西南政法大学2007年博士学位论文，第45页。

申请休庭。① 而且,《刑事诉讼法》还设置了庭前会议程序,② 也是证据开示的一个过程。这种证据开示,往往都是对于有争议的案件,认为"刑事证据开示必要性的前提是被告人不认罪而需要进行证据调查"。③ 但是随着认罪认罚从宽制度的设立,证据开示制度的适用范围和适用方式,也应积极跟进。"两高三部"《认罪认罚指导意见》提出:"人民检察院可以针对案件具体情况,探索证据开示制度,保障犯罪嫌疑人的知情权和认罪认罚的真实性及自愿性。"可见,证据开示制度已经引起了决策机关的关注,并要付诸实践。

1. 建立证据开示制度的必要性

设立证据开示制度,是认罪认罚从宽制度本身的特点决定的,目的在于更好地保护被追诉人的权利,实现认罪认罚从宽制度公正与效率兼顾的价值目标。

第一,建立证据开示制度能够弥补被追诉人诉讼地位上的差距。刑事诉讼中,作为个人的被追诉人相对于强大的国家机关,总是处于相对弱势的诉讼地位。其本身法律知识就欠缺,如果对案件的基础事实缺乏了解,则更加剧了这种弱势地位。尤其是被羁押的被追诉人,与外界隔绝,信息中断,如果再没有律师的帮助,其必然处于一脸茫然、孤立无援的状况。对于那些确实实施了犯罪行为的人来说,其也有不认罪、不作认罪供述的权利,而是否认罪取决于其对在案证据的了解情况。当其明知道控方掌握证据不足时,有可能推翻以前的有罪供述。④ 其在掌握对方底牌后有权利选择不认罪,免于自证其罪权正是被追诉人面对国家机关的强力攻势时的一个逃脱通道。作为一个没有实施犯罪行为的被追诉人来说,当其得到的信息是控方已经掌握了充分的对其不利的证据,即使其不认罪也将会被判刑,而其认罪可以判处轻刑的时候,具有违心认罪的现实可能性。被追诉人是认罪认罚的主体,其在决定是否认罪认罚时应当对控方掌握的证据有充分的了解,唯其如此才能保证认罪是自愿的、理智的,由此,被追诉人也就成为证据知悉权的当然主体,追诉机关在其决定认罪之前

---

① 2021年《刑事诉讼法解释》第272条。
② 2021年《刑事诉讼法解释》第226条规定:案件具有下列情形之一的,人民法院可以决定召开庭前会议:(一)证据材料较多、案情重大复杂的;(二)控辩双方对事实、证据存在较大争议的;(三)社会影响重大的;(四)需要召开庭前会议的其他情形。
③ 马贵翔:《刑事证据开示的程序设计》,载《西部法学评论》2008年第1期,第6页。
④ 陈瑞华:《解决被告人阅卷权问题的基本思路》,载《当代法学》2013年第3期,第132—133页。

应向其展示全部证据材料。①而通过证据开示制度，让被追诉人知道司法机关手中掌握证据情况，掌握对方手里有什么牌，其才可以理智地作出决定，这样就能缩小控辩双方的差距。

而且，没有证据开示制度，还会导致被追诉人的权利因有无辩护人而具有重大差别。因为按照现行刑事诉讼制度，辩护律师可以查阅、摘抄、复制证据材料，辩护人掌握证据后可以为委托人提供帮助。但是，没有委托律师的被追诉人，则失去了这样了解案情的机会，造成一种法律面前的不平等。"对于那些没有委托辩护人的被告人而言，其获得相关证据的唯一途径便是控方的证据开示，同时，证据开示对于没有委托辩护人的被告人明知且自愿的选择认罪认罚也是一种基础性的保障措施。"②

第二，证据开示制度能够制约国家机关的权力，防止权力的滥用。如前文所述，国家司法机关相对于被追诉人而言具有天然的地位优势，尤其是其掌握着案件的全部证据，对于案件具有全面的了解，既知道对控方有利的证据有哪些，也知道对控方不利的证据有哪些，知道现有证据能否认定被追诉人构成犯罪。对于证据充足的案件而言，控方要求被告人认罪的动力一般，甚至持有一种"爱认不认"的态度。而对于那些证据不足或者证据薄弱的案件，为了尽快结案，控诉机关就具有强烈的促使被追诉人认罪的愿望。在没有证据开示制度时，对于证据不足的案件，控方就极有可能虚张声势，制造一种胜券在握的假象，使得被追诉人错误地认罪。而被追诉人被"蒙在鼓里"，被迫就范。在审判期间，法官同样具有这样的动力。而这些恰恰是滥用了职权上的优势，侵犯了被追诉人的权利，损害了公平正义。在认罪认罚从宽制度中，犯罪嫌疑人、被告人将自己掌握的与案件有关的证据材料（表现为口供）向司法机关开示，让渡出自己的部分权利，以获得从宽的处理结果。与此对应，"作为收集证明材料的侦查机关，则应当承担起证据开示的责任，从而形成诉讼的平衡状态，以免有失公平"。③证据开示制度能够迫使司法人员公布信息，弱化其地位上的优势，从而能够有效制约国家机关的权力，实现权力与权利的平衡。

---

① 史立梅：《认罪认罚从宽程序中的潜在风险及其防范》，载《当代法学》2017年第5期，第130页。
② 沈红卫、葛晓蒴：《论认罪认罚自愿性的界定标准及保障》，载《湖北经济学院学报（人文社会科学版）》2018年第11期（第15卷），第98页。
③ 沈晔：《完善认罪认罚从宽制度初探》，载《山西青年职业学院学报》2017年第1期，第71页。

第三，证据开示制度能够减少被追诉人认罪后的反悔，提高诉讼效率。被追诉人在审查起诉期间基于对案情的不了解，作出了认罪认罚的表示，一旦事后其知道了真相，就极有可能反悔，撤销认罪。有观点提出，"如果控辩双方未尽证据开示义务，则达成的认罪认罚协议无效，被告人作出的不利于自己的认罪认罚表示也应考虑排除，不应作为定罪量刑的依据"。① 即使不因为未开示证据而天然地认为协议无效，但被追诉人的反悔权应予保障。这种反悔可以发生在不同的阶段。在提起公诉前如果又有律师介入，了解案情后其可以反悔，导致认罪认罚具结书无效。审判期间，一旦被追诉人反悔，则案件不能按照既定程序审判。由于不是真实认罪，一审判决之后，被追诉人上诉的可能性更大。这些都会导致诉讼效率的下降。而司法机关开诚布公地公布证据，让被追诉人作出理性选择，事后反悔的可能性就会更小。

2. 证据开示制度的设置方式

刑事诉讼肩负着打击犯罪和保护人权的双重使命，在涉及一项制度时，同样需要考虑在二者之间的平衡。过度的证据展示，必将制约打击犯罪的效果。

（1）证据开示的时间：以审查起诉阶段为主，以审判阶段为补充

在哪个诉讼阶段进行证据展示，需要考虑诉讼的顺利进行与人权保障之间的关系。过早的证据开示，使得案件过于公开，容易增加诉讼过程中的障碍，尤其是处于侦查期间的案件。过晚的证据开示，失去了开示的效果。

证据开示制度一般是在审判阶段，在庭审之前，以避免庭审中证据突袭。而认罪认罚从宽制度具有其特殊性，关键环节在审查起诉阶段，因为犯罪嫌疑人在此期间要签署认罪认罚具结书。具结书具有承前启后的作用，也是被追诉人表示认罪认罚的有效形式。犯罪嫌疑人认罪认罚，应当是其在知悉控方证据的基础上作出的明智选择，所以，在犯罪嫌疑人书面确认犯罪事实前，应"由检察机关主持控辩双方就全案证据开示（包括对犯罪嫌疑人有利、不利、有罪、无罪的全部材料），确保检察环节犯罪嫌疑人认罪认罚的真实性、自愿性和明智性"。② 认罪认罚案件的证据开示，放在审查起诉阶段具有必要性。

如果审查起诉阶段没有证据开示的，在审判阶段庭审之前，应向被告人开

---

① 沈眸：《完善认罪认罚从宽制度初探》，载《山西青年职业学院学报》2017年第1期，第71页。
② 解兵、韩艳：《检察环节认罪认罚从宽处理机制的程序构建》，载《中国检察官》2016年第6期，第39页。

示证据。如果在审查起诉阶段已经证据开示，但起诉后又有新的证据的，仍然应当向被告人展示。但审判期间的证据开示不应当成为常态，只是对审查起诉阶段证据展示的补充。

在侦查阶段不宜进行证据开示，因为案件尚处于侦查过程中，证据尚未搜集完毕，开示证据有可能影响侦查工作的进行。而且在此期间不开示证据，也不影响认罪认罚从宽制度的运行，因为需要被追诉人明确表示是否认罪认罚的是在审查起诉阶段。

（2）证据开示的内容：客观、全面开示，不含主观评价

控辩双方向对方展示的应当是全部证据，而不应有所保留，尤其是有利于对方的证据。既然是认罪认罚案件，奉行一种合作性司法模式，双方不再对抗，那么，双方都应当向对方如实地亮出"底牌"。"原则上，检察人员应当遵循全面开示原则，将所持有的全部证据向犯罪嫌疑人及律师开示。"[1] 当然，"刑事证据开示的范围宜限定为开示证据而不开示意见。"[2] 只需要向对方出示相关证据，而不需要发表对这些证据证明力的意见。通过对证据的客观展示，由对方自主决定是否认罪。

证据开示对于被追诉人来说是一种权利，以弥补其地位上的劣势。在证据开示中，坚持权利自治原则，"权利自治原则是指控辩双方均享有向对方要求披露证据的权利，但此权利既可以行使也可以放弃"。[3] 被追诉人对于自己是否实施了犯罪行为具有认知，在其对事实没有异议的情况下，也就没有进行证据开示的必要。把是否要去开示的权利交由被追诉人行使，能够做到公正与效率的兼顾。被追诉人主动放弃证据开示的，提高了诉讼效率。如果被追诉人要求进行证据开示，这是其正当权利，司法机关不能因此而作出对其不利的处理。

二、案件定性的把握——狭义认罪自愿性的保障

认罪认罚从宽制度中的"认罪"包括两个层次，一是对事实的承认即"认事"，二是对犯罪的承认，即狭义的认罪，是对案件的定性的认可。本节第一部分主要从"认事"层面探讨自愿性的保障问题，在对案件事实没有争议的情

---

[1] 董林涛：《论认罪认罚程序中的被追诉人同意》，载《法学杂志》2020年第9期，第111页。
[2] 马贵翔：《刑事证据开示的程序设计》，载《西部法学评论》2008年第1期，第6页。
[3] 马贵翔：《刑事证据开示的程序设计》，载《西部法学评论》2008年第1期，第6页。

况下，如何从法律层面评价该行为，则是一个新的需要关注的问题。按照《刑事诉讼法》的规定，①检察机关审查起诉阶段应当就案件涉嫌的犯罪事实、罪名及适用的法律规定征求被告人及辩护人或者值班律师的意见，也就是说关于罪名的确定是被告人认罪的一个重要方面。综观当前的研究，主要集中于从认事层面研究被追诉人认罪自愿性的保障问题，而尚未关注定性层面认罪自愿性的保障问题。

（一）定性层面认罪自愿性存在的问题

按照刑事案件的办案思路，在一个案件事实确定之后，需要考虑的是对该事实进行法律评价，即用刑法的规定来评价案件是否构成犯罪，构成何种罪。目光从事实层面移转到规范层面，定罪的过程也是逻辑三段论推理的过程，案件事实是小前提，刑法规范是大前提，小前提符合大前提则得出有罪的结论。所以说，裁判者的目光要往返于事实和规范之间。关于事实问题的判断，对法律专业知识要求不高甚至没有要求，心智正常的被追诉人就能清楚自己是否实施了某一行为，在掌握了案情后也容易作出是否承认犯罪事实的决定。但是，关于法律问题的判断则不同，属于专业问题，以具备一定的专业知识为前提。正是由于这一区别，一些实行陪审制的国家，陪审人员仅仅对事实问题发表意见，不对法律适用问题发表意见。正是法律适用问题的专业性，使得这一环节成为被追诉人权利受侵害的关键阶段。

1. 罪与非罪界限不清型

严格意义上说，罪与非罪具有本质的不同，对被追诉人的影响也有质的区别。但司法实践中的案件类型多样，有些案件确实难以区分，即使是专业的司法人员也会存在争议，有些案件司法人员明知不构成犯罪，但基于诉讼效率的考虑，在被追诉人认罪的情况下，也作出了有罪判决。

---

① 《刑事诉讼法》第173条规定：人民检察院审查案件，应当讯问犯罪嫌疑人，听取辩护人或者值班律师、被害人及其诉讼代理人的意见，并记录在案。辩护人或者值班律师、被害人及其诉讼代理人提出书面意见的，应当附卷。犯罪嫌疑人认罪认罚的，人民检察应当告知其享有的诉讼权利和认罪认罚的法律规定，听取犯罪嫌疑人、辩护人或者值班律师、被害人及其诉讼代理人对下列事项的意见，并记录在案：（一）涉嫌的犯罪事实、罪名及适用的法律规定；（二）从轻、减轻或者免除处罚等从宽处罚的建议；（三）认罪认罚后案件审理适用的程序；（四）其他需要听取意见的事项。人民检察院依照前两款规定听取值班律师意见的，应当提前为值班律师了解案件有关情况提供必要的便利。

（1）构成要件欠缺型

按照我国刑法的通说理论，犯罪具有四个要件，即犯罪主体、犯罪客体、犯罪主观方面、犯罪客观方面。如果一个案件的事实与对应的罪名相比较，不能完全满足四个要件，则不能构成犯罪。实践中有多种表现形式，如犯罪主体的缺失，主要是一些特殊主体的犯罪，如果被追诉人不具有这一特殊身份，则不能构成该罪。有些犯罪只能是故意犯罪，而行为人如果是过失的心态就不构成该罪，则属于犯罪主观方面不符合。有些是对主观方面的认定出现偏差，如把意外事件认定为过失，把过于自信的过失认定为间接故意。有的是犯罪客观方面要件的欠缺。

在以上情况下，有些被追诉人并不了解法律的规定，或者不知如何评价自己的行为，在办案人员的劝说下，有可能作出认罪的表示。比如，在一些被害人半推半就、反抗不强烈的强奸案中，行为人对自己是否违背妇女意志也很难作出判断，在被害人坚持追诉的情况下，被追诉人就有认罪的可能性。

以边某某盗窃一案为例。[①] 检察机关指控，被告人边某某与北京某劳务派遣公司签订劳动合同，派遣至中国国际航空股份有限公司站坪运行中心，负责客舱清洁工作。2019年5月12日21时30分许，被害人文某某乘坐中国国际航空公司CA4111航班由成都飞抵首都机场三号航站楼，下飞机时将其笔记本电脑一部忘在22L座位前方口袋内。同日22时许，被告人边某某上机打扫卫生，发现该笔记本电脑，其使用机舱座椅上的靠枕枕套将电脑包住，装进随身携带的工具袋里盗走。次日9时，被告人边某凤通过同事周某某（另案处理）以人民币3900元将该笔记本电脑出售。经鉴定，被盗电脑价值8145元人民币。涉案赃物已起获并发还被害人。被告人边某某签署《认罪认罚具结书》。检察机关根据量刑协商内容，提起公诉指控被告人边某某犯盗窃罪，提出了有期徒刑六个月至八个月，并处罚金的量刑建议。

本案的事实清楚，被告人自愿如实做了供述，但对这一事实如何评价，则涉及罪与非罪的问题。因为被害人将笔记本电脑遗忘在飞机上，可以理解为遗

[①] 北京市朝阳区人民法院（2019）京0105刑初2017号刑事判决书。载中国裁判文书网，网址：https://wenshu.court.gov.cn/website/wenshu/181107ANFZ0BXSK4/index.html?docId=e10482712a774ae982f1ab19006305a9，2021年1月2日访问。

忘物。而按照《刑法》第270条①的规定，捡拾遗忘物拒不交还，数额较大的，构成侵占罪。侵占罪的入罪标准数额较高，本案尚未达到追诉标准，而且侵占罪是自诉案件，所以如果认定为侵占的性质，则被追诉人的行为不构成犯罪。但边某某在审查起诉期间，未提出异议，并且接受了检察机关有期徒刑六个月至八个月并处罚金的量刑建议。案件起诉到法院以后，经协调，检察机关对指控事实和量刑建议做了调整，建议判处被告人边某某拘役四个月，并处罚金。法院采纳了这一建议，以盗窃罪判处了与量刑建议相同的刑罚。

本案中，如果边某某懂法，或者有律师帮助作无罪辩护，具有宣告无罪的可能。但其由于法律知识的欠缺，也是认为自己做了不光彩的事情，加上是轻罪，所以作出了认罪认罚的决定。检察机关不仅认定其构成盗窃罪，而且提出了较高的量刑建议，而被告人照单全收。即使法院最终的裁判结果是正确的，那么控辩双方的量刑协商结果也侵犯了边某某至少两个月的人身自由权。

（2）行政违法行为犯罪化

我国对于违法犯罪行为实行二元制的制裁模式，对一般违法行为实行行政处罚，对严重的违法构成犯罪的，实行刑事处罚。这样一种模式下，犯罪行为和违法行为之间的界限并非都是清晰的。比如故意伤害行为，造成轻微伤的，属于治安违法行为，而造成轻伤以上的，则属于犯罪行为，其中关于伤情的司法鉴定意见，就能够决定罪与非罪，比较容易区分。一些数额犯罪，法律或者是司法解释已经规定了标准，也就容易区分，比如盗窃行为达到刑法所规定的数额较大标准的，构成盗窃犯罪，这个数额较大的标准则由司法解释规定，没有达到标准的，则属于治安违法行为。但有些行为则缺乏清晰的界限，如《刑法》第280条第1款②规定，买卖国家机关证件的，处三年以下有期徒刑、拘役、管制或者剥夺政治权利，并处罚金；情节严重的，处三年以上十年以下有期徒刑，并处罚金。但对于买卖国家机关证件多少数量或者有其他何种情节，

---

① 《刑法》第270条规定：将代为保管的他人财物非法占为己有，数额较大，拒不退还的，处二年以下有期徒刑、拘役或者罚金；数额巨大或者有其他严重情节的，处二年以上五年以下有期徒刑，并处罚金。将他人的遗忘物或者埋藏物非法占为己有，数额较大，拒不交出的，依照前款的规定处罚。本条罪，告诉的才处理。

② 《刑法》第280条第1款规定：伪造、变造、买卖或者盗窃、抢夺、毁灭国家机关的公文、证件、印章的，处三年以下有期徒刑、拘役、管制或者剥夺政治权利，并处罚金；情节严重的，处三年以上十年以下有期徒刑，并处罚金。

才能定罪处罚，并没有具体的规定。而按照《治安管理处罚法》第52条①规定，买卖国家机关证件，处十日以上十五日以下拘留，可以并处一千元以下罚款。在这样一种立法模式下，就存在如何区分违法行为和犯罪行为问题，行为人买卖一本国家机关证件能否适用刑法定罪，就存有疑问。这些问题，不是从事法律专业工作的被追诉人很难区分，也就难以保护自己的权利，在司法人员的劝说下作出认罪选择也就是很正常的现象了。

（3）但书规定虚置化

《刑法》第13条规定："一切危害国家主权、领土完整和安全，分裂国家、颠覆人民民主专政的政权和推翻社会主义制度，破坏社会秩序和经济秩序，侵犯国有财产或者劳动群众集体所有的财产，侵犯公民私人所有的财产，侵犯公民的人身权利、民主权利和其他权利，以及其他危害社会的行为，依照法律应当受刑罚处罚的，都是犯罪，但是情节显著轻微危害不大的，不认为是犯罪。"本条前部分是关于犯罪概念的规定，后部分是关于出罪的规定，即本来符合犯罪概念的行为，因为情节显著轻微危害不大，不按照犯罪论处，一般称为但书规定。但书规定适用的逻辑是，某一行为本来构成犯罪，只是因为案件本身的原因作出罪处理，是一种有利于被追诉人的案件处理方式。司法实践中，符合这一条件的案件大量存在，但真正引用此规定处理的却相当有限。有些情况下，被追诉人本来可以适用本规定出罪，但是却没有得到这样的机会，作出了认罪认罚的意思表示，不能不说是对其权利的实际侵犯。

2. 重罪与轻罪界限不清型

被追诉人的行为构成犯罪后，还存在构成什么犯罪的问题，不同的犯罪处理结果不同。被追诉人在法律知识欠缺的情况下，很难作出识别，往往作出了认罪认罚的表示。在中国裁判文书网上检索，被告人认罪认罚后，法院改变检察机关指控罪名的判决书大量存在。还有一些案件，法院按照检察机关指控的

---

① 《治安管理处罚法》第52条规定：有下列行为之一的，处十日以上十五日以下拘留，可以并处一千元以下罚款；情节较轻的，处五日以上十日以下拘留，可以并处五百元以下罚款：（一）伪造、变造或者买卖国家机关、人民团体、企业、事业单位或者其他组织的公文、证件、证明文件、印章的；（二）买卖或者使用伪造、变造的国家机关、人民团体、企业、事业单位或者其他组织的公文、证件、证明文件的；（三）伪造、变造、倒卖车票、船票、航空客票、文艺演出票、体育比赛入场券或者其他有价票证、凭证的；（四）伪造、变造船舶户牌，买卖或者使用伪造、变造的船舶户牌，或者涂改船舶发动机号码的。

罪名定性，但结论并不一定正确。如果此罪与彼罪法定刑相同，则不会侵犯被追诉人的实体权利，但在两个存在轻重区别的罪名选择适用时，把轻罪重判就会侵犯被追诉人的权利。

（1）递进关系的罪名

刑法分则规定的相关性罪名，不法程度有所区别，呈现出递进的关系。比如抢劫罪的不法性高于抢夺罪，二者的法定刑有明显的差别。如果把抢夺罪认定为抢劫罪，则侵犯了被追诉人的权利。类似的如贪污罪和挪用公款罪，职务侵占罪和挪用资金罪。有的相关性犯罪从法定刑上看是相同的，但实质上是有区别的。如盗窃罪和诈骗罪，法定刑是相同的，但定罪量刑的数额标准不同，同样的犯罪数额，认定盗窃罪的后果会严重于诈骗罪。

司法实践中，这种轻罪重诉，被告人又认可的案件是存在的。以被告人郭某飞被控寻衅滋事案[①]为例。

公诉机关指控：2012年5月8日1时30分许，陈某某（已判决）与被害人杨某及其朋友盛某等人在绍兴市越城区，因会车让路的问题发生纠纷。陈某因自认为对方叫人，担心吃亏，遂电话纠集被告人郭某飞前来帮忙。被告人郭某飞在未问明原委的情况下，持菜刀赶至现场帮忙，在现场与被害人杨某等人互殴的过程中，持菜刀将被害人杨某砍伤。经法医鉴定，被害人杨某的伤势已达到轻伤程度。2019年2月14日19时许，被告人郭某飞被依法电话传唤到案。案发后，已赔偿被害人损失并获谅解。

公诉机关认为，被告人郭某飞持凶器随意殴打他人，致一人轻伤，情节恶劣，其行为触犯了《刑法》第293条规定，应当以寻衅滋事罪追究其刑事责任。被告人郭某飞在犯罪后主动投案，如实供述犯罪事实，属自首；能够自愿认罪，已赔偿被害人损失并获谅解，可酌情从轻处罚。建议判处被告人郭某飞有期徒刑六个月。被告人郭某飞及其辩护人均未提出异议。

法院经审理查明的事实与公诉机关的指控一致。法院认为：

被告人郭某飞持械故意伤害他人身体，致一人轻伤，其行为构成故意伤害罪。被告人郭某飞与被害人杨某等人在互殴过程中致使被害人受伤，被告人与

---

① 浙江省绍兴市越城区人民法院（2019）浙0602刑初596号刑事判决书，载中国裁判文书网，http://wenshu.court.gov.cn/website/wenshu/181107ANFZ0BXSK4/index.html?docId=e1899ae6342445bbb1ffaae700a6cbaf，2019年10月22日访问。

被害人在争斗过程中均处于积极主动状态，不符合寻衅滋事罪中一方积极主动，另一方消极被动的法律特征。被告人的行为符合故意伤害罪的构成要件，理由如下：1. 被告人具有伤害的主观故意。被告人持刀前往事发地，一开始并未使用刀具，在被害人先上来踢其一脚后，其才将准备好的菜刀向被害人砍过去。被告人供述："其接到陈某电话后，从厨房拿了一把菜刀放在口袋里；到现场后，对方四个人当中其中一人（个子比较高，大概三十多岁，后来知道叫杨某）先上来踢了我一脚，他用脚踢到我的肚子上面，然后我就倒地了，我爬起来的时候，他又要过来，我也就不管了，拿出刚才准备好的菜刀向他砍过去。"以上事实可以说明被告人郭某飞对杨某有明显的伤害故意，且对象明确，为对其实施伤害的人。2. 被告人实施了伤害行为。本案被害人所受伤害系被告人持菜刀所为。3. 被告人所实施的行为客观上造成了被害人轻伤的法律后果。综上，公诉机关指控事实清楚，但罪名有误，本院予以变更。被告人郭某飞经公安机关传唤后主动到案，并能如实供述自己的罪行，构成自首，依法从轻处罚；已赔偿被害人损失，愿意接受处罚，悔罪态度较好，酌情从轻处罚。虽被告人及辩护人认可的公诉机关指控的罪名不当，但鉴于公诉机关提出的量刑建议符合本案犯罪情节，对量刑建议予以采纳。

法院判决：被告人郭某飞犯故意伤害罪，判处有期徒刑六个月。

本案中，法院最终认定被告人郭某飞的行为构成故意伤害罪，而非检察机关指控并经被告人和辩护人认可的寻衅滋事罪。寻衅滋事罪和故意伤害罪侵犯的社会客体不同，社会危害性也不同。寻衅滋事罪的不法性更高，法定刑也更高。如果一个行为既构成故意伤害罪又构成寻衅滋事罪，则应当选择适用量刑更重的犯罪。但当一个行为仅构成故意伤害罪，不符合寻衅滋事罪所要求的妨害社会秩序特征的情况下，就不能定寻衅滋事罪，否则属于对被告人权利的侵犯。本案即属于此种类型，被告人郭某飞的伤害行为具有特定的对象，不足以妨害社会管理秩序，不构成寻衅滋事罪。针对检察机关关于罪名的认定，被告人及其辩护人均表示认同，显然是因为法律知识的欠缺而导致的对自己权利保护的不力。比较特殊的是，检察机关虽然指控了一个较重的罪名，但所提的量刑建议并不重，是确定刑的量刑建议，即有期徒刑六个月。也许正是较轻的量刑建议，对被告人及其辩护人具有诱惑力，使其放弃了对罪名的异议，选择了认罪。但是，从逻辑上说，如果认定其构成故意伤害罪，则存在量刑更轻的可能性。

(2) 竞合关系的罪名

有些貌似相互独立的两个罪名,却存在法条上的竞合或者是行为上的竞合关系。如果行为人的行为同时符合这两个罪名,则存在如何选择适用的问题。这里面就包括法条竞合和想象竞合两种情形。两种竞合具有不同的罪名选择适用原则,法条竞合采用特殊规定优先适用的原则,想象竞合采用择一重罪处罚的原则。如果选择适用不当,就有可能侵犯被追诉人的权利。

以张某某被控过失致人死亡案①为例,检察机关指控,2018 年 8 月 4 日 13 时许,被告人张某某驾驶挖掘机在乐土驿镇西凉村 167 号陈某 1 家门口施工作业时,在看到被害人陈某 1 朝其驾驶的挖掘机左后方走去后,由于张某某未能仔细观察挖掘机后方情况及鸣笛示意,其向后倒车过程中不慎碾轧到被害人陈某 1 的左腿及胸部,被害人陈某 1 经抢救无效当场死亡。案发后,被告人张某某主动向公安机关投案。经鉴定,被害人陈某 1 系碾轧造成胸廓畸形、胸骨骨折,双侧肋骨多发性骨折,肝脏及膈肌破裂,脾脏及左侧肾脏挫伤,肠系膜挫伤、出血,腹膜后血肿,髂骨粉碎性骨折,左侧小腿开放性骨折致创伤性休克死亡。案发后,工程承包人和挖掘机车主向被害人家属赔偿经济损失 55 万元,被告人张某某取得被害人家属谅解。公诉机关认为被告人张某某的行为触犯了《刑法》第 233 条之规定,构成过失致人死亡罪,鉴于被告人张某某具有自首、刑事和解和被害人谅解等情节,建议判处其一年六个月以下有期徒刑,适用缓刑。

法院审理查明的事实与公诉机关指控的事实一致,另查明:2019 年 9 月 9 日,被告人张某某在值班律师的参与下,签署认罪认罚具结书。法院认为:

被告人张某某驾驶挖掘机在生产作业过程中,违反有关安全管理规定,倒车时未尽到安全注意义务确保安全,发生致一人死亡的重大伤亡事故,其行为构成重大责任事故罪。公诉机关指控的罪名有误,依法予以变更。依照《刑事诉讼法》的规定,本案适用简易程序,虽变更罪名,但并不会因此加重被告人张某某应承担的刑事责任,因此继续适用简易程序审理本案符合《刑事诉讼法》设立简易程序的目的和本意。《刑法修正案(六)》对重大责任事故罪的

---

① 新疆维吾尔自治区玛纳斯县人民法院(2019)新 2324 刑初 137 号刑事判决书,载中国裁判文书网,网址:http://wenshu.court.gov.cn/website/wenshu/181107ANFZ0BXSK4/index.html?docId=44b61e9955064f6b81bbaadb00cc7e5e,2019 年 10 月 22 日访问。

主体进行了修订，不限于工厂、矿山等企事业单位的人员，个体经济组织以及自然人也可成为重大责任事故罪的主体，《最高人民法院、最高人民检察院关于办理危害生产安全刑事案件适用法律若干问题的解释》也对本罪的犯罪主体予以明确，本案张某某受雇驾驶挖掘机进行管道回填的生产作业，属于生产中的从业人员，符合重大责任事故罪的主体要件；其客观行为发生在生产过程中，其所应尽到的安全注意义务并非仅驾驶挖掘机才有，在所有驾驶机动车辆移动倒车过程中均应在确保安全的情况下才能进行，被告人张某某违反的此项安全义务即便生产企业单位无书面的安全操作规程，也是其在取得资格证时应明知的安全事项。《安全生产法》不可能对所有行业的安全注意事项作出明确具体的规定，该法第4条第1款规定："生产经营单位必须遵守本法和其他有关安全生产的法律、法规，加强安全生产管理，建立健全全员安全生产责任制和安全生产规章制度，加大对安全生产资金、物资、技术、人员的投入保障力度，改善安全生产条件，加强安全生产标准化、信息化建设，构建安全风险分级管控和隐患排查治理双重预防机制，健全风险防范化解机制，提高安全生产水平，确保安全生产。"由此可见具体的生产安全规章制度由生产经营单位制定。该法第6条规定，"生产经营单位的从业人员有依法获得安全保障的权利，并应当依法履行安全生产方面的义务。"本案被告人张某某在驾驶挖掘机倒车时未确保安全，也未如其和证人所述鸣笛示意后才进行，以致发生事故，侵犯的客体是生产安全，该客体还包含了仅造成财产损失的情形。《刑法》第233条在规定过失致人死亡罪及其法定刑的同时，还规定"本法另有规定的，依照规定"。在行为人的行为既符合过失致人死亡罪的规定，又符合重大责任事故罪的规定时，应依照前述规定，定性为重大责任事故罪。关于公诉机关认为被告人张某某系自首的意见，经查，被告人张某某明知他人报警仍在现场等候公安机关处理，归案后如实供述犯罪事实，属自首，依法予以从轻处罚。被告人张某某认罪认罚，依法予以从轻处罚。被告人张某某虽未赔偿，但取得被害人谅解，可酌情从轻处罚。被告人张某某所具有的法定、酌定从轻处罚情节，表明其具有悔罪表现，本院依法对其宣告缓刑。公诉机关量刑建议适当，本院予以采纳。

法院判决：被告人张某某犯重大责任事故罪，判处有期徒刑一年，缓刑一年。

本案中，检察院指控的罪名为过失致人死亡，法定刑为三年以上七年以下有期徒刑，情节较轻的，判处三年以下有期徒刑。而法院最终认定的罪名为重大责任事故罪，法定刑为三年以下有期徒刑或者拘役；情节特别恶劣的，处三年以上七年以下有期徒刑。二者的法定刑是不同的，过失致人死亡罪的法定刑更重。这两个罪名之间存在法条竞合的关系，按照法条竞合犯特殊罪名优于普通罪名适用的原则，本案应定重大责任事故罪。而公诉机关选择了过失致人死亡罪，被告人在值班律师的帮助下签署了具结书，即接受检察院指控的罪名和量刑建议。被告人不懂法律，在公诉人和值班律师都对法律理解有误的情况下，选择了较重的罪名，对其权利是一种侵害。

（二）准确定性的保障

在案件定性环节，侵犯被追诉人权益的现象时有发生，被追诉人由于法律知识的欠缺，很难有效维护自身的权利，甚至权利受到侵犯却浑然不知。这就有必要建立相应的机制，防范定性错误带来的影响。

1. 司法人员：树立对准确定性的司法追求

对刑事案件准确定性，是司法机关的重要职责。在认罪认罚案件中，司法机关不能以说服被追诉人认罪为职责，而应当坚持法律标准，准确认定每一起案件。评价司法人员办错案的标准不仅在于案件事实有无根本错误，还包括法律适用有无错误。近年来，司法机关纠正了多起刑事冤假错案，但基本上都是案件事实本身出现了重大错误，如赵作海案、呼格案等。但不能因此而产生错误认识，认为只要案件事实没有弄错就不是错案。2017年最高人民法院通过审判监督程序纠正的张某某案[①]具有一定启示意义，其中部分罪名就是案件事实没有错误，但定性出现错误予以纠正的典型。即使被告人认罪认罚，对罪名没有异议，但其具有反悔权，不仅一审判决之后可以上诉，而且判决生效以后仍然可以申诉。司法人员如果不能严格把关，对于错误定性的案件需要承担责任。

---

① 张某某，原系物美控股集团有限公司董事长。2009年3月30日，张某某因犯诈骗罪、单位行贿罪、挪用资金罪被判处有期徒刑十二年，并处罚金人民币五十万元。2016年10月，张某某向最高人民法院提出申诉。最高人民法院于2017年12月27日作出再审决定。2018年5月31日最高人民法院提审本案后，以认定事实和适用法律错误为由撤销原审判决，改判张某某无罪，原判已执行的罚金及追缴的财产依法予以返还。参见：《张某某诈骗、单位行贿、挪用公款再审改判无罪案》，载中国法院网，网址：http://www.chinacourt.org/article/detail/2019/10/id/4591190.shtml，2019年11月1日访问。

在认罪认罚从宽制度推行后，一些司法人员的认识存在偏差，忽视了对认罪案件定性的严格把握，只要被追诉人认罪，就认为案件作有罪认定不再存有风险。司法人员有必要改变这种认识理念，审慎对待每一起案件，既是对案件质量负责，也是对自己的职业负责。

2. 司法机关：形成相互制约的工作机制

在刑事诉讼过程中，公检法三机关形成了相互配合、相互制约的工作关系。在司法实践中确实存在配合有余制约不足的问题，在认罪认罚案件中表现得更为突出，因为认罪认罚从宽制度本来就是一种合作性的司法模式，司法机关的较真态度会受到影响。侦查机关需要从源头上做到准确定性，防止无罪的案件进入诉讼流程，在移送审查起诉时能够拿出准确的定罪意见。我国的刑事流程中，后一个司法机关对前一司法机关的纠错能力有限，往往一个案件公安机关定性错误，会导致全流程的错误。检察机关作为中间环节，是认罪认罚程序的启动机关，并直接与被告人签署具结书，对案件定性十分重要。一方面要把好无罪关，防止把无罪的案件作有罪处理，对于定性上无罪的案件，即使被追诉人认罪，检察机关也不能接受其认罪，而应当作出罪处理。对于有罪的案件，要准确选择罪名，对侦查机关移送的罪名要批判地看待，不能一律照单全收。人民法院要把好最后一道关，发挥审判中心地位的作用，对于公诉机关指控罪名不当的，不能因为被告人认可，利用被告人法律知识的欠缺而罔顾法律。尤其需要铭记，即使被告人认罪认罚，但其仍然具有反悔权，可以上诉和申诉。审判人员既要对案件负责，也要对自己负责，被告人认罪认罚并不能成为法官对错案免责的依据。按照《刑事诉讼法》第201条①的规定，人民法院在审理后，认为被告人的行为不构成犯罪或者不应当追究刑事责任的，或者起诉指控的罪名与审理认定的罪名不一致的，就不能采纳检察院指控的罪名，而应当按照法院审理的结果作出判决。从中可见，人民法院没有任何理由和依据不负起责任。

---

① 《刑事诉讼法》第201条规定：对于认罪认罚案件，人民法院依法作出判决时，一般应当采纳人民检察院指控的罪名和量刑建议，但有下列情形的除外：（一）被告人的行为不构成犯罪或者不应当追究其刑事责任的；（二）被告人违背意愿认罪认罚的；（三）被告人否认指控的犯罪事实的；（四）起诉指控的罪名与审理认定的罪名不一致的；（五）其他可能影响公正审判的情形。人民法院经审理认为量刑建议明显不当，或者被告人、辩护人对量刑建议提出异议的，人民检察院可以调整量刑建议。人民检察院不调整量刑建议或者调整量刑建议后仍然明显不当的，人民法院应当依法作出判决。

3. 辩护人或者值班律师：尽职责、不盲从

对于案件定性问题，被追诉人很难发表实质性的意见，能够帮助其行使权利主要依靠的就是辩护律师或者值班律师。但实践中存在一种倾向，律师愿意配合司法机关说服被追诉人认罪，因为这样的话会减轻律师的工作量，即使以后案件认定为错案，其也可以被追诉人自愿认罪为由开脱。值班律师由于其定位问题，更难以发挥作用，存在着不给司法机关"添乱"的心态，有些情况下不是被追诉人听取值班律师的意见，而是值班律师听取被追诉人的意见，只要被追诉人没有意见，值班律师就没有意见。甚至有的值班律师帮助司法机关劝说被追诉人认罪。要防范被追诉人对案件定性问题的不当认罪，需要律师切实履行责任，发扬职业精神，真正起到制衡作用。当然，律师也要实事求是，对于定性准确的案件，依法向被追诉人释法说理，通过认罪认罚争取更好的处理结果。辩护律师或者值班律师履职尽责，是认罪认罚从宽制度的重要环节，后文将做进一步论述。

三、自愿性的审判审查

认罪认罚从宽制度的设计，注重发挥控辩双方在诉讼中的作用，突出被追诉人的诉讼主体地位，但是必须认识到法院仍然是最终的裁判机关。如果检察机关简化了对事实和证据的审查，而法院的审查流于形式，将会使认罪认罚案件的事实保障陷于"两不管"的危险境地。① "为了保障'底线正义'，奉行法官保留原则。尽管从总体上看，检察机关在认罪认罚案件中起主导作用，但在检察机关移送起诉的案件中，法院拥有司法审查权和最终决定权。"② 法院作为审判机关，对被追诉人认罪认罚的自愿性以及控辩双方达成的协议等内容进行审查，可以称之为审判审查，以区分于概念已经定型化的司法审查。

（一）审判审查的意义

认罪认罚案件中，控辩双方达成一致意见，被告人对指控没有异议，审判机关能否不经审查直接确认，是一个值得研究的问题。因为审判机关的审查必将影响诉讼效率，只有确有必要的情况下，审判审查才有正当性。"认罪认罚

---

① 闫召华：《检察主导：认罪认罚从宽程序模式的构建》，载《现代法学》2020 年第 4 期，第 49 页。
② 熊秋红：《比较法视野下的认罪认罚从宽制度——兼论刑事诉讼"第四范式"》，载《比较法研究》2019 年第 5 期，第 85 页。

从宽制度实际上把本属于在审判阶段才展开的实体权衡活动提前到了审前阶段,由于审前阶段存在透明度差、参与人少等弱项,所以更需要严格、规范的程序加以保障。且由于我国立法没有授予法院介入审前程序的规定,所以,案件到了法院以后,法院需要格外重视对认罪认罚从宽案件的程序审查,防止程序失范影响实体公正,须把住认罪认罚案件的程序关口,确保程序公正。"①

1. 公正司法的需要

我国《刑事诉讼法》规定,公检法三机关在诉讼过程中是一种分工负责、相互配合、相互制约的关系。② 一个刑事案件,经过三个机关的三道程序,最终才能作出有罪的结论,在此过程中只有发挥出各机关的职能和优势,才能保证诉讼结果的公正性。近几年,中央又提出以审判为中心的刑事诉讼制度改革,强调审判在整个刑事诉讼流程中的中心地位,要求侦控机关按照审判的标准处理案件。按照无罪推定原则的要求,认定任何人有罪,必须经由人民法院审理确定。这些规定,也就要求所有认定被告人有罪的案件,都要经过法院审判,法院也应当担负起职责,把审判工作实质化,发挥在定罪量刑中的作用。

认罪认罚从宽制度突出控辩双方的自主性,尤其是允许双方进行协商,人民检察院要针对涉嫌的犯罪事实、罪名和法律适用等问题听取被告人的意见,达成一致意见的,被告人签署认罪认罚具结书。对于双方达成的一致意见,检察机关也不能径行作出有罪的认定,仍然需要向人民法院起诉,由人民法院依法判决。法院在裁判时不能放松审查,否则就没有真正行使裁判权。如果人民法院把审查工作形式化,等同于没有审查。

2. 保护被告人权利的需要

权力没有制约就有可能被滥用,没有审判权的制约,公诉权也有可能被滥用,而权力滥用的结果就是损害个人权利。由于审判环节的存在,公诉机关需要依法与被追诉人协商,依法提起公诉,否则不能得到审判机关的确认。如果审判机关的审查形式化,无法真正制约公诉权,则公诉机关的地位就会更加强大,在与被追诉人的对比中就会更加具有优势,那么,被追诉人就很难与公诉

---

① 胡云腾:《正确把握认罪认罚从宽 保证严格公正高效司法》,载《人民法院报》2019年10月24日。

② 《刑事诉讼法》第7条规定:人民法院、人民检察院和公安机关进行刑事诉讼,应当分工负责,互相配合,互相制约,以保证准确有效地执行法律。

机关平等地进行协商。过于强大的公诉权,将会阻碍认罪认罚从宽制度的实施,更直接的受害者就是被追诉人,其法定权利得不到保护。建立起有效的审判审查制度,给予被追诉人在法庭表达的机会和反悔的机会,才能够制约公诉权,从而保护被追诉人的权利。

3. 国际上的通行做法

对任何人作有罪的判决,都应当由法院依法作出,这是国际公约的规定,也是法治文明国家的通行做法。在存在认罪案件协商的诉讼程序的国家,由审判机关对控辩双方的协商结果进行审查,也是一种通行做法。

以辩诉交易制度比较成熟的美国为例,美国《联邦刑事诉讼规则》第11条c款规定,法庭必须告知并确定被告人理解以下事项:(1)有罪答辩针对的指控的性质、如果法律有规定法定最低刑和最高刑,包括任何具体假释或者受监督释放的期限的效果,法庭应当考虑任何适用的量刑指南但是可能根据某些情况而偏离那些量刑指南的事实,以及适用那些量刑指南时法庭可能要求被告人对被害人作出补偿的事实;(2)在刑事诉讼的每个阶段,被告人都享有由律师辩护的权利,如果被告人没有聘请律师,法庭应当为其指定一位律师;(3)无论被告人作了无罪答辩或者有罪答辩,其有权利坚持已作出的答辩,被告人还有权由陪审团进行审判,在审判中与控方证人进行对质与交叉询问,并享有不受强迫自罪的权利;(4)如果法官接受了被告人的有罪答辩或者既不辩护也不承认有罪的答辩,那么此案件将不再进行正式审判,因此有罪答辩或者既不辩护也不承认有罪的答辩意味着被告人放弃了审判权;(5)如果法庭想要在辩护律师在场的情况下,就已作有罪答辩的犯罪行为讯问已宣誓的被告人,被告人的回答将被用作对其提出的伪证罪指控或者证据。法官如果法庭没有提醒被告人注意《联邦刑事诉讼规则》第11条规定的三个事项:不存在强迫、理解指控、知晓有罪答辩的直接后果,则会导致有罪答辩的自动撤销或撤回。此外,美国联邦和州的刑事诉讼规则都规定了非法证据排除规则,禁止控方向法庭出示非法获取的被告人供述。这些制度安排能够为犯罪嫌疑人、被告人认罪的自愿性提供充分的保障。[①] 从中可见,美国的法院也要采取多项措施保障被追诉人认罪的自愿性,告知权利的过程,也是对其自愿性进行审查判断的过

---

① 郭明文:《美国死刑案件有罪答辩自愿性探微》,载《政法学刊》2010年第3期,第36—37页。

程，只有法官确定被追诉人是真实的自愿认罪，才会接受其认罪答辩。

(二) 审判审查的内容

人民法院的审判审查，是全面的审查，既要审查被追诉人认罪认罚的自愿性，也要审查双方协商结果的公正性，二者同时具备的才能裁判确认。

1. 认罪认罚自愿性的审查

对于认罪认罚的案件，可以在程序上从简处理，实体上从宽处理，而这一切的前提是被告人认罪认罚是自愿的，是其经过理性思考后的真实意愿的表达。这也是审判审查首先要解决的问题，包括以下几个方面。

(1) 知悉权是否得到保障

被追诉人的认罪认罚决定必须建立在其了解了相关信息，掌握了相关知识的基础之上。如果其对案件的基本问题缺乏了解，即使其系自愿认罪，也不属于理智的认罪。一是被追诉人是否已经知悉其享有的诉讼权利，侦控机关是否向其告知，知悉后其可以不行使，但不能不知悉。二是是否知悉认罪认罚的意义及后果，要明白认罪认罚对其意味着什么。三是是否知悉公诉机关认定事实的基本依据，从而让其心甘情愿的认罪。四是知悉指控的事实、罪名和量刑建议的准确含义，虽然被追诉人已经在具结书上签字，但其并非都了解其中的含义。五是是否知悉对于签署的具结书可以反悔，反悔权是保障其认罪认罚自愿性的重要权利，签署具结书时自愿并不能代表其在诉讼过程中仍然自愿，只有其明知有反悔权仍不行使的，才可以认定为始终自愿。

(2) 是否具有相应的认知能力

如果被追诉人认知能力有限，即使被告知了相关权利和法律规定，但其也不能正确理解，所作出的认罪认罚表示不具有效力，这就涉及对被告人的认知能力进行审查的问题。"认知能力审查，即审查被告人是否能够明确理解相关规定，是否具有认罪认罚意思表示的认知能力和精神状态。"[1] 如果经审查认为被追诉人达不到相应的认知能力的，则不能将其签署的具结书作为定案依据，《刑事诉讼法》第201条规定，有"其他可能影响公正审判的情形"，属于人民法院可以不采纳检察院指控罪名、量刑建议的依据。

---

[1] 杨立新：《认罪认罚从宽制度理解与适用》，载《国家检察官学院学报》2019年第1期，第58页。

以吕某盗窃案①为例，被告人吕某于2017年3月至2018年11月28日在北京市朝阳区盗窃摩托车等物品7次，在审查起诉期间，在值班律师在场的情况下签署了《认罪认罚具结书》，检察院建议适用速裁程序审理，量刑建议为有期徒刑一年二个月至一年八个月，并处罚金。经审查卷宗材料发现，被告人精神状态可疑，公安机关曾委托司法鉴定机构进行刑事责任能力鉴定，鉴定书反映，吕某有可疑性家族史，自幼生长发育稍迟缓，不能完成普通教育。在家人的督促下能处理生活，做些简单的体力劳动，人际交往及社会交际能力逊于常人，智力检查可见其理解力大致正常，表达能力、计算能力稍差，抽象概括及综合分析能力弱于常人，未见幻觉妄想等精神病性症状。综上所述，结合其整体的社会功能，根据《中华人民共和国精神障碍分类与诊断标准（第三版）》，诊断为轻度精神发育迟滞。但其对实施行为的性质及后果有认知能力，辨认、控制能力存在，且既往有多次犯罪前科，依据《精神障碍者刑事责任能力评定指南》（SF/ZJD0104002—2016），应评定为完全刑事责任能力。由此可见，被告人吕某的认知能力有限，其作出的认罪认罚表示的效力会受到影响。虽然吕某签署了认罪认罚具结书，法院没有按照检察机关建议的速裁程序审理，而是适用了普通程序，并通过法律援助机构为吕某指定了辩护人，最终判处被告人吕某有期徒刑一年二个月，并处罚金人民币一万元。

（3）具结书的内容是否反映其真实意思

具结书是被追诉人意思表示的载体，其中的内容应当是被追诉人的真实意思表示。如果与其真实意思相违背，则法院不能认可，这也是考察认罪认罚自愿性的实质标准。《刑事诉讼法》第201条规定，"被告人违背意愿认罪认罚的"属于法院不采纳指控罪名和量刑建议的理由。不是真实意思表示有两种情形，一是违背其意愿，即本不想认罪认罚，但迫于压力认罪认罚；二是没有尊重其意愿，在缺乏判断或者没有征求其意见的基础上直接签署具结书。

2. 案件实体公正性的审查

被追诉人认罪的自愿性是认罪认罚从宽制度的程序要件，是启动认罪认罚从宽制度的条件，有了被追诉人认罪认罚的表示，才能启动相应的诉讼程序。而公诉机关的指控及双方的协商结果是否公正，则是认罪认罚从宽制度实质要

---

① 北京市朝阳区人民法院（2019）京0105刑初1907号刑事判决书。

件。公平正义是司法审判的最终追求,即使在认罪认罚从宽制度中,违背公平正义的诉讼行为也是不可接受的。法官对控辩双方协议的内容也应承担一定的审查义务。如果出现严重违背立法精神、公序良俗以及其他社会无法接纳的不公正现象,法官有权撤销双方所达成的协议。[1] 关于认罪环节公正性的审查,应当集中在事实认定和定罪环节,关于量刑公正性的审查,属于下一章探讨的内容。

(1) 对事实认定的审查

正确认定案件事实,是正确处理案件的前提条件。从裁判案件的思路来看,第一步也应当是确定案件事实问题。在认罪认罚从宽制度中,审查事实问题,主要是把检察机关指控的事实与案件证据反映的事实相对照,确保案件的基本事实有证据予以证明。具体地说要坚持"证据确实、充分"的证明标准,不符合这一标准的,即使被告人认罪,也不能确认。"对证据存疑的案件,被追诉人自愿认罪的,应不予采纳。"[2] 而如果检察机关指控的事实大于证据证明的事实,应当依法缩减,或者由检察机关变更。如果指控的事实小于证据证明的事实,可以直接按照指控的事实认定,因为这是有利于被告人的处理方法,除非明显违反公正审判的。经审查,对事实认定问题,控辩审三方存在争议的,应当适用普通程序审理。

(2) 对定罪的审查

案件的定性涉及罪与非罪、此罪与彼罪问题,是被告人是否应当承担刑事责任以及承担何种刑事责任的依据。对于认罪案件,即使被告人对定罪没有异议,法院也需要进行实质性的审查,以免错判,审查的依据在于罪刑法定的原则,具体地说就是各个罪名构成要件的规定。经审查如果罪名适当的,则予以采纳。如果被告人不构成犯罪的或者不应追究刑事责任的,则不能判决有罪。不构成犯罪是指该行为不符合某一罪名的规定,不应追究刑事责任,包括超过追诉时效等情形。如果构成犯罪,但不构成检察机关指控的犯罪,则需要依法改变罪名认定,改变罪名认定的,依照《刑事诉讼法解释》的规定,应征询控

---

[1] 刘少军、王晓双:《被告人认罪认罚自愿性的两个维度及其保障机制》,载《辽宁师范大学学报(社会科学版)》2018年第5期,第20页。

[2] 陆田:《认罪认罚从宽制度中如何保障被追诉人自愿性权利》,载《法制与社会》2020年第8期(下),第67页。

辩双方的意见。

（三）审判审查的方式

审判审查的目的在于发现认罪认罚案件中存在的问题，纠正被告人认罪不自愿、案件不公正等问题，以维护被告人的合法权利和司法公正。审查的方式也因案件的具体情况区别对待，我国《刑事诉讼法》规定，所有的刑事案件都需要经过庭审程序，但审判审查不能完全依赖庭审。

1. 庭外审查

认罪认罚案件庭审程序相对简单，尤其是适用速裁程序、简易程序审理的案件，庭审法庭调查环节省去或者简化，法官要想达到审查目的，必须进行一些庭外工作。

（1）审查认罪认罚的程序性工作是否完备

认罪认罚从宽制度是一项法定的诉讼制度，各办案单位均应当依照法律规定开展工作，保障被追诉人的权利。具体主要包括公安机关、检察机关是否告知了认罪认罚从宽制度的相关规定。《刑事诉讼法》第 120 条第 2 款规定："侦查人员在讯问犯罪嫌疑人的时候，应当告知犯罪嫌疑人享有的诉讼权利，如实供述自己罪行可以从宽处理和认罪认罚的法律规定。"第 162 条第 2 款规定："犯罪嫌疑人自愿认罪的，应当记录在案，随案移送，并在起诉意见书中写明有关情况。"第 173 条规定："人民检察院审查案件，应当讯问犯罪嫌疑人，听取辩护人或者值班律师、被害人及其诉讼代理人的意见，并记录在案。辩护人或者值班律师、被害人及其诉讼代理人提出书面意见的，应当附卷。犯罪嫌疑人认罪认罚的，人民检察院应当告知其享有的诉讼权利和认罪认罚的法律规定，听取犯罪嫌疑人、辩护人或者值班律师、被害人及其诉讼代理人对下列事项的意见，并记录在案：（一）涉嫌的犯罪事实、罪名及适用的法律规定；（二）从轻、减轻或者免除处罚等从宽处罚的建议；（三）认罪认罚后案件审理适用的程序；（四）其他需要听取意见的事项。人民检察院依照前两款规定听取值班律师意见的，应当提前为值班律师了解案件有关情况提供必要的便利。"第 174 条第 1 款规定："犯罪嫌疑人自愿认罪，同意量刑建议和程序适用的，应当在辩护人或者值班律师在场的情况下签署认罪认罚具结书。"这些书面材料，都应当在卷宗中留存，人民法院通过审查，确定司法机关是否尽到了告知义务，履行了法定程序。尤其是对认罪认罚具结书的审查更为关键，需要审查是否有被告人、辩护人或者值班律师签字等。2021年《刑事诉讼法解释》第349条规定了对人民检察院提起公诉的认罪认罚案件,人民法院应当重点审查的内容:①人民检察院讯问犯罪嫌疑人时,是否告知其诉讼权利和认罪认罚的法律规定;②是否随案移送听取犯罪嫌疑人、辩护人或者值班律师、被害人及其诉讼代理人意见的笔录;③被告人与被害人达成调解、和解协议或者取得被害人谅解的,是否随案移送调解、和解协议、被害人谅解书等相关材料;④需要签署认罪认罚具结书的,是否随案移送具结书。通过对这些内容的审查,能够检验检察机关开展认罪认罚工作程序是否完备。

(2) 审查被告人是否认罪

对于认罪认罚案件,检察院提起公诉时会随案移送被告人签署的认罪认罚具结书、量刑建议等材料。法院在开庭之前需要提讯被告人,向其告知相关权利和法律规定,听取其是否认罪认罚的意见。在此过程中,法院要恪守中立的地位,引导被告人如实表达意见,询问其在整个诉讼过程中各项权利是否得到保护。有辩护人的,要听取辩护人意见,了解被告人认罪认罚的真实性。没有辩护人的,应当在庭前安排值班律师为其提供法律帮助,在被告人会见值班律师时,为其提供宽松、私密的环境,以便于被告人向值班律师敞开心扉,表达真实的想法。

(3) 审查案件事实

由于庭审时间有限,而且一旦确定被告人认罪认罚符合要求后,庭审就更加简化,所以庭外的证据审查尤为重要。一是审查在案证据是否合法,是否具有证据资格,防止非法证据进入诉讼。对于被害人陈述、证人证言等有疑问的,应当直接与被害人、证人核实,不能直接采信。二是审查在案证据能否得出起诉书指控的事实。通过阅卷,把握证据之间的印证关系,从而确定证据得出的事实,将这一事实与起诉书指控的事实进行比较。根据比较的结果分别作出处理,把握的底线是起诉书指控的事实不能超过证据所证明的事实。在审查过程中,有必要的可以提讯被告人,也可以征询辩护人的意见。

(4) 审查案件定性

2021年《刑事诉讼法解释》第352条规定:"对认罪认罚案件,人民检察院起诉指控的事实清楚,但指控的罪名与审理认定的罪名不一致的,人民法院应当听取人民检察院、被告人及其辩护人对审理认定罪名的意见,依法作出判决。"据此，人民法院需要审查公诉机关指控的罪名是否适当，不适当的应依法纠正。对案件的定性是否准确可以分两步判断，一是通过起诉书指控的事实判断；二是根据证据判断。如果起诉书指控的事实与指控的罪名存在矛盾，从事实得不出这样的定性，则属于指控有误。如果起诉书指控事实与罪名相协调，则需要进一步通过证据反映的事实来判断罪名是否适当。通过庭外的审查没有问题的，则可以按照认罪认罚案件处理。

2. 庭审调查

经过庭外审查查明被告人认罪认罚缺乏自愿性、公正性的，应当不予认可被告人的认罪表示，按照一般的诉讼程序处理。如果经审查认为符合认罪认罚的条件，则可以按照认罪认罚案件相应的诉讼程序处理，并注重在庭审过程中的调查功能。

（1）速裁程序的庭审调查

按照《刑事诉讼法》的规定，适用速裁程序审理案件一般不进行法庭调查和法庭辩论，重点在于调查核实被告人认罪认罚的自愿性和认罪认罚具结书内容的真实性、合法性。庭审时，法官能够直接面对被告人，也是被告人直接接触法官的一次机会。法官要善于利用庭审，通过与被告人的交流察言观色，判断被告人认罪的自愿性和自愿程度。一些被告人虽然接受了量刑建议，但通过交流就能感觉到其是勉强认罪，认罪或许是因为受到压力，或许是因为其他无奈之举。法官发现一些不正常的现象后，不能为了快速审判而回避问题，而是要进一步挖掘被告人的内心所想。如果认罪认罚不是被告人真实意愿，要鼓励被告人放下心理包袱，使其明白不按照认罪认罚处理并不意味着对其重判。对于不适合适用速裁程序审理的，要转为简易程序或者普通程序审理。

庭审过程中，除了关于认罪认罚自愿性的审查，还需要关注实质的审查，即检察院的指控是否公正。"即使在速裁程序中，也并非一点'庭审实质化'都没有，因为法庭仍要对被告人认罪认罚的自愿性、真实性和案件基本事实的可靠性进行实质性审查，控辩双方如有不同意见仍应充分发表；法官要对事实、证据和案件处理负最终责任。"[①]《刑事诉讼法》所规定的对适用速裁程序审理案件，一般不再进行法庭调查和法庭辩论，前提是经过庭外审查法官没有

---

① 朱孝清：《认罪认罚从宽制度中的几个理论问题》，载《法学杂志》2017年第9期，第15页。

疑问，如果法官对案件存有疑问，在庭审过程中可以进行相应的调查以排除疑问。不能排除疑问的，应当改变适用的程序。有辩护人参与诉讼的，在庭审中应听取辩护人的意见。在被告人最后陈述阶段，如果发现案件可疑的，应当转程序审理。

（2）简易程序的庭审调查

按照《刑事诉讼法》的规定，简易程序具有广泛的适用范围，被告人认罪认罚的案件均可以适用简易程序审理。适用简易程序审理，对于判处三年有期徒刑以下刑罚的，可以实行独任审判；判处三年有期徒刑以上刑罚的，由合议庭审理，对这种罪行相对较重的案件，发挥合议制的优势，保证案件质量。适用简易程序审理认罪认罚案件，首先需要在庭审中审查被告人认罪认罚的自愿性，这一点与速裁程序的审查没有区别。适用简易程序审理案件，有法庭调查和法庭辩论环节，在此过程中，法官应当听取双方的意见，从中了解案件有无可疑之处。结合庭外调查的情况进行基础事实审查，法官要审查认罪认罚案件是否达到事实清楚，证据确实、充分的证明要求，"防止证据不足案件被认罪认罚所消化，严守防范冤假错案、罪及无辜的底线"。①

（3）普通程序的庭审调查

对于认罪认罚案件，一般均适用速裁程序和简易程序审理，少数情况下，适用普通程序审理，往往是案件因为附带民事调解、调取证据等原因导致超过了速裁程序、简易程序的审理期限。即使适用普通程序审理，由于被告人认罪认罚，庭审的对抗性降低，法庭的审理也相对简化，庭审进展将更为顺利。但法庭审理的重心仍然应放在被告人认罪认罚的自愿性以及指控意见的公正性上。对于法庭审理过程中暴露出来的可能影响认罪认罚的情形，要及时关注，作出处理，这种关注要贯穿于整个庭审过程，直至被告人最后陈述。根据"两高三部"《认罪认罚指导意见》第39条的规定，庭审中审判人员可以根据具体案情，围绕定罪量刑的关键事实，对被告人认罪认罚的自愿性、真实性等进行发问，确认被告人是否实施犯罪，是否真诚悔罪。被告人违背意愿认罪认罚，或者认罪认罚后又反悔，依法需要转换程序的，应当按照普通程序对案件重新审理。发现存在刑讯逼供等非法取证行为的，依照法律规定处理。法官在具体

---

① 杨立新：《认罪认罚从宽制度理解与适用》，载《国家检察官学院学报》2019年第1期，第58页。

办案过程中，要发挥庭审的实质功能，从中发现问题，解决问题。

以上是从审查认罪认罚的自愿性角度做的论述，目的在于防止被告人被迫认罪认罚或者按照检察院的指控不公正地处理案件。反过来看，对于公诉机关没有启动认罪认罚程序，被告人没有签署认罪认罚具结书的案件，在庭外审查和庭审调查中如果认为符合认罪认罚的适用条件的，应当随时启动认罪认罚的相关程序。因为认罪认罚已经属于一个法定从宽处罚情节，是有利于被告人的量刑情节，符合条件而不适用的，同样是对被告人权利的侵犯。根据"两高三部"《认罪认罚指导意见》第49条的规定，被告人在侦查、审查起诉阶段没有认罪认罚，但当庭认罪，愿意接受处罚的，人民法院应当根据审理查明的事实，就定罪和量刑听取控辩双方意见，依法作出裁判。这是程序转换的一种方式，目的在于以最为简便的方法，实现被告人认罪认罚的效果。

四、小结

对认罪认罚案件坚持何种证明标准，受到了广泛的关注，为了保证案件质量，防止被追诉人因违心认罪而被错误追究，应当坚持"证据确实、充分"的一般证明标准。但由于被告人的有罪供述也是证据之一，就降低了控方证明的难度，证据认证规则也相应简化。为了保障被追诉人明智认罪，应当在审查起诉阶段实行证据开示制度。在案件定性环节，存在把无罪认定为有罪，把轻罪认定为重罪的风险，被追诉人难以识别，需要司法人员和辩护律师认真履职。对于认罪认罚案件，人民法院要加强审判审查，一是审查自愿性，防止被告人非自愿认罪；二是审查公正性，防止控方不公正的指控。审判审查的方式包括庭外审查和庭审调查。

第四章
量刑协商权的保护——认罚自愿性的实现

我国的认罪认罚从宽制度，把认罪与认罚捆绑在一起，被追诉人不仅要认罪，而且要认罚，即愿意接受处罚，才符合这一制度的适用条件。被追诉人认罚同样要求是出于自愿，最直接的表现就是通过控辩双方的量刑协商达成一致意见，形成量刑建议。这也是认罪认罚从宽制度的核心环节，如果量刑协商违背被追诉人的意愿，则会侵犯其合法权利。认罪认罚的结果是从宽处罚，但何谓从宽处罚，从宽到什么程度，又会反过来影响到对被追诉人是否认罚的认定。

第一节 实体从宽的限度

认罪认罚从宽制度通过量刑优惠来激励被追诉人主动认罪认罚，量刑优惠是从宽处罚的表现形式，认罪认罚与从宽有何种关系？为什么能够从宽？能够从宽多少？关系到被追诉人的实体权利，也是研究认罪认罚从宽制度不可回避的问题。

一、实体从宽的定性分析——认罪认罚的量刑情节属性[①]

和一般意义上的认罪案件审理程序不同，认罪认罚从宽制度适用于被追诉人认事认罪认罚的案件，对被追诉人提出了较高的要求。相应地，也就应该给予被追诉人更多的量刑优惠，即"可以依法从宽处理"。《刑事诉讼法》第15

[①] 本部分内容笔者已经以《多样态认罪认罚及其后果——认罪认罚从宽制度基本概念的再认识》一文发表，载《警学研究》2020年第2期，第80—88页。

条的规定,①赋予了认罪认罚以量刑情节的地位,"认罪认罚从宽已经成为诉讼法的重要原则,意味着认罪认罚已经成为法定的从宽情节,量刑时应予考量,从宽处理不再是可有可无"。②

对认罪认罚的被告人,在程序上可以从简从快,在实体上可以从宽处罚是个不争的事实。"实体从宽是被追诉人权衡得失之后以认罪认罚换取的对价,主要是指审判阶段的从轻、减轻、免除处罚判决。程序从宽则是指对被追诉人更为有利的程序性处理……"③ 对于程序从简的问题将在下一章展开论述,在实体上如何从宽处罚,会有不同的理解,也是本部分需要讨论的问题。

(一) 观点分歧

研究"从宽"的含义,首先需要明确认罪认罚的量刑情节价值,能不能独立适用。对此有不同意见:

一种意见认为,认罪认罚是一个量刑情节,但不能单独依据认罪认罚就对被告人从宽处罚,"对认罪认罚的犯罪嫌疑人、被告人,要分别适用自首、坦白、当庭自愿认罪、真诚悔罪认罚、取得谅解和解等法定、酌定从宽情节,根据刑法、刑事诉讼法及量刑指导意见等相关规定,依法决定是否从宽、从宽多少,特别是减轻、免除处罚,必须于法有据"。④ 这种意见把认罪认罚作为其他从宽量刑情节的综合体现,而不是一个可以独立适用的量刑情节。"两高三部"《认罪认罚指导意见》规定:"办理认罪认罚案件,应当依照刑法、刑事诉讼法的基本原则,根据犯罪的事实、性质、情节和对社会的危害程度,结合法定、酌定的量刑情节,综合考虑认罪认罚的具体情况,依法决定是否从宽、如何从宽。对于减轻、免除处罚,应当于法有据;不具备减轻处罚情节的,应当在法定幅度以内提出从轻处罚的量刑建议和量刑;对其中犯罪情节轻微不需要判处刑罚的,可以依法作出不起诉决定或者判决免予刑事处罚。"这一规定体现的就是不能独立适用的意见,认为认罪认罚只能与其他情节结合适用。

另一种意见认为,"从修改后刑事诉讼法的规定来看,此处的'从宽处罚'

---

① 《刑事诉讼法》第15条:犯罪嫌疑人、被告人自愿如实供述自己的罪行,承认指控的犯罪事实,愿意接受处罚的,可以依法从宽处理。
② 杨立新:《认罪认罚从宽制度理解与适用》,载《国家检察官学院学报》2019年第1期,第53页。
③ 郭志媛:《认罪认罚从宽制度的理论解析与改革前瞻》,载《法律适用》2017年第19期,第49页。
④ 杨立新:《认罪认罚从宽制度理解与适用》,载《国家检察官学院学报》2019年第1期,第53页。

应当是独立的量刑情节,即可以依据认罪认罚的情节直接予以从轻、减轻或者免除处罚"。[1] 对于自首、坦白等情节从宽处罚具有刑法的依据,如果认罪认罚不能作为独立的量刑情节,则失去了其存在的价值。

(二) 本文观点

在刑事诉讼法总则已经有所规定的情况下,笔者同意肯定意见,可以单独据此情节对被告人从宽处罚,如果有自首、坦白等情节的,可以双重适用,只是在从宽的幅度上有所区别。理由有二:

一是基于制度价值实现的需要。赋予认罪认罚独立量刑情节的地位,才能激发被追诉人认罪认罚的积极性,从而实现程序简化的目的。如果认罪认罚不能作为独立的情节体现,而是与其他情节综合适用,则会使其在量刑方面失去了显性的意义,制度功能将受限,被追诉人是否认罪认罚对量刑结果将没有明显的影响。

二是基于认罪认罚性质的考量。自首、坦白等情节具有法定的条件,不具有自首、坦白等情节的被告人,在诉讼过程中可以认罪认罚,也就可以据此对其从轻处罚。而有自首、坦白等情节的被告人,也可以在此基础上再认罪认罚,其主观悔过态度也就更进一步,量刑上自然应有所体现。自首但不认罪认罚的被告人和自首又认罪认罚的被告人在主观悔过态度上有所区别,所耗费的诉讼资源也不同,通过量刑上差异的体现,可以收到更好的效果。而且,认罪认罚与自首、坦白情节可能存在部分重合,也可能完全相互独立,并不是包含关系。有自首、坦白情节的,也可能不认罪认罚,有认罪认罚情节的,也可能不是自首、坦白。对二者分别评价,不存在完全的重复评价问题。

二、实体从宽的正当性:是否影响国家的刑罚权

在认罪认罚从宽制度中,对被告人来说最大的实惠莫过于能够获得实体上的从宽处理,即被判处相对较轻的刑罚。为了获得量刑上的优惠,被告人主动地认罪认罚,与控方进行量刑协商,检察院据此提出相对较轻的量刑建议,法院经过审理确认量刑协商的真实性,依法作出相对较轻的量刑判决。反过来看,如果法院不兑现政策,不予以从宽处罚,则被告人会丧失认罪认罚的积极

---

[1] 杨万明主编:《新刑事诉讼法司法适用解答》,人民法院出版社2018年版,第176页。

性，这项制度也就难以推进。为了获得处理程序简易化、处理结果从宽化，控辩审三方都具有现实的动力，去积极推动认罪认罚从宽制度的运行。但是，这种公权力与私权利之间的利益交换是否会影响到国家刑罚权的行使，让人不无担忧。主要存在两个方面的问题。

（一）是否侵犯国家刑罚裁量专属权

根据《宪法》①以及《刑事诉讼法》②的相关规定，人民法院行使国家审判权，包括刑罚裁量权，而且是行使刑罚裁量权的唯一机关。在认罪认罚从宽制度中，检察院提出量刑建议，而《刑事诉讼法》第201条第1款规定："对于认罪认罚案件，人民法院依法作出判决时，一般应当采纳人民检察院指控的罪名和量刑建议，但有下列情形的除外：（一）被告人的行为不构成犯罪或者不应当追究其刑事责任的；（二）被告人违背意愿认罪认罚的；（三）被告人否认指控的犯罪事实的；（四）起诉指控的罪名与审理认定的罪名不一致的；（五）其他可能影响公正审判的情形。"也就是说，人民法院以采纳检察院的量刑建议为原则，这就让人怀疑是检察权侵犯了审判权，而量刑建议又是控辩双方协商的结果，从而认为审判权受到了控辩双方的夹击，实质上被架空。早在我国进行量刑规范化改革，部分法院推行量刑答辩制度时，就有学者提出，随着商谈和妥协在刑事诉讼中比重的增大，量刑答辩或多或少存在某些否定现代审判制度的契机。一旦出现走极端的偏向，就有可能滑向一切取决于当事人同意的势态，这就存在一个量刑答辩的悖论，或者称之为司法参与的陷阱。要避免这种倾向，就必须不容许无原则的妥协。用当代法哲学家德沃金（Ronald Dworkin）的话来表述，就是要在司法领域坚持原则。③

正确认识认罪认罚案件中法院的裁判权，首先需要从认罪认罚案件裁判的过程以及裁判结果的确定来考察。在认罪认罚从宽制度中，公诉机关起诉案件时，会随案移送量刑建议，为了维护控辩双方量刑协商的效力，也是为了兑现刑事政策，《刑事诉讼法》规定人民法院一般应当采纳量刑建议。如果没有此项规定，量刑建议也就失去了价值，被告人进行量刑协商、认罪认罚就失去了

---

① 《宪法》第131条：人民法院依照法律规定独立行使审判权，不受行政机关、社会团体和个人的干涉。
② 《刑事诉讼法》第12条：未经人民法院依法判决，对任何人都不得确定有罪。
③ 季卫东：《量刑答辩的悖论与正解》，载《财经》总第258期。

动力。但是,"检察机关的量刑建议毕竟是求刑权,最终对案件作出裁判的是审判机关,而非检察机关"。①因为人民法院采纳量刑建议,以量刑建议正确为前提,如果认为量刑建议不当的,可以不采纳量刑建议。也就是说,检察院的量刑建议对人民法院没有绝对的约束力。《刑事诉讼法》第 201 条第 2 款进一步规定:"人民法院经审理认为量刑建议明显不当,或者被告人、辩护人对量刑建议提出异议的,人民检察院可以调整量刑建议。人民检察院不调整量刑建议或者调整量刑建议后仍然明显不当的,人民法院应当依法作出判决。"这些规定都是维护人民法院量刑权的具体体现,人民法院的刑罚裁量专属权并不因为认罪认罚从宽制度而旁落。

(二)是否违背罪刑相当原则

刑事案件追求量刑公正,对被告人做到罚当其罪。我国《刑法》第 5 条规定了罪责刑相适应的原则,即"刑罚的轻重,应当与犯罪分子所犯罪行和承担的刑事责任相适应"。刑事审判的目标一方面在于对被告人的行为准确定罪,另一方面在于公正地量刑。在被告人认罪认罚的情况下,据此对其从宽处罚,即判处较轻缓的刑罚,不禁使人担心,因为这会放纵犯罪分子,破坏量刑公正。对此问题需要从实体和程序两个层面理解。

1. 刑罚价值和功能角度的考虑

刑罚具有特殊预防的功能,通过对犯罪的人处以刑罚,进行报应性地惩处,从而使其不敢再次犯罪。而对于认罪认罚的被告人来说,其自身的危险性降低,再犯罪的可能性更小,所需要的刑罚量也就降低。"相对于罪犯被动接受惩罚而言,罪犯认罪认罚无疑会取得更好的改造效果,从而减少国家改造罪犯的成本。"②菲利曾经指出:"对刑事司法程序中的认罪者给予刑罚轻缓化之本质理由并不在于诱使其尽快认罪,而在于这种协商正体现出了犯罪嫌疑人的悔罪表现和改造可能性,使其人身危险性相对于未认罪者相对较低,从而应当给予刑罚轻缓化的处遇措施,有利于对犯罪人的教育改造,以达到刑罚特殊预

---

① 胡云腾主编:《认罪认罚从宽制度的理解与适用》,人民法院出版社 2018 年版,第 103 页。
② 胡云腾:《正确把握认罪认罚从宽 保证严格公正高效司法》,载《人民法院报》2019 年 10 月 24 日。

防之效果。"① 凡是存在量刑协商类似制度的国家和地区，都会存在这方面的问题。在德国，真诚地认罪悔过应当得到一定的量刑优惠这一原则已得到普遍认可，德国学者施密特认为，只要被告人认罪，即使其为了从轻量刑，也不能排除其具有悔过的可能性，按照存疑有利于被告人的认定原则，可以作为从轻量刑的依据。即使被告人没有悔过，认罪口供在确定案件事实方面的价值也足以成为从轻量刑的依据。② 同时，刑罚还具有安抚的功能，包括安抚受害人及社会公众，通过对犯罪的被告人判处刑罚，会使社会公众，尤其是受害人得以慰藉。而被告人在犯罪以后，认罪认罚态度好，本身对社会和受害人就是一种宽慰，尤其是通过赔偿补偿、赔礼道歉等方式与被害人和解的情况下，受害人心理满意度上升，刑罚的抚慰功能得以实现或者部分实现，据此，认罪认罚的被告人所需要的刑罚量也就降低。

总之，犯罪是一种恶，刑罚也是一种恶，但因为刑罚是以恶治恶，所以具有了正当性，如果刑罚过量，则不应具有正当性，超过需求的刑罚仍然是恶。从刑罚的预防和抚慰功能看，对认罪认罚的被告人从宽处罚具有正当性。

2. 认罪认罚从宽制度程序价值角度的考虑

从刑事诉讼的角度看，案发以后，被告人不认罪是常态，也是设置法定刑的基础，也就是说刑事立法上，法定刑是根据被告人不认罪这一样态设置的，要求被告人都认罪，不具有期待可能性。而有些被告人案发以后认罪认罚，配合司法机关开展刑事诉讼工作，不再行使那些属于被告人的诉讼权利，司法机关办案更为顺畅，所需要投入的时间和成本相对降低。对于被告人放弃权利的行为，国家应当给予量刑上的优惠，才是一种对等的、公允的做法。把程序选择作为被告人量刑的权重之一具有一定的正当性和科学性。被告人认罪且选择快速处理程序来审理其案件，事实上节省了国家的司法资源。"如果对快速处理程序中认罪的被告人不能给予量刑上的优惠或补偿，就可能导致诉讼权利的不公平。"③ 如果对于选择适用更为简化诉讼程序的被告人与那些不认罪的被告人同等看待，就会缺乏公正性。所以，从程序价值看，因认罪认罚而节约司

---

① [意]恩里科·菲利：《实证派犯罪学》，郭建安译，中国人民公安大学出版社2004年版，第311页。
② 李昌盛：《德国刑事协商制度研究》，载《现代法学》2011年第6期，第151页。
③ 李本森：《刑事速裁程序试点的本地化差异》，载《中外法学》2017年第2期，第526—527页。

资源，获取量刑上的优惠，有正当的根据。

被告人认罪认罚的价值不仅在于自己的个案得到了快速处理，让司法人员轻松顺利地办结一案，而且因其认罪认罚，节约了司法资源，使得司法机关能够腾出更多的功夫和精力，去办理那些具有争议的案件，在那些案件的公正处理中，进一步地实现了本案认罪认罚的价值。据此，给予被告人量刑上的优惠也就理所当然。从功利角度看，"为了较少资源耗费，同时降低诉讼过程中可能带来的不当行为而造成被告人无罪的结果，公诉方自然乐意让被告人自愿认罪，但获得被告人的承认而不付出代价是根本行不通的"。[1] 对认罪被告人从宽处罚，已经成为一项普遍性的做法，据实证研究显示，美国辩诉交易被告人获得的优惠更大，在纽约市，被告人经由审判所受的宣告刑通常比接受辩诉交易者所受的宣告刑要重 136%。[2]

根据上述分析可见，"悔罪""降低诉讼成本"以及"修复社会关系"都可以成为独立的从宽理由，[3] 对认罪认罚被告人从宽处罚具有正当基础。"'认罪认罚从轻处罚'不会影响国家司法公正……对于国家司法尊严而言，其做出的让步是有条件的，也是有限的，并不会因此影响到司法公信力。相反，'宽严相济''认罪从轻'有利于彰显刑法教育挽救的功能，提升司法公信力。"[4] 司法人员在办理认罪认罚从宽案件过程中，仍然会受到相应的约束，最终的判断标准，即在于量刑结果应当符合罪责刑相适应的原则。

三、从宽处罚的幅度

对认罪认罚的被告人从宽处罚，应当遵守罪责刑相适应的原则，在这一原则的指导下裁量刑罚，具体的从宽方式，可以充分挖掘从宽的制度内涵，实现更好的制度价值。

（一）是否从宽的裁量

《刑事诉讼法》第 15 条规定，对于认罪认罚的被告人，"可以依法从宽处

---

[1] 耿慧茹：《比较法视野下对我国刑事简易程序的思考》，载《人民司法（应用）》2012 年第 13 期，第 92 页。
[2] 王兆鹏：《美国刑事诉讼法》，北京大学出版社 2014 年版，第 676—678 页。
[3] 迟大奎：《论认罪认罚"从宽"中的司法适用》，载《法学杂志》2020 年第 11 期，第 121 页。
[4] 杨诚：《完善刑事速裁程序法律体系——以认罪量刑协商为核心、建立配套机制》，载《犯罪研究》2016 年第 6 期，第 93 页。

理"，这是处理此类案件的基本原则。

首先这里的"可以"，具有明确的导向，在一定程度上就是应当的意思。《认罪认罚指导意见》指出："'可以从宽'，是指一般应当体现法律规定和政策精神，予以从宽处理。"从宽是从被告人自身的比较而言的，也就是对一个认罪认罚的被告人量刑时应轻于其不认罪认罚的情形。2021年《刑事诉讼法解释》第355条第1款规定："对认罪认罚案件，人民法院一般应当对被告人从轻处罚；符合非监禁刑适用条件的，应当适用非监禁刑；具有法定减轻处罚情节的，可以减轻处罚。"这就进一步确立了对认罪认罚被告人普遍从轻的原则。对于被告人来说，认罪认罚是一个法定情节，在其具备法定情节的情况下，司法人员不能任意剥夺，否则属于法律适用错误。可以说，认罪认罚的被告人具有获得从宽处理的权利，这是一项法定的权利，依法受保护。如果不从宽处理，应当具有正当的理由。这就需要反向制约司法机关，不得滥用裁量权。

其次，"可以"毕竟不是"应当"，司法人员仍然具有裁量权，对于有些被告人不予从轻处罚。如果对于认罪认罚的被告人一律从宽处理，则认罪认罚从宽制度可能成为一些人逃避严厉制裁的工具，有预谋地实施犯罪，然后潜逃，如果被抓获了则认罪认罚获得从宽处罚。尤其是那些罪行极其严重的被告人，是否从宽处罚，会影响到死刑的适用，因为既然从宽处罚，就不应判处法定最高刑。而我国的认罪认罚从宽制度没有案由和刑期的限制，所有的刑事案件均可以适用，包括可能判处死刑的案件。《认罪认罚指导意见》指出："可以从宽不是一律从宽，对犯罪性质和危害后果特别严重、犯罪手段特别残忍、社会影响特别恶劣的犯罪嫌疑人、被告人，认罪认罚不足以从轻处罚的，依法不予从宽处罚。"这是从规范性文件角度所做的规定，体现了对于认罪认罚量刑情节审慎的态度。从规范的效力和认罪认罚从宽制度角度考虑，对不从宽处理的情形要严格限制，仅限于《认罪认罚指导意见》所规定的情形，不能再人为地扩大。为了避免随意剥夺被告人从宽处罚的权利，对"犯罪性质和危害后果特别严重、犯罪手段特别残忍、社会影响特别恶劣"应做限缩性解释，即三个条件同时具备才不予从宽处罚，而不是三者有其一就不从宽处罚。

（二）从宽多少的裁量

从当前的司法实践看，认罪认罚的被告人获得从宽的幅度有限，并没有达到立法预期。有研究者通过认罪认罚从宽试点自2016年11月至2020年4月，六个城市法院裁判的 30129 份醉酒型危险驾驶罪的判决书进行实证研究发现：司法中对认罪认罚从宽的适用部分依附于被告人的犯罪情节、自首、坦白以及对被害人的"积极赔偿"行为，认罪认罚的被告人仅在自由刑的裁量上受到了较低幅度的从轻处罚，在罚金刑和非强制措施的适用上均没有获得显著和普遍意义的从宽。[1] 这一现状，需要引起反思，并在司法行为中逐步校正。

1. 裁量的法律依据

对认罪认罚的被告人量刑时从宽多少要受到法律的约束，符合罪刑相适应原则的要求。《刑事诉讼法》规定的是"依法从宽处理"，从宽处罚要依法进行，具有法律依据，而不是没有边界。从宽处罚所依据之法包括两个方面，一是实体法，即刑法中关于量刑的规定，包括《刑法》第 5 条所规定的罪责刑相适应原则，《刑法》第 61 条[2]规定的量刑一般原则，以及有关自首、坦白等量刑情节的规定等。这些规定也是其他案件量刑时的依据。二是程序法的规定，即《刑事诉讼法》中关于量刑的规定，包括第 15 条关于认罪认罚适用原则的规定，以及第 201 条关于量刑建议的采纳与裁判等规定。这些规定专属于认罪认罚案件。在对认罪认罚案件量刑时要尤其关注程序法的规定，突出程序属性，从而发挥制度价值。

《认罪认罚指导意见》指出："办理认罪认罚案件，应当依照刑法、刑事诉讼法的基本原则，根据犯罪的事实、性质、情节和对社会的危害程度，结合法定、酌定的量刑情节，综合考虑认罪认罚的具体情况，依法决定是否从宽、如何从宽。"一般来说，被告人都有两个以上的量刑情节，在量刑的时候要对各量刑情节综合考量。在具体办案过程中，尤其要"综合考虑认罪认罚的具体情况"，使得认罪认罚在量刑中发挥更大的作用。

2. 裁量的方法

量刑问题是一个复杂的过程，"司法人员在量刑时，需要考虑到多种因素的平衡，包括罪与刑的平衡，诉讼各方利益的平衡，刑罚惩罚功能与教育功

---

[1] 吴雨豪：《认罪认罚"从宽"裁量模式实证研究——基于部分城市醉酒型危险驾驶罪的定量研究》，载《中外法学》2020 年第 5 期，第 1231 页。

[2] 《刑法》第 61 条：对于犯罪分子决定刑罚的时候，应当根据犯罪的事实、犯罪的性质、情节和对于社会的危害程度，依照本法的有关规定判处。

能、抚慰功能的平衡，一般预防功能与特殊预防功能的平衡，类案之间的平衡等"。① 对于认罪认罚案件还要考虑到与同类非认罪认罚案件的平衡。根据被告人认罪认罚的具体情况，在裁量刑罚时应当遵循以下原则：

（1）认罪认罚越早，从宽越多的原则

认罪认罚能够体现被追诉人的悔罪态度以及程序经济价值，而这些效应与认罪认罚的时间成正相关关系，即认罪认罚越早，体现的悔罪态度越好，对诉讼资源的节约就越多。相应地，给予被追诉人的量刑优惠就应该越大。最终的目标在于让从宽看得见，使认罪认罚成为一种显性的量刑情节，为此，可以从规范层面"建立认罪认罚与从宽处罚之间的强制性对应量刑法则"，② "根据被追诉人认罪时国家所获得的'收益'来设置认罪认罚的从宽幅度，给予梯级化量刑优惠制度"。③ 从而让从宽变得清晰可视，让被告人能够感受到认罪认罚带来的量刑优惠。在英国有关量刑的规定中，明确规定了被告人在案件进入审理之前适当的时机认罪的，可以减刑三分之一，被告人在案件将进入审理时认罪的，可以减刑四分之一，被告人在案件审理结束时认罪的，可以减刑十分之一。可见，每个国家的法律都有鼓励公民认罪配合司法的目的，并且在考虑量刑减让时，同时考虑被告人对司法资源的节省程度。④ 2021年《刑事诉讼法解释》第355条第2款规定："对认罪认罚案件，应当根据被告人认罪认罚的阶段早晚以及认罪认罚的主动性、稳定性、彻底性等，在从宽幅度上体现差异。"

这一观点，已经在多地的司法实践中运行，如厦门市集美区于2016年12月便制定出台《关于开展刑事案件认罪认罚从宽"321"机制的试行办法》，该办法规定犯罪嫌疑人、被告人在侦查、起诉、审判阶段，认罪越早，从宽的幅度越大：在侦查阶段认罪最多可减少基准刑的30%、在起诉阶段认罪最多可减少基准刑的20%、在审判阶段认罪最多可减少基准刑的10%。辽宁省政法五部门将认罪认罚从宽制度纳入量刑规范化："在确定从宽幅度上，要根据被告人认罪的不同阶段，减少基准刑的10%至30%。"济南市中级法院推出"阶梯式

---

① 臧德胜：《科学适用幅度型量刑建议》，载《人民法院报》2019年8月29日，第2版。
② 左卫民：《认罪认罚何以从宽：误区与正解——反思效率优先的改革主张》，载《法学研究》2017年第3期，第171—172页。
③ 杜萌：《刑事案件认罪认罚从宽试点成效几何》，载《法制日报》2017年7月1日，第5版。
④ 门金玲：《认罪认罚从宽的制度逻辑与辩护律师的参与》，载微信公众号"京都律师"，2019年10月28日。

从宽量刑机制",规定侦查阶段认罪,最多可减少基准刑的35%、起诉阶段认罪最多可减少25%、审判阶段认罪最多可减少15%。[①]

（2）认罪认罚越彻底,从宽越多的原则

前文已论述,认罪具有不同的层次,有的只供述犯罪事实,有的承认构成犯罪,有的认可司法机关认定的罪名。并且认罚也具有不同的表现,有的表示愿意接受处罚,有的同意公诉机关的量刑建议。不同层次的认罪认罚,反映的悔过程度不同,对司法资源的节约程度也不同,这些需要在量刑中体现。《认罪认罚指导意见》也指出："在刑罚评价上,主动认罪优于被动认罪,早认罪优于晚认罪,彻底认罪优于不彻底认罪,稳定认罪优于不稳定认罪。"这正是认罪认罚具体情况在量刑中的体现,鼓励被追诉人彻底、稳定地认罪认罚。但是需要注意的是,这一规则只能发挥其正向作用,鼓励被追诉人彻底认罪,而不能利用这一从宽规则限制被追诉人反悔,不能以加重处罚威胁被追诉人反悔,否则容易导致虚假的认罪认罚难以被及时发现。

（3）与其他量刑情节综合适用的原则

认罪认罚是被告人的量刑情节之一,在具体案件中应当与其他情节合并适用,综合考量,尤其是在存在其他从宽处罚情节时,需要量刑情节之间相互补充。与认罪认罚密切相关的量刑情节包括自首、坦白、退赔退赃、和解等,这些情节之间既可能部分重叠,也可能相互独立。《认罪认罚指导意见》指出："认罪认罚与自首、坦白不作重复评价。"但是,这一规定值得商榷,不利于保护被追诉人从宽处罚的权利。因为自首、坦白的被告人不一定具有认罪认罚情节,具有认罪认罚情节的也不一定具有自首、坦白情节,所以二者不存在重复评价问题。这些均属于有利于被追诉人的量刑情节,在法律规定的范围内,应尽可能地发挥其调节量刑的功能。

按照现行规定,认罪认罚不能单独作为减轻处罚情节,只能作为从轻处罚情节,自身的调节功能有限,这就更需要结合其他量刑情节发挥作用。对于在法定幅度最低刑量刑仍然过重的,如果同时具有其他可以减轻处罚的情节,则可以综合考虑,予以减轻处罚。"对不具备法定减轻处罚情节的案件,应当在

[①] 曹松、李晨、陈于婧：《认罪越早 从宽越多——厦门集美探索"321"阶梯式从宽量刑》,载人民网,2019年8月13日,http://fj.people.com.cn/n2/2019/0813/c181466-33244088-3.html,2019年10月25日访问。

法定幅度以内从轻处罚,对其中犯罪情节轻微不需要判处刑罚的,可以酌定不起诉或者依照《刑法》37 条规定免予刑事处罚。案件没有法定减轻处罚情节,但又确实需要在法定刑以下量刑的,应当依法层报最高人民法院核准。"① 如果从全案看情节轻微不需要判处刑罚的,可以免予刑事处罚,此时的免予刑事处罚并非认罪认罚具有免除处罚的功能,而是依照《刑法》第 37 条的规定免除处罚。同时,从宽的幅度,还应当与被追诉人的人身危险性相协调,危险性越小的,从宽的幅度越大,危险性越大的,从宽的幅度越小。

(三)从宽幅度的完善

前文主要从现行制度框架下研究如何对被追诉人科学地适用从宽处理,从保护被追诉人权利的角度,有必要进一步完善从宽幅度的法律规定,以便更好地发挥认罪认罚从宽制度的功能。

1. 赋予认罪认罚减轻处罚的功能

作为一项被寄予厚望的举措,认罪认罚从宽制度对于刑事诉讼制度改革和刑事诉讼理念更新,均具有重大的意义。构建认罪认罚从宽制度,不能理解为只是简单的权力转移或者是程序简化,实质上是司法模式的转变,由对抗性司法向恢复性司法转变,从而促使被追诉人认罪认罚,以与国家、被害人和解,而达到化解矛盾、促进和谐的目的。要达到这样的效果,就需要发挥好"从宽"的机能,使被告人、辩护人具有更大的积极性参与进来。

在当前,对犯罪嫌疑人、被告人予以从宽处理,需要遵循罪刑法定原则,以刑法的既有量刑条款为限度,控辩双方在法律范围内协商而不得突破。② 有学者担忧,"过大的量刑折扣还可能刺激无辜者答辩有罪,同时造成选择正式审判的被告人与答辩有罪的被告人在量刑上的失衡,导致被告人在选择正式审判时面临很大的压力。"③ 这种理解和担忧,使得从宽仅仅体现为从轻。在没有其他法定减轻处罚情节的情况下,即便被告人认罪认罚,也不得减轻处罚或者

---

① 杨立新:《认罪认罚从宽制度理解与适用》,载《国家检察官学院学报》2019 年第 1 期,第 53 页。
② 陈卫东:《认罪认罚从宽制度研究》,载《中国法学》2016 年第 2 期,第 62 页。
③ 该意见认为,应当将从宽的幅度控制在合理的范围之内。从量刑理论和刑法基本理论来看,刑罚必须受到责任主义的约束,在量刑上差别对待的主要依据是犯罪人个人的有罪性和犯罪的严重性,过多地考虑认罪认罚在降低案件复杂程度和节约司法资源方面的价值,给予认罪认罚过大的量刑折扣刺激,将使裁判结果背离罪刑相适应的基本原则。参见熊秋红:《认罪认罚从宽的理论审视与制度完善》,载《法学》2016 年第 10 期,第 102 页。

免除处罚。如果把认罪认罚仅仅作为与其他量刑情节相结合才能发挥作用的量刑情节，则失去了其自身的独立性，程序性量刑情节的定位被掩盖。也就是说"这种从宽条件的感召力有限，而且有失公平"。① 为此，有必要赋予认罪认罚在特定案件中的减轻处罚功能。具体地说，从司法解释层面，将从宽处罚解释为包括从轻、减轻和免除处罚。有三个方面的理由：

第一，于法有依据，从宽本身就是一个概括性的概念，可以解释为其包括减轻、免除等内容，而不仅是从轻。最高人民法院司法解释关于刑事和解法律后果的规定为此提供了借鉴。② 当然，对于减轻、免除处罚的，可以附加必要的条件。

第二，实践有需求。从轻处罚只能在法定刑幅度以内量刑，对于已经达到某一法定刑幅度的案件，即便被告人认罪认罚，但没有其他法定减轻处罚情节的，仍然不能减轻处罚，会导致一些案件量刑不当。比如，被告人诈骗50万元，在北京地区属于数额特别巨大，法定刑为十年以上有期徒刑、无期徒刑。被告人到案后认罪认罚，退赔了被害人的经济损失，也得到了谅解，如果按照现行制度，量刑仍然为十年以上有期徒刑，与不认罪认罚没有区别，则体现不出量刑的差异性，实质上也就没有兑现认罪认罚从宽的刑事政策。此类案件由于量刑上的"地板"效应，无法对其从宽，以至于需要制定"建议在法定刑以下量刑"的核准机制，弥补法律空白。③ 而如果赋予认罪认罚减轻处罚的功能，则可以在十年有期徒刑以下量刑。司法实践中，一些案件通过呈请最高人民法

---

① 田文昌：《关于认罪认罚从宽程序实施中的几个问题》（2020年9月4日，在最高人民检察院与中国刑事诉讼法学研究会联合举办的"国家治理现代化与认罪认罚从宽制度研讨会"上的发言），载微信公众号"京都律师"，2020年9月6日。

② 《刑事诉讼法》第290条规定："对于达成和解协议的案件，公安机关可以向人民检察院提出从宽处理的建议。人民检察院可以向人民法院提出从宽处罚的建议；对于犯罪情节轻微，不需要判处刑罚的，可以作出不起诉的决定。人民法院可以依法对被告人从宽处罚。"《刑事诉讼法解释》第596条规定："对达成和解协议的案件，人民法院应当对被告人从轻处罚；符合非监禁刑适用条件的，应当适用非监禁刑；判处法定最低刑仍然过重的，可以减轻处罚；综合全案认为犯罪情节轻微不需要判处刑罚的，可以免除刑事处罚。共同犯罪案件，部分被告人与被害人达成和解协议的，可以依法对该部分被告人从宽处罚，但应当注意全案的量刑平衡。"

③ 朱孝清：《认罪认罚从宽制度相关制度机制的完善》，载《中国刑事法杂志》2020年第4期，第11—12页。

院在法定刑以下减轻处罚，有的案件扩大其他法定情节的适用范围[1]，从而争取减轻处罚，这样既造成程序上的烦琐，又造成法律适用上的不统一，而如果赋予认罪认罚从宽制度减轻处罚的功能，既能够解决实践中的难题，又可以鼓励那些法定刑较高又没有其他减轻处罚情节的被告人认罪认罚。

第三，适用有保障。"对司法官员滥用自由裁量权的普遍忧虑"可能也是立法者和司法改革决策者"对量刑协商的幅度做出了严格限制"的原因之一。[2]但这种担忧可以通过配套制度的完善尽量解决。从司法解释的层面仅做原则性的规定，具体什么案件如何从宽，由办案机关依法裁判。在司法责任制日益深入人心的背景下，赋予从宽处罚减轻功能并不会被滥用，或者说很少被滥用。可以通过案例指导、量刑规范等方式，设定减轻处罚、免除处罚的适用条件，从而避免司法裁量权的滥用。

2. 公开从宽处理的理由

司法公开是提高司法公信力的保障，认罪认罚从宽制度要得到被追诉人的认可，也需要充分做到司法公开，让被追诉人明白其认罪认罚得到了什么好处，处理结果上与不认罪认罚有何区别。如果不予以从宽处理的，更应当说明理由。长期以来，司法机关对刑罚裁量问题不说理或者说理不充分已经形成了固定的工作模式。在司法制度改革的过程中，需要采取强制性的措施推动说理。检察机关在征求被告人及辩护人或者值班律师意见时，既要听取对方的理由，也要说明自己的理由。在向法院提出量刑建议时不能仅提出结果，而应当说明理由，这种说理既是对控辩双方协商结果的固定，也是量刑建议得到法院采纳的保障。按照《刑事诉讼法》的规定，人民法院认为量刑建议明显不当的，检察机关可以调整量刑建立。这种调整的过程，会影响诉讼效率。而检察机关通过说理，说服了审判机关，有利于提升诉讼效率。法院的判决书对量刑问题的说理，有助于被告人服判息诉。司法机关的说理，也是对被追诉人的尊重，让其感受司法机关对其案件进行了充分的考虑，而不是随意处置。同时，

---

[1] 比如，《刑法》第67条第3款规定："犯罪嫌疑人虽不具有前两款规定的自首情节，但是如实供述自己罪行的，可以从轻处罚；因如实供述自己罪行，避免特别严重后果发生的，可以减轻处罚。"据此，一般坦白不是减轻处罚情节，但一些案件就扩大了特殊坦白的适用，从而减轻处罚。

[2] 陈瑞华：《刑事诉讼的公力合作模式——量刑协商制度在中国的兴起》，载《法学论坛》2019年第4期，第17页。

加强从宽处理的说理，有助于发挥示范效应，促使其他的犯罪嫌疑人、被追诉人主动认罪认罚。

四、小结

认罪认罚是独立的量刑情节，据此可以对被追诉人从宽处罚，由于被追诉人认罪认罚，人身危险性降低，诉讼程序简化，由人民法院裁决后从宽处罚符合罪刑相当原则，也没有侵犯法院的刑罚裁量权。从宽处罚的幅度要结合案件的其他情节综合考虑，现行制度下认罪认罚只是从轻处罚情节，为了保障被追诉人的权利，更好地发挥认罪认罚从宽制度的功能，可以将从宽解释为包括从轻、减轻和免除处罚。

第二节　量刑协商中的权利保护

由于认罪认罚从宽的"制度秘钥"掌握在检察机关手中，无论是从立法规定来看，还是从实践运行情况来看，认罪认罚案件的程序重心实际就在审查起诉环节。[①] 按照认罪认罚从宽制度的要求，检察机关在审查起诉阶段应当听取犯罪嫌疑人及其辩护人或者值班律师关于事实、罪名和量刑的意见，这就赋予了被告人参与量刑协商的权利。量刑协商是认罪认罚从宽制度的重要环节，也是刑事诉讼程序中最能体现被追诉人诉讼主体地位的环节，是保护被追诉人诉讼权利的重点。

一、量刑协商的概念及性质

当前，量刑协商只是学理上的一个概念，并没有得到立法上的确认，研究其概念和性质，有助于对其准确定位，并在实践中发挥其功能，从而解决一些争议性的问题。

---

① 李奋飞：《以审查起诉为重心：认罪认罚从宽案件的程序格局》，载《环球法律评论》2020年第4期，第23页。

(一) 量刑协商概念的提出

1. 关于量刑协商的不同意见

认罪认罚从宽制度中有无量刑协商，是一个没有定论的问题。不论是"两高三部"《认罪认罚试点办法》，还是 2018 年修订的《刑事诉讼法》，均没有量刑协商的提法，只是规定人民检察院在审查起诉阶段应当听取犯罪嫌疑人、辩护人或者值班律师对事实、罪名、量刑（从轻、减轻或者免除处罚等从宽处罚的建议）以及适用程序等问题的意见。同时规定，犯罪嫌疑人自愿认罪，同意量刑建议和程序适用的，应当在辩护人或者值班律师在场的情况下签署认罪认罚具结书。[①]

有观点认为，这实质上就是控辩协商，且把控辩协商界定为"认罪认罚从宽诉讼程序的本质内核"。[②] 研究者认为这种立法方式是"为避免社会对认罪认罚从宽制度产生误解"而"回避使用'协商'一词"。[③] 这种说法具有一定的依据，因为在官方发布的规范性文件中，表述方式发生过变化。《关于切实发挥职能作用做好刑事案件速裁程序试点相关工作的通知》[④] 指出，值班律师为犯罪嫌疑人、被告人提供法律帮助的内容之一是"帮助其进行程序选择和量刑协商"，但是，2017 年 8 月"两高三部"《关于开展法律援助值班律师工作的意见》[⑤] 将相关内容表述为"对检察机关定罪量刑建议提出意见"。《认罪认罚指导意见》继续延续类似的提法，指出值班律师的职责之一是"对人民检察院认定罪名、量刑建议提出意见"。2020 年《法律援助值班律师工作办法》规定，值班律师"对人民检察院指控罪名、量刑建议、诉讼程序适用等事项提出意见"。这种表述方式的变化，在一定程度上能够避免与西方国家的辩诉交易制度相混同。

反对的观点认为，我国并无量刑协商制度，虽然"这里存在'量刑讨论'

---

① 《刑事诉讼法》第 174 条。
② 樊崇义：《认罪认罚从宽协商程序的独立地位与保障机制》，载《国家检察官学院学报》2018 年第 1 期，第 121 页。
③ 杨立新：《认罪认罚从宽制度理解与适用》，载《国家检察官学院学报》2019 年第 1 期，第 59 页。
④ 《关于切实发挥职能作用做好刑事案件速裁程序试点相关工作的通知》（司发通〔2014〕111 号），2014 年 10 月 9 日发布。
⑤ 该文件现已被 2020 年《法律援助值班律师工作办法》废止。

的空间，但难以将认罪认罚从宽制度整体上定位为'量刑协商制度'"。[①] 由于没有实质上的量刑协商制度，所以从立法层面也就没有规定量刑协商。

2. 量刑协商制度的确立

对一个事物的判断应重实质而非形式，对认罪认罚从宽制度也是如此，关键在于控辩双方是否具有协商的过程，而不在于表述上是否有"协商"二字。"协商"，是指"共同商量以便取得一致意见"。[②] 从字面上看，协商首先是一个过程，互相听取对方意见，调整自己的意见，最终达成一致意见。没有达成一致意见的，则属于协商不成。协商的本质在于自愿性，即一方不能强迫另一方接受自己的意见。从文义上看，控方量刑建议的提出，符合协商的特征。公诉机关需要就量刑问题听取犯罪嫌疑人及其辩护人或者值班律师的意见，辩护方同意量刑建议的则签署具结书。"通过这一程序，能较好地体现控辩平等，并使量刑建议的客观公正性得到一定的保障。"[③] 在这一过程中，辩护方可以发表自己具有从宽处罚情节的意见，公诉机关根据辩护方的意见提出或者调整量刑建议，辩护人同意的签署具结书，而不同意的则不签署具结书。被告人一方完全可以拒绝接受量刑建议，从法律层面看双方是对等的。

虽然公诉机关针对案件事实和罪名也要听取犯罪嫌疑人、辩护人或者值班律师的意见，但对于这些问题，犯罪嫌疑人一方只有同意或者不同意的权利，公诉机关必须严格按照法律规定办事，没有讨论的空间，所以不存在事实协商或者定罪协商。但量刑问题不同，双方存在商量的空间，公诉机关可以适当调整量刑建议，所以这一阶段的协商仅仅是量刑协商。

在这一诉讼行为符合协商的特征的情况下，将其称为量刑协商并无不当，从概念表述上也明显区别于辩诉交易，因为我国的认罪认罚从宽制度协商的内容仅限于量刑问题，而不包括事实认定和定罪问题，即便是对量刑的协商，也是依法进行，不能突破法律规定的幅度。要"依法决定是否从宽、从宽多少，特别是减轻、免除处罚，必须于法有据"。[④] 而且，以协商来表述，还能突出被

[①] 熊秋红：《比较法视野下的认罪认罚从宽制度——兼论刑事诉讼"第四范式"》，载《比较法研究》2019年第5期，第89页。
[②] 《辞海（下）》（第六版普及本），上海辞书出版社2010年版，第4369页。
[③] 朱孝清：《认罪认罚从宽制度中的几个理论问题》，载《法学杂志》2017年第9期，第12页。
[④] 杨立新：《认罪认罚从宽制度理解与适用》，载《国家检察官学院学报》2019年第1期，第53页。

告人的诉讼主体地位，增强其对诉讼程序的认同，能够收到更好的效果。正如陈瑞华所言，"这种控辩协商不适用于被告人的行为不构成犯罪或者不应追究刑事责任的案件，控辩双方也不能就所指控的罪名和罪数进行协商，而主要围绕着量刑的种类和量刑的幅度进行协商，检察官对自愿认罪的被告人可以承诺给予一定幅度的量刑减让，因此，我们可以将其称为'量刑协商制度'。"① 从用词上来说，"协商"一词顺应了国际刑法对于犯罪非刑罚化和轻刑化的发展趋势，为协商性司法在中国的推广打下基础。②

在上述不同观点讨论过程中，2019年10月发布的《认罪认罚指导意见》明确使用了"协商"一词，第33条规定："……人民检察院提出量刑建议前，应当充分听取犯罪嫌疑人、辩护人或者值班律师的意见，尽量协商一致。""这一规定，可以说是对我国量刑协商制度的确认。"③

（二）量刑协商的定位

1. 协商的范围：量刑问题

我国的认罪认罚从宽制度以被追诉人有罪为前提，对定罪问题没有协商的余地，所以对认罪认罚案件仍然坚持证据裁判原则，坚持"证据确实、充分"的法定证明标准。之所以坚持这样的定位，与我国刑事诉讼的目的有关，《刑事诉讼法》第1条就规定了立法目的，即"为了保证刑法的正确实施，惩罚犯罪，保护人民，保障国家安全和社会公共安全，维护社会主义社会秩序"。惩罚犯罪是刑事诉讼的重要目的和任务，对于有罪的人必须接受相应的处罚，在罪与非罪、重罪与轻罪上坚持底线，不允许放纵犯罪分子。反过来看，对于没有犯罪的人，或者没有证据证明有罪的人，也不允许追究其刑事责任。这也是在刑事诉讼中坚持实事求是原则的表现，在如何定罪上没有商量的余地。这也反映了我国刑事诉讼中长期形成的实质真实主义理念和实质的刑法正义观，立法者和司法改革的决策者包括社会工作者都认为，如果达不到事实清楚，证据确实、充分的证明标准，即使被告人自愿认罪也不能认定有罪，也不允许对犯

---

① 陈瑞华：《刑事诉讼的公力合作模式——量刑协商制度在中国的兴起》，载《法学论坛》2019年第4期，第6页。

② 冀祥德：《借鉴域外经验，建立控辩协商制度——兼与陈国庆先生商榷》，载《环球法律评论》2007年第4期，第60页。

③ 臧德胜：《论认罪认罚从宽制度中量刑建议的效力及在司法裁判中的运用——从两起认罪认罚抗诉案件的二审裁判展开》，载《中国法律评论》2020年第2期，第200页。

罪的人降格处理。①

"在我国的制度设计中，控辩双方的协商只能是在检察机关指控犯罪嫌疑人、被告人有罪的前提下，控辩双方就犯罪嫌疑人积极认罪而获得的可能优惠达成协议。"② 也就是说协商的范围仅限于量刑问题。对定罪问题不能协商，而对于量刑问题可以协商，有其内在的道理。罪与非罪、重罪与轻罪是质的区别，而量刑的轻重则是量的区别。在已经确定某人有罪的情况下，本身就是一种否定性的评价，无论最终的量刑如何，都已经受到了惩罚。而对于有罪的人，根据其认罪表现从宽处罚，也是国家宽容的一种表现，凸显了国家的至上地位。另外，前文已经论述，对认罪认罚被告人从宽处罚，也具有实体和程序上的双重根据。

2. 协商的程度

控辩双方只能针对量刑问题进行协商，在当前的制度框架下这种协商也是有限度的，限度的标准就在于从宽的幅度，即不能因为单纯的认罪认罚而减轻处罚。最高人民法院刑一庭课题组指出，从适用标准上看，认罪认罚从宽制度，坚持以事实为根据、以法律为准绳，贯彻证据裁判要求，是否从宽及从宽的具体幅度，都要依照法律规定和政策要求来把握。③ 据此，有学者认为，"这表明，认罪认罚从宽制度在整体上应当定位为'法定从宽'制度。在认罪认罚从宽制度下，诉讼体现出控辩合作的色彩，属于与'对抗性司法'相对应的'合作性司法'，但不能将其简单等同于控辩双方讨价还价的'交易从宽'"。④ 把"法定从宽"与"交易从宽"相比较，在我国的刑事诉讼语境下，显然"法定从宽"更有市场。当控辩双方之间经过协商而达成从宽的协议，称之为"协商从宽"制度更能反映其本质特征。

法定从宽与协商从宽区别在于最终的刑罚结果是由双方议定还是由法律规定，或者说哪个是更为主要的方面。严格地说，双方议定和法律规定二者之间

---

① 陈瑞华：《刑事诉讼的公力合作模式——量刑协商制度在中国的兴起》，载《法学论坛》2019年第4期，第17页。
② 陈卫东：《认罪认罚从宽制度研究》，载《中国法学》2016年第2期，第54页。
③ 最高人民法院刑一庭课题组：《刑事诉讼中认罪认罚从宽制度的适用》，载《人民司法》2018年第4期，第5页。
④ 熊秋红：《比较法视野下的认罪认罚从宽制度——兼论刑事诉讼"第四范式"》，载《比较法研究》2019年第5期，第89页。

是"你中有我，我中有你"的关系，双方议定不能完全地抛开法律，在法律规定的范围内也会因为双方的协商而适度调节。法定从宽的优势在于能够保证司法的统一性，实现司法案件整体上的均衡性、公正性，避免双方协商的结果过于偏颇，但不利于实现个案的公正性。因为，法律的规定是原则的，但是司法案件却是形形色色的，人的主观能动性正是调节僵化的法律的有效途径。这就涉及协议从宽制度的优越性，能够把人的主观能动性与法律的规定相结合，发挥各自的功能作用，实现司法公正。但协议从宽制度发挥正面作用的前提是，司法人员能够公正司法不存私心，秉着对公平正义的追求而办理案件。而我国当前的诉讼制度有利于保障协商从宽的正确实施，因为司法机关之间存在制约关系，控辩双方达成的协议，还要经过法院的司法审查，法院可以纠正明显不当的量刑建议。所以被害人对于量刑建议不当的可以提出异议，对于认罪认罚案件也有二审程序，都可以进一步防范明显不当的协商结果。

一般而言，协商从宽制度更有利于被追诉人，因为协商的结果只能是更轻，而不会是更重。双方的协商受到法律的束缚越小，协商的结果对被追诉人有利的可能性就越大。在能够防范协商从宽被滥用的情况下，应从法定从宽向协商从宽转变，这既是基于被追诉人权利保护的考虑，也是基于认罪认罚从宽制度发展的考虑。"这种量刑激励机制的确立，确实是量刑协商制度所带来的最大效果，也对司法资源的合理配置发挥着有效的调节作用。"①

二、量刑协商的方式

在认罪认罚从宽制度改革中，量刑建议成为该制度运行的核心与控辩双方博弈的焦点所在，而规范性的量刑建议应该是控辩双方（辩方包括被追诉人与辩护人）之间互动协商之后的结果。② 认罪认罚从宽制度的核心在于控辩双方之间的量刑协商。虽然说检察机关针对犯罪事实、罪名适用也要征求被告人的意见，但这些问题没有商量的余地，既不会就事实认定问题而降低证明标准，也不会因被告人意见而降格指控罪名。而从宽量刑是认罪认罚的结果，也是被

---

① 陈瑞华：《刑事诉讼的公力合作模式——量刑协商制度在中国的兴起》，载《法学论坛》2019年第4期，第11页。

② 陈伟、黄泽敏：《认罪认罚量刑建议的权力制衡机制构建》，载《时代法学》2019年第3期，第46页。

追诉人在这一制度中能够得到的"实惠"所在,自然成了被告人、辩护人希望能够有所作为的一环。实践中,被告人对于量刑协商的结果反悔,存在的较大可能原因就是量刑协商不充分、不自愿,没有反映其真实意志,而是其基于各种因素考虑勉强接受。要发挥认罪认罚从宽制度的价值,需要做好量刑协商工作。量刑协商在检察机关与辩护方之间开展,我国的检察机关不仅是追诉机关,还是法律监督机关,具有客观义务,[1] 要做到客观公正,在量刑协商过程中对辩护方具有诉讼关照义务,即对辩护方行使诉讼权利给予必要的关照和协助。[2]

(一) 协商的基础:掌握案情

量刑协商只能发生在审查起诉阶段,由控辩双方开展。侦查机关的任务在于查明案件事实,同时要告知犯罪嫌疑人认罪认罚从宽制度的相关规定,增强犯罪嫌疑人认罪认罚的观念。但是,公安机关不得作出具体如何从宽的承诺,因为最终的量刑协商以及裁判是由检察机关、审判机关作出,公安机关作出的承诺既无法兑现,又有诱使犯罪嫌疑人认罪认罚之嫌。实际操作层面,公安机关可以告知犯罪嫌疑人所涉嫌犯罪的法律规定、处刑标准,以及认罪认罚会获得从宽处理,鼓励犯罪嫌疑人认罪认罚,也为检察机关下一步的量刑协商打下基础。《认罪认罚指导意见》指出:"对移送审查起诉的案件,公安机关应当在起诉意见书中写明犯罪嫌疑人自愿认罪认罚情况。认为案件符合速裁程序适用条件的,可以在起诉意见书中建议人民检察院适用速裁程序办理,并简要说明理由。"公安机关查明犯罪事实和犯罪嫌疑人所具有的各种量刑情节,是检察机关顺利开展量刑协商的基础。

案件移送审查起诉后,检察人员应当在充分了解案情的基础上开展量刑协商工作。首先,对案件事实的了解不能仅限于公安机关的起诉意见书,而应当通过在案的证据了解案情,并通过讯问犯罪嫌疑人进一步了解其认罪的自愿性和真实性。犯罪嫌疑人对案情存在疑问的,要向其展示证据,使犯罪嫌疑人能够更好地表达。其次,对犯罪嫌疑人所具有的量刑情节要全面掌握,并做到案件事实"关门",因为所有的量刑意见都是建立在特定案件事实之上,一旦案

---

[1] 龙宗智:《中国法语境中的检察官客观义务》,载《法学研究》2009年第4期,第137页。
[2] 李奋飞:《以审查起诉为重心:认罪认罚从宽案件的程序格局》,载《环球法律评论》2020年第4期,第29页。

件事实发生变化,量刑意见就会发生相应的变化。案件事实不"关门",到了审判阶段事实发生变化,原来的量刑建议就失效。所以检察机关需要查明犯罪嫌疑人自首、坦白、立功、累犯等各种情节,对于没有赔偿、退赔被害人经济损失,没有退缴违法所得的,要动员犯罪嫌疑人或其亲属完成上述工作,以创造从宽处理的条件。另外,要听取辩护人或者值班律师的意见,通过不同的声音进一步查明案情。

(二) 协商的姿态:平等性

"认罪认罚从宽制度适用中,控辩双方实际上处于并不对等的地位,控辩力量失衡也是导致协商性司法错误的重要原因。"① 虽然我国《刑事诉讼法》从实质上看存在关于量刑协商的规定,但是"量刑协商程序尚未真正建立,公诉权主导量刑建议的现实值得我们理性反思"② "由于被追诉人自身并不具备量刑协商的能力,而律师就算介入也并未提供实质性的法律帮助,导致量刑协商过程中控辩双方力量严重失衡"。③ 协商的前提是双方能够平等地对话,这就需要检察人员在认罪认罚案件中,能够摆正心态,放下姿态,真诚地就量刑问题与被告人一方沟通,对于犯罪嫌疑人一方的意见能够认真倾听。尤其是在被告人提出不同意见,不接受量刑建议时,能够认真审视自己的意见,而不能咄咄逼人,特别是不能以"不接受量刑建议就是不认罪认罚"来压制犯罪嫌疑人。另外,也不能利用犯罪嫌疑人对案情的不了解,故弄玄虚、虚张声势,迫使犯罪嫌疑人就范。在认罪认罚从宽制度中,"国家开始以相对平等的姿态与被告人协商,以某种特定的实体上或程序上的利益来换取被告人的认罪。在这一制度形式中,国家与被告人的关系趋于平等"。④ 而犯罪嫌疑人要想有效地表达意见,就需要了解自己案件的相关情况,尤其是与其案件相关的法律规定,通过检察人员的释法,辩护人或者值班律师提供帮助均能提升犯罪嫌疑人的协商能力。

如何促进公诉人以平等的姿态与犯罪嫌疑人开展量刑协商,不仅需要理念

---

① 王迎龙:《协商性刑事司法错误:问题、经验与应对》,载《政法论坛》2020 年第 5 期,第 57 页。

② 陈伟、黄泽敏:《认罪认罚量刑建议的权力制衡机制构建》,载《时代法学》2019 年第 3 期,第 37 页。

③ 陈伟、黄泽敏:《认罪认罚量刑建议的权力制衡机制构建》,载《时代法学》2019 年第 3 期,第 37 页。

④ 魏晓娜:《完善认罪认罚从宽制度:中国语境下的关键词展开》,载《法学研究》2016 年第 4 期,第 85 页。

上的更新与提倡，而且需要从制度层面加以保障。比如，对量刑协商过程进行同步录音录像，让协商的过程可回溯，能够一定程度上约束公诉人的言行，避免倚势凌人等现象的发生。

（三）协商的程序：适时调整拟定的量刑建议

检察人员在全面了解案件的基础上，会对案件有一个基本的判断和处理意见。对于案件存疑的，包括证据不足的、不构成犯罪的、不应当追究刑事责任的、或者犯罪嫌疑人违心认罪认罚的，应当分别予以补充侦查、终结诉讼或者按照普通案件处理。对于认罪认罚又情节轻微危害不大的，可以免予起诉。而对于案件事实清楚，需要追究刑事责任，被告人又认罪认罚的，应当启动征求意见程序。征求意见程序应当在辩护律师或者值班律师的参与下进行。犯罪嫌疑人、被告人只是通过认罪认罚来争取从宽，而不是就定罪量刑进行讨价还价。[①] 这一说法值得商榷，因为在量刑协商的过程中，犯罪嫌疑人一方并非只是被动的表示认罪认罚，而是可以主动地提出意见，不能将犯罪嫌疑人对量刑建议提出异议、表达自己的意见视为"讨价还价"，甚至认为是对司法的不敬畏。

在量刑协商过程中，需要给予犯罪嫌疑人诉讼主体的地位，让其实质性地参与到协商中来，保障协商过程和结果的双重公正。美国学者泰勒指出："芝加哥研究的结论再次证实：……只要在裁决作出前给予争议双方更多的提出自己意见的机会，当事人就更可能觉得自己经历了公正的程序，进而对警察和法官做出更正面、更积极的评价。"[②] 量刑协商程序需要给予犯罪嫌疑人表达意见的机会。犯罪嫌疑人对于案件事实和罪名没有意见的，检察人员应当听取其对量刑问题的意见，综合之后再拿出拟定的量刑建议，从而保障量刑建议体现出犯罪嫌疑人的意见，再征求犯罪嫌疑人意见，犯罪嫌疑人同意的，签署具结书。如果犯罪嫌疑人、辩护人或者值班律师认为量刑建议偏重的，可以陈述自己的意见和理由，这也是协商性司法的应有之义。检察人员听取他们的陈述，也是一个交互作用的过程。检察人员认为犯罪嫌疑人一方意见成立的，就可以调整拟定的量刑建议，由犯罪嫌疑人签署具结书，这种情况下，犯罪嫌疑人、律师的意见得到了充分尊重，直接影响到量刑建议。因为犯罪嫌疑人、律师的

---

① 最高人民法院刑一庭课题组：《刑事诉讼中认罪认罚从宽制度的适用》，载《人民司法》2018年第34期，第5页。

② [美]汤姆·R.泰勒：《人们为什么遵守法律》，黄永译，中国法制出版社2015年版，第235页。

意见具有自己的立场性，所以检察人员需要甄别，如果认为其意见不能成立，不能采纳的，应说明不采纳的理由，这种说理的过程，也是司法文明的体现，体现了对诉讼对方意见的尊重。如果犯罪嫌疑人一方坚持不同意见的，则属于协商不成，检察人员应记录下其意见，不再签署认罪认罚具结书，直接向法院提起公诉。理性对待犯罪嫌疑人一方的不同意见，是协商性司法的要求。犯罪嫌疑人认罪认罚只是从宽的理由，而不认罪认罚则不能成为从重处罚的理由。对于犯罪嫌疑人不同意量刑建议的，应向其释明本案不再按照认罪认罚从宽程序处理，但不能以不认罪认罚就从重处罚相要挟。

（四）协商的结果：公正性

量刑协商的目的在于达成一个双方能够接受并且公正的量刑意见。虽然说控辩双方是平等协商，但在此过程中，检察机关仍然处于主导地位。一方面，不能利用地位优势提出过高的量刑建议，要把认罪认罚从宽制度的实体从宽落到实处。让犯罪嫌疑人从认罪认罚从宽制度中得到实惠。另一方面，也不能为了获取犯罪嫌疑人的认罪认罚而迁就嫌疑人，提出过低的量刑建议。我国《刑法》第 5 条规定："刑罚的轻重，应当与犯罪分子所犯罪行和承担的刑事责任相适应。"第 61 条规定："对于犯罪分子决定刑罚的时候，应当根据犯罪的事实、犯罪的性质、情节和对于社会的危害程度，依照本法的有关规定判处。"这些规定都为如何量刑提供了原则性的依据，具体操作层面还需要结合量刑指导意见综合考虑。量刑建议要符合人们的一般认知，避免案件处理明显违背人民群众的公平正义观念，依法从宽处理绝不能背离常识。① 只有量刑建议适当，才能减少被告人反悔，避免法院不采纳。

三、小结

我国刑事诉讼制度已经在事实上形成了量刑协商制度，这一制度有利于保护被追诉人权利，增强其诉讼主体地位。量刑协商由控辩双方在审查起诉阶段开展，公诉机关应当在全面了解案件事实的基础上，和犯罪嫌疑人一方平等协商，得出的结果应当具有公正性。

---

① 苏航：《针对犯罪分子的这个〈意见〉，给公平正义修了条快车道！》，载微信公众号"中央政法委长安剑"，2019 年 10 月 25 日。

第三节 量刑建议中的权利保护

2018年修订的《刑事诉讼法》确立了量刑建议制度,[1] 量刑建议既是前期犯罪嫌疑人认罪认罚效果的阶段性体现,也是后期法院裁判量刑的重要依据。所以在认罪认罚从宽改革中,量刑建议问题一直被认为是诉讼主体间进行博弈的焦点所在,也是容易引发争议的问题。"赋予检察官量刑建议权有助于实现量刑改革所追求的目标。"[2] 公诉机关如何提出量刑建议,人民法院如何采纳量刑建议,其中都体现着对被追诉人权利的尊重与保护。

一、量刑建议的提出

(一) 量刑建议的类型:确定还是幅度

检察机关在控辩双方充分协商的基础上提出量刑建议,能使被告人对量刑结果产生合理的预期,提升被告人认罪认罚的积极性,也能使审判机关在对被告人量刑时具有一定的依据,避免量刑结果的差异性。传统上,我国的检察机关只提出不确定的量刑意见,提请人民法院对被告人从轻、减轻或者免除处罚。在现行制度框架下,检察机关在向人民法院提出量刑建议时,有两种不同的方式。一是精准型量刑建议,或者称之为确定刑量刑建议,即明确自由刑刑期及执行方式(是否适用缓刑)、财产刑的金额,量刑建议表现为一个具体的数值,如建议判处被告人有期徒刑二年三个月,罚金人民币五千元。二是幅度刑的量刑建议,或者称之为相对确定的量刑建议,即提出自由刑刑期的幅度及执行方式(是否适用缓刑)、财产刑金额的幅度,由审判机关在此幅度内裁决,量刑建议表现为一个具有上限和下限的区间,如建议判处被告人有期徒刑一年至一年六个月,罚金人民币五千元至八千元。

---

[1] 《刑事诉讼法》第176条第2款规定了量刑建议的内容:"犯罪嫌疑人认罪认罚的,人民检察院应当就主刑、附加刑、是否适用缓刑等提出量刑建议,并随案移送认罪认罚具结书等材料。"第201条规定:"对于认罪认罚案件,人民法院依法作出判决时,一般应当采纳人民检察院指控的罪名和量刑建议……"

[2] 熊秋红:《认罪认罚从宽制度中的量刑建议》,载《中外法学》2020年第5期,第1173页。

应当说，两种类型的量刑建议，均具有其内在的价值及合理性，在不同的案件、不同的司法环境下，能发挥不同的作用。《认罪认罚指导意见》确立了"确定刑为主，幅度刑为辅"的量刑建议原则："办理认罪认罚案件，人民检察院一般应当提出确定刑量刑建议。对新类型、不常见犯罪案件，量刑情节复杂的重罪案件等，也可以提出幅度刑量刑建议。"有学者指出，"在'以审判为中心'的刑事诉讼制度框架、'社会效果'的刑事诉讼价值追求、'分工负责'的刑事诉讼办案原则以及认罪认罚从宽的制度设置下，'确定刑为原则，幅度刑为例外'似乎很难得到整全性的确证，仍待进一步斟酌。"① 但是这一指导意见，必将对司法实践产生深远影响，从实现量刑公正和保护被追诉人权利角度看，当前仍然要充分发挥两种类型量刑建议的优势，运用好"等"这一规定，不宜片面追求量刑建议的精准化，强行推行确定刑量刑建议，而要根据案情选择适用。有学者提出："对于认罪认罚从宽制度刚刚起步的我国大陆，既不能保守排斥精准量刑建议，也不能冒进不加区分地强推精准量刑建议，应当按照诉讼经济原则和比例原则，实行'分类精准'的模式。"② 在以确定刑量刑建议为主的基础上，正确认识幅度刑量刑建议在一些案件中的优势，科学适用。③ 具体地说包括以下几点：

第一，幅度刑量刑建议有利于发挥检察机关、审判机关的优势，实现量刑公正。人民法院在长期的司法实践中，积累了较为丰富的量刑经验，加之近十年来量刑规范化改革的推进，使得量刑工作有章可循，审判人员得出的量刑结论自然更为适当。相比较而言，检察机关长期以来承担指控职能，而不负责量刑工作，一线办案人员更为关注定罪，对量刑的关注和研究相对较少，"重定罪，轻量刑"的工作模式使得检察人员在量刑方面尚属"新手"，量刑的适当性自然是不如审判人员。检察人员"量刑经验和能力储备不足"④ "对量刑建议的重视程度普遍不高"，⑤ 在量刑建议刚刚制度化的情况下，推行精准型的量

---

① 陈卫东：《认罪认罚案件量刑建议研究》，载《法学研究》2020年第5期，第168页。
② 李勇：《认罪认罚案件量刑建议"分类精准"模式之提倡》，载《河北法学》2021年第1期，第190页。
③ 臧德胜：《科学适用刑事诉讼幅度型量刑建议》，载《人民法院报》2019年8月29日，第2版。
④ 贺江华：《"认罪认罚从宽"的检察应对——基于Y市检察系统的实证研究》，载《三峡大学学报（人文社会科学版）》2020年第5期，第33页。
⑤ 王伟：《认罪认罚从宽制度下的量刑建议模式》，载《法制与社会》2020年第9期（上），第75页。

刑建议，存在客观难度。而幅度刑量刑建议，能够集合控、辩、审三方的意见和智慧，发挥检察机关量刑协商作用，并制约审判机关，同时发挥审判机关在量刑上的经验优势、制度优势，从而得出科学的量刑结论，实现公平正义。

第二，幅度刑量刑建议符合以审判为中心和认罪认罚从宽制度的内在要求。中共中央《依法治国决定》提出："推进以审判为中心的诉讼制度改革……保证庭审在查明事实、认定证据、保护诉权、公正裁判中发挥决定性作用。"刑罚裁量是公正裁判的重要内容，也是被告人一方极其关注的问题。如果未经庭审仅由检察人员主导得出一个确定的量刑结论，则不符合以审判为中心的诉讼制度改革的要求，将使庭审形式化。幅度刑量刑建议为法庭辩论留下了空间，通过控辩双方的法庭辩论，进一步明晰被告人所具有的各种量刑情节及其调节功能，更符合"定罪量刑辩论在法庭"的庭审实质化要求。即便是速裁程序，审判人员也可以根据需要就量刑的相关问题当庭听取控辩双方的意见，从而决定如何量刑。我国的认罪认罚从宽制度以及其中的控辩量刑协商，和英美法系国家的辩诉交易制度具有本质上的区别，我国只是在事实清楚基础之上的适度从宽处理，"特别是人民法院在审判过程中，无论是适用普通程序、简易程序还是速裁程序，都要对认罪认罚的自愿性和认罪认罚具结书的真实性、合法性进行审查，防止出现在事实不清、证据不足的情况下草草结案，犯罪嫌疑人、被告人借承认较轻犯罪逃避较重犯罪的追究等情形，避免放纵犯罪"。[①] 幅度刑量刑建议有利于审判机关既审查案件事实和认罪认罚的自愿性，又审查量刑建议的适当性并作出准确的量刑裁判，进而发挥审判机关的裁判功能。

第三，幅度刑量刑建议符合诉讼规律和司法实践的需求。对犯罪分子的量刑，需要以案件事实为基础。在审查起诉阶段，控辩双方进行量刑协商只能是以当时的案件事实为基础，不可预估下一阶段的事实并以预估的事实为基础。如果公诉机关以审查起诉阶段的案件事实为基础提出精准的量刑建议，则一旦在审判期间出现新的事实，不论大小，都会使得量刑建议失去根基，缺乏正当性。从司法实践来看，审判阶段出现新的量刑事实，是十分常见的现象。从制度上看，审判阶段出现新事实的，公诉机关可以调整量刑建议，但是这种量刑

[①] 王爱立、雷建斌主编：《〈中华人民共和国刑事诉讼法〉释解与适用》，人民法院出版社2018年版，第27页。

建议调整程序会制约诉讼效率。幅度刑量刑建议，具有一定的弹性空间，能够弥补案件出现新事实带来的问题，符合诉讼的需要和当前的司法实践。

第四，幅度刑量刑建议契合了司法公正的要求，有利于维护犯罪嫌疑人、被告人的权利。处于被追诉地位的犯罪嫌疑人、被告人，在心理上难以和检察人员处于平等的地位，再加上多数处于羁押状态，加剧了其诉讼地位的弱化，导致部分唯唯诺诺的被告人面对公诉人抛出的精准量刑建议，手足无措无力抗争。一旦被告人提出异议或者有所犹豫，公诉人一句"你不同意量刑建议就是不认罪认罚就不能从宽"就足以击垮被告人的心理防线。而幅度刑的量刑建议能够弱化公诉人的强势地位，使得被告人具有一定的回旋空间，一定程度上促进双方平等的协商。而且，由于量刑建议是一个区间，使得被告人在审判阶段更加积极地创造从宽处罚情节，主动退赃退赔，甚至争取立功表现。

（二）量刑建议的提出方式

1. 量刑建议的载体

检察机关以什么方式提出量刑建议，《刑事诉讼法》未作规定。由于量刑建议需要向人民法院提交，必须有书面的载体。具体地说可以表现为两种形式。一是出具专门的量刑建议书。在向法院提起公诉时，既提交起诉书，又提交量刑建议书。二是在起诉书中提出量刑建议，即量刑建议书与起诉书合二为一。这两种形式各有优势，在起诉书中提出量刑建议，能够使量刑建议与指控事实和认定罪名融为一体，形成一个完整的指控内容，也便于他人了解指控内容。但由于起诉书具有确定性和稳定性，不适合更改。而按照《刑事诉讼法》的规定，如果法院认为量刑建议不当，或者被告人、辩护人或者值班律师认为量刑建议偏高的，检察机关可以调整量刑建议，起诉书中包含量刑建议的，就不便于调整。而专门的量刑建议便于调整，但其内容不具有完整性，单独通过量刑建议难以把握案情。

在实践中，可以根据具体案情决定采用何种形式的量刑建议，不可一概而论。对于在审判期间调整的可能性较大的案件，宜于适用专门的量刑建议书，包括提出确定刑量刑建议的、案件量刑情节较多难以准确量刑的、在审判期间有可能出现新的量刑情节的。而对于不会调整或者调整可能性较小的案件，宜于适用起诉书中合体的量刑建议。无论是在起诉书中提出量刑建议，还是在量刑建议书中提出量刑建议，其实质均是要求检察机关以书面形式提出认罪认罚案件中的量刑建议。①

2. 量刑建议的内容

量刑建议的内容应当真实反映控辩双方协商的情况，既是对双方协商内容的巩固，也是对被追诉人认罪认罚的进一步认可。从保护被追诉人权利的角度，应当完善量刑建议的内容。

一是要写明被追诉人具有的各种量刑情节，量刑情节是量刑的依据，也是提出量刑建议的依据。量刑建议中需要全面反映对被追诉人量刑时考量的有利情节和不利情节。如果有所遗漏，则法院裁判量刑时就会和公诉机关建立在不同的事实基础之上，量刑建议被采纳的基础就不复存在，很可能得不到采纳。有研究者对460件速裁案件进行调研发现，绝大部分案件检察机关提出量刑建议时考量了犯罪嫌疑人或被告人的累犯、前科、自首、坦白等法定从重、从轻、减轻情节，但仍有21.34%的案件检察官未对赔礼道歉、赔偿损失、取得被害人谅解、积极退赃退赔、认罪悔罪等酌定量刑情节给予量刑上的评价。②这种情况会直接影响量刑协商的效果，也达不到认罪认罚从宽制度的效果。

二是写明量刑建议的刑种、刑期、执行方式以及附加刑的内容。这部分是量刑建议的核心内容。对于幅度刑量刑建议，应当尽量精确，幅度不宜过大。如果量刑建议的幅度过大，虽然被采纳率会更高，但却失去了量刑建议的意义，被追诉人对量刑结果的可预测性较低，量刑结果出乎被追诉人心理预期的可能性就更大。"量刑建议越具体，犯罪嫌疑人对结果的预期越明确，达成认罪认罚具结的可能性就越大，对判决的接受度也就越高。"③检察机关应当在力所能及的范围内，尽量提高量刑建议的精确度。

三是写明量刑建议的理由。虽然量刑建议是双方协商的结果，但检察机关在其中毕竟起到主导作用，不仅在协商的过程中要说明理由，而且在量刑建议书中也要说明理由。量刑建议说理，一方面是说给被告人及辩护人看，体现的是对被告人权利的尊重，同时对被害人也是一个交代。另一方面是说给法官

---

① 刘茵琪：《认罪认罚案件量刑建议权规制研究》，吉林大学2020年博士学位论文，第16页。
② 李艳飞：《速裁程序量刑建议实证研究——基于C市J区460个速裁案件及其相关经验的分析》，载《河南科技大学学报（社会科学版）》2019年第2期，第108—109页。
③ 彭波、聂慧超：《坦白怎么个从宽法？最高检等五部门立下规矩》，载微信公众号"人民日报政文"，2019年10月24日。

看,从而增强量刑建议被采纳的可能性。"量刑建议说理还负有说服法官的功能,如果不说理,法院就难以了解量刑建议的形成过程和考量因素,导致法院在审查量刑建议时心中无数。"①

(三) 量刑建议的拘束力②

控辩双方在协商的基础上形成量刑建议。有观点认为,认罪认罚从宽制度中量刑建议由于"认罪""认罚"的正当化需要而具有法律拘束力,不同于一般审判中的量刑程序,这种约束力的源头是基于被告人对罪行的自认以及与公诉机关达成的合意与协商,这种"契约化"的司法文书对诉讼各方均具有相当强的约束力。③ 但是,量刑建议对于诉讼各方的拘束力是不同的,这种差异性的存在是因为量刑建议具有双重意义。

一是代表了控辩双方合意的结果,具有契约意义。"量刑建议是控辩双方协商的产物,是诉讼合意的表示。"④ 作为契约的双方,要恪守契约精神,但这种契约本身不具有强制力,双方均可以悔约,类似于实践合同⑤,只有实际履行了才有效力。在契约实际履行前,一方悔约的,则契约无效。我国《刑事诉讼法》关于认罪认罚的规定也体现了这样的精神,即被告人和辩护人在法庭审理期间,可以对量刑建议提出异议,如果认为量刑建议过重的,检察机关可调整量刑建议,即重新达成契约。如果检察机关不予以调整的,被告人一方可以不同意原量刑建议,进而放弃这一层次的认罪认罚,但不影响其"愿意接受处罚"的态度。正如有观点所说:"赋予被告人反悔权是认罪认罚自愿性的反向保障。"⑥

二是代表国家机关的法律文书,具有法律意义。在认罪认罚案件中,量刑建议已经不再是可有可无的,而是检察机关必须提出的一种法律意见,至于量

---

① 胡云腾:《正确把握认罪认罚从宽、保证严格公正高效司法》,载《人民法院报》2019年10月24日。

② 本部分以《论认罪认罚案件中量刑建议的效力及在司法裁判中的运用——从两起认罪认罚抗诉案件的二审裁判展开》,载《中国法律评论》2020年第2期,第198—206页。

③ 李鹢艺:《论认罪认罚案件中量刑建议的约束力》,载《政法学刊》2018年第2期,第103页。

④ 卞建林:《认罪认罚从宽制度赋予量刑建议的全新内容》,载《检察日报》2019年7月29日。

⑤ 实践合同是相对于诺成合同而言的一种合同类型,指除当事人意思表示一致外,尚需交付标的物或完成其他给付才能成立的合同。参见崔建远著:《合同法总论(上)》,法律出版社2008年版,第62页。

⑥ 杨立新:《认罪认罚从宽制度理解与适用》,载《国家检察官学院学报》2019年第1期,第58页。

刑建议的载体可以是灵活的，既可以是专门的量刑建议书，也可以是在起诉书中载明量刑建议。既然是国家机关的公文，就具有一定的严肃性和既定力，属于公诉机关"带有司法公信力的承诺"。① 公诉机关作为发文机关无正当理由不得随意变更。所以《刑事诉讼法》中没有检察机关主动变更量刑建议的规定。对于司法实践中发生的检察院单方面撤回包含量刑建议的认罪认罚具结书的行为，也曾受到各方的质疑。② 更有学者进一步提出，在犯罪嫌疑人签署具结书后，检察机关要遵循三个禁止：禁止单方任意撤回或变更认罪认罚具结；禁止在未出现被告人反悔的情况下不按具结书内容向法院起诉；禁止随意对根据具结书作出的一审裁判进行抗诉。③ 另外，我国的刑事诉讼法又赋予了量刑建议特殊的拘束力，即对于审判机关的拘束力，有观点认为："检察机关提出的量刑建议对法院的量刑裁判已产生了实质拘束力。"④

从契约角度看，量刑协商的结果只能对契约双方，即控辩双方具有拘束力，但由于量刑建议的法律属性，《刑事诉讼法》第201条作了特殊规定：对于认罪认罚案件，人民法院一般应当采纳检察机关的量刑建议。同时也规定了可以不采纳量刑建议的例外情形。"量刑建议对法院不产生拘束力，这一从检法分权、控诉原则、诉讼阶段、司法责任等各方面的理论皆可推导得出的命题，目前似乎受到了挑战。"⑤ 这一立法的基础在于认为："采纳量刑建议体现了裁判方在合法范围内对'诉讼合意'的尊重和认可。"⑥ 也就是说，对于检察机关的量刑建议，人民法院以采纳为原则，不采纳为例外。如果人民法院认为量刑建议明显不当的，可以建议人民检察院调整量刑建议。

综上，检察院的量刑建议对控辩审三方具有不同的拘束力。对被告人而言，没有法律上的拘束力，只是提倡鼓励其遵守契约；对公诉机关而言，具有法律上的拘束力，非有正当理由并经正当程序不得更改；对审判机关而言，具

---

① 杨立新：《对认罪认罚从宽制度中量刑建议问题的思考》，载《人民司法》2020年第1期，第9页。
② 参见：《河南一检察院撤回认罪认罚具结书：汇报后认为量刑偏轻》，载澎湃新闻，网址：https://baijiahao.baidu.com/s?id=1677405816735562204&wfr=spider&for=pc，2020年9月10日。
③ 刘少军：《性质、内容及效力：完善认罪认罚从宽具结书的三个维度》，载《政法论坛》2020年第5期，第113—114页。
④ 董坤：《认罪认罚案件量刑建议精准化研究》，载《检察日报》2020年8月18日。
⑤ 陈卫东：《认罪认罚案件量刑建议研究》，载《法学研究》2020年第5期，第161页。
⑥ 卞建林：《认罪认罚从宽制度赋予量刑建议全新内容》，载《检察日报》2019年7月29日。

有相对的拘束力，只有存在法定理由才能不采纳。

二、量刑建议的采纳

前文已述，检察机关提出的量刑建议对人民法院具有一定的拘束力，人民法院以采纳为原则，以不采纳为例外。① 不论是从法律规定还是法理上看，法院都有权决定是否采纳量刑建议，适用认罪认罚时，公诉机关在审查起诉阶段根据被追诉人犯罪事实和社会危害程度以及认罪认罚的情况，针对被追诉人犯罪行为的量刑只是提出建议，法院可以采纳但并非必须采纳。②

从认罪认罚前期试点情况看，法院对于检察机关的量刑建议，整体上采纳率较高。《关于在部分地区开展刑事案件认罪认罚从宽试点工作情况的中期报告》（以下简称《认罪认罚中期报告》）指出："适用认罪认罚审结的刑事案件共91121件，涉及103496人，占审判机关同期审结刑案的45%。其中通过检察院建议适用的达98.4%，量刑建议的采纳率为92.1%。"③ 据检察系统统计，2019年1月至2020年8月，量刑建议采纳率为87.7%。④ 从中可以看出，量刑建议的高采纳率，与前期大量使用幅度刑量刑建议有关，随着对确定刑量刑建议的强调，量刑建议的采纳率有所变化。

法院对于检察机关的量刑建议具有是否采纳、如何采纳的裁量权，但这种裁量权的行使必须具有正当理由，否则就是对控辩双方量刑协议的不尊重，在加重量刑的情况下更是对被告人权利的侵害。

---

① 《刑事诉讼法》第201条规定：对于认罪认罚案件，人民法院依法作出判决时，一般应当采纳人民检察院指控的罪名和量刑建议，但有下列情形的除外：（一）被告人的行为不构成犯罪或者不应当追究其刑事责任的；（二）被告人违背意愿认罪认罚的；（三）被告人否认指控的犯罪事实的；（四）起诉指控的罪名与审理认定的罪名不一致的；（五）其他可能影响公正审判的情形。人民法院经审理认为量刑建议明显不当，或者被告人、辩护人对量刑建议提出异议的，人民检察院可以调整量刑建议。人民检察院不调整量刑建议或者调整量刑建议后仍然明显不当的，人民法院应当依法作出判决。

② 陈伟、黄泽敏：《认罪认罚量刑建议的权力制衡机制构建》，载《时代法学》2019年第3期，第45页。

③ 周强：《最高人民法院、最高人民检察院关于在部分地区开展刑事案件认罪认罚从宽试点工作情况的中期报告》，载《中华人民共和国全国人民代表大会常务委员会公报》，2018年1月5日。另据统计，"截至2018年9月底，检察机关量刑建议的采纳率为96.03%，足见控辩双方量刑协商得到充分尊重，而这种尊重是诉讼民主的内在要求，确保了诉讼主体的有效参与。"参见杨立新：《认罪认罚从宽制度理解与适用》，载《国家检察官学院学报》2019年第1期，第59页。

④ 张军：《关于人民检察院适用认罪认罚从宽制度情况的报告》，2020年10月15日在第十三届全国人民代表大会常务委员会第二十二次会议上所作。

（一）不采纳量刑建议的情形

《刑事诉讼法》分两款规定了法院不采纳量刑建议的情形，两个条款具有不同的指向，分别为认罪认罚不当的情形和量刑建议明显不当的情形。

1. 认罪认罚不当的情形

《刑事诉讼法》第 201 条第 1 款规定了不采纳指控罪名和量刑建议的五种情形，分别是：（1）被告人的行为不构成犯罪或者不应当追究其刑事责任的；（2）被告人违背意愿认罪认罚的；（3）被告人否认指控的犯罪事实的；（4）起诉指控的罪名与审理认定的罪名不一致的；（5）其他可能影响公正审判的情形。

从所列举的情形看，均是可能违背认罪认罚从宽制度的情形，而不是量刑建议是否适当的情形。第一种情形是侵害被告人权利的不当认罪认罚，因为被告人的行为本来不构成犯罪，或者不应当追究刑事责任，自然也就不存在认罪认罚的问题。但是，被告人由于自我保护能力有限，很容易误以为自己有罪应当承担刑事责任，而检察人员要么对法律的理解有误，要就是故意利用被告人的无知而诱导其签署具结书。第二种情形即被告人认罪认罚不真实，不是出于自愿，可能受到了胁迫、欺骗、引诱等，自然不能适用认罪认罚从宽制度。第三种情形属于被告人反悔的，曾经签署了具结书，但其翻供而否认犯罪事实，或者自始就没有供述犯罪事实。第四种情形是指控的罪名有误，重罪轻诉或者轻罪重诉，而法院不能将错就错，应当依法纠正。

第五项"其他可能影响公正审判的情形"属于兜底条款，是针对前面四项没有列明但又确实会影响公正审判的情形。这种情形要与其他四种具有相当性，属于如果采纳指控罪名和量刑建议会造成审判不公的情形。而且对这一项弹性条款的理解，要从保护被告人权利角度出发。对于量刑建议不利于被告人的要放宽把握标准，而对于量刑建议有利于被告人的，要严格限制"其他可能影响公正审判的情形"的范围。在诉讼的过程中，对于法院具有裁量权的问题，在作出决定时，需要考虑控辩双方的实际情况，站在权力制约与权利保护的立场，而不宜站在被告人的对立面，过多扮演追诉的角色。

需要注意的是，具有前述五种情形之一的，法院可以不采纳量刑建议，但并非一律不采纳，最终采纳与否还要看量刑建议是否适当，唯有第一种情形的，因为被告人无罪或者不应当追究刑事责任，自然不存在量刑的问题。在其他四种情形下，都存在量刑建议仍然适当的可能。

2. 量刑建议明显不当的情形

由于《刑事诉讼法》第 201 条第 1 款规定的五种情形属于不适合认罪认罚的，所以人民法院如果仅认为检察机关量刑不当而不采纳量刑建议的，不应当从第 1 款的规定中寻找法律依据。第 2 款则是针对法院不采纳量刑建议问题作出的规定，也就是说法院对指控的罪名没有异议，仅仅认为量刑建议明显不当的，可以依据该规定作出判决。

量刑建议是控辩双方协商的结果，法院应当给予应有的尊重，在不影响公正审判的情况下，应予采纳。但如果量刑建议明显不当，存在畸轻畸重情形的，法院不能照单全收。"检察机关提出的量刑建议，本质上仍然属于程序职权，是否妥当应当由人民法院依法判决。"[①] 法院作为最终的裁判机关，需要对裁判结果负责，而不仅是对控辩双方协商的自愿性、真实性负责。法院不采纳检察院量刑建议的条件是量刑建议明显不当，这就需要把握明显不当的认定标准。如果检察院的量刑建议具有一定的量刑幅度，有最高刑和最低刑，法院具有裁量的空间，量刑建议明显不当的概率就会较小。而如果适用精准化的量刑建议，法院的裁量空间丧失，要么直接按照量刑建议量刑，要么就得认定为量刑建议明显不当。而量刑建议是否不当，可以将法院拟宣告的刑罚与量刑建议进行比较，既要考虑二者相差的绝对值，又要考虑差值所占的比例。对于较长的刑期来说，虽然所占比例不高但绝对值较大的，也属于明显不当。比如，量刑建议为有期徒刑 15 年，拟宣告刑为 13 年，虽然 2 年的差值所占比例不高，但绝对值不小，属于量刑建议明显不当。反过来，对刑期较短的案件来说，虽然差值的绝对值不大但所占比例较高的，仍然属于量刑建议明显不当。

法院认为量刑建议不当，应当具有一定的理由，而不能随意认定。一般而言，法院的量刑应当考虑以下几个因素。一是案件事实与量刑建议是否相适应，是否符合罪责刑相适应原则。二是在审判期间案件事实是否发生了变化，控辩双方量刑协商所针对的是审查起诉期间的案件事实，如果到了审判阶段出现了新的事实，很可能导致原来的量刑建议不当。三是能否做到平衡量刑，包括对某一被告人的量刑建议与同案被告人是否平衡，对本案被告人的量刑建议

[①] 胡云腾主编：《认罪认罚从宽制度的理解与适用》，人民法院出版社 2018 年版，序言部分第 8 页。

与其他同类案件是否均衡，如果不能做到平衡，则有失司法公正。"检察机关的量刑建议法官不予以采纳，要说明理由。"① 法院不采纳检察机关量刑建议需要有正当理由，并在裁判文书中进行充分的说理，释明量刑依据，展示法院裁判的思路，这样既有利于控辩双方服从判决，也有利于控方在之后的类似案件中准确提出量刑建议。

检察机关的量刑建议明显不当有明显偏重和明显偏轻两种情形。对于明显偏重的，尽管被告人已经签字具结，但考虑到其自身认识能力和对抗能力有限，法院应当及时调整，而且对于"明显不当"的标准不能太高。而对于明显偏轻的，法院在不采纳时要慎重对待，毕竟作为控方的公诉机关已经与被告人达成了这一协商结果，法院不宜过多担当第二公诉机关的角色，尤其是在被害人亦没有异议的情况下，要把这种程序上的利益归于被告人。

（二）不采纳量刑建议的操作程序

1. 告知检察机关调整量刑建议程序

《刑事诉讼法》规定了人民检察院可以调整量刑建议的情形，一是人民法院认为量刑建议不当的；二是被告人、辩护人对量刑建议提出异议的，《认罪认罚指导意见》进一步明确系被告人、辩护人对量刑建议提出异议且有理有据的。在此两种情形下，人民检察院可以调整量刑建议。这就涉及操作程序问题。既然量刑协商是认罪认罚从宽制度的核心环节，对于量刑协商的结果法院如果不予采纳的，应当给予控方调整的机会，如果检察机关不调整的，则按照法院的拟判决结果宣告。有观点认为，"对于量刑建议不当的，或者被告人、辩护人对量刑建议提出异议的，人民法院可以建议检察机关调整，也可以径行判决，并注意在庭审中听取控辩双方发表的意见，实现尊重检察机关量刑建议权与充分保障被告人及其辩护人行使辩护权有机统一"。② 据此观点，建议检察机关调整量刑建议不是必经程序。但是考虑到认罪认罚案件的特点，履行告知程序确有必要。控辩双方经过量刑协商达成一致意见后，自然也希望法院能够采纳该量刑建议，在诉讼过程中也会产生惰性心理，坐等结果。如果法院直接

---

① 刘占勇：《认罪认罚从宽制度中量刑建议问题研究》，载《中国检察官》2017 年第 6 期（上），第 13 页。

② 胡云腾主编：《认罪认罚从宽制度的理解与适用》，人民法院出版社 2018 年版，"序言"部分第 8 页。

改变了量刑建议，就等于变相剥夺了控辩双方辩论的权利。《认罪认罚指导意见》指出："人民法院经审理，认为量刑建议明显不当，或者被告人、辩护人对量刑建议有异议且有理有据的，人民法院应当告知人民检察院，人民检察院可以调整量刑建议。"虽然有观点认为，"这是工作层面上的要求，不是法定义务"，[①] 但是将告知检察机关调整量刑建议作为必经程序有其合理性，能够避免法院突袭裁判，而且给量刑建议的调整提供契机，是对案件适用认罪认罚从宽制度的一次"挽救"。[②] 检察机关同意调整的，可以再行与被告人协商，重新达成一致意见。但是人民法院并不是必须告知检察机关调整为何种量刑建议。具体如何调整可以由检察机关决定，而最终如何判决，由审判机关决定。

检察机关变更量刑建议，应当再次听取被告人及其辩护人或者值班律师的意见，如果能达成一致意见的可以重新签署具结书，如果不能达成一致意见的，由法院依法裁判。如果检察机关没有听取被告人、辩护人意见，法院应当告知被告人、辩护人，并听取其意见。

2. 组织庭审辩论程序

针对检察机关调整后量刑建议，如果控辩双方能够达成一致意见的，则不影响认罪认罚从宽程序的适用，仍然可以分别适用速裁程序、简易程序或者普通程序，如果双方对量刑问题不能达成一致意见，则需要在庭审过程中组织控辩双方围绕量刑问题进行辩论。这是保障被追诉人权利的必要举措，只有被告人一方针对对其不利的量刑意见充分发表了辩护意见，法院判决才具有正当性。

如果在庭审过程中认为量刑建议不当的，法官应当当庭释明，引导控辩双方围绕量刑建议发表意见，公诉人可以当庭调整量刑建议，不调整的，法院可以依法裁判。如果在庭审之后，法院认为量刑建议不当的，应当征求控辩双方的意见，双方有异议的，可以再次开庭组织法庭辩论。

当然，"对于法院不认可检察机关的量刑建议或双方协议内容的，应赋予

[①] 杨立新：《对认罪认罚从宽制度中量刑建议问题的思考》，载《人民司法》2020年第1期，第30页。

[②] 董坤：《认罪认罚案件量刑建议精准化研究》，载《检察日报》2020年8月18日，第3版。

控辩双方救济权利"。① 控辩双方如果认为法院的裁判不当,有权提出上诉、抗诉,由二审法院依法裁决。

(三) 一则案例的实证考察

在司法实践中,对于量刑建议的采纳问题,尤其是何谓量刑建议明显不当,控辩之间、一审与二审之间也经常会有不同的认识,出现了一些争议案例。本文选取其中一例,作为研究的对象。

1. 基本案情②及问题

2019 年 4 月,蔡某酒后驾驶小型客车与另一辆小型轿车发生碰撞,造成两车损坏的交通事故,后经鉴定,蔡某血液中乙醇含量为 294 毫克/100 毫升。经事故责任认定,蔡某负事故的全部责任。蔡某到案后自愿认罪认罚,经量刑协商同意检察机关提出的"拘役二个月十五日,并处罚金人民币六千元"的量刑建议,并在具结书上自愿签字。检察机关提起公诉后一审法院没有采纳检察机关量刑建议,判处蔡某拘役三个月十日,并处罚金人民币八千元。检察机关认为一审法院无故不采纳量刑建议,违反了《刑事诉讼法》第 201 条之规定,系适用法律错误,提出抗诉。二审法院认为,人民检察对被告人适用认罪认罚时,不存在《刑事诉讼法》规定"一般应当采纳"的五种例外情形,且根据本案具体犯罪情节以及认罪认罚从宽情节,人民检察院量刑建议不属于明显不当,根据《刑事诉讼法》对认罪认罚从宽制度的相关规定,人民法院在作出判决时,应当采纳人民检察院的量刑建议,原判定罪正确,审判程序合法,唯在无法定情形以及量刑建议并无明显不当的情况下,未采纳检察院的量刑建议不当,因此,遂改判蔡某拘役二个月十五日,并处罚金人民币六千元。

在上诉案例中,控辩审三方对于案件事实和定性均无争议,分歧发生在量刑问题上。在审查起诉阶段,控辩双方针对量刑问题达成了一致意见,检察机关提出了确定刑的量刑建议,被告人在值班律师的帮助下签署了具结书,同意罪名认定、量刑建议和适用程序。针对控辩双方的量刑协商结果,法院否定了

---

① 曾国东:《刑事案件认罪认罚从宽制度的定位分析——基于检察视域的实证研究》,载《东方法学》2017 年第 6 期,第 126 页。
② 范跃红、徐静、陈乐乐:《浙江仙居:抗诉一起认罪认罚从宽案件获改判》,载《检察日报》2019 年 9 月 21 日。一审裁判文书来源于中国裁判文书网,网址:http://wenshu.court.gov.cn/website/wenshu/181107ANFZ0BXSK4/index.html? docId = b2407a260cce4e888814aab500a223a0,2019 年 9 月 29 日访问。

量刑建议，在量刑建议之上判处了刑罚。法院在量刑建议之上量刑，检察机关提出了抗诉，被告人反而没有上诉。二审采纳了抗诉意见，判处了与量刑建议一致的刑罚。由此反映的问题在于，控辩双方达成的量刑协商结果，对审判机关具有何等拘束力，法院在什么情况下才能不采纳。

2. 对诉讼各方的评价：限制了法院的刑罚裁量权

（1）检察机关抗诉：合法但理由选择不准确

在本案中，公诉机关提出了精准的量刑建议，即对被告人所犯危险驾驶罪判处拘役二个月十五日，并处罚金人民币五千元。从公诉机关的角度来说，在与被告人达成一致意见的情况下，提出这一量刑建议无可厚非，符合当前的法律规定。然而，最终法院的一审判决结果没有采纳检察院的量刑建议，而是重于量刑建议，判处拘役三个月十日，并处罚金人民币八千元。

按常理说，对这一量刑结果最为不满意的应该是被告人，因为超出了其心理预期。其本以为与检察机关达成的较轻的量刑建议结果，会能得到法院的采纳，但事实并非如此。而且，这是不利于被告人的结果，使其被监禁的时间延长了二十五日。在这种情况下，被告人提出上诉是完全可以理解的，也有得到二审支持的可能性。然而，被告人并没有选择上诉，而是接受了一审裁判结果。其这一决定具有多种可能性。一是其认为上诉没必要。被告人因涉嫌犯罪被羁押后，也会对相关的法律有所了解，尤其是在与其他被羁押人员的交流中，对于自己的犯罪行为所对应的刑期，会有一个基本的判断。很有可能检察院的量刑建议之轻缓超乎其预料。实践中，确实有一些检察机关为了提出精准的量刑建议，与被告人达成一致意见，会提出相对较轻的量刑建议，对此被告人自然乐于接受。但是法院没有采纳的，被告人仍然可以接受，认为一审裁判结果适当。二是其认为上诉没有用。设置二审制度的重要功能之一在于纠错，[①]即纠正一审的错误裁判问题，但一些被告人对此并不抱有多大希望。实践中二审案件改判较少的现状，也会强化被告人的这种认识。三是认为上诉不值得。本案系轻罪，法定最高刑仅为拘役六个月，而从判决结果看，仅是判处了三个月十日的刑期，比较量刑建议也就是多出了二十五日。被告人为了较小的上诉利益启动上诉程序的动力不足。

[①] 顾永忠：《刑事上诉程序研究》，中国政法大学 2003 年博士学位论文，第 12 页。

虽然作为最该不满意的一方被告人没有上诉，但作为行使公权力的检察机关并不能接受这一结果，启动了抗诉程序。检察机关肩负指控犯罪的职责，对被告人判处较重的刑罚一般而言并不违背其意愿，判处较轻刑罚反而是检察机关不能接受的。但是，检察机关同时又负有法律监督职责，而不仅是追诉犯罪。抗诉是检察机关在个案中行使法律职责的重要形式，当检察机关认为法院的判决违反了法律规定存在不当时，自然可以提出抗诉，不管判决结果是放纵了被告人还是过度惩治了被告人。所以在我国的刑事诉讼制度中，检察机关针对量刑的畸轻或者畸重均可以提出抗诉，要"避免司法实践中存在的'抗轻不抗重'等不正常现象"。[①] 即使检察院没有提出量刑建议，如果其认为法院的一审判决量刑不当，也是具有抗诉权力的。我国《刑事诉讼法》第228条规定的抗诉条件为"认为本级人民法院第一审的判决、裁定确有错误"，所以关于量刑不当的抗诉不以提出量刑建议为前提。况且，在本案中，检察院提出了量刑建议，但没有得到法院的采纳，控审机关存在分歧意见，检察院自然具有抗诉的权利，以维护量刑建议的法定效力。所以，检察机关完全可以以一审量刑不当为由提出抗诉。

然而，本案中检察机关提出的抗诉的理由为，一审法院无故不采纳量刑建议，违反了《刑事诉讼法》第201条的规定，系适用法律错误。显然，检察院抗诉所针对的不是一审判决的量刑轻重，并不是认为判处被告人三个月十日是量刑畸重，而是在于法院没有采纳量刑建议。检察机关关注的重点不在于量刑是否公正，而在于其意见是否得到了认可和尊重。从法律上来说，《刑事诉讼法》有法院"一般应当采纳"量刑建议的规定，对于法院不采纳量刑建议的理由是否充分，控审两方存在不同认识，检察机关可以认为法院理由不充分，可以认为法院判决有误，提出抗诉在其职权之内，属于行使职权的表现，不应受到限制。从情理上看，法院否定检察院的意见，当然应当给予其抗诉的机会，没有理由要求检察机关无条件接受法院的判决结果。但检察机关以适用法律错误为由抗诉是存在疑问的，"所谓法律适用错误，是指院判决、裁定所依据的法律不正确，所适用的法律明显不当"，[②] 主要是从实体法角度对原审判决适用

[①] 陈光中、徐静村主编：《刑事诉讼法学》，中国政法大学出版社2010年版，第335页。
[②] 陈光中、徐静村主编：《刑事诉讼法学》，中国政法大学出版社2010年版，第337页。

法律的评价,而本案并不属于这一情况。

(2) 二审法院改判:缺乏根据

检察机关依法提出抗诉,上级检察机关也支持抗诉,案件自然启动二审程序,如何评价一审法院的裁判,是二审法院的职责所在。《刑事诉讼法》第236条对二审如何裁判作出了规定,区分为三种情况,二审法院既然是改判,也只能在这一范围内选择适用的款项。从法律规定上来看,二审改判一审判决的量刑,只能是一审法院量刑不当,但本案的二审判决并未指出一审量刑不当,似乎认可了一审判决的量刑并无不当。二审法院认为一审判决的错误在于没有正当理由未采纳检察院的量刑建议,所以予以改判。其中蕴含的道理在于,即使一审判决量刑适当,但没有正当理由未采纳检察机关量刑建议的,仍然需要改判。这一思路是存在疑问的,如果一审法院量刑适当,则检察院的量刑建议不当,不采纳量刑建议就没有问题。所以,评判二审法院的判决是否正确,需要从实体和程序等方面审视一审判决。

首先从实体上看,对于本案被告人的行为究竟应该判处何种刑罚?被告人蔡某醉酒驾驶,酒精含量为294毫克/100毫升,达到了入罪标准(80毫克/100毫升)的三倍以上;又发生了交通事故且承担事故全部责任,按照《最高人民法院、最高人民检察院、公安部关于办理醉酒驾驶机动车刑事案件适用法律若干问题的意见》(以下简称《危险驾驶罪意见》)规定,血液酒精含量达到200毫克/100毫升以上的,或者造成交通事故且负事故全部或者主要责任,均应当从重处罚,故被告人蔡某具有两个从重处罚情节。根据《刑法》第133条之一的规定,犯危险驾驶罪的法定刑主刑为拘役,刑期为一个月至六个月,刑期中线①为三个半月,对于这种具有两个从重处罚情节的被告人,即使具有认罪认罚情节,对其在中线以上判处刑罚也无不当。按照《最高人民法院关于常见犯罪的量刑指导意见(二)(试行)》的规定,构成危险驾驶罪的,可以在一个月至二个月拘役幅度内确定量刑起点。在量刑起点的基础上,可以根据危险驾驶行为等其他影响犯罪构成的犯罪事实增加刑罚量,确定基准刑。这一规定较为原则,但考虑到被告人有两个从重处罚情节,刑期也会相对偏重。从

---

① 一般认为,刑期中线为:最低刑+(最高刑-最低刑)÷2,在危险驾驶罪中刑期中线为:1+(6-1)÷2=3.5。

公开的资料看,上海市高级人民法院《关于常见犯罪的量刑指导意见(二)(试行)》实施细则规定:醉酒驾驶机动车的,在一个月至二个月拘役幅度内确定量刑起点。在量刑起点的基础上,根据血液酒精含量等其他影响犯罪构成的犯罪事实增加刑罚量,确定基准刑。血液酒精含量达到 80 毫克/100 毫升以上的,血液酒精含量每增加 30 毫克,增加十五日刑期。造成交通事故且负事故全部或主要责任,可以从重处罚,一般应当在三个月拘役以上确定基准刑。如果照此计算,判处本案被告人拘役四个月至五个月也是具有依据的。从网上公开的裁判文书和案例来看,酒精含量在 200 毫克/100 毫升以上的被告人,量刑以拘役三个月以上居多。由此可见,一审法院对被告人蔡某判处拘役三个月十日并不属于量刑畸重。

其次是从法律规定上看,检察院的量刑建议是否属于明显不当。按照《刑事诉讼法》第 201 条第 2 款的规定,检察院的量刑建议明显不当的,法院可以依法判决。2021 年《刑事诉讼法解释》第 354 条规定:"对量刑建议是否明显不当,应当根据审理认定的犯罪事实、认罪认罚的具体情况,结合相关犯罪的法定刑、类似案件的刑罚适用等作出审查判断。"本案中,一审法院认为检察院对被告人判处拘役两个月十五日的量刑建议偏轻,属于明显不当。二审否定了一审判决,认为检察院量刑建议不属于"明显不当",反而是一审不采纳量刑建议不当,所以改判为检察院建议的量刑。是否不当,需要将法院最终判决的结果与量刑建议加以比较。检察机关的量刑建议为两个月十五日即七十五日,一审法院判处三个月十日即一百日,相差二十五日,从绝对值看差值不大。但考虑到这是一个轻罪,法院判处的刑罚比量刑建议高出 1/3,则差值的比例不低,足以认定为量刑建议明显不当。二审法院判决认为,检察院的量刑建议不存在"一般应当采纳"的五种例外情形,所以应当采纳。这一观点是存疑的,因为一审并不认为控辩双方进行量刑协商本身不当,而是认为量刑建议偏轻,无须从五种例外情形中寻求依据。如果属于五种例外情形,则是对该案适用认罪认罚从宽制度的否认。

最后是一审在量刑幅度之外判刑程序是否合法。按照《刑事诉讼法》第 201 条的规定,法院认为量刑建议不当的,检察院可以调整量刑建议,如果检察院不调整或者调整后仍然不当的,人民法院依法判决,即按照法院的处理意见判决。这其中存在的问题在于,法院如果认为量刑建议不当,是否需要建议检察院调整量刑建议，对此有不同做法，正如前文所引最高人民法院有关工作人员编写著作指出的"可以建议检察机关调整，也可以径行判决"，但应当在庭审过程中听取控辩双方的意见。本案所公开的信息资料没有反映法院是否曾经建议检察院调整量刑建议，或者在庭审中听取双方的意见，但二审判决并未认定一审裁判程序违法，可以推定一审法院程序合法。另外，从一审的判决书中可见，适用的是简易程序而不是速裁程序，按照简易程序审判，庭审具有法庭辩论环节，控辩双方具有发表意见的机会。但如果法官在庭审中未向控辩双方表明法庭可能会在量刑建议之上量刑，则存在剥夺双方辩论权的嫌疑。

综合以上三点，二审法院的改判是没有必要的，也是没有根据的。当然，换个角度看，一审法院在判决时，对于量刑建议明显不当但有利于被告人的，需要慎重处理，不宜轻易在量刑建议之上判刑，让控方履职不利的利益归于被告人。如果确有必要改变的，则要遵循严格的程序。

三、小结

检察机关办理认罪认罚案件必须提出量刑建议，量刑建议应当在控辩双方充分协商的基础上提出，是确定刑的还是幅度刑的要根据案情决定。量刑建议对公诉机关具有绝对拘束力，对被告人没有法律上的拘束力，而对法院具有相对拘束力，法院如果不采纳量刑建议应当有法定理由，并履行告知程序，保护被告人的实体权利和程序权利。

第四节 认罚自愿性的保障

认罪认罚从宽制度中，认罪是基础，认罚是关键，因为真正有协商空间且涉及被追诉人广泛利益的，是量刑的问题，包括如何参与量刑以及如何获得量刑上的优惠。从保护被追诉人权利角度看，应保障其认罚的自愿性。

一、明确认罚的内涵：愿意接受处罚[①]

要保障被追诉人认罚的自愿性，前提是明确认罚的内涵是什么，这样才能判断被追诉人是否认罚，不至于错误评价被追诉人的行为，避免要求被追诉人过度地作出认罚的表示。如果被追诉人的行为本来属于认罚，但却因为对认罚的错误理解而否认其认罚，又会侵犯其实体上从宽的权利。

（一）关于"认罚"含义的不同观点

长期以来的认罪案件审判程序中，没有关于"认罚"的要求，只要被告人认罪即可。有观点认为，从认罪制度产生的理论基础和价值追求，以及设置该制度的现实因素考量，不应当将被追诉人是否"认罚"以及"认罚"的内容作为认罪制度适用的必要条件，而只能作为影响认罪制度适用结果的重要因素。[②] 但这种观点，与当前的认罪认罚从宽制度并不符合。2016年，全国人大常委会授权"两高"开展认罪认罚从宽制度试点工作时，在被告人认罪的基础上，提出了"同意人民检察院量刑建议"的要求。2018年修订的《刑事诉讼法》基本沿袭了授权决定的表述，但将"同意人民检察院量刑建议"改为"愿意接受处罚"。何谓"认罚"，涉及该项制度的适用范围，也涉及被告人能否获得更多的从宽处罚条件，是一个重要的问题，但分歧较大。

第一种观点为抽象认罚说，即接受可能的刑罚，有愿意接受处罚的表示。"'认罚'是被追诉人对于可能刑罚的概括意思表示。具体而言，被追诉人'认罚'的判断标准应当为接受公安司法机关提出的抽象刑罚。"[③] 这种观点认为，认罚并不要求被告人接受具体的刑罚，而是有概括的意思表示即可。

第二种观点为具体认罚说，同意量刑建议的才属于认罚。该观点认为，"根据相关规定的语境，'认罚'是指犯罪嫌疑人认可检察机关的量刑建议。"[④]

[①] 本部分内容笔者已经以《多样态认罪认罚及其后果——认罪认罚从宽制度基本概念的再认识》一文发表，载《警学研究》2020年第2期，第80—88页。

[②] 李晓丽：《程序法视野下的认罪制度研究》，中国社会科学院研究生院2017年博士学位论文，第27页。

[③] 陈光中、马康：《认罪认罚从宽制度若干重要问题探讨》，载《法学》2016年第8期，第3—11页。

[④] 吴春妹、贾晓文：《认罪认罚从宽制度的实践经验与理性》，载《中国检察官》2017年第6期，第16页。

"同意量刑建议是'认罚'的实质要件,签署具结书是'认罚'的形式要件。"① 这种观点符合量刑协商的要求,把量刑协商作为认罪认罚从宽制度的重要环节。

第三种观点为全面认罚说,认为犯罪嫌疑人、被告人首先要自愿接受所认之罪在实体法上带来的刑罚后果,同意检察院的量刑建议;其次,认可诉讼程序的简化,即同意通过适用克减部分如法庭调查与辩论等诉讼环节的诉讼权利来对自己定罪量刑。最后,犯罪后嫌疑人要积极主动地退赃退赔、弥补已经造成的损失,这是悔罪性的体现。只有与检察机关达成了有效的认罪协议,并满足了上述三项条件才能被认定为"认罚"。②

上述三种观点对认罪认罚被告人提出了不同的层次的要求。抽象认罚说符合"认罚"一词的文义,也符合一般人的理解,但缺乏对被追诉人的约束性,实践中可操作性不强。具体认罚说,契合了认罪认罚制度的规定,但要求被追诉人接受量刑建议,容易侵犯被追诉人的程序选择权。全面认罚说对被追诉人的要求过高,而且将退赔退赃这些需要客观经济条件的要件纳入认罚的考虑,容易使得被追诉人仅有主观认罚愿望还不能实现认罚的效果。

(二)"认罚"的规范考察

理解认罚的含义,必须关注认罪认罚从宽制度设立的初衷,了解条文变化的历程。全国人大常委会授权"两高"开展认罪认罚从宽制度试点工作的决定,要求犯罪嫌疑人、被告人"同意人民检察院量刑建议并签署具结书",在这一规定之下,认罚只能是具体的即同意量刑建议,否则算不上认罚。针对认罪与认罚捆绑式立法规定,有学者提出了质疑:"只要被告人对检察机关指控的犯罪事实和罪名予以认可,那么,即便被告人对检察机关提出的量刑建议提出了质疑和挑战,法院也应当作出宽大的刑事处罚……改革决策者非要将'认罪'与'认罚'强行联系在一起,在两者保持同步存在的情况下,才给予从宽处理,这将大大限制了这种制度适用的范围。"③ 诚然,如果认为被告人同意检察院的量刑建议才是认罚,那么将会进一步突出检察院在量刑协商过程中的主

---

① 胡云腾主编:《认罪认罚从宽制度的理解与适用》,人民法院出版社 2018 年版,第 78 页。
② 陈卫东:《认罪认罚从宽制度研究》,载《中国法学》2016 年第 2 期,第 53—54 页。
③ 陈瑞华:《"认罪认罚从宽"改革的理论反思——基于刑事速裁程序运行经验的考察》,载《当代法学》2016 年第 4 期,第 5 页。

导权，使本来就战战兢兢、唯唯诺诺的被告人进一步失去了与检察机关进行协商的底气。这种担忧不是空穴来风，"相当一部分试点地区，检察机关提出量刑建议后，只要犯罪嫌疑人提出意见、没有同意量刑建议，即认为其不认罚，要么同意，要么不再按认罪认罚案件办理，从而在一定程度上迫使犯罪嫌疑人勉强同意量刑建议，这也是被告人日后对量刑建议提出异议或者提出上诉的动因之一。"① 而且，一律要求被告人同意检察院的量刑建议才认定为认罪，还存在逻辑上的问题，检察院根据被告人认罪认罚提出较轻的量刑建议，还是被告人同意量刑建议然后检察院再降低量刑建议，二者谁是因谁是果？

2018年《刑事诉讼法》对全国人大常委会授权决定中的表述做了相应的调整，将"同意人民检察院量刑建议并签署具结书"改为"愿意接受处罚"，从而使认罚的含义表现为"愿意接受处罚"。愿意接受处罚更多的是一种主观态度，是一种定性判断，并非一种定量判断，不是必须接受多重的处罚，也不限于必须同意检察院的量刑建议。这一规定，更接近于前述抽象认罚说。

（三）本文的观点：两种形态的认罚

《刑事诉讼法》第174条第1款规定："犯罪嫌疑人自愿认罪，同意量刑建议和程序适用的，应当在辩护人或者值班律师在场的情况下签署认罪认罚具结书。"这一规定，也是具体认罚说的法律依据。诚然，按照本条规定，签署具结书的前提是控辩双方针对量刑建议和程序适用达成了一致意见，形成了量刑协商，这是一种典型形态的认罪认罚。据此可以对被告人从轻处罚，符合条件的可以适用速裁程序。

但不能因此而得出结论：不同意量刑建议的，就不是认罪认罚。理由有二：第一，同样是《刑事诉讼法》第174条的第2款规定了"不需要签署认罪认罚具结书"的情形，② 这些情形中，没有签署具结书，《刑事诉讼法》正是为了确保此类案件不被排除在认罪认罚从宽制度之外，才"将上述情形规定为

---

① 杨立新：《认罪认罚从宽制度试点总结报告》，载胡云腾主编：《认罪认罚从宽制度的理解与适用》，人民法院出版社2018年版，第280页。
② 《刑事诉讼法》第174条规定：犯罪嫌疑人自愿认罪，同意量刑建议和程序适用的，应当在辩护人或者值班律师在场的情况下签署认罪认罚具结书。犯罪嫌疑人认罪认罚，有下列情形之一的，不需要签署认罪认罚具结书：（一）犯罪嫌疑人是盲、聋、哑人，或者是尚未完全丧失辨认或者控制自己行为能力的精神病人的；（二）未成年犯罪嫌疑人的法定代理人、辩护人对未成年人认罪认罚有异议的；（三）其他不需要签署认罪认罚具结书的情形。

不需要签署认罪认罚具结书，而不是不适用认罪认罚从宽模式处理"。① 如果被告人不同意量刑建议不签署具结书，也不能就完全排除适用认罪认罚从宽制度。第二，刑事诉讼法总则的规定为这种情形适用认罪认罚从宽制度提供了依据，总则第 15 条规定，被告人自愿认罪，愿意接受处罚的，即可以从宽处理。没有理由因被告人不同意量刑建议而排除其适用该制度的机会。

愿意接受处罚而不同意检察院量刑建议的，仍然属于认罪认罚，这种认罪认罚属于非典型的认罪认罚，可以适用认罪认罚从宽制度对其从宽处罚。在法院审理期间，可以组织控辩双方进一步进行量刑协商，达成一致意见的，可以再行签署认罪认罚具结书，并根据案情分别适用速裁程序、简易程序或者普通程序审理。如果无法达成量刑协商的，应按照简易程序或者普通程序审理，不能适用速裁程序审理。

结合前文关于"认罪"内涵的论述，认罪认罚具有多种样态，案件适用范围总体应当是较宽的。被告人符合"狭义认罪+典型认罚"的，属于认罪认罚，如果符合刑期条件的可以适用速裁程序审理。而对于其他样态的认罪认罚，如"狭义认罪+非典型认罚""广义认罪+非典型认罚""广义认罪+典型认罚"的，同样属于认罪认罚，可以依照《刑事诉讼法》第 15 条的规定从宽处理，只是在审理程序上，不能适用速裁程序，只能区分情况适用简易程序或者普通程序。

二、平等协商的实现

要实现被追诉人真正的认罚，自愿接受检察机关提出的量刑建议，必须确保控辩双方实现平等协商。但是，检察官与被告方双方协商的平等性只能是一种追求，尽可能地实现，而不是能够完全实现的。正如有学者提出，"控辩不平衡是协商性司法的主要风险"。② 要做到双方的平等协商，一方面要有协商的准绳，即有统一的量刑标准作为参考，另一方面要采取措施，缩小双方能力和地位上的差距，具体的方式就是提升犯罪嫌疑人的诉讼能力，以及强化审判机

---

① 胡云腾主编：《认罪认罚从宽制度的理解与适用》，人民法院出版社 2018 年版，第 33 页。
② 龙宗智：《认罪认罚制度实施所面临的两重矛盾及其应对》（2020 年 9 月 4 日在最高人民检察院与中国刑事诉讼法学研究会共同举办的"国家治理现代化与认罪认罚从宽制度研讨会"上的发言），载微信公众号"中国法律评论"，2020 年 9 月 7 日。

关的裁量权,加强认罚问题的审判审查。关于后者,将在本节的第三部分专门论述。

(一) 明确的量刑标准

要排除控辩双方协商的随意性,尤其是防范控方在协商中对犯罪嫌疑人的诱导性,就应该有一个相对统一的量刑标准作为准绳,这样双方才可以针对标准形成预期的量刑结果。双方的协商不至于过分偏离公正,犯罪嫌疑人才能对过高的量刑建议说不。量刑协商是针对个案进行的,但不能因为个案具有特殊性就否认相对统一的标准,这种标准可以包括成文的规范性文件和灵活的案例指引。

1. 制定量刑规范指引

我国的认罪认罚从宽制度中的从宽,受到实体法和程序法的制约。所以刑法分则关于法定刑的规定,总则中各种量刑原则和量刑情节的规定,以及《刑事诉讼法》关于认罪认罚从宽制度的规定,都是量刑的依据,也是控辩双方协商的依据。但是,这些依据仍然较为原则、较为抽象,具有较大的裁量空间。裁量空间过大,会使得公诉机关量刑建议即使明显不当,也仍然在法定幅度之内,符合法律的刚性规定。这样,被追诉人也就很难合理预期对自己量刑的公正结果,同时也为公诉机关滥用职权留下了空间。有观点认为:"如何让认罪的被告人实现刑罚上的'从宽',进而达到'认罚'的结果,如何遏制认罪认罚从宽制度改革中围绕量刑问题产生的'权钱交易、滥用职权、徇私枉法'问题,需要量刑规范化改革发挥至关重要的作用。"[①] 这一观点有一定的道理,通过量刑规范化将量刑标准进一步地细化,使得公正量刑结果可预测可验证,能够增强量刑的公开性和透明度。

我国的量刑规范化改革已经经过了多年的实践,具备了一定的经验。《最高人民法院、最高人民检察院关于常见犯罪的量刑指导意见(试行)》(法发〔2021〕21号)在最高人民法院2017年《关于常见犯罪的量刑指导意见》的基础上,吸纳了认罪认罚从宽制度改革的成果,将认罪认罚从宽制度的内容纳入量刑指导意见。其中规定:"对于被告人认罪认罚的,综合考虑犯罪的性质、

[①] 游涛:《认罪认罚从宽制度中量刑规范化的全流程实现——以海淀区全流程刑事案件速裁程序试点为研究视角》,载《法律适用》2016年第11期,第32页。

罪行的轻重、认罪认罚的阶段、程度、价值、悔罪表现等情况,可以减少基准刑的30%以下;具有自首、重大坦白、退赃退赔、赔偿谅解、刑事和解等情节的,可以减少基准刑的60%以下,犯罪较轻的,可以减少基准刑的60%以上或者依法免除处罚。认罪认罚与自首、坦白、当庭自愿认罪、退赃退赔、赔偿谅解、刑事和解、羁押期间表现好等量刑情节不作重复评价。"这一规定明确了认罪认罚情节对基准刑调节的比例,以及认罪认罚情节与自首、坦白等量刑情节之间的关系,初步形成了认罪认罚量刑规范指引。但规定仍然较为原则,需要进一步的细化。地方各级法院可以根据当地的实际情况,制定适用于本地的实施细则,使量刑指引更具有可操作性。通过不同层级的量刑规范指引,使诉讼各方能够根据指引对量刑结果作出预判,便于双方达成公正的量刑意见。公诉机关在向法院提出量刑建议时,也能有明确的依据,便于说服法官采纳量刑建议。

2. 发布指导案例①

量刑规范指引能够初步解决量刑依据不具体、不精准的问题,但其仍然难以适应案件的具体需要。量刑规范指引是对具体案件的归纳提升,形成一般性的原则,是一个从个别到一般的过程。但一般性的规范如何反过来适用于个案,如何满足不同类型案件的需要是一个一直存在的难题。指导案例能够弥补成文法的不足,在量刑规范指引的基础上进一步明确量刑的原则和具体的量刑步骤。而通过发布典型性的指导案例,能够直观地反映量刑方法,办案人员具有可以参照的标准,尤其是犯罪嫌疑人、被告人,对法律条文很难理解,而对指导案例相对来说更容易掌握,也便于与自己的案情比较。"以案例这种群众喜闻乐见的方式推动实现法律统一适用,可极大增强群众对司法的信任和支持,促进提升司法公信力。"② 最高人民检察院要求:"加强案例指导,注重发挥典型案例的示范引领作用,建立认罪认罚从宽案件案例库,为基层一线办案提供参考。"③

---

① 本部分内容笔者已经以《以案例指导制度规范量刑协商的思考》一文发表,载《法律适用》2020年第6期,第33—39页。
② 周强:《充分发挥案例指导制度作用 促进法律统一正确实施》,载《人民法院报》2015年1月4日,第1版。
③ 最高人民检察院《关于认真学习贯彻十三届全国人大常委会第二十二次会议对〈最高人民检察院关于人民检察院适用认罪认罚从宽制度情况的报告〉的审议意见的通知》,2020年12月1日。

（1）案例的选取

由于量刑问题与个案具有密切的关系，所以指导案例的选取只能根据每个罪名分别选取，不同罪名的案例无法具有指导意义，如强奸的案例对于盗窃罪没有指导价值。即使是同一罪名内，不同量刑幅度的案例也具有很大的差异，需要在各个量刑幅度内选取。所以，量刑指导案例的选取需要具体到各个罪名的各个量刑幅度，需要形成一个指导案例体系。这种指导案例体系的建立是一个动态的过程，无法短时间内完成，需要逐步地丰富和完善。

（2）案例的编撰

发布的案例内容应当详细具体，让读者能够清晰地了解案情，具体应当包括以下内容：

一是案例名称。案例名称是对一个指导案例的概括，兼具归纳功能和检索功能。为此，案例的名称要包括案由和量刑幅度的信息，表现为："被告人姓名+罪名+量刑幅度。"比如，"×××盗窃数额巨大财物案""×××故意伤害致人死亡案"等。

二是裁判要旨。通过对案件量刑问题的提炼，形成一套具有普遍适用性的规则。裁判要旨的提炼需要详略得当、粗细适中，过于原则就会失去指导案例的意义，而过于具体则难以具有普遍适用性。"司法判决不产生法律但会形成裁判规则，裁判规则是通过案例的裁判结论所确立的具有法律性质的规则，它是案例的'灵魂所在'。"[1]

三是案件事实和审理过程。对案情的交代要具体，能够反映案件的全貌，尤其是要展现出各种量刑情节，对诉讼过程的交代有助于把握案件的认罪认罚情况。案例指导规则只是作为案例的一部分依附于案例而存在。[2] 案例发挥的作用，更多在于案件事实和经过本身，而不仅在于裁判规则，否则就等同于法律规范了。

四是裁判理由和裁判结果。这些内容不仅限于量刑建议以及裁判文书中的说理，而是要进一步挖掘，尤其是把刑期形成的过程充分展示。

五是案件评析。这是立足于本案又超越本案的深度解析，更进一步挖掘案

---

[1] 于同志：《案例指导研究：理论与应用》一书的"序言"部分，法律出版社2018年版。
[2] 陈兴良：《我国案例指导制度功能之考察》，载《法商研究》2012年第2期，第16页。

件的指导价值,增强案件的普遍适用性。在这一部分,可以阐释对认罪认罚的一些理念性认识,引导办案人员正确理解认罪认罚从宽制度,从而在个案中准确量刑。

(3) 案例的发布

在我国实行案例指导制度的机关不仅是人民法院,还有人民检察院和公安机关,这与其他国家和地区的案例或判例一般仅指法院的判例有很大区别。①由于量刑协商由检察机关主导,量刑建议需要法院采纳,所以量刑指导案例适合由人民检察院和人民法院联合发布。指导案例可以有多个层级,不仅只局限于最高人民法院和最高人民检察院。不论是哪一层级,都要经过相应的审判委员会、检察委员会集体研究,确立其效力。发布指导案例应遵循民主性原则,可以先行征集、公示,征求意见,对于得到广泛认可的案件才正式发布。

案例发布以后在适用的过程中,随着法律的变化以及社会环境的变化,如果不再适合需求,不再具有指导价值的,应当予以废止。

(4) 案例的运用

各级司法机关对于本级及上级发布的指导案例,要组织学习领会,并应当在办案过程中参照适用。公诉机关在审查起诉阶段要将指导案例向犯罪嫌疑人、辩护人或者值班律师提供,在对方学习后再进行量刑协商。在协商过程中,检察人员要向犯罪嫌疑人释明本案与指导案例的相同之处及不同之处,说明提出的量刑建议的理由。犯罪嫌疑人、辩护人或者值班律师也可以结合指导案例发表意见。人民法院在审判过程中,是否采纳检察机关的量刑建议,可以结合指导案例阐释理由。

(二) 提升犯罪嫌疑人的协商能力

既然控辩双方的地位和能力存在差距,为了提升量刑协商的效果,实现平等协商,就需要补足弱势一方的薄弱环节,提升其诉讼能力。

1. 告知权利和案情

在审查起诉阶段,认罪认罚从宽程序也就进入了实质性的环节,检察机关要充分告知犯罪嫌疑人所享有的各项诉讼权利,包括获得律师法律帮助的权利,了解案情的权利,发表意见的权利。尤其是针对量刑问题,要告知认罪认

---

① 胡云腾:《人民法院案例指导制度的构建》,载《法律资讯》2011 年第 1 期,第 78 页。

罚可以获得的量刑优惠情况。在告知权利的同时，也要告知认罪认罚的法律后果，一旦双方达成了一致的量刑意见，检察机关据此提出的量刑建议就成为法院量刑的依据，而且极有可能就是最终的裁判结果。这些告知行为要形成书面材料，并随案移送，便于法院审查被追诉人认罚的自愿性。

被追诉人签署认罪认罚具结书后有权反悔，可以撤回认罪认罚表示，但检察机关有无义务告知其有反悔权需要慎重。从诉讼地位上来说，不能要求协商的一方告知另一方有权反悔。一是这样要求检察机关未免强人所难，对于双方协商一致的结果，检察机关自然是希望双方都能遵守。二是这种权利告知会导致被追诉人量刑协商时不慎重，先行答应认可，随后撤销，而这种认罪认罚又出尔反尔的行为，极有可能最终给其带来不利的结果。而到了审判阶段，为了审查其认罪认罚的自愿性，法院应当告知其有反悔的权利，向其确认是否真的自愿认罚。

犯罪嫌疑人进行了量刑协商，需要建立在一定事实基础之上，公诉机关需要进行证据开示，使其对案件有全面的了解。对于有些涉及法律评价的问题，需要释明，如属于犯罪未遂、累犯等，犯罪嫌疑人很可能不懂其中的法律意义。有些工作需要督促犯罪嫌疑人积极开展，如退赔、赔偿、向被害人赔礼道歉等，这些都是影响量刑的情节，检察人员要提醒并为犯罪嫌疑人创造机会。

2. 形成三方协商机制

按照现行的做法以及法律规定，量刑协商主要在检察人员和犯罪嫌疑人之间进行，被塑造成"检察官与嫌疑人的协商"，[1] 而辩护人或者值班律师参与有限。犯罪嫌疑人法律知识不足又身陷囹圄与外界隔绝，其诉讼能力大打折扣。这就有必要发挥辩护人或者值班律师的作用，形成检察官、犯罪嫌疑人、辩护人或者值班律师三方协商的格局。检察机关不能与犯罪嫌疑人、辩护人或者值班律师分头协商，而应做到"三方在场、共同协商"，[2] 提高认罪量刑协商的透明度。辩护人或者值班律师不能只担当犯罪嫌疑人认罪认罚的见证人或者背书人，而应当成为犯罪嫌疑人的参谋人。

---

[1] 陈瑞华：《刑事诉讼的公力合作模式——量刑协商制度在中国的兴起》，载《法学论坛》2019年第4期，第14页。

[2] 朱孝清：《认罪认罚从宽制度相关制度机制的完善》，载《中国刑事法杂志》2020年第4期，第10页。

《认罪认罚指导意见》规定:"自人民检察院对案件审查起诉之日起,值班律师可以查阅案卷材料、了解案情。人民法院、人民检察院应当为值班律师查阅案卷材料提供便利。"这就明确赋予了值班律师阅卷权,值班律师通过阅卷,发现对犯罪嫌疑人有利的情节,帮助犯罪嫌疑人向检察机关提出从宽处罚的理由,争取对犯罪嫌疑人有利的量刑建议。

"在赋予值班律师阅卷权的基础上,应当允许其有权代表被告人与公诉机关进行量刑协商,而非单纯的见证具结书的签署过程,这样才能有效保障被告人的合法权益。"[1]检察机关不得单独就量刑问题听取犯罪嫌疑人的意见,而应当在辩护人或者值班律师在场的情况下,共同听取意见,避免检察官在做好犯罪嫌疑人工作后,找辩护人或者值班律师见证签署具结书,因为到了这一步,很多犯罪嫌疑人没有勇气再提出异议。在犯罪嫌疑人自行委托辩护律师的情况下,检察机关不得绕开辩护律师通过值班律师签署认罪认罚具结书。

(三)赋予被追诉人反悔权

如果被追诉人对于量刑协商没有反悔权,一旦签字具结就无法推翻的话,检察机关就具有了十足的动力和采用各种手段促使被追诉人配合完成量刑协商,接受量刑建议。被追诉人有了反悔权,一方面能够确保不公正不合法的量刑协商得到及时纠正,对于当时稀里糊涂签订的具结书,其可以在事后反悔,从而维护自身权利;另一方面反悔权的存在本身就是一股有形的力量,促使检察机关认真对待量刑协商,避免盲目地达成量刑协商而不管效果如何。被追诉人这种反悔的权利,具有救济非真实认罪与平衡控辩双方不对等利益结构的双重功能。[2]

在犯罪嫌疑人签署具结书之后,随时都可以反悔,包括审查起诉期间、一审期间和一审之后三个环节。

1. 起诉之前的反悔

一是对不起诉决定的反悔。人民检察院作出的不起诉决定,包括绝对不起诉和相对不起诉。前者是指犯罪嫌疑人的行为不构成犯罪,或者不负刑事责

---

[1] 吴小军:《认罪认罚从宽制度的实践反思与路径完善——基于北京试点的观察》,载《法律适用》2018年第15期,第83页。

[2] 郭松:《认罪认罚从宽制度中的认罪答辩撤回:从法理到实证的考察》,载《政法论坛》2020年第1期,第107—108页。

任,从而不起诉,相当于无罪处理。后者是指犯罪嫌疑人的行为构成犯罪,但因为情节轻微或者不需要判处刑罚而起诉,相当于认定犯罪嫌疑人犯罪事实存在,其本可定罪,只是从情节考虑不起诉而已。这种相对不起诉,对犯罪嫌疑人来说,仍然是一种否定性的评价。《认罪认罚指导意见》指出:"完善起诉裁量权,充分发挥不起诉的审前分流和过滤作用,逐步扩大相对不起诉在认罪认罚案件中的适用。对认罪认罚后没有争议,不需要判处刑罚的轻微刑事案件,人民检察院可以依法作出不起诉决定。人民检察院应当加强对案件量刑的预判,对其中可能判处免刑的轻微刑事案件,可以依法作出不起诉决定。"这种不起诉属于相对不起诉,针对相对不起诉的决定,犯罪嫌疑人有申请复议的权利,已经认罪认罚的犯罪嫌疑人,也有反悔的权利,即认为自己没有实施犯罪,或者自己的行为不构成犯罪。如果犯罪嫌疑人提出反悔,检察机关需要进行重新审查,作出相应的决定。

二是起诉前对具结书内容的反悔。在案件起诉至法院之前,犯罪嫌疑人同样具有反悔权。《认罪认罚指导意见》指出,犯罪嫌疑人认罪认罚,签署认罪认罚具结书,在人民检察院提起公诉前反悔的,具结书失效,人民检察院应当在全面审查事实证据的基础上,依法提起公诉。这是一项原则性的规定,没有区分犯罪嫌疑人反悔的理由是否正当,不利于保护犯罪嫌疑人合理的反悔诉求。从操作层面,检察机关应当听取犯罪嫌疑人的意见,了解其反悔的原因,针对量刑问题,如果其反悔理由正当,拟定的量刑建议确实偏重的可以进行调整,调整后犯罪嫌疑人没有异议的,可以重新签署具结书。如果原拟定的量刑建议适当的,则据此依法提起公诉。

2. 一审判决之前的反悔

在案件进入审判阶段后,法院会向被告人送达起诉书和量刑建议书,询问被告人的意见,主要是关于其是否自愿认罪认罚,直至一审判决之前,被告人都有权利反悔,撤回认罪认罚的表示。针对量刑问题的反悔有两种情形。一是被告人认为量刑协商不自愿不充分,主要是诉讼权利受到了限制,没有真正的协商,或者是检察机关强迫、诱使其签署了具结书。对这种类型的反悔,被告人不需要提供证据,仅需要表明观点,从而保障被追诉人的权利。针对被告人的反悔,公诉机关可以提供证据证明当初的量刑协商是充分自愿的,但这个证明只能起到说服作用,而不能起到维持量刑协商效力的作用。如果被告人被说服的,可以继续维持量刑协商的效力。二是被告人认为量刑建议不公正,虽然其系自愿签署的具结书,但现在认为量刑建议偏重。《刑事诉讼法》第201条第2款规定:"人民法院经审理认为量刑建议明显不当,或者被告人、辩护人对量刑建议提出异议的,人民检察院可以调整量刑建议……"这一规定,就赋予了被告人反悔的权利,可以对原量刑建议提出异议。《认罪认罚指导意见》指出:"人民法院经审理,认为量刑建议明显不当,或者被告人、辩护人对量刑建议有异议且有理有据的,人民法院应当告知人民检察院,人民检察院可以调整量刑建议。"这一规定和《刑事诉讼法》相比多出了"有理有据"的要求,但这个有理有据,不是要求被告人行使反悔权要有理有据,而是检察机关审查后认为被告人、辩护人的异议有理有据的才予以调整量刑建议,否则不予以调整。而被告人只要提出异议就可以行使反悔权,不需要有理有据,当然从反悔权行使的效果看,需要有一定的合理性。

在审判期间的反悔和异议,被告人可以以多种方式提出,既可以是书面的,也可以是口头的,既可以自己提出,也可以通过辩护人或者值班律师提出。提出的主要时间节点包括但不限于:法院向其送达起诉书及量刑建议书时,辩护人或者值班律师会见时,开庭审理时等。从诉讼的顺利进行角度看,被告人提出得越早,对诉讼的影响就越小,控方回旋的余地也就越大,还有重新达成一致的可能。

被告人对量刑建议提出异议后检察机关调整量刑建议的,应当就调整后的量刑建议再次听取被告人、辩护人或者值班律师的意见,可以再次达成量刑协商并重新签署具结书。

对于法院认为量刑建议明显不当要求检察院调整量刑建议的,同样需要再次征求被告人、辩护人或者值班律师的意见。尤其是在量刑建议调整为更重的情况下,如果被告人仍然同意的,可以签署具结书,如果不同意的,则不签署具结书,案件按照简易程序或者普通程序审理,不能按照速裁程序审理,因为速裁程序没有法庭辩论环节。

3. 一审判决后的反悔权

在一审判决之后,被追诉人反悔的主要表现形式就是提出上诉。在现行的法律制度下,被告人认罪认罚的,仍然享有完全的上诉权,不能因为一审的量刑结果在量刑协商的犯罪之内而否定被告人的上诉权。《认罪认罚指导意见》

指出，二审"发现被告人以量刑不当为由提出上诉的，原判量刑适当的，应当裁定驳回上诉，维持原判；原判量刑不当的，经审理后依法改判"。这是针对被告人就量刑问题提出上诉的处理意见。二审受到上诉不加刑原则的限制，不得因为被告人上诉而加重刑罚。

三、认罚自愿性的审判审查：审判权制约检察权

为了实现控辩双方的平衡，在提升被追诉人地位和能力的同时，还要对检察权进行必要的制约，防范检察机关权力的滥用。我国的认罪认罚从宽制度存在着职权性逻辑和协商性逻辑，其中职权性逻辑占支配地位，这就进一步扩张了检察权，限缩了审判权，具有较大的风险。① 为了发挥审判机关的职能，有学者建议对于认罪认罚案件，将检察机关审查起诉程序的大门打开，让审判人员提前介入审查起诉程序中，为检察官确定罪名和提出量刑建议提供咨询，为被告人及其辩护人参与量刑协商提供法律保障，从而确保被告人认罪认罚的自愿性和真实性，促进检察机关提高罪名建议和量刑建议的精准性。② 这种观点具有一定的超前性，可谓用心良苦。

在侦查、起诉、审判这一流程中，侦查机关作为诉讼的源头，很难对检察权起到制约作用，相反却是检察监督的对象。审判权的发挥能在一定程度上制约检察权，尤其是在以审判为中心的诉讼制度改革的背景之下。认罪认罚从宽制度强调控辩合意，不是以审判为中心诉讼制度发挥作用的场域，但是如果缺失了审判权的制约，检察权将呈现一家独大的局面，对被追诉人来说无疑是难以承受的压力。而且，如果"法官不负责任，不认真细致地阅卷，那么认罪认罚从宽制度所带来的全部风险就可能转化为现实"。③ 陈瑞华教授建议，"改革者还可以加强法官对检察官量刑建议的司法审查，促使法官不仅审查被告人认罪认罚的自愿性，而且要对控辩双方达成的量刑妥协方案进行实质性的审查，

---

① 杜磊：《认罪认罚从宽制度适用中的职权性逻辑和协商性逻辑》，载《中国法学》2020年第4期，第232页。
② 胡云腾：《完善认罪认罚从宽制度改革的几个问题》，载《中国法律评论》2020年第3期，第84页。
③ 李昌盛：《认罪认罚从宽制度若干争议问题探讨——以余金平交通肇事案为例》，载微信公众号"厚德云课堂"，2020年4月22日。

必要时改变这一量刑方案"。①

在量刑协商领域，审判权对裁量权的制约主要表现为对量刑建议的甄别与采纳，前者是对认罚自愿性和量刑建议合法性的形式审查，后者是对量刑协商结果和量刑建议公正性的实质审查。

（一）形式审查：对自愿性、合法性的审查

对于法院来说，首先要甄别量刑建议形成的过程是否合法，即量刑协商是否合法有效，是否反映了被追诉人的真实意思，核心要点在于被告人认罚的自愿性和量刑建议的合法性。"为避免被告人在受到强迫、欺骗、威胁等情况下，作出非自愿的认罪认罚，同时也为了避免可能的冤假错案，无论是司法机关还是立法机关，都高度重视被告人认罪认罚的自愿性问题，并要求法院将其作为主要的裁判对象。"②

《认罪认罚指导意见》对审判期间关于形式审查的内容作出了规定，包括：1. 被告人是否自愿认罪认罚，有无因受到暴力、威胁、引诱而违背意愿认罪认罚；2. 被告人认罪认罚时的认知能力和精神状态是否正常；3. 被告人是否理解认罪认罚的性质和可能导致的法律后果；4. 人民检察院、公安机关是否履行告知义务并听取意见；5. 值班律师或者辩护人是否与人民检察院进行沟通，提供了有效法律帮助或者辩护，并在场见证认罪认罚具结书的签署。可以说，这一指导意见较为详细具体地规定了从哪些方面着手解决被告人认罪认罚的自愿性和具结书的合法性的问题，包括认罪和认罚两个环节的审查。如果这些方面都能够得到有效查清，并且都得出了正向的答案，那么，被告人的权利就已经得到了足够的保障，作出的量刑协商也就是有效的协商。围绕量刑协商以及量刑建议问题，具体审查的手段可以包括两个方面：

一是审查书面材料是否完备。包括关于权利告知的书面记载，表现为告知书的发放记录、提讯内容的笔录、有犯罪嫌疑人和辩护人或者值班律师签字的认罪认罚具结书等。尤其要关注具结书所确定的刑期与量刑建议书是否一致。

二是直接听取被告人的意见。在庭前提讯和庭审过程中，直接与被告人进

---

① 陈瑞华：《刑事诉讼的公力合作模式——量刑协商制度在中国的兴起》，载《法学论坛》2019年第4期，第16页。
② 陈瑞华：《刑事诉讼的公力合作模式——量刑协商制度在中国的兴起》，载《法学论坛》2019年第4期，第10页。

行言语上的沟通，询问其在侦查和审查起诉以及审判阶段各项权利是否得到了保障，尤其是量刑协商的过程，询问其对量刑建议的意见，是否真心愿意接受量刑建议。在此过程中，需要向被告人解释清楚量刑建议各项内容的含义，如检察机关建议判处的是有期徒刑或者拘役，但又没有写明适用缓刑的，就是建议判处实刑，避免被告人误以为包括了缓刑。① 量刑建议是有幅度的，告知其包括上限和下限，意味着判处上限和下限都是被告人可以接受的范围。

（二）实质审查：对公正性的审查

有学者指出："量刑协商制度体现了实质的程序正义的理念，只要保证量刑协商过程的公正性，也就是确保被告人认罪认罚的自愿性，确保被告人了解认罪认罚所可能带来的量刑优惠幅度，那么，由此产生的量刑裁判方案就属于检察官与被告人共同促进和塑造的结果。这种由控辩双方经过协商和妥协所促成的量刑裁判结果，只要符合法律的要求，就被视为一种公正的结果。"② 这种观点强调程序正义的实体价值，按照既定的规则得出的结论首先在形式上就是公正的，同时在没有反证的情况下，推定其在实质上也是公正的。但是，这种公正毕竟是一种推定的公正，实质上是否公正，还有待于进一步的检验。

在量刑建议符合量刑协商的形式要件的基础上，法院需要进一步判断量刑建议的公正性，从而决定是否采纳。对于缺乏公正性的量刑建议，尤其是侵犯了被追诉人权利的量刑建议，依法不予采纳，进而能够使检察机关审慎对待量刑协商，做到真正的协商。关于量刑问题的实质性审查，焦点在于量刑建议与被告人的犯罪事实是否适当，是否做到了公正量刑，如果是幅度刑量刑建议的，在采纳的基础上要确定如何具体量刑。

一是庭外核查。通过对卷宗的阅读，了解案件的基本事实以及被告人具有的各种量刑情节，对照量刑建议看其是否遗漏量刑情节，案件起诉到法院后是否有新的量刑情节。听取被害人的意见，掌握被害人对案件处理的意见。可以通过大数据系统，了解本案的量刑建议与其他同类案件的量刑是否协调。

二是庭审调查。认罪案件的审理，庭审主要围绕量刑问题展开，在庭审过

---

① 臧德胜：《关于"认罚"，司法人员应做到"四个明确"》，载微信公众号"刑事胜谈"，2020年6月16日。

② 陈瑞华：《刑事诉讼的公力合作模式——量刑协商制度在中国的兴起》，载《法学论坛》2019年第4期，第13页。

程中，要针对量刑的重点问题进行调查。对于通过庭外核查存有疑问的或者是未能解决的问题，在庭审过程中听取控辩双方的意见，目的在于排除疑点，形成确定的量刑基础事实。

经过审查，如果认为量刑建议适当，具有公正性的，应当予以采纳，按照量刑建议量刑。如果是幅度刑的量刑建议，则需要根据法院审理查明的情况，在量刑幅度内酌定。如果在量刑建议的上限量刑的，应当说明理由。如果认为量刑建议明显偏重，需要在量刑建议以下量刑的，应当告知公诉机关可以调整，然后决定如何量刑。如果认为量刑建议明显偏轻的，应当告知控辩双方，听取意见，不宜轻易在量刑建议以上量刑；确有必要在量刑建议以上量刑，而控辩双方不同意的，应当组织开庭，当庭围绕量刑问题听取双方意见，然后判决。

四、小结

被追诉人同意量刑建议是典型的认罚，但只要其愿意接受处罚就是《刑事诉讼法》规定的认罚。对于自愿认罚的犯罪嫌疑人，开展量刑协商时要充分协商、公正进行。为了公正协商，可以通过制定量刑规范指引和发布指导案例的方式明确量刑标准，同时提升犯罪嫌疑人的协商能力。为了保障认罚的自愿性，法院需要对具结书进行形式审查和实质审查，既审查其合法性，又审查其公正性。

第五章
被追诉人权利保护的辅助路径

认罪认罚从宽制度的核心在于被追诉人认罪认罚的自愿性、合法性,要确保被追诉人是自愿认罪认罚,且其确实实施了犯罪行为应当受到追诉,最终的裁判结果是公正的、合法的。从权利保护角度看,最为重要的在于保护被追诉人的免于被迫自我归罪权、量刑协商权,使其不被迫认罪认罚。而这两项权利不是孤立的,要得以有效地实现,离不开其他相关权利的保护、相关制度的完善。本章将围绕被追诉人的四项第二层级的权利展开论述,以服务于第一层级权利的实现。

第一节　程序选择权的保护——程序从简自愿性的实现

按照《刑事诉讼法》第 15 条的规定,对于认罪认罚的犯罪嫌疑人、被告人可以依法从宽处理。《认罪认罚指导意见》进一步规定:"从宽处理既包括实体上从宽处罚,也包括程序上从简处理。"也就是说,从宽包括了实体和程序上的双重内容。实体从宽处罚,显然是有利于被追诉人的处理方式,而程序上的从简对被追诉人来说却是好坏参半的。一方面,程序从简能够提高诉讼效率,让其尽快地得到明确的裁判结果;另一方面,程序的简化必然涉及被追诉人部分权利的减让。因为正是程序上的简化,部分权利的减让,才使得被追诉人获得了实体上的从宽,同时获得了程序的快速推进,减少了诉累。所以,程序从简既是认罪认罚的结果,也是实体从宽的原因。这种程序上的从简以被追诉人自愿为前提,同时也应当赋予其主动选择的权利,而不能完全由司法机关完全掌控程序适用。实证研究表明:"在人们判断他们所经历的程序是否公正的时候,他们自己觉得是否实现了对过程的控制这一点是一个基本的,也是非常重要的因素。"① 在认罪认罚从宽制度中,程序选择权尤为重要。

一、程序从简的正当性

所谓的程序从简,是以普通程序为参照,在普通程序的基础上简化程序,被追诉人不再行使普通程序中所享有的相关权利。在认罪认罚从宽制度中,为什么能够简化程序,为什么能够要求被追诉人放弃一些诉讼权利,需要对其正当性进行论证,并作出妥当的程序安排。简化的诉讼程序固然能够提高诉讼效率,但会弱化被告人的诉讼权利,还有可能因为简化而错误裁判,从而影响司法公正:"被告人认罪答辩是否构成刑事简化审理的正当性,仍然是法学界着力探讨和解释的谜题。"② 这就涉及对认罪案件简化审理是否违反正当法律程序原则问题。

(一)正当法律程序原则的基本内容

1. 正当法律程序原则的发展

(1)在英美法系的发展

正当法律程序,或者法律的正当程序起源于古老的英国自然法,即所谓的"自然正义"。"自然正义"的含义可归结为两个基本的规则:其一,任何个人或者团体不得自己做自己的法官,这就是当前已经普遍适用的回避制度;其二,任何人在受到公权力不利行为的影响(特别是刑事处罚或其他制裁)时,有获得告知、说明理由和提出申辩的权利,反过来说,任何个人和团体要行使权力可能使别人受到不利影响时必须听取对方的意见,这也就是听取意见规则。③ 1354 年爱德华三世第二十八号法令(《伦敦西敏寺自由法》)首次使用了"正当程序"一词,它规定:"未经法律的正当程序进行答辩,对任何财产和身份的拥有者一律不得剥夺其土地或住所,不得逮捕或监禁,不得剥夺其继承权和生命。"④ 在《布莱克法律词典》中,正当法律程序的中心含义是指:"任何其权益受到判决影响的当事人,都享有被告知和陈述自己意见并获得听

---

① [美]汤姆·R. 泰勒:《人们为什么遵守法律》,黄永译,中国法制出版社2015年版,第218页。
② 李本森:《法律中的二八定理——基于被告人认罪案件审理的定量分析》,载《中国社会科学》2013 年第 3 期,第 86 页。
③ 参见许春晖:《正当程序原则及中国实践》,载《上海人大》2014 年第 4 期,第 50 页。
④ [英]丹宁勋爵:《法律的正当程序》,李克强、杨百揆、刘庸安译,法律出版社1999年版,第1页。

审的权利。"①

1791年，美国第五宪法修正案对正当程序原则作出了规定："未经正当程序，不得剥夺任何人之生命、自由或财产。"② 这一规定适用于联邦政府机关。第四十宪法修正案进一步作出了这种规定，适用于州政府机关。两个修正案中关于"未经正当程序，不得剥夺任何人之生命、自由或财产"的规定，构成了美国法律中的正当程序条款。这一规定，通过美国联邦法院在司法裁判中的运用而产生了深远的影响。③ 正当程序原则自从其发端就以保障个人权利为目的。在美国，正当程序已成为"各种人权的守护者"。④

（2）在大陆法系的发展

正当法律程序原则起源于普通法系，但在大陆法系同样得到了认可和尊重。大陆法系国家主要表现为程序法定原则，这与英美法系国家的正当程序原则在精神上是一致的。程序法定原则在大陆法系国家是与罪刑法定原则相伴而生的，要求只有法律才能确定负责审判犯罪人的机关以及它们的权限，确定这些法院应当遵守什么样的程序才能对犯罪人宣告无罪或者作出有罪判决。所有这一切，都要由立法者细致具体地作出规定。⑤ 法国1789年《人权和公民权宣言》第7条规定："除非在法律规定的情况下，并按照法律所规定的程序，不得控告、逮捕和拘留任何人"，1791年法国宪法确认了此项内容，随后德国、日本等国家的法律也都作了相应规定。⑥

（3）国际公约的规定

联合国1966年颁布的《公民权利和政治权利国际公约》对正当程序原则作出了规定，总的原则在于对公民权利的剥夺和限制必须经过正当的法律程

---

① 曹艺瀚：《浅谈正当法律程序原则与行政自由裁量权》，载《管理观察》2008年第23期，第227页。
② 杨炳超：《论美国宪法的正当程序原则——兼论我国对该原则的借鉴》，载《法学论坛》2004年第6期，第91页。
③ 杨柳：《刑事诉讼正当程序研究》，载《黑龙江省政法管理干部学院学报》2008年第6期，第117页。
④ 杨炳超：《论美国宪法的正当程序原则——兼论我国对该原则的借鉴》，载《法学论坛》2004年第6期，第91页。
⑤ 杨炳超：《论美国宪法的正当程序原则——兼论我国对该原则的借鉴》，载《法学论坛》2004年第6期，第91页。
⑥ 杨柳：《刑事诉讼正当程序研究》，载《黑龙江省政法管理干部学院学报》2008年第6期，第117页。

序。其中第 6 条第 1 款规定："人人有固有的生命权。这个权利应受法律保护。不得任意剥夺任何人的生命。"第 9 条分多项作出规定："一、人人有权享有人身自由和安全。任何人不得加以任意逮捕或拘禁。除非依照法律所确定的根据和程序，任何人不得被剥夺自由。二、任何被逮捕的人，在被逮捕时应被告知逮捕他的理由，并应被迅速告知对他提出的任何指控。三、任何因刑事指控被逮捕或拘禁的人，应被迅速带见审判官或其他经法律授权行使司法权力的官员，并有权在合理的时间内受审判或被释放。等候审判的人受监禁不应作为一般规则，但可规定释放时应保证在司法程序的任何其他阶段出席审判，并在必要时报到听候执行判决。四、任何因逮捕或拘禁被剥夺自由的人，有资格向法庭提起诉讼，以便法庭能不拖延地决定拘禁他是否合法以及如果拘禁不合法时命令予以释放。"

2. 正当法律程序原则的意义

英国上诉法院原院长丹宁勋爵在其名著《法律的正当程序》的前言中指出："我所说的'正当程序'不是指枯燥的诉讼条例，它在这里和国会第一次使用这个词时所指的意思倒极其相似。它出现在 1354 年爱德华三世第二十八号法令第三章中。""我所说的'正当程序'也和麦迪逊提出美国宪法修正案时所说的非常相似，它已被 1791 年第五修正案所确认，即'未经正当法律程序，不得剥夺任何人的生命、自由或财产'。"[①]

由此看来，尽管在不同的法律环境和语境下表述不同，但是正当法律程序原则的基本内容是一致的。这些观点的核心在于，司法机关只能在保障当事人的各项争辩权利的基础上，才能作出裁判，否则裁判结果就不具有正义性。这就要求司法机关严格按照程序规则展开司法行为。具体地说，正当程序原则包含两个方面的重要信息，一是适用的场合，即权利受到侵害时，这种权利包括生命、财产、自由等，刑事被追诉人的权利自然属于需要保护的场合。二是对程序的要求，即正当的，只有经过正当程序才能处置他人的这些权利。这就需要对正当性进行界定。判断一个程序正当性可以具有不同的标准，美国的司法裁判也对正当程序原则作出了不同的解读，其中利益均衡方法具有一定的价

[①] ［英］丹宁勋爵：《法律的正当程序》，李克强、杨百揆、刘庸安译，法律出版社 1999 年版，第 1 页。

值。所谓利益均衡，是指程序正当与否的判断要同时均衡受到政府行为影响的三种利益：（1）私人利益，即官方行为影响的私人利益的大小；（2）风险利益，即剥夺利益时所适用的程序是否能避免作出错误决定，作出错误决定的风险有多大，如果附加替代性的其他程序，可能的价值有多大；（3）政府利益，即政府履行职责、遵循相应的程序时，财政和行政负担有多大。① 这种方法既适用于立法，也适用于司法，对相关利益的均衡进行衡量，是对司法人员的经常性要求。当然利益均衡也要受到最低限度保障原则的制约，正当程序在不同的法律环境下有不同的表现，但总有一些不可突破的底线，需要共同遵守。

正当法律程序原则的确立具有重大的意义。一是保障人权。保障无罪的人不受刑事追究，有罪的人受到适当追究，是文明社会的基本要求。这种对人权的保障不仅是对涉嫌犯罪的人的保障，还是对社会全体成员安全的保障，因为每一个人都可能是潜在的被追诉人。二是限制国家的权力。确保国家权力按照法定的规则和程序行使，不能滥用。三是维护公正、秩序。社会需要公正和秩序，追求公正和秩序，这样一种实体上的状态，需要规则和程序的保障。尤其是在诉讼过程中，实体上的公正，需要正当程序的保障，否则容易滋生恣意和任性。正当程序原则有助于避免或者减少裁判的错误。

3. 正当法律程序原则在我国法律中的体现

我国《宪法》第 37 条第 2 款规定："任何公民，非经人民检察院批准或者决定或者人民法院决定，并由公安机关执行，不受逮捕。"这一宪法条文中包含着正当法律程序原则的精神，也确立了我国的一条宪法原则：不得非法逮捕任何公民。同时宪法中还确立未经法院判决不得确定任何人有罪等原则，这些规定也在《刑事诉讼法》中得到了体现。

我国 2012 年《刑事诉讼法》增加了"尊重和保障人权"的规定，"这对整个刑事诉讼的基本原则、制度和程序起到了提纲挈领的指导作用，也是'国家尊重和保障人权'原则 2004 年载入《宪法》后第一次规定在部门法中"。② 公民获得正当法律程序的权利，是一项宪法权利，是国家尊重和保障人权的具体表现。长期以来，我国的《刑事诉讼法》一直向着正当程序方向发展，基本

---

① 刘莘：《"正当程序"在美国》，载《法制日报》1999 年 3 月 25 日。
② 陈光中、曾新华：《中国刑事诉讼法立法四十年》，载《法学》2018 年第 7 期，第 33 页。

的思路就是不断丰富被追诉人的诉讼权利,增强其抗辩的能力,同时采取措施限制公权力。党的十八届四中全会提出开展以审判为中心的诉讼制度改革,正是正当法律程序原则的一次生动实践。因为,这种诉讼制度改革的关键点在于突出人民法院在刑事诉讼中的中心地位,发挥庭审的实质化作用,以规范严格的诉讼程序防范冤假错案。

(二) 正当法律程序原则与认罪认罚从宽制度

1. 制度间的冲突

正当法律程序原则追求公平正义,坚持公正导向,为了维护公正,需要投入大量的资源。为了防止被追诉人被错判,不惜赋予其各项权利,增强其对抗的能力,这种制度上的设计是以牺牲效率为代价的,最终的结果可能造成程序上的烦琐。而认罪认罚从宽制度的直接表现是程序从简,以被追诉人放弃部分权利为代价,推进诉讼的快速和谐进展。正如学者所言:"刑事诉讼中的认罪认罚从宽制度是一项实体从宽、程序从简的制度,为实现'以审判为中心'提供了制度保障。"[①] 具体而言,这种程序简化表现在多个方面:一是增设了速裁程序,对于罪行较轻的认罪案件,适用速裁程序审理,省去了法庭调查和法庭辩论,法庭在确认被告人认罪认罚的真实性后,可以径行作出判决。二是简化简易程序、普通程序中的诉讼环节,法庭调查、法庭辩论相对简化。三是缩短办案期限,加快诉讼流程。四是被告人一方放弃相应的诉讼权利,包括无罪辩护的权利。

"被告人认罪案件处理程序的适用对程序公正的全面实现造成了一定的抑制。被告人认罪案件处理程序对于刑事司法犹如一把双刃剑,如何扬其长是充分发挥其作用的关键。"[②] 这一制度从导向上与正当法律程序原则背道而驰,二者具有不同的价值追求。在认罪认罚从宽制度试点期间,有学者忧心忡忡地指出:"在我国刑事审判程序已经相当简化,尤其是相关程序保障机制仍未有效建立的背景下,以程序从简作为完善认罪认罚从宽制度的改革目标,是非常危险的。程序简化所带来的有形收益,很可能将以刑事司法制度正当性的流失这

[①] 汪海燕、付奇艺:《认罪认罚从宽制度的理论研究》,载《人民检察》2016年第15期,第9—16页。
[②] 郭明文:《被告人认罪案件的处理程序研究》,西南政法大学2007年博士学位论文,第37页。

样的无形成本作为代价。"① 简化的诉讼程序固然能够提高诉讼效率，但会弱化被告人的诉讼权利，还有可能因为简化而错误裁判，从而影响司法公正。这就涉及对认罪案件简化审理是否违反正当法律程序原则问题。

2. 冲突的调和：类型化的诉讼程序

（1）正当程序以诉讼争议为前提

正当法律程序原则的初衷在于维护公民的私权利，限制公权力的滥用。公权力对涉及公民个人的生命、自由和财产等利益的处置行为，必须按照正当的程序进行，希望通过正当程序防范公权力对私权的不当侵犯。这一程序的适用，需要以存在争议为前提，通过正当的程序来解决争议问题。陈瑞华指出："程序正义是一种'诉讼对抗性价值'，它所规范的司法程序要以控辩双方存在利益争端为前提，但在对立双方达成协议和和解的案件中，它就失去了存在的前提和空间。程序正义价值主要是针对那些控辩双方存在利益争端的诉讼而提出的，属于对法官在举证、质证和辩论过程中所提出的道德要求。"② 如果没有争议，则严格的程序也就没有了适用的空间。反过来看，适用严格的程序处理没有争议的问题，还存在非正义的一面，一方面会浪费资源，过度的程序性付出与需求不成比例；另一方面会延缓效率，使社会关系处于不确定状态，也会危害当事人的利益。根据实事求是和区别对待的原则，不同的刑事案件应有不同的程序相对应，而不是程序上的"一刀切"，这样也符合正当程序的价值标准和平等原则。③

（2）诉讼程序需要类型化

第15届国际刑法大会决议指出，对严重犯罪不得适用简易程序以及不加法律限制的对被告人自由裁量的程序。就其他犯罪而言，立法者应确定程序的要求，并采用确保被告人与司法机关合作的自愿性质的措施，如辩护人对被告人的有效援助。建议对轻微犯罪案件进行此类诉讼，以加速刑事诉讼的进展，更好地保护被告人的权益。由此可见，对不同类型的案件采取不同的诉讼程

---

① 左卫民：《认罪认罚何以从宽：误区与正解——反思效率优先的改革主张》，载《法学研究》2017年第3期，第175页。
② 陈瑞华：《程序正义理论》，中国法制出版社2010年版，第128页。
③ 杨柳：《刑事诉讼正当程序研究》，载《黑龙江省政法管理干部学院学报》2008年第6期，第117页。

序，是得到了广泛认可的。所以，不如确立这样一种程序，按犯罪的性质、轻重等情况区别对待，与之相应地适用既简略迅速又能保持公正的程序。① 具体到认罪认罚从宽制度而言，适用的对象有严格的限制，必须是被告人自愿如实供述所犯罪行，对指控的事实没有异议，并且愿意接受处罚。进入审判的案件，控辩双方已经进行了量刑协商，被告人签署了具结书。只要这种量刑协商是充分有效进行的，没有违背被告人的意愿，那么控辩双方就没有争议问题。对于没有争议的案件，适用简化的程序同样能够解决问题，也不侵犯当事人的权利，不违背实质正义。

另外需要强调的是，正是正当程序的强调，使得案件审理需要投入大量的司法资源，在被告人一方享有全方位诉讼权利的情况下，为了避免旷日持久的诉讼和不知止境的投入，国家自然希望获得被告人的有罪答辩，从而简单化处理案件。学者研究后认为，从表面上看，简易程序是提高诉讼效率和繁简分流机制的重要方式，是面对日益增长的案件的一种迫不得已的司法机制，但究其深意，我们会有惊人的发现：英美国家简易程序的产生广泛适用，正是正当程序的普及和充分的被告人权利保障的结果！甚至认为，"简易程序的适用范围和普遍与否，从某种角度能说明一个国家正当程序施行的是否全面"。②

（3）认罪案件程序从简具有正当性

如果对认罪案件一定要按部就班地适用严格的程序，则既不效率又不经济。审判活动过于迟缓和拖延，不仅会使诉讼成本增加，而且会导致案件长时间处于待判定的状态，当事人的利益和命运则无休止地处于不确定的地位。③ 有学者比较我国认罪认罚从宽制度与美国辩诉交易制度的相同点时指出，"保障被告人的快速审判权是相同目的"。因为，"得到快速、及时的审判是犯罪嫌疑人、被告人的一项重要人权。"④《公民权利和政治权利国际公约》第9条第3款规定："任何因刑事指控被逮捕或拘禁的人，应被迅速带见审判官或其他经

---

① ［日］田宫裕：《刑事程序的简易化》，载西原春夫：《日本刑事法的形成与特色》，李海东等译，法律出版社、成文堂1997年版，第59页。
② 耿慧茹：《比较法视野下对我国刑事简易程序的思考》，载《人民司法（应用）》2012年第13期，第92页。
③ 陈瑞华：《程序正义论》，中国法制出版社2010年版，第107—108页。
④ 樊崇义、徐歌旋：《认罪认罚从宽制度与辩诉交易制度的异同及其启示》，载《中州学刊》2017年第3期，第44页。

法律授权行使司法权力的官员，并有权在合理的时间内受审判或被释放……"正如"迟来的正义等于非正义"，过于烦琐，超越了案件本身需要的诉讼程序，所带来的将是一些负面效益，使当事人不能及早地把握自身命运，使社会秩序不能得到及时的恢复。即使迟来的裁判仍然是正义的结论，但有关各方却因为这种结论的迟到而受到直接的伤害。诉讼各方都会受到这种迟缓裁判的伤害，被告人久押不决，其自由、财产甚至生命等重大实体性权利也因此一直处于待定状态；被害人的权益也得不到及时的恢复和补偿。[1]

而通过快速程序，及时处理案件，让正义及时得以实现，对于社会秩序的维护具有较大的意义。正如贝卡利亚所言："犯罪与刑罚之间的时间间隔得越短，在人们心中，犯罪与刑罚这两个概念的联系就越突出、越持续，因而，人们很自然地把犯罪看做起因，把刑罚看做不可缺少的必然结果。对于犯罪最强有力的约束力量不是刑罚的严酷性，而是刑罚的必定性。"[2] 对于认罪认罚案件适用速裁程序或者简化程序审理正是一种可以快速且确定地惩罚犯罪的程序，具有正当性。

需要明确的是，被追诉人获得普通程序审判的权利是一项基本权利，其选择某种简式审判程序是其权利，但不能因为其不选择简式审判而承受不利后果。

3. 小结

认罪认罚从宽制度需要程序简化，而从维护被追诉人权益、保障实体公正角度，需要遵循严格的诉讼程序，二者似乎存在冲突。但是，程序的正当性取决于程序的类型化，对不同性质的诉讼配置不同的程序，恰到好处地实现资源配置和案件需求之间的平衡，正是我们所追求的。认罪认罚案件因为缺乏争议焦点，而只需更为简化的诉讼程序，且为被追诉人自愿选择，所以具有正当性。

二、程序简化的限度

认罪认罚从宽制度推崇程序简化，以提高效率，这一导向具有正当性，也符合诉讼规律。但是，程序性简化的限度服从于司法公正，需要在保障司法公

---

[1] 陈瑞华：《看得见的正义》，法律出版社2019年版，第93页。
[2] [意] 贝卡利亚：《论犯罪与刑罚》，黄风译，北京大学出版社2008年版，第47—48页。

正的基础上推行程序简化。认罪认罚从宽制度具有特殊性，属于一种合作性司法，甚至被认为是"放弃审判制度"的刑事诉讼的"第四范式"①，其理论基点在于控辩双方认识一致，在双方没有分歧或者重大分歧的基础上，寻求诉讼的效率。这种诉讼模式，虽然有优势，但也存在风险，包括："降低诉讼程序和定案证据的严格性；弱化对警察和检察官活动的监督；放松对审前非法取证等侵权行为的审查；打破不同诉讼角色之间的权利（利）平衡；激励以刑事制裁处理社会问题等"②，从而使得这种模式下被追诉人的权利类型以及权利保护的方式均有其特殊性。"为了效率，部分的牺牲程序正义，更应该建构出正义的底线，以确保这一制度在施行过程中不至于失去规范的控制。"③

我国的认罪认罚从宽制度经历了速裁程序和认罪认罚从宽制度的试点，但不论是决策层面的程序设计上，还是实践层面的程序操作上，仍然存在一些需要进一步完善的问题。

（一）关于认罪认罚自愿性、合法性审查程序未建立

认罪认罚案件控辩双方达成了一致，被告人曾经签署了认罪认罚具结书，法院的审判相对更为简单，程序也简化。但正由于有了被告人自愿认罪认罚这些形式上的要求，很容易使审判人员忽视对认罪认罚自愿性、合法性的审查，使法庭审理流于形式，有待于进一步完善。

《刑事诉讼法》第190条第2款规定："被告人认罪认罚的，审判长应当告知被告人享有的诉讼权利和认罪认罚的法律规定，审查认罪认罚的自愿性和认罪认罚具结书内容的真实性、合法性。"这是在第一审普通程序中对审判审查的规定，也是2018年10月《刑事诉讼法》修订，建立认罪认罚从宽制度后关于审判审查的重要规定，但存在一些需要完善的问题。

1. 审查的时机不妥

《刑事诉讼法》第190条第1款是关于庭审准备程序的规定："开庭的时候，审判长查明当事人是否到庭，宣布案由；宣布合议庭的组成人员、书记

---

① 熊秋红：《比较法视野下的认罪认罚从宽制度——兼论刑事诉讼"第四范式"》，载《比较法研究》2019年第5期，第80—101页。
② 熊秋红：《比较法视野下的认罪认罚从宽制度——兼论刑事诉讼"第四范式"》，载《比较法研究》2019年第5期，第97页。
③ 门金玲：《认罪认罚从宽的制度逻辑与辩护律师的参与》，载微信公众号"京都律师"，2019年10月28日。

员、公诉人、辩护人、诉讼代理人、鉴定人和翻译人员的名单；告知当事人有权对合议庭组成人员、书记员、公诉人、鉴定人和翻译人员申请回避；告知被告人享有辩护权利。"然后就是关于要审查认罪认罚自愿性、合法性的规定。第191条才是关于公诉人宣读起诉书等内容的规定。通过这样的立法体系可见，是把认罪认罚的自愿性、合法性的审查作为一种程序性的调查。这种程序性的审查，无外乎就是当庭问问被告人是否自愿签署的认罪认罚具结书，看看具结书是否符合法定的条件。而对于具结书的内容本身是否正当，无法触及。办案法官为了快速审案，也有可能故意绕开一些关键问题，满足于形式上的审查。

对于认罪认罚案件，必须充分发挥人民法院的审判审查功能，做到与司法机关之间的权力制衡，通过多种程序防范错误案件。为了突出对认罪认罚自愿性、合法性审查的重要性，有必要将其置于庭审调查环节，作为庭审调查的一部分。从立法上可以对《刑事诉讼法》第190条第2款进行改造。

一是将第190条第2款修改为："审判长应当询问被告人是否自愿认罪认罚，告知被告人在认罪认罚案件中享有的诉讼权利和认罪认罚可能导致的法律后果。"从立法设置上，这一款都是程式化的规定，当庭询问被告人是否自愿认罪认罚，告知权利、告知法律规定。如果被告人曾经作出认罪认罚表示并签署具结书的，应确认其是否继续认罪认罚。如果之前没有认罪认罚的，当庭赋予其认罪认罚的机会。如此规定与该条第1款规定的内容相协调。整个第190条的规定，都是为之后的法庭正式审理程序做准备，不涉及实质性的内容。如果在本环节发现了影响诉讼进行的行为，应当予以排除，不能排除的，对之后的庭审思路作出相应的调整。如被告人当庭表示反悔，不再认罪认罚的，则之后的庭审中，重点关注其对指控的异议之处。作为庭审的前置程序，不能承担实质性的功能，否则达不到实质性的效果。

二是在第191条增加一款，作为第2款："被告人认罪认罚的，重点审查认罪认罚的自愿性和认罪认罚具结书内容的真实性、合法性。"首先，要对认罪认罚的自愿性和认罪认罚具结书内容的真实性、合法性做实质审查，放在庭审调查阶段，能够收到更好的效果。庭审调查不同于庭前告知权利和形式审查，调查得更为深入，不能满足于被告人对是否自愿认罪认罚、具结书是否其本人自愿签署的回答，而要关注被告人的真实想法，关注具结书的内容是否公正。其次，通过这一规定，显示出对于被告人认罪认罚案件，庭审的重点转移到认罪认罚的自愿性、合法性上，与其他案件有所区别。最后，这也是一种提示性条款，提示、告诫审判人员，不能因为被告人认罪认罚而放弃了实质审查，做到庭审不走过场。

2. 审查程序不规范

《刑事诉讼法》规定了需要审查被告人认罪认罚的自愿性和认罪认罚具结书的真实性、合法性，但对如何审查没有规定。《认罪认罚指导意见》规定："庭审中应当对认罪认罚的自愿性、具结书内容的真实性和合法性进行审查核实，重点核实以下内容：（一）被告人是否自愿认罪认罚，有无因受到暴力、威胁、引诱而违背意愿认罪认罚；（二）被告人认罪认罚时的认知能力和精神状态是否正常；（三）被告人是否理解认罪认罚的性质和可能导致的法律后果；（四）人民检察院、公安机关是否履行告知义务并听取意见；（五）值班律师或者辩护人是否与人民检察院进行沟通，提供了有效法律帮助或者辩护，并在场见证认罪认罚具结书的签署。"这些规定都是形式审查的内容，根据检察机关随案移送的相关材料，再询问被告人就能判断。其中值班律师或者辩护人是否提供了有效法律帮助或者辩护，相对来说是需要进行一定的实质判断的，但审判人员不通过法庭调查又很难发现。因为值班律师或者辩护人是否根据案件事实向检察机关提出了恰当的辩护意见，是否对检察机关产生了一定的影响，只有通过对案件事实的分析才能判断，通过案件分析才能知道检察机关的处理意见是否适当，如果不当的，辩护人或者值班律师是否提出了不同意见。

《认罪认罚指导意见》进一步规定："庭审中审判人员可以根据具体案情，围绕定罪量刑的关键事实，对被告人认罪认罚的自愿性、真实性等进行发问，确认被告人是否实施犯罪，是否真诚悔罪。"这是关于实质审查的内容，虽然该指导意见没有规定置于庭审的哪一环节，但根据内容看应当是在法庭调查环节。问题在于，影响认罪认罚案件公正性的，不仅在于案件事实是否存在，更在于被告人的行为是否构成犯罪，构成何种犯罪。被告人基于认识错误而选择认罪，比如误以为自己有罪或者对自己无罪缺乏明确的认识，都属于自愿型虚假认罪。这种虚假认罪隐蔽性强，被追诉人往往不会反悔或者提起上诉、申诉，因此极容易导致错案的发生。[①] 鉴于此，应将该条修改为："庭审中审判人

---

① 史立梅：《认罪认罚从宽程序中的潜在风险及其防范》，载《当代法学》2017 年第 5 期，第 125 页。

员可以根据具体案情，围绕定罪量刑的关键事实，对被告人认罪认罚的自愿性、真实性等进行发问，确认被告人是否实施犯罪，是否构成犯罪，是否真诚悔罪。"

《认罪认罚指导意见》只是规定了法庭审查的方式和内容，但缺乏程序要求的规定，即对认罪认罚案件必须经历哪些庭审程序。规定最低限度的庭审程序，可以确保审判人员尽到调查义务。具体地说，在庭审过程中，法庭要在公诉人宣读起诉书后开展以下调查工作：

一是听取被告人对起诉书指控内容是否有异议的意见。庭审中，被告人进一步了解了公诉机关指控的内容，通过向被告人发问确认签署具结书的内容和指控的内容是否一致，是否存在偷梁换柱的现象。

二是就认罪认罚的自愿性向被告人发问，让其在法庭上明确表态。法庭是一个公开的场合，被告人受到威胁、引诱的可能性更小，所做表达的真实性、自愿性更强。

三是让被告人陈述控辩协商的过程。通过被告人的陈述，确认控辩双方是否做到了平等、充分协商，是否得到了律师的有效帮助，从而确定被告人是否自愿认罪认罚。被告人的陈述，是对控辩协商过程的情景再现，让审判人员能够直观感受，从而作出判断。被告人陈述有出入的，公诉人可以纠正或者补充。

3. 速裁程序中审查程序缺失

2018年《刑事诉讼法》新增设了速裁程序，对可能判处有期徒刑三年以下刑罚的认罪认罚案件，采取了最为简化的方式。第224条第1款规定："适用速裁程序审理案件，不受本章第一节规定的送达期限的限制，一般不进行法庭调查、法庭辩论，但在判决宣告前应当听取辩护人的意见和被告人的最后陈述意见。"据此规定，速裁程序审理案件没有法庭调查环节，过于简化的诉讼程序，就存在错案的隐患。制度上的规定，会成为审判人员放松审查的借口，也会增强审判人员的心理暗示，认为速裁程序不需要审查或者审查不重要。第226条规定："人民法院在审理过程中，发现有被告人的行为不构成犯罪或者不应当追究其刑事责任、被告人违背意愿认罪认罚、被告人否认指控的犯罪事实或者其他不宜适用速裁程序审理的情形的，应当按照本章第一节或者第三节的规定重新审理。"本条对审判人员提出了实质审查的要求，如果被告人当庭否认指控的犯罪事实，审判人员比较容易把握。但是要发现被告人是否违背意愿认罪认罚，速裁程序难以实现。因为速裁程序没有法庭调查和法庭辩论，仅仅依靠被告人最后陈述，不具有这样的功能。

鉴于此，有必要对速裁程序进行相应的改造，加入对认罪认罚自愿性和具结书合法性、真实性进行调查的程序。

（二）速裁程序快速推进有待规范

《刑事诉讼法》对于速裁程序已经作出了最大限度地简化，省去了法庭调查和法庭辩论环节，审理的期限也只有10日，能够满足案件快速办理的需要。如何进一步简化程序，也是广受关注的问题，有人建议对部分案件实行书面审，但法官基于查明案件的需要和对司法责任的忌惮，并不认可。[1] 在司法实践中，司法实务部门为了进一步简化，进一步提速，又采取了一些创新性的举措，在提高效率的同时，对于被追诉人的权利保护需要予以关注。

1. 在执法办案中心开庭的问题

执法办案管理中心，是近年来公安机关推出的一种一站式集中办案的场所，将公安机关办理的刑事案件集中在此办理，确保办案场所统一管理、案件集中办理，实现案件集中审理、全程闭环、全程监督。只要犯罪嫌疑人进入执法办案管理中心，就进入了全天候无死角的视频监控区，确保嫌疑人的合法权利得到保障，同时从进入办案区登记后的人身检查、讯问嫌疑人到最终嫌疑人离开，全程已经建立标准化管理模式。[2]

《认罪认罚指导意见》提出："加快推进公安机关执法办案管理中心建设，探索在执法办案管理中心设置速裁法庭，对适用速裁程序的案件进行快速办理。"这种提法具有一定的现实基础，一些地方司法机关已经开展了在执法办案中心快速审理案件的工作。按照《刑事诉讼法》规定，公安机关抓获犯罪嫌疑人后应当在24小时之内决定是否刑事拘留，决定刑事拘留的，应当在24小时内送看守所羁押。也就是说犯罪嫌疑人在执法办案中心羁押的时间最多为48小时。法院在执法办案中心设立速裁法庭。公安机关抓获犯罪嫌疑人后，犯罪嫌疑人认罪且案件简单的，由值班律师为被告人提供法律帮助，简单取证后立

---

[1] 宋善铭：《认罪认罚从宽案件中法官作用的实证研究》，载《法律适用》2019年第13期，第29页。
[2] 《北京警方推广"一站式"办案，全程视频监控保障嫌疑人权利》，载澎湃新闻网2016年5月22日，网址：https://www.thepaper.cn/newsDetail_forward_1472881，2019年11月5日访问。

即移送检察院审查起诉，检察院立即向法院提起公诉，法官、书记员到执法办案中心开庭判决。这样，在嫌疑人被抓获后在执法办案中心羁押的 48 小时内作出一审判决，然后再送看守所羁押。①

这一举措确实能够收到提速的效果，也避免了多次提押犯罪嫌疑人的烦琐，但是办案期限的过度压缩并没有减少司法人员的工作量，反而可能会造成对被追诉人权利的侵犯。一是从程序看，这种方式以被告人不聘请辩护律师，只使用值班律师为前提，一定程度上限制了犯罪嫌疑人的获得有效辩护权。二是影响被追诉人认罪认罚的自愿性、明智性，犯罪嫌疑人刚被抓获，尚处于心理调适期，对自己的行为及性质尚没有正确判断，要求其理解表态认罪认罚，勉为其难。三是从实体看，以对被告人判处实刑为前提，在被告人已经被羁押的情况下，判处缓刑需要一些程序上的操作，如变更强制措施的审批，是否可以适用缓刑的社会调查，社区矫正居住地的核实等，48 小时内无法完成。如此，使得一些本来可以适用缓刑的被告人失去了缓刑的机会。

可以说，这一审理方式有其正当的一面，通过快速审理让一些确实属于理性、自愿认罪的犯罪嫌疑人能够快速地结束诉讼程序，但也有其不利的一面，具有侵犯被追诉人权利的隐患。对此，不宜过度提倡甚至强力推行，而应当实事求是地根据个案的情况决定，只适用于确实符合条件的案件，尊重被追诉人的选择权。对于适用的范围，一是要看案件的情况；二是要看被追诉人的状况。从案件角度看，只能适用于轻微刑事案件，可以限定于判处拘役刑以下刑罚的案件。从被追诉人角度看，只适用于具有一定文化程度，能够理解程序意义和法律后果，具有相当是非判断能力的人。同时，对于这类案件，更需要发挥律师的帮助作用，避免被追诉人的盲目认同。

2. 庭审合并的问题

速裁程序庭审时间较短，而且更多的时间是用于告知被告人权利，所以有些司法机关就采取了多个案件合并开庭的措施，以提高效率。

《认罪认罚指导意见》指出："人民法院适用速裁程序审理案件，可以集中开庭，逐案审理。人民检察院可以指派公诉人集中出庭支持公诉。公诉人简要

---

① 参见：《海淀区适用全流程速裁程序审结两起犯罪案件》，载北京法院网 2017 年 6 月 12 日，网址：http://bjgy.chinacourt.gov.cn/article/detail/2017/06/id/2892657.shtml，2019 年 11 月 5 日访问。

宣读起诉书后,审判人员应当当庭询问被告人对指控事实、证据、量刑建议以及适用速裁程序的意见,核实具结书签署的自愿性、真实性、合法性,并核实附带民事诉讼赔偿等情况。"在速裁程序试点之后,一些司法机关已经进行了这种集中审理的试点。比较典型的是"集中—单独—集中"的做法,即开庭时首先集中查明被告人身份、集中交代回避权等诉讼权利;其次就个案单独听取公诉机关指控要点和量刑建议、单独听取被告人及辩护人定罪量刑意见、是否知悉并同意适用速裁程序、单独听取被告人最后陈述;最后再集中宣判、集中交代上诉权、集中判后答疑等。① 这种审理方式,带来两个问题。

一是公诉人出庭的问题。这种集中审理的模式,出庭公诉人往往并非本案的承办人,对案情并不了解,对控辩双方量刑协商的过程也不知晓。如果庭审过程中,被告人、辩护人对量刑协商的公正性提出异议,公诉人无法回应。法庭如果认罪量刑建议不当,或者被告人、辩护人认为量刑不当,需要调整量刑建议,公诉人无法作出决定。而速裁程序审理的案件,又要求当庭宣判,这就导致法庭陷入两难境地。如果按照量刑建议量刑导致量刑不公正,从而休庭转为简易程序或者普通程序审理,将影响诉讼效率。

二是庭审方式的问题。集中开庭,对各被告人集中告知各项诉讼权利,具有统筹效果,但缺乏针对性,审判人员无法通过与每一个被告人的沟通发现问题。而且这种集中审理,会使法官更加注重庭审的顺利进行,如果某一个被告人或者辩护人提出异议,将影响到整个诉讼的进行,审判人员从内心对这种异议持有抵触情绪,会尽量限制被告人、辩护人的异议,为错案留下隐患。

在实际情况下,对于速裁程序审理的案件,即使分开审理,庭审的时间也不会长,十分钟之内一般足以审结。所以对于速裁程序再提升效率的空间已经不大,目前没有必要过多关注于效率的提升,而应当转向被告人的权利保护。保持每个庭审的独立的三方构造,庭审不仅具有查明案件的实用价值,还具有代表国家司法行为的仪式价值,让被告人通过正当的庭审程序接受审判,既有教育意义,也体现了司法的严肃性。

---

① 刘方权:《刑事速裁程序试点效果实证研究》,载《国家检察官学院学报》2018 年第 2 期,第 102 页。

三、程序选择权的行使

按照《刑事诉讼法》第173条的规定，人民检察院在审查起诉期间，应当就"认罪认罚后案件审理适用的程序"听取犯罪嫌疑人、辩护人的意见。犯罪嫌疑人自愿认罪，同意量刑建议和程序适用的，应当在辩护人在场的情况下签署认罪认罚具结书。据此，犯罪嫌疑人针对案件适用程序的选择，具有一定的参与权，但这种参与权更多表现为否定权，即如果其不同意适用速裁程序、简易程序的，检察机关不能直接建议法院适用。

（一）程序选择权与认罪认罚从宽制度

1. 程序选择权的价值

刑事诉讼中的程序选择权，是指在刑事诉讼中，被追诉人对于诉讼所适用的程序或者重大的程序性事项所享有的选择适用的权利。从诉讼的发展来看，在诉讼程序单一的模式下，程序的适用没有选择性，也就无所谓被追诉人的程序选择权。即使诉讼程序具有多样性，存在选择的余地，但如果过于强调国家职权，则被追诉人的程序选择权也就不会受到重视。所以说，被追诉人的程序选择权是社会发展到一定阶段的产物。"由于被追诉者是刑事诉讼中的核心人物，所有的诉讼行为和最终的诉讼结果都与其有密切的关联，刑事程序的选择对于被追诉者有更为重大的意义。"[①]

首先，赋予被追诉人程序选择权，是人权保障的需要。被追诉人作为诉讼活动的主体，在诉讼过程中享有一些诉讼权利。在诉讼过程中，被追诉人有得到正当程序审判的权利，同时也有放弃正式审判选择快速审判的权利。赋予被追诉人程序选择权，是对其人权的尊重，也是对其利益的维护。

其次，赋予被追诉人程序选择权，也是对司法机关程序控制权的制约，避免公权力的滥用。刑事诉讼中，一方是国家司法机关；另一方是个人，二者并非完全处于对等的地位。要实现双方的平衡，从而有利于发现事实，需要对国家机关的权力进行必要的限制。赋予被告人程序选择权，打破国家机关对程序适用的垄断权，有利于双方的平衡。

最后，赋予被追诉人程序选择权，也是诉讼活动自身规律的要求。刑事诉

[①] 刘少军：《被追诉者刑事程序选择权初探》，载《政法论丛》2004年第5期，第46页。

讼中的程序设计和资源配置，要符合诉讼的规律。被追诉人是刑事诉讼的一方，对于被追诉人存在异议、不予配合的案件需要完整的诉讼程序，投入较多的司法资源。而对于被追诉人没有异议、予以配合的案件，则无须投入过多的司法资源。违背被追诉人意愿的诉讼程序，难以实现诉讼资源的合理配置。赋予被追诉人程序选择权，有利于有针对性地配置司法资源。

2. 认罪认罚从宽制度中的程序选择权

随着认罪认罚从宽制度的建立，我国刑事诉讼也形成了三种诉讼程序，即速裁程序、简易程序和普通程序。这种复合型的程序设计为程序选择权的实现提供了条件，不论是司法机关还是被追诉人，都具有了选择的空间。不同于西方国家在庭审预备阶段设立罪状认否程序，实现案件的程序分流，我国是在审查起诉阶段决定程序分流，有观点认为这是一种事实上的犯罪嫌疑人答辩制度。[①]

考察现行的法律规定，我国的《刑事诉讼法》只赋予被告人单向的程序选择权或者说是程序否定权。在诉讼过程中，公诉机关应当就案件认罪认罚后适用的程序征求犯罪嫌疑人的意见，犯罪嫌疑人同意的，签署认罪认罚具结书。也就是说，公诉机关提出一个程序适用的意见，被告人可以同意或者不同意。认罪认罚的案件，公诉机关一般会建议法院适用速裁程序或者简易程序。犯罪嫌疑人如果认为这样的程序不足以保护其诉讼权利，可以提出不同意见。其不同意的，检察机关只能建议适用普通程序，因为《刑事诉讼法》规定，审判中适用速裁程序、简易程序以被告人、辩护人同意为前提。但是，如果公诉机关直接建议适用普通程序，则犯罪嫌疑人没有否定的权利，因为适用普通程序不需要经过犯罪嫌疑人的同意。或者说，公诉机关直接不启动认罪认罚程序，就无须征求犯罪嫌疑人意见，则犯罪嫌疑人连表达意见的机会都没有。实践中，犯罪嫌疑人、被告人想适用认罪认罚从宽，但检察机关不同意的现象也时有发生。[②]

"为了同认罪认罚从宽制度的程序阶段相适应，应当赋予被追诉人在各个阶段的程序启动权和变更权。这不仅符合认罪认罚从宽制度的协商色彩，也是

---

① 欧卫安：《刑事被告人答辩制度之构建》，载《法学研究》2017 年第 6 期，第 166 页。
② 门金玲：《认罪认罚从宽的制度逻辑与辩护律师的参与》，载微信公众号"京都律师"，2019 年 10 月 28 日。

尊重被追诉人程序主体地位的体现。"① 认罪认罚从宽制度作为"恢复性司法""参与型司法",② 更需要重视被追诉人的主体地位,给予其程序选择的权利。

(二) 程序选择权的实现

对于认罪认罚的案件,可以分别适用速裁程序、简易程序和普通程序审理,这三种程序存在优先顺序,既可以适用速裁程序,又可以适用简易程序的,速裁程序的程序价值大于简易程序,③ 既可以适用简易程序,又可以适用普通程序的,简易程序的程序价值大于普通程序。鉴于被追诉人程序选择权具有重要性,有必要从司法和立法两个层面保障权利的实现。

1. 立法层面的实现

我国当前的《刑事诉讼法》,只规定了被追诉人对适用速裁程序、简易程序的否定权,这种否定权表现在两个阶段。一是在审查起诉阶段,公诉机关征求犯罪嫌疑人意见时,其有权利反对速裁程序、简易程序的适用。二是在审判期间,审判人员会就是否同意适用简易程序、速裁程序征询其意见。不论在哪个阶段,被追诉人关于程序适用问题都是被动的,只有在司法机关向其征询意见时才能发表。从立法上需要明确被追诉人的程序选择权。

一是明确规定犯罪嫌疑人、辩护人可以提出程序适用的建议。具体的方式可以在《刑事诉讼法》第 173 条增加一款,作为第 3 款,原第 3 款作为第 4 款。具体内容为:"犯罪嫌疑人、辩护人可以提出案件审理适用的程序的意见。"这一规定,能够突出犯罪嫌疑人的主体地位,是对其诉讼权利的提醒。而且通过法律的明确规定,使得犯罪嫌疑人、被告人提出程序建议有了法律依据,检察机关必须作出回应。

二是明确规定被告人、辩护人可以提出程序变更的建议。公诉机关向法院提起公诉时,会提出程序适用的建议。对于建议适用速裁程序、简易程序的,法院也会征求被告的意见。如果检察机关建议适用普通程序审理的,应当从立法上赋予被告人、辩护人程序变更建议权,可以建议适用速裁程序或者简易程序审理。提出建议,以被告人认罪为前提,但不能要求被告人完全同意公诉机

---

① 陈光中、马康:《认罪认罚从宽制度若干重要问题探讨》,载《法学》2016 年第 8 期,第 7 页。
② 胡云腾:《正确把握认罪认罚从宽 保证严格公正高效司法》,载《人民法院报》2019 年 10 月 24 日。
③ 李勇:《认罪认罚从宽制度适用中的程序竞合》,载《检察日报》2020 年 8 月 28 日,第 3 版。

关的指控意见。具体的方式，可以在《刑事诉讼法》第 187 条增加一款，作为第 3 款，内容为："被告人认罪认罚符合速裁程序或者简易程序适用条件的，人民法院可以根据公诉人、被告人、辩护人的建议，决定适用速裁程序或者简易程序审理。"第 187 条是关于一审公诉程序庭前准备工作的规定。在此期间，如果认为案件可以适用其他程序审理的，可以转换程序。赋予被告人程序适用的建议权，审判人员一般应当采纳，不采纳的需要有正当理由。

2. 司法层面的实现

在立法未作规定的情况下，司法人员应当自觉地树立保障诉权的理念，在办理案件过程中尊重被追诉人的程序选择权。

一是在侦查期间，公安机关应当告知犯罪嫌疑人程序适用的规定。犯罪嫌疑人了解程序规定，是其选择适用的前提条件。公安机关的侦查是刑事案件的第一道程序，从源头上使被追诉人了解程序的规定，有助于其理性地选择。

二是在审查起诉期间，公诉人要主动听取犯罪嫌疑人、辩护人关于程序适用的建议。对于认罪认罚的案件，在征求被告人、辩护人适用程序的意见时如果得到否定答案的，应当听取其适用程序的建议。对于非认罪认罚案件，如果犯罪嫌疑人、辩护人提出程序适用的建议，应当听取并根据案情作出妥当的决定。

三是在审判期间，审判人员要尊重被告人、辩护人对程序适用的意见、建议。公诉机关建议适用速裁程序、简易程序审理的，要听取被告人、辩护人的意见。公诉机关建议适用普通程序审理的，要主动询问被告人、辩护人是否具有适用速裁程序、简易程序的可能。对于被告人、辩护人主动提出变更程序建议的，要及时作出正确回应。

四是司法机关要为被追诉人、辩护人行使程序选择权提供便利。被追诉人、辩护人行使程序选择权需要具备一定的条件。被告人一方需要获得案件相关的证据，了解案情，① 同时还要有与司法人员沟通的渠道。

四、小结

正当法律程序原则赋予被追诉人接受正当诉讼程序审判的权利，也就赋予

---

① 陈卫东：《认罪认罚从宽制度研究》，载《中国法学》2016 年第 2 期，第 56—57 页。

被追诉人广泛的诉讼权利，以抗辩指控，但被追诉人具有放弃正式审判的权利，对认罪认罚案件适用简化的程序审理是刑事诉讼程序类型化的表现，具有正当性。诉讼程序的简化是诉讼效率的需要，但要以保障公正为限度，现行诉讼制度存在过于追求效率而忽视被追诉人权利的倾向，需要进一步完善诉讼程序。我国的《刑事诉讼法》只赋予了被追诉人对速裁程序、简易程序的否定权，但没有规定其程序适用的选择权，应当通过立法和司法两个层面完善。

第二节 律师帮助权

由于刑事案件中的犯罪嫌疑人、被告人自身辩护能力有限，难以通过自行辩护维护自身的合法权益，有必要借助专业律师为其提供助力。在认罪认罚从宽制度中，要保障被追诉人认罪认罚的自愿性、合法性，有必要充分发挥专业律师的作用。

一、律师帮助权的性质及意义

刑事犯罪嫌疑人、被告人可以自己行使辩护权，也可以通过律师为其辩护或者为其提供帮助，这就形成了辩护制度下的一系列概念。

（一）刑事辩护制度的意义

1. 刑事辩护的含义

刑事辩护是刑事诉讼中的一个范畴，是指犯罪嫌疑人、被告人及其辩护人在刑事诉讼中，根据事实和法律，从实体上和程序上提出有利于被追诉人的证据和意见，维护被追诉人的合法权益，使其免于遭受不公正对待和处理的一系列诉讼行为的总和。刑事辩护包括以下含义：

（1）辩护的目的，在于维护被追诉人的合法权益。被追诉人作为被追诉的对象，面临着受到刑罚制裁的现实危险性。如果其没有实施犯罪行为，或者实施的行为不构成犯罪，需要通过辩护，论证控方的指控不能成立，使其免予受到追诉。如果其实施了犯罪行为，需要通过辩护确保受到公正的对待和处理，不被科处过重的刑罚。

（2）辩护的主体，包括犯罪嫌疑人、被告人及辩护人。犯罪嫌疑人、被告人是刑事诉讼的当事人，不论是出于本能还是制度安排，都会为自己辩护，争取更为有利的结果，这属于自行辩护。为了弥补自身辩护能力的不足，犯罪嫌疑人、被告人可以通过其他人为自己辩护，其他人被称为辩护人，包括专业律师也包括其他具有辩护能力的人。

（3）辩护的方式，提出对被追诉人有利的证据和意见。至于提出什么样的辩护理由，提出什么样的辩护方案，会因案而异。但总的原则是要向着有利于被追诉人的方向努力。有的案件中采取对抗的方式，而有的案件中则采取合作的方式。

2. 刑事辩护制度的价值

可以说，有了刑事诉讼就会有刑事辩护，因为被追诉人面临刑罚惩罚，基于趋利避害的本能，总会为自己说话。"刑事诉讼的历史就是辩护权扩充的历史。"① 但是，早期的辩护，只是被追诉人自行辩护，而且从国家层面不一定给予其辩护的机会，刑事辩护不一定会形成一种制度。"从本源上说，辩护权首先不是作为法律权利而是作为人的一项自然权利而存在的。它是个人在面对追究、指责、压迫的外来力量时，一种本能的辩解、反驳乃至反抗的权利。"② 辩护制度的产生会晚于刑事诉讼制度的产生。到了现代，随着人权保障理念的提出以及人们对审判规律的认识，刑事诉讼制度形成了三大职能，即控诉职能、审判职能和辩护职能，自此形成了三方构造。早期的辩护也只是被追诉人自行辩护，由辩护人进行辩护的制度是人类社会发展到一定阶段的产物。"辩护制度是衡量一个国家诉讼文明与否的重要标志之一"，③ 刑事辩护具有重要价值。

（1）符合人类认识规律。刑事诉讼的过程中，是对已经发生的事实进行回溯和评判的过程，也是对过去的事实的认识过程。刑事诉讼所查明的事实要符合客观事实，为此需要听取正反两方面的意见，实现"兼听则明"。作为诉讼一方的追诉机关出于打击犯罪的需要，存在意见偏颇的可能性，作为被追诉一方具有对不实指控进行矫正和反驳的动力，通过二者的论辩，审判者能够更好地发现事实真相。

（2）是尊重保障人权的表现。被追诉人处于被追诉的过程中，并非犯罪

---

① ［日］山口守一：《刑事诉讼法》，张凌等译，中国政法大学出版社2010年版，第107页。
② 陈卫东：《程序正义之路（第一卷）》，法律出版社2005年版，第375页。
③ 陈光中等著：《司法改革问题研究》，法律出版社2018年版，第278页。

人，具有被推定无罪的权利。当其面临指控时，为自己辩护或者聘请他人为自己辩护，是人权的重要方面。联合国《公民权利和政治权利国际公约》规定："在判定对他提出的任何刑事指控时，人人完全平等地有资格享受以下的最低限度的保证：……（乙）有相当时间和便利准备他的辩护并与他自己选择的律师联络……（丁）出席受审并亲自替自己辩护或经由他自己所选择所法律援助进行辩护；如果他没有法律援助，要通知他享有这种权利；在司法利益有此需要的案件中，为他指定法律援助，而在他没有足够能力偿付法律援助的案件中，不要他自己付费……"

（3）是制约国家权力的需要。国家为了打击犯罪，赋予了有关国家机关有力的强制性手段，使其具有追诉犯罪的能力。而这种权力如果缺乏制约，就很容易形成专断与滥用，容易造成冤假错案。通过辩护权的行使，能够在一定程度上制约公权力，防范控诉权的越界，也为审判权制衡控诉权提供了可能。所以辩护权也是一种积极的防御权。①

（二）律师帮助制度的提出

从前文的分析可见，刑事辩护包括被追诉人自己辩护和辩护人辩护两种形式。辩护人的辩护属于给被告人提供的帮助，目的在于弥补被追诉人自身能力的不足，更好地达到辩护效果。被追诉人自身辩护能力不足，有多个原因，一是自身法律知识欠缺，无法依法为自己辩护；二是自身相关权利受限，如阅卷等，对案情了解不足，难以有效辩护；三是自身处境艰难（如被羁押），与司法机关沟通不畅，难以正常行使辩护权。辩护人的介入，等于给被追诉人插上了翅膀，有利于维护其合法权益。

辩护人包括律师但又不仅限于律师。不是专业律师的公民也有可能担任辩护人，当然辩护人的主要群体在于律师。其他人员符合条件的也可以委托为辩护人，但从辩护效果看，辩护律师应当是辩护的主要群体。

担任辩护人，是律师为犯罪嫌疑人、被告人提供法律帮助的重要方式，也是律师的主要职责，但律师提供法律帮助的方式又不仅限于担任辩护人。按照我国《刑事诉讼法》的规定，辩护人属于诉讼参与人，享有诉讼权利。我国刑事诉讼中，又创立了一种非典型的律师辩护方式，律师不是辩护人，而是为犯

---

① 陈卫东：《程序正义之路（第一卷）》，法律出版社2005年版，第386页。

罪嫌疑人、被告人提供法律帮助。这一制度有一个发展演变的过程。

1. 速裁程序试点中的值班律师提供法律帮助制度

2014年8月,"两高两部"出台了《速裁程序试点办法》,其中第4条明确规定:"建立法律援助值班律师制度,法律援助机构在人民法院、看守所派驻法律援助值班律师。犯罪嫌疑人、被告人申请提供法律援助的,应当为其指派法律援助值班律师。"速裁程序以被告人自愿认罪为前提,建立值班律师制度目的在于弥补被告人自身法律知识的缺陷,确保其认罪的自愿性、真实性。但是据此规定,犯罪嫌疑人、被告人须提出申请才能为其指派值班律师,而且对值班律师的职责是什么,如何提供、提供何种法律帮助,是否可以出庭等问题并未明确。实践中,各地的做法不同,如福建省福清市司法机关在办理速裁案件中,值班律师在审查起诉阶段介入案件,阅卷、会见被告人、参与协商量刑建议,在审判阶段不再出庭。① 而北京市海淀区司法机关则要求:值班律师以视频会见的方式向被告人讲清刑事速裁程序的意义、适用条件及认罪认罚可能获得的量刑奖励,并未赋予其阅卷权,同时规定,提供法律帮助的值班律师,可以受指派担任该案的法律援助律师或者受委托担任该案的辩护律师。② 虽然各地做法不同,但由值班律师为被告人提供法律帮助让其明确适用速裁程序的意义和后果,则是最低的要求。

2. 认罪认罚从宽制度试点中的值班律师提供法律帮助制度

2016年11月,"两高三部"出台了《认罪认罚试点办法》,规定要确保被告人获得"有效法律帮助",法律援助机构通过设立法律援助工作站派驻值班律师、及时安排值班律师等形式为被告人提供法律帮助。据此规定,值班律师的职责范围包括提供法律咨询、程序选择、申请变更强制措施等法律帮助,较之于《速裁程序试点办法》,规定更为明确。而且,犯罪嫌疑人、被告人获得值班律师的法律帮助不需要申请。

2017年8月,"两高三部"出台《关于开展法律援助值班律师工作的意

---

① 参见顾永忠、肖沛权:《"完善认罪认罚从宽制度"的亲历观察与思考、建议——基于福清市等地刑事速裁程序中认罪认罚从宽制度的调研》,载《法治研究》2017年第1期,第58—59页。

② 海淀法院课题组:《关于北京市海淀区全流程刑事案件速裁程序试点的调研》,网址:http://www.360doc.com/content/16/0427/06/28009503_ 554122678.shtml,2019年12月19日访问。

见》①，明确了值班律师在认罪认罚从宽制度中的职责：为当事人提供程序选择、申请变更强制措施等法律帮助、对检察机关定罪量刑建议提出意见、见证犯罪嫌疑人签署认罪认罚具结书，以及对刑讯逼供和非法取证情形代理申诉、控告等。在司法实践中，值班律师在审判阶段的主要职责在于：对审查起诉期间已经达成认罪协商的案件，进一步确认被告人的自愿性；对于未达成认罪协商的案件，可以见证再次协商的过程；对于审判阶段达成认罪协商的，帮助被告人选择适用程序。而对于刑讯逼供以及非法取证等问题，在认罪认罚案件中鲜有发生，值班律师代理申诉、控告也就缺乏空间。按照这一规定，获得值班律师法律帮助成为犯罪嫌疑人、被告人的一项权利，同时规定"法律援助值班律师不提供出庭辩护服务。符合法律援助条件的犯罪嫌疑人、被告人，可以依申请或通知由法律援助机构为其指派律师提供辩护"。

2017年10月，最高人民法院和司法部《关于开展刑事案件律师辩护全覆盖试点办法》出台，其中规定，对于适用简易程序、速裁程序审理的案件，无论案由、可能判处的刑罚期限以及被告人是否认罚，人民法院均应当通知法律援助机构派驻的值班律师为被告人提供法律帮助。按照这一制度，被告人如果没有委托辩护人，必须有法律援助律师提供辩护，或者由值班律师提供帮助。由于值班律师制度对于律师的需求量相对较小，操作更为灵活，自然成为法官办理案件中的一个重要选择。适用简易程序、速裁程序案件的数量在刑事案件总量中占比较大，值班律师制度自然也就成为律师辩护的重要形式。

3.《刑事诉讼法》中值班律师提供法律帮助制度

在前期试点工作的基础上，2018年10月修订的《刑事诉讼法》第36条第1款规定："法律援助机构可以在人民法院、看守所等场所派驻值班律师。犯罪嫌疑人、被告人没有委托辩护人，法律援助机构没有指派律师为其提供辩护的，由值班律师为犯罪嫌疑人、被告人提供法律咨询、程序选择建议、申请变更强制措施、对案件处理提出意见等法律帮助。"这一规定，包括两个方面的含义：（1）由值班律师提供辩护是犯罪嫌疑人、被告人的最低保障。如果犯罪嫌疑人、被告人委托了辩护人或者有法律援助律师，则不需要值班律师，否则，必须有值班律师。值班律师为犯罪嫌疑人、被告人提供辩护成为强制性规

---

① 该文件现已被2020年《法律援助值班律师工作办法》废止。

定，不需要犯罪嫌疑人、被告人申请，这也是刑事辩护全覆盖的实现方式。（2）值班律师工作职责包括提供法律咨询，程序选择建议，申请变更强制措施，对案件处理提出意见等。从工作方式上看，值班律师只是提供法律帮助，但属于辩护的一种形式。尤其是其中对案件处理提出意见的内容，辩护的性质更明显。这种立法上的界定对于保障值班律师履职，维护犯罪嫌疑人、被告人权益具有重要作用。

《刑事诉讼法》第173条规定："人民检察院审查案件，应当讯问犯罪嫌疑人，听取辩护人或者值班律师、被害人及其诉讼代理人的意见，并记录在案。辩护人或者值班律师、被害人及其诉讼代理人提出书面意见的，应当附卷。犯罪嫌疑人认罪认罚的，人民检察院应当告知其享有的诉讼权利和认罪认罚的法律规定，听取犯罪嫌疑人、辩护人或者值班律师、被害人及其诉讼代理人对下列事项的意见，并记录在案：（一）涉嫌的犯罪事实、罪名及适用的法律规定；（二）从轻、减轻或者免除处罚等从宽处罚的建议；（三）认罪认罚后案件审理适用的程序；（四）其他需要听取意见的事项。人民检察院依照前两款规定听取值班律师意见的，应当提前为值班律师了解案件有关情况提供必要的便利"。这一条文再次对值班律师的工作作出了规定。犯罪嫌疑人有辩护人的，应当听取辩护人的意见，没有辩护人的应当听取值班律师的意见。而且要求为值班律师了解案情提供必要的便利，这种便利包括两种可能的方式，一是会见犯罪嫌疑人、被告人；二是查阅、复制、摘抄卷宗。

4.《法律援助值班律师工作办法》的出台

2020年8月20日，"两高三部"出台《法律援助值班律师工作办法》（司规〔2020〕6号，以下简称《办法》），对值班律师工作作出了进一步的规定和明确。

《办法》规定了值班律师的工作职责：（1）提供法律咨询；（2）提供程序选择建议；（3）帮助犯罪嫌疑人、被告人申请变更强制措施；（4）对案件处理提出意见；（5）帮助犯罪嫌疑人、被告人及其近亲属申请法律援助；（6）法律法规规定的其他事项。对于认罪认罚案件，《办法》还规定值班律师还应当提供以下法律帮助：（1）向犯罪嫌疑人、被告人释明认罪认罚的性质和法律规定；（2）对人民检察院指控罪名、量刑建议、诉讼程序适用等事项提出意见；（3）犯罪嫌疑人签署认罪认罚具结书时在场。

对于值班律师的工作权限，《办法》规定，值班律师办理案件时，可以应犯罪嫌疑人、被告人的约见进行会见，也可以经办案机关允许主动会见；自人民检察院对案件审查起诉之日起可以查阅案卷材料、了解案情。

5. 律师提供法律帮助制度的类型

随着《法律援助值班律师工作办法》的出台，我国刑事诉讼中的律师提供法律帮助制度已经形成，包括两种类型。

（1）律师担任辩护人提供法律帮助。律师接受犯罪嫌疑人、被告人委托作为诉讼参与人参与诉讼，或者受法律援助机构的指派，作为诉讼参与人为犯罪嫌疑人、被告人辩护。这两种情况下，律师的身份属于辩护人。不论是委托辩护人还是指定辩护人，都有法定的诉讼权利，且有执业规范的要求，如果在审判期间，需要出庭辩护。

（2）值班律师为犯罪嫌疑人、被告人提供法律帮助。由法律援助机构向司法机关派驻值班律师，为没有辩护人的犯罪嫌疑人、被告人提供相关的法律帮助，帮助的范围较为广泛，既包括程序上的帮助，也包括对案件的实体处理提出意见。值班律师尚不属于辩护人，但其所履行的职责具有辩护职能，可以称之为准辩护人。

二、认罪认罚从宽制度中辩护权行使的问题及解决路径

在认罪认罚从宽制度中，如何借助律师力量，确保被追诉人自愿、明智认罪认罚，一直是理论界和实务界关心的问题。在认罪认罚从宽制度中，律师辩护权的行使包括两种方式，一是律师接受委托或者指定，担任辩护人，完全性地参与诉讼，这种情况下的辩护权行使与其他案件没有本质区别，不具有认罪认罚从宽制度的特殊性，故本文不做论述。二是律师以值班律师的身份提供法律帮助，这种辩护模式在认罪认罚从宽制度中具有普遍性，也具有特殊性，需要予以高度关注。值班律师工作的好坏，牵涉大量认罪认罚案件的办案质量，直接关乎认罪认罚从宽制度推行的效果。

（一）律师参与率不高的问题

律师参与是保障辩护权的必要条件，至于参与后的效果如何则是第二层面的问题。律师参与率是一个容易量化和容易考察的问题，但是实践的状况并非都尽如人意。

1. 制度层面的要求：必须有法律帮助

由律师提供有效的法律帮助，是犯罪嫌疑人、被告人认罪认罚自愿性、合法性的重要保障。否则，犯罪嫌疑人、被告人作出的认罪认罚表示就难以被认定为是明智的。应当承认，有些犯罪嫌疑人、被告人具有相应的识别和判断能力，即使没有律师的帮助，其也能够明智地作出是否认罪认罚的决定；有些案件事实和法律适用都非常清晰，罪行轻微，没有协商的空间，即使没有律师提供法律帮助，犯罪嫌疑人、被告人的权利也不会受到侵犯。但是，从制度层面看，如果根据具体的被追诉人或者具体的案件确定是否需要律师提供法律帮助，司法机关就会具有裁量空间，一些需要律师帮助的犯罪嫌疑人、被告人就有被剥夺的可能。所以，只有对所有的犯罪嫌疑人、被告人，不分案情如何、个人情况如何，一律给予法律帮助的最低保障，才能确保所有具有需求的犯罪嫌疑人、被告人能得到律师的帮助。

按照《关于开展刑事案件律师辩护全覆盖试点工作的办法》的要求，适用普通程序审理的刑事案件，被告人必须有辩护人，按照简易程序、速裁程序审理的案件，被告人如果没有辩护人的，必须有法律援助机构派驻的值班律师为其提供法律帮助。值班律师提供法律帮助成为最低限度的保障标准。但是，这一试点办法毕竟只在部分地区实施，没有在全国范围内适用。《认罪认罚指导意见》指出："人民法院、人民检察院、公安机关办理认罪认罚案件，应当保障犯罪嫌疑人、被告人获得有效法律帮助，确保其了解认罪认罚的性质和法律后果，自愿认罪认罚。犯罪嫌疑人、被告人自愿认罪认罚，没有辩护人的，人民法院、人民检察院、公安机关（看守所）应当通知值班律师为其提供法律咨询、程序选择建议、申请变更强制措施等法律帮助。符合通知辩护条件的，应当依法通知法律援助机构指派律师为其提供辩护。"按照这一指导意见，犯罪嫌疑人、被告人有辩护人的，以辩护人辩护为主，没有辩护人的，必须有值班律师为其提供法律帮助。由于指导意见是在全国范围内有效的，所以在认罪认罚案件中，实行律师辩护全覆盖也就已经全面推行了，不仅限于试点地区。这一制度的推行，要受到客观条件的制约，必须有法律援助机构向办案机关指派值班律师。但是，在我国当前社会发展不平衡的前提下，并非所有的地方都能够确保有值班律师。以检察系统为例，2020年10月前，基层检察院法律援助工作站覆盖率为55%，[①] 并不能实现全覆盖。

2. 实践层面的问题

从制度上看，认罪认罚的犯罪嫌疑人、被告人需要有律师给其提供法律帮助，包括辩护人辩护和值班律师提供法律帮助。但是，从实践层面看，这一要求并未得到完全的落实。

从全国范围的司法统计的数据看，人民法院审理的认罪认罚案件中，律师提供法律帮助的比例不高。截至2018年9月底，司法行政机关在试点法院设立法律援助工作站共计132个，指派律师提供辩护2.4万余人，占全部认罪认罚案件被告人的10.38%，指派律师提供法律帮助7.7万余人，占全部认罪认罚案件被告人的33.15%，两项相加占比不到50%。而且，值班律师参与认罪认罚案件深度不够。[②] 另有通过智能和人工双重检索，有辩护人参与辩护的认罪认罚案件比例约为21.59%。[③] 即使在笔者所在的北京市，值班律师制度已经全面铺开的情况下，仍然存在犯罪嫌疑人签署认罪认罚具结书时没有值班律师在场的情况，也有犯罪嫌疑人签署认罪认罚具结书后，值班律师补签字的情况。

以上司法统计反映出的问题在于，有些认罪认罚案件中，犯罪嫌疑人、被告人并没有得到律师的法律帮助。即使是值班律师提供法律帮助这种最低限度的保障也未能落实到位。《认罪认罚指导意见》《法律援助值班律师工作办法》出台后的律师保障状况有待进一步研究。

3. 律师法律帮助的保障

至于律师帮助的效果如何，是下文将要论述的问题，作为第一步首先需要解决的是律师参与的形式要件，即确保所有的犯罪嫌疑人、被告人都能得到律师的法律帮助，然后才考虑如何提高律师参与的质量。

从立法和规范性文件层面，已经对认罪认罚被告人必须有律师提供法律帮助作出了规定，实践中律师参与度不高的问题只能从实践层面解决。

第一，要对律师为认罪认罚被告人提供法律帮助的意义有正确的认识。当前，仍有人认为，既然犯罪嫌疑人、被告人已经认罪认罚，律师再提供法律帮

[①] 张军：《关于人民检察院适用认罪认罚从宽制度情况的报告》，2020年10月15日在第十三届全国人民代表大会常务委员会第二十二次会议上所作。

[②] 杨立新：《认罪认罚从宽制度理解与适用》，载《国家检察官学院学报》2019年第1期，第53页。

[③] 法纳君：《认罪认罚案件大数据报告》，载微信公众号"法纳刑辩"，2018年8月9日。

助的意义已经不大，存在对律师参与的必要性认识不足，所以解决问题的动力也就不足。改变人的观念具有较大的难度，需要持续跟进，通过业务培训、政策宣讲、实案解读等多种方式让律师参与认罪认罚的理念深入人心。

第二，要严格执行认罪认罚从宽制度的程序规定。必须将《刑事诉讼法》以及《认罪认罚指导意见》关于认罪认罚从宽的程序规定作为刚性的规定，不得违反。对于没有为犯罪嫌疑人、被告人提供法律帮助的一律视为程序违法，没有律师参与的认罪认罚从宽程序，推定构成被告人无法充分理解不利后果，构成"不自愿"。[1] 二审法院可以将此作为发回重审的理由，并在二审裁判文书中写明程序违法之处。

第三，各级地方司法机关将律师参与认罪认罚的要求制度化，着力解决。可以通过公安机关、检察机关、审判机关和司法行政部门会签文件的方式，将派驻值班律师的制度落实，确保有值班律师可用。对于值班律师人手不足的地方，可以确定相对集中的值班律师办公时间，案件也相对集中办理，确保值班律师的办事效率。

（二）律师工作质量不高的问题

律师参与率只是保障辩护权的基础条件，解决的是有无律师提供法律帮助的问题。从实际效果层面，尚需关注律师参与后的工作质量问题。

1. 制度层面的规定

《刑事诉讼法》规定了值班律师的工作职责：为犯罪嫌疑人、被告人提供法律咨询，程序选择建议，申请变更强制措施，对案件处理提出意见等法律帮助。这就规定了值班律师工作中需要重点关注的问题。（1）提供法律咨询，即对于案件所涉及的法律问题进行解答，如案件从法律上的评价，认定案件事实需要哪些证据，如果构成犯罪对应的刑法规定，刑事诉讼的程序规定以及认罪认罚制度的具体情况等。这是弥补犯罪嫌疑人、被告人法律知识不足的需要，通过值班律师的帮助，使其对案件有一定的认识。（2）程序选择建议，是跟犯罪嫌疑人、被告人认罪的情况，选择最为有利的诉讼程序，在与犯罪嫌疑人、被告人沟通的基础上向办案机关提出建议。这一规定，也是被追诉人一方程序

---

[1] 门金玲：《认罪认罚从宽的制度逻辑与辩护律师的参与》，载微信公众号"京都律师"，2019年10月28日。

选择权的法律依据。(3) 申请变更强制措施,主要是指针对被羁押的犯罪嫌疑人、被告人,如果认为没有羁押必要或者不适合羁押,值班律师可以向办案单位申请变更强制措施,解除羁押,予以取保候审或者监视居住。没有羁押必要,主要是指犯罪行为较轻,或者被追诉人认罪认罚态度好,解除羁押没有社会危害性。不适合羁押,主要是指被追诉人自身存在疾病,或者有其他缺乏自理能力的人需要其扶养,解除羁押具有必要的情况。在认罪认罚从宽制度中,适用轻缓化的强制措施也是程序从宽的内在要求,所以申请变更强制措施也是值班律师的常规工作。(4) 对案件处理提出意见,主要是指针对案件定罪量刑的意见,在不同的诉讼阶段有不同的表现。在侦查阶段,值班律师根据自己掌握的案件情况,提出对案件的处理意见,主要是该不该移送审查起诉。如果认为案件事实不能成立,或者不构成犯罪、不需要追究刑事责任的,建议公安机关终结诉讼。需要追究刑事责任的,提出适用罪名的建议。在审查起诉阶段,如果认为犯罪嫌疑人不构成犯罪的,向检察机关提出不起诉的建议。如果构成犯罪的,提出罪名适用以及量刑的意见,与公诉机关进行量刑协商。在审判阶段,根据会见被告人、查阅卷宗掌握的情况就案件的定罪和量刑提出意见。如果被告人没有认罪认罚而又符合认罪认罚条件的,提出适用认罪认罚从宽制度的建议。被告人已经签署认罪认罚具结书,如果认为被告人系被强迫认罪认罚的,向法院提出不再适用认罪认罚从宽制度的建议。认为量刑建议偏重的,向法院提出意见,建议公诉机关调整量刑建议。

《刑事诉讼法》条文使用的表述为"等法律帮助",表明值班律师的工作职责包括但不限于上述五项内容,应当根据案件的具体情况而定,只要是有利于犯罪嫌疑人、被告人,且不违反法律规定法律帮助,值班律师可以做的,也应得到司法机关的支持。

《法律援助值班律师工作办法》对《刑事诉讼法》的规定作了细化,增加了"帮助犯罪嫌疑人、被告人及其近亲属申请法律援助"等内容,表明值班律师的工作有别于法律援助律师,如果当事人有进一步的需求,可以申请法律援助。

2. 实践层面的考察

虽然立法上对于值班律师的职责作出了规定,但实践中,值班律师并没有发挥应有的作用,有些值班律师甚至是临时通知到场,发挥的作用仅仅是"见证犯罪嫌疑人是自愿签字",有效帮助不足。① 值班律师履行职责所必须享有的与在押犯罪嫌疑人、被告人会见和查阅案卷材料的权利没有得到明确保障。②

(1) 对案情缺乏了解

值班律师了解案情是其为犯罪嫌疑人、被告人提供法律帮助的前提条件。如果不了解案件,就无法有针对性地发表意见。不论是针对案件的实体处理,还是程序选择,都需要建立在了解案情的基础上。了解案件的途径包括两种。

一是阅卷,即查阅案件卷宗材料。长期以来,对值班律师能否阅卷、应否阅卷具有不同的认识,实践中做法也不一致。经调研,③ 同为北京市的 A、B 两区,在认罪认罚案件中,A 区审查起诉阶段和审判阶段为同一值班律师,审判阶段法院一律通知值班律师阅卷。B 区审查起诉阶段和审判阶段不是同一值班律师,审判阶段的值班律师基本不阅卷,仅通过与被告人交流了解案情。这一问题尤为突出的表现在审查起诉阶段和审判阶段。如果辩护人不阅卷,很难把握对犯罪嫌疑人有利的情节,对定性和量刑都难以判断,难以提出有利于犯罪嫌疑人的意见。对于检察机关提出的量刑建议,也就无法提出不同意见。值班律师制度还有一个突出的缺陷,即每一诉讼阶段有不同的值班律师,工作不具有传承性、延续性。每一个值班律师都是临时接手案件,而且仅对其接手期间的行为负责,不用跟踪案件,所以工作的积极性也不高。案件进入审判阶段,新接手的值班律师又是面临一个崭新的案情。如果其不阅卷,也无法提出有价值的辩护意见。而且,实践中,有些值班律师认为如果阅卷了,就需要对案件的实体结果负责。而如果不阅卷,犯罪嫌疑人、被告人自愿认罪认罚的,即使之后案件不认定为错案,值班律师也没有责任,因为值班律师仅对犯罪嫌疑人、被告人是否自愿认罪认罚负责,而不对案件实体结果负责。所以,有些值班律师为了免于责任,主动选择不阅卷。

二是会见犯罪嫌疑人、被告人。值班律师要提供高质量法律帮助,需要会见被告人,了解被告人真实需求,以被告人的需求为导向提供法律帮助。一方

---

① 贺江华:《"认罪认罚从宽"的检察应对——基于 Y 市检察系统的实证研究》,载《三峡大学学报(人文社会科学版)》2019 年第 5 期,第 31 页。
② 顾永忠:《检察机关的主导责任与认罪认罚案件的质量保障》,载《人民检察》2019 年第 18 期,第 24 页。
③ 臧德胜、杨妮:《论值班律师的有效辩护——以审判阶段律师辩护全覆盖为切入点》,载《法律适用》2018 年第 3 期,第 66 页。

面，值班律师提前会见犯罪嫌疑人、被告人，与其进行充分的沟通和协商，可以了解其真实诉求。另一方面，如果说通过阅卷得来的事实证据更为全面的话，那么通过会见了解来的案件事实更为真实。比如，如果犯罪嫌疑人、被告人在讯问时受到刑讯逼供，那么其口供所反映的案件事实可能不真实，仅靠卷宗材料难以发现破绽。但对值班律师是否必须提前会见犯罪嫌疑人、被告人，实践中，各地做法不一。尤其是在审判阶段，值班律师在法院办公，如果会见被羁押的被告人，会有一定的难度。往往并不会提前赴看守所单独会见被告人，与被告人的会见方式往往局限在开庭前几分钟的简单沟通，且有法警等工作人员在场，难以发现问题。《刑事诉讼法》第36条第2款规定："人民法院、人民检察院、看守所应当告知犯罪嫌疑人、被告人有权约见值班律师，并为犯罪嫌疑人、被告人约见值班律师提供便利。"一些地方能够让值班律师会见犯罪嫌疑人和查阅案卷材料，大多数地方则不允许或不"提供便利"。这个问题反而成为值班律师办理认罪认罚案件最大的困扰。①

如果这两种了解案情的渠道都不畅通，则值班律师就难以履行这样的职责，必然导致值班律师的工作流于形式。

（2）履职范围有偏差

《刑事诉讼法》规定了值班律师四个方面的职责，并非每个案件都需要开展这四个方面的工作，因为有些案件并不涉及相关的问题，值班律师可以根据案情决定开展的工作范围。但从实践层面看，有些普遍性的职责偏差值得注意。

一是值班律师仅限于签署《认罪认罚具结书》见证人的角色。《刑事诉讼法》第174条规定，犯罪嫌疑人自愿认罪，同意量刑建议和程序适用的，应当在辩护人在场的情况下签署认罪认罚具结书。这是对审查起诉阶段的要求。据此，犯罪嫌疑人认罪认罚签署具结书，必须有辩护人在场。在犯罪嫌疑人没有辩护人的情况下，值班律师在场就成了替代方案。而且法院审理期间，也会审查具结书是否有辩护人签字，从而辨别是否有辩护人在场。所以检察机关会确保签署认罪认罚具结书时有辩护人或者值班律师在场。而辩护人在场只能证明犯罪嫌疑人是自愿认罪认罚，并不能证明认罪认罚就是明智的，也不能证明具

---

① 顾永忠：《刑事辩护制度改革实证研究》，载《中国刑事法杂志》2019年第5期，第129—144页。

结书中所反映的定罪量刑等内容都是合法的。在一些地区,值班律师一般是进行批量帮助,即一上午或下午帮助的被告人数量高达10位,时间紧迫,快的可能是几分钟帮助一个,流水线帮助。值班律师更多是担任《具结书》见证人的角色,帮助作用相对较小。①

而案件到了法院审理期间,法院需要与被告人核实认罪认罚的自愿性,也需要由值班律师为其提供法律帮助。在此期间,值班律师也是更多的担当了见证人的角色,在法院向被告人核实认罪认罚自愿性时,起到见证作用。值班律师能够证明,法院向被告人核实了自愿性问题,被告人确认其是自愿认罪,仅此而已。

二是值班律师不履行实体职责。一旦把值班律师定位为认罪认罚的见证人,值班律师对开展其他工作的动力就不足。而且值班律师乐于只承担见证人的角色,因为值班律师不同于辩护人,其报酬的获得与工作内容关系不大,主要采取按件计资或者按天计资的方法,其承担其他工作并不会给其带来收入上的增加,只是工作量上的增加。所以,值班律师从自身利益角度考虑也不会愿意管其他事务。再者,值班律师被派驻到司法机关值班,更愿意以配合的姿态从事工作,而不愿意向办案人员提出不同的意见。从司法实践看,很少有值班律师对司法机关的办案提出异议。在被告人认罪认罚的案件中,人民法院发现公诉机关遗漏量刑情节认为量刑建议偏高从而在量刑建议幅度以下作出判决的不在少数,但在这些案件中,并未发现值班律师提出量刑异议的情形。试想,如果检察机关的量刑建议偏高,被告人基于信任值班律师而认罪认罚,人民法院基于信任值班律师而简化程序在量刑幅度内作出判决,将极易造成量刑不公,损害被告人的合法权益。

3. 值班律师工作有效性的实现

在被告人没有委托辩护人或者指定辩护人的情况下,值班律师成为被告人获得法律帮助的重要途径。有必要增强值班律师工作的有效性。

(1) 明确值班律师工作职责和办案规范

《刑事诉讼法》规定了值班律师的四项工作职责,但只是表明值班律师可以在这四个方面履行职责,并没有规定必须履行哪些职责。《认罪认罚指导意

---

① 法纳君:《认罪认罚案件大数据报告》,载微信公众号"法纳刑辩",2018年8月9日。

见》进一步规定了值班律师应当为认罪认罚犯罪嫌疑人、被告人提供法律帮助的范围,[①] 也是其应当履行的职责。要落实这一职责,必须作出一些强制性的规定,当前需求比较突出的是"就案件处理,向人民法院、人民检察院、公安机关提出意见"。这一要求对于所有案件都是适用的,也是所有案件都不可回避的问题。

值班律师要对案件处理提出意见,前提是了解案情。为此,必须把值班律师阅卷作为强制性的规定落到实处。值班律师能否阅卷,曾经认识不一。而今,《认罪认罚指导意见》对此作出了明确规定:"自人民检察院对案件审查起诉之日起,值班律师可以查阅案卷材料、了解案情。人民法院、人民检察院应当为值班律师查阅案卷材料提供便利。"《法律援助值班律师工作办法》对值班律师阅卷权作了相同的规定。这一规定有两个方面的效果,一是明确了值班律师的阅卷权,使得值班律师阅卷具有了依据。值班律师不能以其无权阅卷而推卸责任,司法机关也不能以值班律师无权阅卷而阻碍其阅卷。二是对司法机关作出了限制,要求司法机关保障值班律师阅卷权。只要值班律师提出了阅卷的需求,司法机关应当予以满足。这一规定对于值班律师而言,属于授权性的保障性的规定,其成立的基础是,值班律师愿意阅卷,只是司法机关限制了值班律师的阅卷。但从实践层面看,情况并非完全如此,在值班律师阅卷的主动性不足的情况下,仅仅作出赋权性规定还不够,需要将此作为值班律师的义务,要求值班律师在提供法律帮助时应当阅卷,然后提出对案件处理的意见。所以,应当对值班律师制定工作规范,将阅卷纳入值班律师必须的工作范围。

需要关注的是,《认罪认罚指导意见》规定"自人民检察院对案件审查起诉之日起,值班律师可以查阅案卷材料、了解案情。人民法院、人民检察院应当为值班律师查阅案卷材料提供便利"。《刑事诉讼法解释》第53条沿袭了这一精神,规定:"辩护律师可以查阅、摘抄、复制案卷材料……辩护人查阅、

[①] 《认罪认罚指导意见》之"12.值班律师的职责"。值班律师应当维护犯罪嫌疑人、被告人的合法权益,确保犯罪嫌疑人、被告人在充分了解认罪认罚性质和法律后果的情况下,自愿认罪认罚。值班律师应当为认罪认罚的犯罪嫌疑人、被告人提供下列法律帮助:(一)提供法律咨询,包括告知涉嫌或指控的罪名、相关法律规定,认罪认罚的性质和法律后果等;(二)提出程序适用的建议;(三)帮助申请变更强制措施;(四)对人民检察院认定罪名、量刑建议提出意见;(五)就案件处理,向人民法院、人民检察院、公安机关提出意见;(六)引导、帮助犯罪嫌疑人、被告人及其近亲属申请法律援助;(七)法律法规规定的其他事项。

摘抄、复制案卷材料的,人民法院应当提供便利,并保证必要的时间。值班律师查阅案卷材料的,适用前两款规定……"这里仅仅赋予值班律师"查阅案卷材料"的权利,而不像辩护律师那样还具有"摘抄、复制"的权利,"这主要考虑到值班律师与辩护律师毕竟诉讼地位存在差异,权利不完全等同"。[①] 虽然说值班律师与辩护律师的诉讼地位有所差别,但限制其"摘抄、复制"案卷材料的规定仍然难以具有正当性。对于诉讼权利的赋予,要考虑到赋予权利的目的以及相对方对于权利的需求。值班律师为了了解案情以更好地提供法律帮助,需要查阅案卷材料,但既然允许其查阅,为什么又限制其摘抄、复制呢?不能寄希望于值班律师在阅卷过程中凭借自己的记忆力对案件处理提出意见。从人的工作需要角度看,摘抄和复制是阅读的伴生行为,只允许阅读,不允许摘抄和复制,实际上是对阅卷权的限制。再者,既然允许值班律师阅读案卷材料,不允许其摘抄和复制的必要性又在哪里呢?值班律师毕竟是法律职业工作者,具有相应的职业道德,受到相应的职业规范约束,其摘抄和复制案卷材料,并不会带来负面的影响。即使规范层面只规定了值班律师查阅案卷材料的权利,实践层面也不应当限制值班律师的摘抄、复制行为,将摘抄、复制行为作为查阅的辅助手段,为值班律师开展工作提供便利,而不应该人为地设置障碍。

(2) 司法机关切实提供便利

值班律师要开展好工作,需要司法机关的支持,因为值班律师的很多工作都会受到司法机关的制约。即便是很完善的法律规定,如果司法机关和司法人员缺乏落实的主动性和积极性,甚至从中作梗,都会束之高阁,沦为空谈。即便法律规定不完备,对值班律师的权利规定存在不足,如果司法人员能够善意地对待值班律师,注重对犯罪嫌疑人、被告人及值班律师的权利保护,也能在很大程度上解决这些问题。

一是为值班律师开展工作创造条件。法律援助机构要在司法机关派驻值班律师,需要得到司法机关的支持与配合,为其提供相应的办公场所和设施,为值班律师的入驻提供便利。所提供的场所要适合于值班律师与犯罪嫌疑人、被

---

① 苗生明、周颖:《认罪认罚从宽制度适用的基本问题》,载《中国刑事法杂志》2019 年第 6 期,第 11 页。

告人单独会见，而不是与其他人员混合在一起。犯罪嫌疑人、被告人与值班律师单独会见，能够保障其自在地表达内心真实想法，值班律师才能有针对性地向其释明法律，帮其决策是否认罪认罚。从对专业知识的需求而言，司法人员也能够为犯罪嫌疑人、被告人提供法律帮助，但很多情况下，犯罪嫌疑人、被告人对司法人员存在抵触情绪或者不信任心理，所以需要由不代表公权力的值班律师为其提供帮助，其对值班律师容易具有内心认同，也更愿意推心置腹。而如果值班律师会见时，有司法人员在场，则难以达到效果。这就要求司法机关为值班律师提供的场所要具有一定的私密性，与其他人员相对隔离。

二是为值班律师开展工作提供便利和支持。这种便利主要体现于值班律师工作的各个环节上，要求司法机关和司法人员从有利于工作开展角度出发，尽可能地使值班律师能够顺畅工作，而不是受到掣肘。在犯罪嫌疑人、被告人提出会见值班律师的要求时，司法人员要及时安排，把法律赋予当事人的权利落到实处，而不能以其他理由予以拒绝或者推脱。《认罪认罚指导意见》规定了一些特定的环节，必须有值班律师在场，司法机关对犯罪嫌疑人、被告人会见律师的权利不能满足于规定动作。情况往往是，司法人员提供值班律师的时候，犯罪嫌疑人、被告人不一定需要，而其需要的时候，又不一定有值班律师。所以，在犯罪嫌疑人、被告人提出会见要求时，真正是其有所需求的时候，应当及时安排。反过来，在值班律师要求会见犯罪嫌疑人、被告人时，应当予以鼓励，及时安排，保证值班律师的工作热情。对于值班律师提出的相关意见，要有虚心听取的态度，而不能消极抵制。如前文所述，值班律师的工作职责不仅在于见证犯罪嫌疑人认罪认罚的自愿性，而是需要对案件的处理提出一些意见。实践中，一些司法人员认为值班律师提出意见会给自己的工作增添麻烦，存在抵触情绪，不倾听或者不接受其意见，使得值班律师工作受阻。这就需要司法人员具有正确的心态，对值班律师工作具有正确的认识，从有利于维护被追诉人权利，有利于保障司法公正角度看待值班律师，"要高度重视值班律师提出的意见，合理的予以采纳，不采纳的要充分说明理由"。[①]

[①] 朱孝清：《认罪认罚从宽制度相关制度机制的完善》，载《中国刑事法杂志》2020年第4期，第5页。

(3) 加强激励机制和责任意识

作为辩护律师来说，其工作的尽责程度和效果要受到当事人的检验，也与其获取的收益挂钩，这种收益既包括律师费用的经济收益，也包括辩护成功带来的精神收益等。而值班律师更多是一种计时工种，对其工作成绩的评判主要在于工作时间和服务的犯罪嫌疑人、被告人人数，至于服务效果如何，并没有相应的考评。对值班律师缺乏激励措施，就难以指望值班律师凭着个人道德提升工作强度。因此有必要建立相应的激励机制、监督考评机制，为值班律师有效辩护提供机制保障。在激励方面，应当增加法律援助经费投入，根据各地区的经济发展水平，提高值班律师补贴标准。监督考评方面，要建立值班律师辩护质量评价机制，由检察院、法院和被告人共同评价，考评结果对外公布，对优秀值班律师可以予以物质奖励，对不称职的值班律师向所在律师事务所通报。[1] "从制度上应明确律师不单是认罪认罚从宽制度适用程序中的'见证人'，不再享受'无责'的可能，从而产生倒逼律师实质参与到案件中的作用。"[2] 在当前，值班律师以从业时间较短的律师为主，这些律师业务量相对较小，有的人将值班作为提升工作经验的途径，使得值班律师工作的荣誉感不强，吸引力不足。而事实上，值班律师的工作有其自身的特点，在较短时间内要掌握案情，并能够以恰当的方式与犯罪嫌疑人、被告人以及司法人员沟通，都对值班律师提出了很高的要求。所以值班律师反而需要具有相当工作经验和工作能力的律师才能胜任。这就要求法律援助机构在指派值班律师时，应当有所选择，由能力较强并得到公认的律师担任值班律师，这样既能提高值班律师法律帮助的质量，也能提高值班律师的尊荣感，使得值班律师更好地投入工作。

4. 值班律师辩护人化的展望

值班律师制度是刑事辩护全覆盖制度和认罪认罚从宽制度推行过程中形成的一项特色制度，有学者称之为"中国刑事辩护制度的重大突破"[3]。从理想状

---

[1] 臧德胜、杨妮：《论值班律师的有效辩护——以审判阶段律师辩护全覆盖为切入点》，载《法律适用》2018年第3期，第69页。

[2] 浙江省湖州市人民检察院课题组：《论认罪认罚从宽制度中律师的实质性参与》，载《政法学刊》2020年第6期，第124页。

[3] 李奋飞：《以审查起诉为重心：认罪认罚从宽案件的程序格局》，载《环球法律评论》2020年第4期，第35页。

态看，每一个犯罪嫌疑人、被告人都委托辩护律师，没有委托辩护律师的，由法律援助机构指派律师担任辩护人，最有利于维护犯罪嫌疑人、被告人的权益。但是，要实现这一目标，前提是有足够的律师，而且律师愿意做法律援助工作。在律师力量不足的情况下，推行值班律师制度，可以做到一名值班律师为多名犯罪嫌疑人、被告人提供法律帮助，在一定程度上优于没有律师参与。

但是，值班律师确属于现实情况下的权宜之计，从当前的运行效果看，并不能实现制度目的。有学者建议将值班律师改名为值班辩护人，这样未来刑事诉讼中就会有三种辩护人：委托辩护人、指定辩护人、值班辩护人。[1] 但是，这种称谓上的变化并不能从根本上解决问题。在认罪认罚从宽制度推行过程中，为了全面保护被追诉人的合法权益，应当将值班律师辩护人化，每一个犯罪嫌疑人、被告人均有辩护人参与诉讼，真正实现刑事辩护全覆盖。

（1）辩护人化的必要性

首先，辩护人实行"一对一"的工作模式，符合辩护工作的需要。不论是委托辩护，还是指定辩护，辩护人和犯罪嫌疑人、被告人都是一一对应的关系，辩护人可以有针对性地提供法律服务。而值班律师则是"一对多"的工作模式，服务效果难以保证。其次，辩护人作为诉讼参与人，责任心更强。具有了辩护人的身份后，律师需要向办案机关提交相关手续，参与庭审，而且会在判决书中留名。这样的参与过程，辩护人从自身声誉考虑，也会竭尽全力做好工作。最后，辩护人具有广泛的诉讼权利，辩护效果更好。在现行制度下，值班律师在诉讼中的权利与辩护律师具有一定的差别，在自身权利受限的情况下，就很难真正地维护当事人的权利。通过委托辩护或者指定辩护，将值班律师只是作为临时性的法律帮助，能够改变值班律师与被追诉人之间松散关系的局面，从而保障诉讼的公正性。[2]

（2）辩护人化的可行性

全面推行辩护人化的困难主要在于律师资源有限以及经费不足。随着我国律师队伍的壮大以及经济发展水平的提升，这两个问题将逐步缓解，所以时间

---

[1] 高一飞：《名称之辩：将值班律师改名为值班辩护人的立法建议》，载《四川大学学报（社会科学版）》2019年第4期，第126页。

[2] 杜磊：《认罪认罚从宽制度适用中的职权性逻辑和协商性逻辑》，载《中国法学》2020年第4期，第238页。

或长或短，这两个问题将不再是问题，或者说是可以克服的问题，关键在于决策者有无实现辩护律师全覆盖的决心和愿望。从操作层面，可以采用逐步推行的方式。一是根据案件逐步推行，可以先行在重罪案件中实行全面的辩护人化，如规定判处三年有期徒刑以上刑罚的案件，一律有辩护人参与诉讼。该类案件属于相对重罪案件，"由于重罪案件涉及对被告人人身自由长时间的剥夺，对此应慎重对待，即便被告人认罪且同意适用简易程序，辩护律师的介入也必不可少"。① 二是各地域逐步推行。我国幅员辽阔，各地区法治建设和经济发展水平不平衡。可以在发达地区先行推行，逐步全面推开。

三、小结

在刑事诉讼中，被追诉人行使辩护权是其基本人权的表现，也是刑事诉讼制度自身的需要，具有重要意义。被追诉人除自己行使辩护权外，可以由专门的辩护人为其辩护。律师除担任辩护人为被追诉人辩护外，还可以为其提供法律帮助。在认罪认罚从宽制度中形成了值班律师提供法律帮助制度，对没有辩护人的犯罪嫌疑人、被告人，由法律援助机构指派的值班律师为其提供法律帮助。认罪认罚案件中，辩护律师以辩护人身份参与辩护，与其他案件没有太大差别，而值班律师提供法律帮助属于一项特殊制度，需要高度关注。在认罪认罚从宽制度试点情况下，律师参与程度不高，律师提供法律帮助的效果有限，主要表现为值班律师仅仅担当认罪认罚见证人的角色，并没有提供有效的法律帮助。为此，有必要完善值班律师的法律规定，促使值班律师在了解案情的基础上提高法律帮助的质量，从而使犯罪嫌疑人、被告人真正得到法律帮助，保障认罪认罚的自愿性和合法性。值班律师提供法律帮助，有其自身难以克服的弊端，只是当前时期为了缓解律师供需不平衡矛盾的权宜之计。从长远看，为了提高认罪认罚案件的质量，保障被追诉人的权利，有必要全面推行委托辩护和指定辩护制度，确保认罪认罚被追诉人均有辩护人参与诉讼。

---

① 陈光中、魏伊慧：《论我国法律援助辩护之完善》，载《浙江工商大学学报》2020年第1期，第13页。

第三节 保释权

对于认罪认罚的犯罪嫌疑人、被告人从宽处理,不仅包括实体上的从宽量刑,还包括程序上的从简从宽。程序上的从简,即简化诉讼程序,加快诉讼流程的推进,使得司法机关能够投入相对较少的诉讼资源办理案件。程序上的从宽,即给予犯罪嫌疑人、被告人相对轻缓化的程序待遇,使其以更小的成本参加诉讼,而其中的主要表现就是获得保释,不受或者少受审前羁押。

一、程序从宽与非羁押性强制措施

(一) 程序从宽的含义

认罪认罚从宽制度作为以审判为中心诉讼制度改革的配套制度,具有鲜明的程序色彩,是程序性的诉讼制度。对制度进行分析可见,认罪认罚是被追诉人的表现,是否认罪认罚取决于被追诉人。而从宽是国家的决定,是否从宽、如何从宽取决于司法机关。从宽体现在实体和程序两个方面,实体从宽是对认罪认罚的被追诉人予以不起诉或者从宽处罚,而程序从宽又包括程序上的简易化和轻缓化。

1. 程序的简易化

对于认罪认罚的案件简化诉讼程序,既是对司法资源的节约,也是对被追诉人权利的保护。被追诉人认罪认罚,放弃了一些程序性的诉讼权利,不再对案件的关键问题提出异议,诉讼推进顺利。司法机关办理认罪认罚案件,能够减少很多工作程序,与不认罪案件具有很大的不同。也正是因为认罪认罚案件能够节约司法资源,使得司法机关可以将更多的精力用于办理被追诉人不认罪认罚的案件。

诉讼的简易化必然会带来诉讼效率的提升,案件的诉讼周期缩短。被追诉人能够快速地从诉讼中解脱,得到明确的结果,从这个角度看,诉讼的简易化,有利于被追诉人。对于被追诉人的利益,不仅在于程序上的提速,实现快速受审的权利,而且有实体上的意义。有些案件,被追诉人的罪行较轻,可能判处的刑罚也轻,但如果办理时间较长,则导致"刑期倒挂"。刑事案件需要经过侦查机关、检察机关和审判机关的诉讼程序，对于一般的案件而言，需要五六个月，甚至更久，如果法院作出判决时，被告人已经被羁押时间较长，即使其罪行较轻，也不能判处轻于羁押时间的刑罚，往往采取"实报实销"的做法，即羁押多长时间，刑期判处多长时间。如此，对于轻罪案件而言，诉讼越烦琐，进展越慢，侵犯被追诉人的实体权利的可能性就越大。而诉讼的简易化，有利于保护被追诉人的实体权利，使其免于遭受与其罪行不适应的刑罚。

2. 程序的轻缓化

对被追诉人的实体处理，存在轻缓和严厉之分，表现为刑罚的轻重和刑罚的执行方式。在程序方面，同样存在严厉与轻缓之分，主要表现为对被追诉人是否采取羁押措施。在我国的刑事诉讼中，羁押性强制措施包括拘留和逮捕，对于处于刑事诉讼过程中的犯罪嫌疑人、被告人，司法机关可以按照法定程序决定予以拘留或者逮捕。刑事拘留是公安机关在紧急情况下，对现行犯或者重大嫌疑分子采取的依法剥夺其人身自由的强制性措施，其目的是及时制止正在进行的犯罪，抓获现行犯罪分子和重大嫌疑分子；阻止犯罪危害延续，尽量消除犯罪后果；及时取得罪证，查明案情，保证侦查工作顺利进行。公安机关通过先行采取拘留措施，可以有效控制犯罪嫌疑人或者现行犯，并为决定逮捕提供时间保障。[①] 犯罪嫌疑人一旦被拘留，就进入了羁押状态，失去了人身自由。但拘留属于一种暂时性的强制措施，具有严格的期限，不能超期，所以刑事拘留不能作为一种长期性羁押的手段。对于已经刑事拘留的犯罪嫌疑人，公安机关需要作出是否提请逮捕的决定。如果认为没有逮捕必要或者不符合逮捕的条件，就应该将犯罪嫌疑人释放或者变更为取保候审、监视居住等强制措施。如果有逮捕的必要，则需要采取逮捕的强制措施。《刑事诉讼法》第81条第1款规定："对有证据证明有犯罪事实，可能判处徒刑以上刑罚的犯罪嫌疑人、被告人，采取取保候审尚不足以防止发生下列社会危险性的，应当予以逮捕：（一）可能实施新的犯罪的；（二）有危害国家安全、公共安全或者社会秩序的现实危险的；（三）可能毁灭、伪造证据，干扰证人作证或者串供的；（四）可能对被害人、举报人、控告人实施打击报复的；（五）企图自杀或者逃跑的。"

[①] 王爱立、雷建斌：《〈中华人民共和国刑事诉讼法〉释解与适用》，人民法院出版社2018年版，第161页。

逮捕属于最为严厉的强制措施，犯罪嫌疑人、被告人将被羁押，失去人身自由。按照我国《刑事诉讼法》规定，在刑事诉讼的整个过程中，包括侦查、起诉和审判环节，都可以采取逮捕的强制措施。侦查期间，对于需要逮捕的犯罪嫌疑人，公安机关可以提起人民检察院批准逮捕，在审查起诉和审判期间，检察机关和审判机关可以自行决定逮捕。也就是说，即使公安机关已经对犯罪嫌疑人取保候审，案件进入下一诉讼环节后，也可能决定逮捕。

与羁押性强制措施相对应的就是非羁押性的强制措施，包括取保候审和监视居住，尤以取保候审为主。《刑事诉讼法》第67条第1款规定："人民法院、人民检察院和公安机关对有下列情形之一的犯罪嫌疑人、被告人，可以取保候审：（一）可能判处管制、拘役或者独立适用附加刑的；（二）可能判处有期徒刑以上刑罚，采取取保候审不致发生社会危险性的；（三）患有严重疾病、生活不能自理，怀孕或者正在哺乳自己婴儿的妇女，采取取保候审不致发生社会危险性的；（四）羁押期限届满，案件尚未办结，需要采取取保候审的。"从规定可见，采取取保候审，以涉嫌犯罪为前提，而且要求具有被判处刑罚的可能性。其中对于罪行轻微可能判处的刑罚较轻的，直接予以取保候审，即该条第一项的规定。而对于罪行相对较重的，需要有特殊情况才予以取保候审，如人身危险性较低，不宜羁押等，即该条第二项、第三项的规定。其中第三项的规定，针对的是特定的犯罪嫌疑人、被告人，因各种原因不能羁押，只能采取非羁押性强制措施。当然，如果采取取保候审具有社会危险性，如具有暴力倾向，或者具有再次犯罪的重大可能性的，即使具有特殊情况，也不宜取保候审。第二项的规定，具有较大的裁量空间，由司法人员根据案情判断，这也是实践当中影响取保候审适用率的重要一项内容。要扩大非羁押性强制措施，需要将此项规定落到实处。第四项规定，属于相对较少的类型，一旦羁押期限届满，对犯罪嫌疑人、被告人解除羁押就成为必要的程序，所以这也是一项强制性的规定。但是，我国《刑事诉讼法》关于羁押期限的规定，具有较大的弹性，羁押期限届满这一条件难以成就，实践中以此为由取保候审也就较为少见。

取保候审需要具备特定的条件，即有保证人或者能够缴纳保证金。但是，犯罪嫌疑人、被告人并非都能满足此条件。如果犯罪嫌疑人、被告人没有羁押必要，符合取保候审条件，但不能提供保证人，也不能缴纳保证金的，则可以采取监视居住的强制措施。监视居住是与取保候审相并列的非羁押型强制措施,可以与取保候审选择适用。《刑事诉讼法》第74条规定:"人民法院、人民检察院和公安机关对符合逮捕条件,有下列情形之一的犯罪嫌疑人、被告人,可以监视居住:(一)患有严重疾病、生活不能自理的;(二)怀孕或者正在哺乳自己婴儿的妇女;(三)系生活不能自理的人的唯一扶养人;(四)因为案件的特殊情况或者办理案件的需要,采取监视居住措施更为适宜的;(五)羁押期限届满,案件尚未办结,需要采取监视居住措施的。对符合取保候审条件,但犯罪嫌疑人、被告人不能提出保证人,也不交纳保证金的,可以监视居住。监视居住由公安机关执行。"由此可见,监视居住的适用条件比取保候审更为严格,不适用于取保候审条件中的第一项即可能判处管制、拘役或者独立适用附加刑的,和第二项,即可能判处有期徒刑以上刑罚,采取取保候审不致发生社会危险性的。符合这两种情况的,一般以取保候审为宜。而监视居住的被告人本来符合逮捕条件,只是因为特殊原因才不予逮捕。相应地,被监视居住的人受到的限制也比取保候审被告人更为严苛。

拘留、逮捕、取保候审和监视居住,都是在诉讼过程中,对犯罪嫌疑人、被告人所采取的强制措施,反映了犯罪嫌疑人、被告人在诉讼过程中所呈现出的人身自由状态。从理论上说,被追诉人最终被处理的结果与强制措施无关。但是,采取的强制措施不同,被追诉人的处境完全不同,非羁押性的强制措施具有明显轻缓化的特征。

(二)非羁押性强制措施的意义

非羁押性强制措施,使得被追诉人在诉讼过程中免于羁押,从实体上和程序上看,均具有积极意义。

1. 程序意义

(1)非羁押性强制措施是无罪推定原则的体现

无罪推定是刑事诉讼的一项基本原则,对于任何公民,在经法院生效判决确定为有罪之前,均被推定为无罪。司法机关和社会公众不得将其推定为有罪的人,从而给予其有罪人的待遇。被推定为无罪的人,自然享有一般人的权利,包括人身自由的权利。只有当确有限制其人身自由的必要,不限制其人身自由有可能危害社会安全或者诉讼的顺利进行时,限制其人身自由才具有正当性。据此,在刑事诉讼过程中,对于犯罪嫌疑人、被告人应当以非羁押性强制措施为原则,以羁押性强制措施为例外。对刑事被追诉人采取强制措施,应当与其所涉嫌的犯罪行为和表现出来的人身危险性相适应，符合比例原则。对被追诉人采取拘留、逮捕等羁押性强制措施，应当有正当的理由。而对犯罪嫌疑人、被告人采取取保候审、监视居住等非羁押性强制措施，应当成为常态。

（2）非羁押性强制措施是被追诉人尊严的体现

作为一个公民，一旦人身自由受到限制甚至剥夺，不仅会给其带来诸多不便，而且是一件有失尊严的事情。一个人一旦被羁押，身陷囹圄，难免给人犯罪人的印象，被贴上罪犯的标签。在被羁押期间，无法像正常人一样行使自己的权利，无法与外界接触，即便随后被释放，也是一个痛苦的经历，对其之后的生活会产生消极的影响。另外，被羁押的人，失去了人身自由，尊严也就难以保障。身处困境，难以和司法机关相抗衡，容易使人丧失信心，从而逆来顺受。被羁押带来的消极影响不仅在于被羁押人员本人，对其家庭及近亲属均会产生一定的影响。

2. 实体意义

采取何种强制措施只是一种程序性的手段，从理论上说不影响最终的裁判结果，但事实上，采取的强制措施状态对最终的判决有一定的影响。

（1）强制措施与裁判结果相关

法院对被告人依法裁判，依据的是案件事实和法律规范，与被告人所受到的强制措施无必然联系。但是从司法实践来看，情况并非如此，强制措施很大程度上影响最终的裁判结果。

一是影响非监禁刑的适用。我国刑法规定的非监禁刑包括缓刑、管制和单处罚金等。其中缓刑的适用需要具备特定的条件，主要取决于被告人所犯罪行的轻重以及人身危险性的大小。罪行的轻重，表现为刑期，即判处三年以下有期徒刑、拘役的被告人，才能宣告缓刑。人身危险性的大小，根据其犯罪后的悔罪表现和前科情况来判断，刑法明确规定累犯不适用缓刑。长期以来，在司法实践中，取保候审的被告人能够获得更多的缓刑机会。有些案件被告人被取保候审，法院经过审判虽然觉得对该被告人适用缓刑有些勉强，但是只要不违反法律的强制性规定，不是判处三年以上有期徒刑或者累犯，往往也予以宣告缓刑，而不管被告人是否会再危害社会。另外，有些案件的被告人被依法逮捕，法院经过审判，虽然觉得被告人符合适用缓刑的条件，但是往往也没有适用缓刑，而是适当从轻处罚，从而达到一种平衡。之所以存在这种状况，很大程度上是因为办案人员不愿意为了变更强制措施而费尽周折，耗费精力。① 管制和单处罚金刑的适用，存在相同的状况。

二是影响无罪裁判的作出。如果法院对被告人作出无罪判决，则意味着前期的侦查和起诉是存在错误的。对于被羁押的被告人，如果宣告无罪，则需要国家赔偿，但被追诉人自己故意做有罪供述的除外。如果被告人未被羁押，宣告无罪就不存在国家赔偿的问题，司法人员的顾虑相对较小。而对于已经被羁押的被告人来说，宣告无罪的阻力更大。

（2）有利于查明案情

以上所分析的强制措施对于裁判结果的影响，是由于司法人员的观念造成的，并不合理。但被追诉人所受强制措施状况会影响到案件事实的查明，进而影响到裁判结果，这一角度的影响具有其内在的合理性。

被羁押的被追诉人，由于人身自由受到了限制，其对诉讼权利的行使自然会受到影响，控辩双方的对抗性就相应降低。缺乏对抗的诉讼，无法发挥"兼听则明"的诉讼功能，不利于案件事实的查明。再者，由于被追诉人受到羁押，对案件信息了解不足，容易违心地认罪。而被取保候审或者监视居住的被追诉人，其人身自由虽然受到一定的约束，但相对自由，更能够真实地表达自己的意思，可以从容地与控方对抗。其在审判过程中，也具有更多的表达诉求的机会，更有底气与司法人员交流。这种状况，有利于案件事实的查明。

二、认罪认罚从宽制度中保释权的实现

在我国当前，被追诉人仍然是以羁押为常态，以保释为例外。多数被追诉人没有获得保释的机会。完善认罪认罚从宽制度，保障被追诉人认罪认罚的自愿性，需要落实好保释权，使其能够以相对自由的状态参与认罪认罚的协商。

（一）认罪认罚从宽制度中保释权的意义

由于认罪认罚从宽制度的特殊性，使得非羁押性强制措施变得更有必要，认识到认罪认罚从宽制度中保释权的特殊意义，有利于更好地保障这项权利。

1. 实现其他诉讼权利的需要

《刑事诉讼法》规定了被追诉人的一系列权利，被追诉人通过行使权利与

---

① 臧德胜：《关于缓刑适用现状的统计与分析》，载《中国刑事法杂志》2005年第2期，第101页。

控方对抗，维护自身利益。但很多诉讼权利的行使，与被追诉人自身的自由状况密切相关，如果其被羁押，很多诉讼权利难以行使。

（1）有助于实现获得律师帮助的权利

为了保障被追诉人获得律师帮助的权利，我国《刑事诉讼法》做了一系列的制度安排。按照《刑事诉讼法》的规定，刑事案件立案后，犯罪嫌疑人就具有会见律师的权利，在侦查阶段，律师可以以辩护人的身份为犯罪嫌疑人提供法律帮助。案件移送审查起诉之后，直至审判阶段，犯罪嫌疑人、被告人可以委托辩护人，辩护人可以会见被告人。犯罪嫌疑人、被告人以自行委托辩护人为原则，可以自主决定是否委托辩护人，而且可以同时委托两名辩护人。如果犯罪嫌疑人、被告人有委托律师的需求，但经济困难无力聘请律师的，可以申请法律援助律师。对于可能判处无期徒刑以上刑罚的被告人或者是限制责任能力等被告人，《刑事诉讼法》还规定了强制性的指定辩护制度。近年来，司法机关又推行了辩护律师全覆盖制度，对于适用普通程序审理的案件，犯罪嫌疑人、被告人没有委托辩护人的，一律指定律师辩护。适用简易程序、速裁程序审理的案件，犯罪嫌疑人、被告人没有委托辩护人的，由值班律师为其提供法律帮助。这些制度的设立，一定程度上能够使得犯罪嫌疑人、被告人获得律师的辩护。

但是，无论是律师担任辩护人出庭辩护，还是作为值班律师提供法律帮助，都以与犯罪嫌疑人、被告人充分沟通、充分交流为前提。也就是说，律师与犯罪嫌疑人、被告人的会见、沟通，有利于律师把握案情，有利于律师形成妥当的辩护思路。如果犯罪嫌疑人、被告人处于羁押状态，律师会见必然会受到相应的制约。一是会见的频率较低，因为律师会见在押人员需要得到羁押机关的配合并给予方便。在羁押人员较多的情况下，无法保证律师的会见请求能够得到充分的实现。律师也有畏难情绪，在申请会见较为困难的情况下，自然会减少会见的次数。二是会见的时间较短，因为律师在羁押场所会见犯罪嫌疑人、被告人，需要占用一些的资源，羁押场所必然会对会见的时间进行相应的限制。即使是值班律师提供法律帮助也是如此，由于被羁押人员始终需要有警力看护，值班律师与被羁押人员会见，自然会受到办案人员的制约。

如果被追诉人处于取保候审状态，情况则完全不同。取保候审的犯罪嫌疑人、被告人会见律师不受限制，可以根据需要决定会见的次数和时间，这样可以充分地交流。对值班律师而言，取保候审的被告人也具有相应的优势。因为其不受羁押，司法机关无须安排警力押解，克减其与律师会见的时间的动力相对较小。而且，在这种情况下，值班律师与被追诉人会见，也就可以避免其他人员在场，从而能够客观理性地表达意见。

(2) 有助于实现了解案情的权利

被追诉人要做到自愿认罪认罚，以其对案情有充分的了解为前提。其了解案情，包括三种途径。一是律师的介绍。因为律师具有阅卷权等诉讼权利，阅卷之后能够了解案件情况，了解控方掌握的证据情况，被追诉人通过与律师交流有助于了解案情。二是司法机关的证据开示。司法机关向被追诉人进行证据开示，能够使其直接了解案情。三是自己的耳闻目睹。多数情况下，被追诉人自己是案件的亲历者，只有被错误追诉的人才可能不是案件的亲历者。不是亲历者，需要进一步通过他人了解案情，即使是亲历者，其也需要通过他人的描述进一步丰富对案情的认识。但是一旦被追诉人被羁押，其处于封闭空间，信息不畅，孤立无援，想要通过上述途径了解案情，都会受到影响。前文已述，在押人员与律师会见会有诸多不便。同样其向司法人员了解案情的机会也会减少，即便是证据开示，其也难以充分地了解证据。案发以后直接被羁押的人员，更是难以通过其他人员的描述增进对案情的认识。而如果被追诉人处于非羁押状态，则其可以通过各种途径寻求对自己有利的证据，获得对案情的全面了解与掌握，从而决定是否认罪认罚。

(3) 有助于实现自决的权利

认罪认罚从宽制度，以犯罪嫌疑人、被告人自愿为前提，这种自愿，也就是被追诉人自己决定是否认罪认罚的权利。如果被追诉人处于被羁押状态，就很难真实地表达意愿。一是因为羁押状态影响到其心理，使其不能理智地对案件作出判断。二是因为羁押状态影响其信念，基于对羁押的恐惧会使其为了避免长期羁押而作出违心认罪认罚的表示，寄希望于通过认罪认罚尽快摆脱羁押状态。而取保候审的被追诉人，身心均较为自由，可以理性地作出抉择。所以，"在认罪认罚从宽的适用中，起码要保障'取保候审为常态'，只有在拥有一定人身自由的情况下，才能具有自愿接受不利后果的正当性前提。"①

---

① 门金玲：《认罪认罚从宽的制度逻辑与辩护律师的参与》，载微信公众号"京都律师"，2019年10月28日。

2. 保障控辩双方平等性的需要

认罪认罚从宽制度的核心在于控辩双方的协商，而协商的前提是双方的平等。在一方受到羁押的情况下，难以认为双方存在平等的地位。

一是心理上的平等。尽管被羁押人员具有完全的人格尊严，但事实上的羁押状态，必将会影响其心理和自尊，在面对司法人员时，姿态自然降低。而取保候审的犯罪嫌疑人、被告人的情况会好许多，从心理上也会更加从容地面对司法人员。

二是技能上的平等。从整体上来说，被追诉人的诉讼技能要明显弱于专业的检察人员。如果被追诉人被羁押，其更是无法增进自己的诉讼技能。如果能够获得取保候审的机会，被追诉人可以有针对性地补足自己的短板。通过学习法律知识，咨询专业人员等方式，提升自己的能力，从而缩小与检察人员的差距，尽可能地实现平等。

3. 影响最终裁判结果

认罪认罚的被告人是否受到羁押，对其最终的处理结果有一定的影响。整体上来说，获得保释的犯罪嫌疑人、被告人，能够得到更为有利的结果。

（1）影响认罪的理智性

受到羁押的被追诉人为了早日摆脱羁押或者少受羁押，存在不理智认罪的可能性。一种是没有实施犯罪行为的，经不起羁押的煎熬而违心认罪，另一种是实施的行为不构成犯罪的，由于受到羁押，法律知识欠缺，得到律师帮助有限，再加上从宽处罚的诱惑，从而决定认罪。一些本来不构成犯罪的行为，因为被告人自愿认罪而被作为犯罪处理。未被羁押的被告人，自愿认罪的理智性相对较高，能够避免不理智认罪而遭受不利的处理结果。

（2）影响刑罚的轻重

在现行制度下，控辩双方经量刑协商所产生的量刑建议，对法院裁判具有一定的拘束力，往往就成为最终的裁判结果。犯罪嫌疑人被羁押的情况下，与控方量刑协商的底气和筹码均不足，难以争取对自己有利的结果。对于控方提出的相对较重的刑罚，往往也难以提出有效的反对意见。一方面是其提不出反对的依据，另一方面是其不敢提出反对，深恐遭到更为不利的结果。

（3）影响刑罚执行方式

司法人员乐于适用认罪认罚从宽制度，主要原因在于诉讼效率的提高。而如果在诉讼过程中需要对犯罪嫌疑人、被告人变更强制措施，无疑会影响诉讼效率。因为变更强制措施往往不是办案人员就能够决定的，需要履行汇报、审批程序。如此一来，司法人员更愿意对被羁押的被告人建议、判处监禁刑，对未被羁押的被告人建议、判处非监禁刑。

（二）认罪认罚从宽制度中保释权的实现路径

保释权作为被追诉人的一项重要权利，最重要的是能够得到落实，转化为现实的权利，这就需要从制度和实践层面探寻实现路径。

1. 制度安排

非羁押性强制措施包括取保候审和监视居住等方式，对于认罪认罚的犯罪嫌疑人、被告人而言，取保候审是主要的方式，因为既然认罪认罚了，一般也就没有监视居住的必要。考察现行强制措施制度，对于认罪认罚案件中非羁押性强制措施的适用，仍然具有提升的空间。

（1）现行制度规定

《刑事诉讼法》对取保候审、监视居住只是规定了可以适用的条件，没有关于必须适用的硬性规定。这种立法模式具有较大的弹性，是否取保候审，取决于办案机关和办案人员，容易留下被追诉人保释权保障不足的隐患。"两高三部"《认罪认罚试点办法》第6条规定："人民法院、人民检察院、公安机关应当将犯罪嫌疑人、被告人认罪认罚作为其是否具有社会危害性的重要考虑因素，对于没有社会危险性的犯罪嫌疑人、被告人，应当取保候审、监视居住。"这一规定对于认罪认罚的犯罪嫌疑人、被告人作了进一步的倾向性的规定，使用了"应当"一词，突出了对认罪认罚犯罪嫌疑人、被告人适用非羁押性强制措施的主张。但是，这一规定仅仅是将认罪认罚情况作为是否具有社会危险性的考量因素，司法实践中具有较大的解释空间。在试点办法的基础上，座谈会纪要进一步明确，首先，要"优先适用非羁押强制措施"，主要考虑：对于认罪认罚案件，不仅实体上要从轻量刑，程序上也要体现从宽，落实认罪认罚从宽精神；其次，速裁案件犯罪情节较轻，被告人认罪认罚，有悔罪表现，一般没有社会危险性；最后，减少审前羁押，可避免"交叉感染"，也可为判处非监禁。①

---

① 最高人民法院刑一庭课题组：《关于刑事案件速裁程序试点若干问题的思考》，载《法律适用》2016年第4期，第22页。

"两高三部"《认罪认罚指导意见》对强制措施的适用作出了专门性的规定。一是规定了可不适用羁押性强制措施的情形，要求办案机关将犯罪嫌疑人、被告人认罪认罚作为其是否具有社会危险性的重要考虑因素。对于罪行较轻、采用非羁押性强制措施足以防止发生社会危险性的犯罪嫌疑人、被告人，根据犯罪性质及可能判处的刑罚，依法可不适用羁押性强制措施。二是规定了不适用逮捕的情形，犯罪嫌疑人认罪认罚，公安机关认为罪行较轻、没有社会危险性的，应当不再提请人民检察院审查逮捕。对提请逮捕的，人民检察院认为没有社会危险性不需要逮捕的，应当作出不批准逮捕的决定。三是规定了逮捕后的变更，对于已经逮捕的犯罪嫌疑人、被告人认罪认罚的，人民法院、人民检察院应当及时审查羁押的必要性，经审查认为没有继续羁押必要的，应当变更为取保候审或者监视居住。这些规定具有明显的导向性，提倡并鼓励对认罪认罚的犯罪嫌疑人、被告人适用非羁押性强制措施。

（2）制度的完善

现行制度对于非羁押性强制措施秉持鼓励的态度，但由于缺乏强制性规定，在实践中难以得到贯彻。从事案件办理的人员，为了办理案件的简单化，为了追求诉讼效率，往往更青睐于羁押性强制措施。为了保障被追诉人的保释权，有必要作出强制性的规定。

一是明确规定非羁押性强制措施为常态，羁押性强制措施为例外的原则。由规范性文件规定，对于认罪认罚的犯罪嫌疑人、被告人，原则上使用取保候审等非羁押性强制措施，同时规定适用逮捕的具体情形，"使未决羁押成为认罪认罚案件的例外"。[①] 司法人员对认罪认罚的犯罪嫌疑人、被告人逮捕必须具有正当理由。如此，司法人员在对犯罪嫌疑人、被告人采取逮捕强制措施时，才能慎重。

二是明确规定对变更强制措施申请的答复机制。对于已经被逮捕的犯罪嫌疑人、被告人，当事人及辩护人提出变更强制措施申请的，司法机关应当予以审查并作出决定。符合条件的，及时变更强制措施为取保候审、监视居住。不符合条件的，应当给予书面答复，说明理由。

[①] 李奋飞：《以审查起诉为重心：认罪认罚从宽案件的程序格局》，载《环球法律评论》2020年第4期，第34页。

2. 实务操作

制度设计层面只能向着理想化的方向努力，但是再好的制度也都需要在实践操作中落地生根，而且有赖于司法人员善良地执行制度。落实认罪认罚从宽制度中的保释权，需要司法机关和当事人各方共同推进。

(1) 司法机关主动保释

办案机关或者办案人员人权保障理念的缺失是目前制约我国审前非羁押常态化的重要因素之一，所以转变诉讼理念，增强人权保障意识是提高非羁押性强制措施适用率的重要途径。[1] 办案人员必须摒弃"够罪即捕"的习惯思维，树立"少捕慎押"的司法理念。[2] 认罪认罚可作为决定是否逮捕中判断社会危险性的参考因素，[3] 司法机关在办理案件过程中，要充分考虑犯罪嫌疑人、被告人认罪认罚这一因素，将此作为衡量人身危险性的要素之一。既然被追诉人认罪认罚，其逃跑的可能性、妨害他人作证的可能性都会减小，取保候审一般不会存在社会危险性。首先是侦查机关，对于抓获的犯罪嫌疑人案情清楚、认罪认罚的，可以直接取保候审。对于刑事拘留的犯罪嫌疑人，在拘留期间查清案件事实且认罪认罚的，不再提请批准逮捕，直接予以取保候审。其次是检察机关，对于侦查机关提请批准逮捕的，经审查，犯罪嫌疑人认罪认罚的，除特殊情形外，应以没有逮捕必要为由，不予批准逮捕。在审查起诉期间，对于已经被逮捕的认罪认罚犯罪嫌疑人，进行羁押必要性审查，严格把握羁押的条件，符合取保候审条件的，变更为取保候审。最后是审判机关，同样应当落实取保候审优先的原则，对于已经逮捕的被告人，如果认为可以取保候审的，或者最终可能判处非监禁刑的，及时予以取保候审。2021 年《刑事诉讼法解释》第 350 条规定："人民法院应当将被告人认罪认罚作为其是否具有社会危险性的重要考虑因素。被告人罪行较轻，采用非羁押性强制措施足以防止发生社会危险性的，应当依法适用非羁押性强制措施。"这一规定，给审判人员提供了规范依据。

---

[1] 韩旭、刘文涛：《非羁押诉讼实证研究：困境与出路》，载《南阳师范学院学报》2020 年第 9 期，第 15—16 页。

[2] 王俊：《专访最高检第一检察厅厅长：摒弃"够罪即捕"，降低审前羁押率》，载《新京报》2021 年 3 月 6 日。

[3] 唐海东：《认罪认罚从宽制度中程序性从宽研究》，载《河北法学》2020 年第 11 期，第 172 页。

为了落实该项制度，司法机关应当相互制约，尤其是检察机关要发挥检察监督作用。由公诉部门之外的专门监督部门，对羁押必要性进行审查，认为没有羁押必要的，向侦查、检察和审判各个环节的办案部门发送解除羁押的建议。办案部门不同意的，要书面回复，说明理由。

（2）被告人一方申请保释

被告人一方不能完全依赖于司法机关的主动作为，需要发挥自身的能动作用，促成保释。

一是犯罪嫌疑人、被告人要积极申请取保候审。对于主动投案的犯罪嫌疑人来说，获得取保候审的机会更大，要勇于向司法机关提出取保候审的申请，并积极提供合格的保证人。对于被抓获归案的犯罪嫌疑人，到案后要积极认罪认罚，向办案人员提出取保候审的要求并说明理由，作出相应的承诺。在拘留后尚未批准逮捕的期间，是取保候审的关键时期，犯罪嫌疑人要有认罪认罚的表示，并提出认罪认罚的要求。

二是辩护人申请取保候审。这也是辩护人的重要职责所在，尤其是在认罪认罚从宽制度中。在批准逮捕之前，辩护律师可以与办案机关沟通，申请公安机关不提请批捕直接取保候审，或者向检察机关提出不应批准逮捕的意见。在逮捕之后，根据案情，提出变更强制措施的申请。辩护律师需要提出变更强制措施的正当理由，并联系犯罪嫌疑人、被告人亲属提供保证人或者保证金，打消办案机关的顾虑。

三是值班律师申请取保候审。值班律师不是辩护人，但应当在职责范围内为犯罪嫌疑人、被告人提供法律帮助。"两高三部"《认罪认罚指导意见》规定值班律师的职责之一是"帮助申请变更强制措施"。但是在实践中，值班律师履行这一职责比较少见，需要在实践中完善。值班律师在阅卷、会见犯罪嫌疑人、被告人后了解案情的基础上，对于没有羁押必要的犯罪嫌疑人、被告人，要切实履行职责，向办案单位提出取保候审的申请。

四是犯罪嫌疑人、被告人的近亲属申请取保候审。在犯罪嫌疑人、被告人被羁押，没有辩护人，值班律师履职不力的情况下，犯罪嫌疑人、被告人的近亲属要积极申请取保候审。《刑事诉讼法》第97条规定："犯罪嫌疑人、被告人及其法定代理人、近亲属或者辩护人有权申请变更强制措施……"这就从立法上赋予了近亲属申请变更强制措施的权利，这"有利于对犯罪嫌疑人、被告人权利的保护，是在涉及限制人身自由措施上应当采取审慎态度的立法精神的贯彻落实"。① 在认罪认罚从宽制度中，犯罪嫌疑人、被告人不委托辩护人的情况较为普遍，就需要激活这一法定权利。近亲属申请取保候审，可以侧重以情动人，表明取保候审对犯罪嫌疑人、被告人本人及家庭的积极意义，争取获得准许。

三、小结

认罪认罚从宽制度中程序从宽包括了程序上的轻缓化，即对被追诉人适用非羁押性的强制措施，包括取保候审和监视居住，尤以取保候审为主。获得非羁押性强制措施的权利，即保释权，具有实体和程序上的双重价值，是无罪推定原则的体现，有利于维护被追诉人的尊严，而且对最终的实体处理结果具有影响。

在认罪认罚从宽制度中，非羁押性强制措施意义更大，是实现被追诉人获得律师帮助权、案情知悉权、自决权的保障，也是实现控辩双方平等协商的保障，最终会影响认罪认罚案件的裁判结果。保障被追诉人的保释权，需要从制度设计和实务操作两个层面着手。从制度设计上要明确对认罪认罚的被追诉人以非羁押性强制措施为常态，以羁押性强制措施为例外的原则，只有法定情形才予以羁押，对于不予保释的，要有法定理由。从实务操作层面，要调动司法机关适用非羁押性强制措施的积极性，各司法机关相互监督；被告人一方要积极申请保释，提供具有说服力的理由，争取获得支持。

第四节 救济权——上诉权的保护及限度

认罪认罚从宽制度坚持效率导向，主要目的在于提高司法效率，实现案件繁简分流，进而节约司法资源。但过于快捷的诉讼程序，需要相应的救济手段予以保障。其中，上诉是刑事被告人最为主要的救济手段。上诉制度与认罪认

---

① 王爱立、雷建斌主编：《〈中华人民共和国刑事诉讼法〉释解与适用》，人民法院出版社2018年版，第184页。

罚从宽制度在一定程度上存在价值冲突，二者在公正与效率的平衡上有着不同侧重。上诉制度侧重公正导向，赋予被告人对于一审法院裁判结果的司法救济手段，通过发挥二审程序的纠错、监督以及威慑功能，维护司法公正，上诉权也就成为刑事被告人当然所有的救济权利。认罪认罚从宽制度以被追诉人自愿认罪认罚为前提，其上诉实质上是对认罪认罚的反悔，也是对不恰当认罪认罚的救济。一方面，上诉权属于反悔权的一个方面，认罪认罚的被追诉人在不同阶段均具有反悔权，在一审判决之后的反悔，就表现为上诉。另一方面，上诉权属于救济权的一个方面，对于司法机关作出的裁决，被追诉人具有救济的权利，在判决生效前的救济表现为上诉，在判决生效后的救济表现为申诉。相对而言，上诉权比申诉权更为常规，也更为重要。对上诉权乃至救济权的保护，目的在于确保认罪认罚的自愿性。构建认罪认罚从宽制度，如何对待被告人的上诉权是一个不可回避的问题。

一、认罪认罚案件上诉的基本问题

研究认罪认罚从宽制度中上诉权的保护限度，需要明确上诉权的性质和职能定位，明确认罪认罚与上诉的关系。

（一）上诉权的性质

1. 上诉权的基本概念

蔡墩铭先生认为："上诉乃于未确定之判决，声明不服，请求上级法院撤销或变更，以资救济者，倘系对于已确定之判决，请求上级法院予以救济者，则称非常上诉。"[1] 结合我国刑法和刑事诉讼法的相关规定，上诉应当是当事人对法院作出的尚未确定的判决、裁定不服，在法定期限内按照法定程序向上级法院请求予以改变或者撤销的诉讼行为。这种诉讼行为导致的后果就是，诉讼程序尚未终结，原来的判决、裁定不能作为执行的依据，上级法院启动新的审判程序。也就是说会因为上诉而产生复审程序。

上诉权是当事人针对法院作出的尚未确定的判决、裁定，依法享有的在法定期限以法定程序向上级法院请求予以改变或者撤销的权利。这种不服裁判所具有的救济的权利，是一种自然权利。但是，由于上诉是一种诉讼行为，这种

---

[1] 蔡墩铭主编：《两岸比较刑事诉讼法》，台北五南图书出版公司1996年版，第353页。

权利的行使，又需要有法律的规定。也就是说法律可以设置上诉权行使的范围和方式。有没有上诉权，如何行使上诉权，都取决于法律的规定。违反法律规定的上诉，或者说不符合法律规定的上诉，无法达到上诉的效果，不能引起上级法院的审判程序。如何设置上诉权，取决于立法，立法根据社会情势，决定可以上诉的情形。

一个案件经过几级裁判才能最终确定，就涉及审级制度问题。如果说有上诉权，那么最低也有一次上诉机会，案件会经过两审终审。但有些国家或者地区，给予了当事人更多的上诉机会，实行三审终审，也就是说当事人对于上级法院的判决、裁定仍然不服的，可以再行上诉。当然上诉权只是一项权能，给予了当事人救济的机会，至于是否行使此项权能，则由当事人自行决定，可以上诉也可以不上诉。同样是赋予上诉权的情况下，也存在绝对上诉权和相对上诉权的区分。当事人只要对判决不服就可以无理由上诉的，属于绝对上诉权。如果当事人只能针对特定的情形以特定的理由提出上诉，属于相对上诉权。这种上诉权的设置，也是诉讼法需要明确的内容。当然，审级制度又不仅限于当事人的上诉，也就是说有些制度中，即使没有当事人的上诉也需要经过多层级的审判，才能终审。这就是法院依照职权提请上级法院审理的制度。

综上，上诉权属于一项法定权利，由法律规定其范围和行使方式，也就没有一个统一或者一成不变的制度模式。立法可以根据情势，对上诉权及与其相关的审级制度进行调整。

2. 上诉权的宪法属性

上诉权是介入诉讼的被告人的一项重要权利，这项权利来源于法律，主要是部门法的直接规定，属于诉权的一种类型。那么，部门法规定上诉权的依据是什么？能否任意设置上诉权，这就需要从宪法层面探讨上诉权的性质。

（1）上诉权的国际法渊源

作为近代文明社会，公民的基本权利受到普遍的关注与重视。国家要尊重并保护公民的基本权利，已经达成了共识。刑事被告人的权利更是体现社会文明进步的标尺，也是反映一个国家人权状况的窗口。上诉权是刑事被告人诸多权利中的重要一项，也是公民权利的一部分，在国际公约中有相应规定。《公民权利和政治权利国际公约》在规定公民的生命、自由、财产权利不受非法侵犯的基础上，对刑事被告人所享有的权利作出了特殊的规定。公约第2条第3

款规定:"本公约每一缔约国承担:(甲)保证任何一个被侵犯了本公约所承认的权利或自由的人,能得到有效的补救,尽管此种侵犯是以官方资格行事的人所为;(乙)保证任何要求此种补救的人能由合格的司法、行政或立法当局或由国家法律制度规定的任何其他合格当局断定其在这方面的权利;并发展司法补救的可能性;(丙)保证合格当局在准予此等补救时,确能付诸实施。"这一规定,对官方侵犯个人权利的行为,提出了给予公民救济途径的要求,杜绝公民个人面对官方侵权无法通过正当途径保护自己。

公约第 14 条第 5 款,对刑事被告人的救济权利作出规定:"凡被判定有罪者,应有权由一个较高级法庭对其定罪及刑罚依法进行复审。"作为一个国际公约,对刑事被告人的救济权利的规定是明确具体的,对于缔约国具有拘束力。缔约国应该将这些要求在国内法中实现。

这些公约通过设定正当的刑事诉讼程序来实现对被追诉人权利的保护,包括两种途径:"一是设定限制国家权力机关权力的诉讼程序,以防止司法权的滥用和专横,避免公民权利遭受侵犯;二是赋予并保障犯罪嫌疑人、被告人充分的程序性诉讼权利,以提高其在刑事诉讼中与国家机关抗衡的能力,从而有效保护自身权利。"① 我国作为缔约国,自然应当遵守国际公约的相关规定。在进行上诉权设置时,应当符合国际公约的要求。

(2)我国的宪法及刑事诉讼法规定

2004年3月14日,十届全国人大二次会议通过的宪法修正案,把"国家尊重和保障人权"正式载入了国家的根本法。宪法修正案增加规定:"国家尊重和保障人权",首次将"人权"纳入宪法规定。

最能直接体现尊重和保障人员的部门法,非刑事诉讼法莫属。美国学者在论述刑事审判与宪法的密切关系时指出:"几乎没有公开事件能像刑事审判那样集中地体现美国宪法的理想。如果说宪法象征着保护反对政府权力的个人自由,那么刑事审判是这种理想的生动表达。"② 我国 2012 年修订的《刑事诉讼法》将"尊重和保障人权"写入刑事诉讼法。人权内容丰富,需要在诉讼的各个环节落实。对于已经被定罪的人来说,给予其申辩的机会,由上一级法院进

---

① 田圣宾:《刑事诉讼人权保障制度研究》,法律出版社 2008 年版,第 22 页。
② [美] 爱伦·豪切斯泰勒·斯黛丽·南希·弗里克:《美国刑事法院诉讼程序》,陈卫东、徐美君译,何家弘校,中国人民大学出版社 2002 年版,第 506 页。

行复审,也是国际公认的人权内容。所以"上诉权是法律赋予当事人不服一审裁判而向上级法院提起上诉的一项宪法性权利"。①

上诉权已经纳入国际人权保障的范围,也是公民的一项宪法权利,对上诉权的任何调整和重设,都要符合国际公约以及宪法的原则和精神。

3. 上诉权的功能定位

上诉权是被追诉人的一项救济权利,是被追诉人认为自己受到了不公正的裁判之后,寻求上一级法院予以变更或者撤销的权利,通过上诉权的行使能够启动二审程序。立法上设置上诉制度,赋予被追诉人上诉权,是寄希望于这一权利能够发挥一定的功能,实现立法目的。早在中华人民共和国成立初期,我国人民法院组织法规定上诉制度时,学者就指出,上诉制度是正确审判案件的重要保证之一。实行上诉制度就是为了保证国家审判权的正确行使,有利于保护刑事被告人的正当利益,有利于上级法院实现审判监督,也是下级法院提高工作的有效办法和进行学习的一种机会。② 近年来,对上诉制度的研究逐步深入。顾永忠指出,尽管由于各个国家的法律传统、文化背景、上诉制度有所不同,其上诉程序的功能和意义也有所差异或各有侧重,但作为对初审程序的复审程序,无论各国的上诉程序有什么样的差异,也无论是立法者的主观追求,还是司法活动的客观效果,都应当并实际体现出以下共有的功能:纠错功能、防错功能、安抚说服功能、统一法律适用功能。③ 尹丽华认为,上诉审程序为错判有罪的人提供了一个补救的机会,具有阻止和纠正不公平审判的作用,是一个"质量控制装置",还具有促进法律统一适用的重要功能。④ 这是从上诉程序的角度较为全面的概括。而对上诉权的功能,可以从个人和社会两个层面进行考察。

(1) 对个人的功能

上诉权是被告人的权利,设置上诉权,首先是为了维护被告人个人的合法权益。上诉权设置的初衷,是假设一审裁判存在不公的情形,通过二审程序予

---

① 潘庸鲁、孙晔:《上诉权的现实与理想》,载《刑事法杂志》2011年第8期,第82页。
② 熊先觉:《保护刑事被告人的上诉权》,载《政法研究》1956年第4期,第36—37页。
③ 顾永忠:《刑事上诉程序研究》,中国政法大学2003年博士学位论文,第12—17页。
④ 尹丽华:《刑事上诉制度研究》,西南政法大学2005年博士学位论文,第22页。其中"质量控制装置"的提法来源于:麦高伟、[英]杰弗里·威尔逊编,姚永吉等译:《英国刑事司法程序》,法律出版社2003年版,第437页。

以纠正。如果立法机关认为一审裁判不会存在不公的情形，则没有设置上诉权的必要。

一是表达诉求功能。通过设置上诉权，给予被告人一个表达诉求的渠道，而其所要表达的诉求，是针对一审裁判的诉求，即认为一审裁判不公，其遭到了不公正的待遇，包括实体上的不公和程序上的不公。被追诉人所要表达的诉求，可能是真实存在的不公，也可能是其假想的不公。但不论是否存在，其都需要一个表达的渠道，没有表达的渠道，这种真实的或者假想的委屈就会在其心中挥之不去。而上诉权则是一个情感宣泄阀，让被追诉人能够随时打开阀门宣泄其不满情绪。如果没有渠道，被追诉人会有受到武断对待的感受。案件经过了二审程序，从时间上来说对被告人也是一个缓冲，可以让其有一个进一步反思的机会。从程序上来说，可以让其得到其相对信任的法官的再行处理。即便上级法院没有支持其诉求，对其内心来说也是一种抚慰，让其感受到自己的案件得到了慎重对待，尤其是离自己更远的级别更高的法官的再次审理。

二是实现诉求功能。从被追诉人角度来看，其上诉最为直接的根本的动力还是在于上级法院能够变更一审裁判，作出对其更为有利的判决，从而实现其诉求。尽管我们相信一审法官能勤勉敬业公正裁判，但仍然不可否认一审错误裁判的存在。从程序设计和法院设置看，越往基层的法院，承担着越重的责任，所有的案件都要经过一审程序，而且大量的一审案件在基层法院审理。在繁重的审判任务之下，裁判错误或者程序不当，总是有一定的发生概率。这些案件需要一个更正的机会，而由被追诉人提出上诉，无疑是一个相对简洁的途径。二审法院可以聚焦于一审判决中的争议问题，有针对性地审理，实现争议裁决功能，对争议问题给个明确说法。美国的大法官本杰明指出："一名受着自己的职责、良心、学识和理性指导的真正的法官，当听到他的判决没有得到维护时，他会明智地思考，不会感到痛苦；他知道上级法院就是为这一目的而存在，而且无疑掌握着更多信息，他相信自己有义务修正他的判决。"[①]通过两级审判不同功能的发挥，维护司法公正。党的十八届四中全会提出，完善审级制度，一审重在解决事实认定和法律适用，二审重在解决事实法律争议、实现

---

① [美]本杰明·内森·卡多佐：《法律的成长》，刘培峰、刘晓军译，贵州人民出版社2003年版，第99页。转引自尹丽华：《刑事上诉制度研究》，西南政法大学2005年博士学位论文，第31页。

二审终审，再审重在解决依法纠错、维护裁判权威。① 这种对二审的功能定位，有助于司法公正的实现。

（2）对社会的功能

一是威慑功能。赋予被告人上诉权，是限制一审法院肆意裁判的有效途径。不论是从业绩考核看，还是从一名法官的职业尊荣看，一审法官都不会希望自己办理的案件因被告人上诉而被二审改判。不论被告人是否行使上诉权，这种上诉制度的存在，就是对一审法院潜在的威慑，促使一审法官更加慎重地裁判。

二是宣示功能。上诉权的存在，是一个国家法治文明程度的标尺之一。通过赋予被告人上诉权，让被告人能够对抗公诉机关。赋予权利本身就具有宣示的功能。向社会宣示被追诉人权利保护的状况，营造文明的法治氛围。向一审法院宣示其必须正确公正裁判，否则具有被改判的风险。向二审法院宣示，其是公正裁判的重要保障，应当充分发挥对下级法院的指导监督作用。向被告人宣示，其在诉讼过程中，不必屈服于控审机关的威力，法律给其保障。

4. 上诉权的价值取向：公正导向

公正和效率是刑事诉讼永恒的价值追求，二者的相对平衡是诉讼制度的理想状态。但在每一种具体制度上，对二者会有所侧重。上诉制度需要保持公正与效率的平衡。从上诉制度的产生和发展考察，其在价值追求中是以公正为导向的，体现出"为公正而生，为效率而减"的倾向。有观点认为："刑事上诉审程序的作用与刑事上诉权的属性决定了权利救济价值应当成为刑事上诉审的重要价值。"② 但是权利救济应当是上诉程序的功能之一，而不是其内在的价值追求。在公正与效率的二元关系中，权利救济功能正是公正价值的体现，公正与效率在上诉制度的博弈中，公正占据了优势地位。

（1）为公正而生

按照诉讼制度产生的历史，首先产生的是初审程序。在漫长的人类历史发展过程中，为了解决人们之间的纠纷，逐步地产生了解决纠纷的诉讼程序。这

---

① 《中共中央关于全面推进依法治国若干重大问题的决定》，中国共产党第十八届中央委员会第四次全体会议2014年10月23日审议通过。

② 尹丽华：《论刑事上诉审的权利救济价值》，载《法商研究》2007年第2期，第91页。

种程序就是把纠纷交由无利害关系的第三方评判处置，这就形成了审判程序。而为了解决纠纷，有了初审程序即可，而且这也是快速解决纠纷的途径。从解决纠纷的角度，没有设置二审程序的必要，上诉权也就无从谈起。而且在司法程序解决纠纷之前，靠民间力量、地方长老调停等方式解决纠纷，也是不存在上诉程序的。只是在依靠司法程序解决纠纷以后，发生了裁判不公的现象，为了进一步地追求公正，才会考虑给予被追诉人上诉权，所以上诉权的设置，就是为了纠正不公正，维护公正。正是从这一意义上说，"如果不是为了避免错判，不是为了追求司法公正，就不会有上诉程序的产生和存在。从这个意义上说，上诉程序就是追求司法公正的产物或者上诉程序本身就是司法公正的体现"。①

（2）因效率而减

从理论上说，上诉权保障越完备，上诉的机会越大，审级设计越多，纠错能力就越强，就越能够保证公正。但考察上诉制度，并非所有的案件都能够上诉至最高一级法院，也并非以什么理由都可以提出上诉，上诉总会受到不同程度的限制。这就需要考虑，既然有利于公正，为什么不完全满足被告人的上诉需求呢？唯一能够解释的即基于对效率的追求。因为上诉程序具有双重效能，在维护公正的同时，也具有负面作用，具体表现为："1. 延缓了最终结案；2. 增加了诉讼当事人的诉讼费用；3. 造成法院资源紧张。"② 这种对公正的维护，需要付出巨大的代价，包括人力成本、时间成本，严重影响诉讼效率。所以就不能不受限制地完善、设置诉讼制度，赋予上诉权，而需要考虑效率因素，减少一些上诉程序，对上诉进行适当地控制。在诉讼制度的发展过程中，上诉的层级和范围也是在发展变动之中的，这正是效率因素对上诉权的影响，因为效率原因而减少上诉权。所以"在刑事审判与上诉制度的效率价值目标方面，各国立法上设置了不同的上诉审程序，并结合社会现实不断地进行调整"。③如何实现二者的平衡，是一个公认的难题，"程序公正使程序在时间和金钱上都更沉重了，但要减轻它，则不仅削弱了司法程序，也削弱了整个法律制度的合法

---

① 顾永忠：《刑事上诉程序研究》，中国政法大学2003年博士学位论文，第24页。
② ［美］戴安·伍德：《上诉法院与上诉法官的作用》，载宋冰编：《程序、正义与现代化——外国法学家在华演讲录》，中国政法大学出版社1998年版，第159页。
③ 尹丽华：《刑事上诉制度研究》，西南政法大学2005年博士学位论文，第31页。

性，通过出色的妥协实现平衡是制定程序法的立法机构和实施整个体系的法官的任务"。① 诉讼程序的设置，要追求公正与效率之间的合理平衡，"要公正为优先，兼顾效率，不计成本、不考虑效率在刑事诉讼中也是行不通的"。② 对于上诉程序的设置，更是如此。

5. 小结

上诉权是刑事被告人的一项重要权利，赋予被告人上诉权，设置上诉制度，具有多重功能，核心价值是能够更大限度实现公正。但通过上诉程序保障公正，需要付出效率减损的代价。为了保障对效率的追求，又需要适当地限制上诉权。如何保障二者的平衡，是一个立法上的难题。

（二）认罪认罚从宽制度与上诉

1. 制度价值取向上的冲突

（1）认罪认罚从宽制度：效率导向

认罪认罚从宽制度是认罪案件审理程序以及刑事简易程序发展到一定阶段的产物，"刑事简易程序不违背控辩平等又能快速解决案件，是一个融合公正与效率的有效手段"。③ 结合认罪认罚从宽制度的渊源，分析制度产生的时代背景和历史必然，可以看出提高诉讼效率，是该项制度的一个重要考量因素。因为"认罪认罚从宽制度的最显著特征是'程序从简'"。④ 虽然说认罪认罚从宽制度具有争取被告人，促使其悔过自新，防止其对抗社会的化解社会矛盾功能，但人们最关注的还是在于通过最少的司法投入办理一大批刑事案件，从而节约司法资源。从效率导向出发，在制度设计上就会追求越简洁越好，受到的掣肘越少越好。

（2）上诉制度：公正导向

与认罪认罚从宽制度的效率导向不同，上诉程序是追求司法公正的产物，也可以说上诉程序本身包含着司法公正的基因。因为从处理社会纠纷的角度看，有一审程序就能实现目的。正是为了防止一审裁判结果的不公正或者防范

---

① ［日］谷口安平：《程序公正》，载宋冰编：《程序、正义与现代化——外国法学家在华演讲录》，中国政法大学出版社1998年版，第381页。
② 陈光中、曾新华：《中国刑事诉讼法立法四十年》，载《法学》2018年第7期，第42页。
③ 马贵翔：《刑事司法程序正义论》，中国检察出版社2002年版，第15页。
④ 樊崇义：《认罪认罚从宽协商程序的独立地位与保障机制》，载《国家检察官学院学报》2018年第1期，第111页。

一审司法人员滥用职权，从制度上设计了上诉程序。在刑事诉讼中，一审裁判的双方是国家公诉机关和刑事被告人，被告人受到了刑事追究，将会受到严厉的刑事制裁，包括自由、财产乃至于生命等重大利益。对这些重大利益的处置，不允许不公正，在被告人的利益受损的情况下，给予其上诉的机会，是实现司法公正的需要。

（3）认罪认罚反悔权：公正与效率兼顾

认罪认罚从宽制度以被追诉人自愿认罪为前提，主要的表现形式是被告人签署了认罪认罚具结书，明确表示自己对犯罪事实、罪名、量刑以及程序适用没有异议。这种意思表示代表着其签字时的心态，不能保证其之后不会发生态度的转变。即使是签字时，也不能保证都是被告人真正地自愿且理性选择的结果，签字的表面形式与内心的真实想法是否统一，不得而知。事后，随着其认识的变化，尤其是对案件事实和法律的进一步了解，自身也逐步觉醒，对原来签字的具结书表示反悔也是情理之中。《认罪认罚指导意见》专门规定了犯罪嫌疑人、被告人"认罪认罚的反悔和撤回"，主要内容是犯罪嫌疑人、被告人在审查起诉及一审阶段的反悔问题，如果其反悔，又不能达成新的一致意见，则不再按照认罪认罚从宽制度处理。这时候赋予被追诉人反悔权，既是基于公正的考虑，也是基于效率的考虑。因为如果强制不允许被追诉人反悔，就具有错判的风险，而且强制按照认罪认罚程序处理，结果得不到被追诉人的认可，引起二审程序，又是对司法资源的浪费。

被告人的反悔还可以延续到一审判决作出之后尚未生效之前。在此期间的反悔，就表现为上诉，即认为原来的认罪认罚不真实，或者是判决结果侵犯了其利益。我国的《刑事诉讼法》和《认罪认罚指导意见》对上诉权未做限制。赋予被告人对一审判决的上诉权，目的也在于防范一审判决的违法性，维护公正的目的。

（4）认罪认罚从宽制度与上诉的连接

认罪认罚从宽制度的效率导向和上诉制度的公正导向之间存在天然的冲突与对立，但同时也具有统一性，即都是基于对被追诉人利益的考虑。认罪认罚从宽制度是一个诉讼各方共赢的诉讼制度，各方都能够从这项制度中获益，才是制度的生命力之所在。而其中被告人是直接受益人，因为其通过自愿认罪认罚，获取相对宽缓的刑事处罚。而上诉制度是更为典型的为了被告人利益所设立的制度，通过审级制度使得对被告人不当的处置能够得以纠正，保护其权利。既然二者具有共同的连接点，也就为这两种制度的融合提供了契机。

设置认罪认罚制度中被告人上诉权时，需要平衡公平与效率二者的关系，上诉制度既不能完全没有也不能过于复杂，衡量的标准在于是否有利于维护被告人的利益。

2. 关于认罪认罚案件上诉权问题的分歧

自从速裁程序试点以来，关于认罪认罚案件中被告人的上诉权如何设置就引起了讨论的话题，存在不同的观点，尤其是人民法院在量刑建议范围之内甚至是按照量刑建议作出判决的，被告人仍然提出上诉的问题，确实受到了关注。

一是完全保留说。认为上诉权是被告人的基本权利，即使法院在量刑建议内判刑，也应当保留被告人的上诉权，"不能为了一味求快而忽略被告人的基本诉权"。[①] 认为在制度设计上，"可以考虑赋予被告人以撤回权，明确其有权针对法院判决所认可的量刑建议提起上诉，二审法院可以不开庭审理，解决量刑异议问题"。[②] 在认罪认罚案件中，坚持二审终审，有利于对被告人非自愿认罪认罚、案件不符合司法证明标准、法院裁判不当等情况进行救济，从而确保司法公正。[③] 对于法院不认可检察机关的量刑建议或双方协议内容的，理所当然应该赋予控辩双方救济权利。[④]

二是取消说。该观点认为，认罪认罚案件的速裁程序、简易程序上诉案件反映一些问题，被告人滥用上诉权，违背了契约精神，浪费司法资源，影响司法效率，不符合制度设计的初衷，从而建议对被告人的上诉权进行相应的限制。[⑤] 有学者认为对速裁程序案件应当取消上诉权，而对于其他程序的上诉权

[①] 樊崇义、徐歌旋：《认罪认罚从宽制度与辩诉交易制度的异同及其启示》，载《中州学刊》2017年第3期，第47页。

[②] 陈卫东：《认罪认罚从宽制度试点中的几个问题》，载《国家检察官学院学报》2017年第1期，第8页。

[③] 朱孝清：《认罪认罚从宽制度中的几个理论问题》，载《法学杂志》2017年第9期，第15页。

[④] 曾东京：《刑事案件认罪认罚从宽制度的定位分析——基于检察视域的实证研究》，载《东方法学》2017年第6期，第126页。

[⑤] 宋善铭：《认罪认罚从宽制度典型样态运行的实证分析———以浙江省实践为例》，载《河北法学》2017年第10期，第116页。

予以保留。① 在实务部门，取消一些案件的上诉程序，实行一审终审的呼声较高。据调查，关于速裁案件是否应当实行一审终审的调查问卷中，在法官的297个有效回答中，超过75%的回答者表示应当取消上诉权。在检察官的206个有效问卷中，有61%的检察官赞成取消上诉权。在律师的125份有效问卷中，有59%的辩护律师赞成取消上诉权。可见，在速裁案件一审终审方面，司法人员具有不同认识，但取消上诉权的观点已经占据多数。② 有观点认为，"速裁程序实行一审终审，具有一定的理论和实践基础"。③

三是适度限制说。这种观点建议在二审终审制的基础上，对上诉理由进行审查。有学者认为，被告人提出上诉后，二审开庭前以阅卷的形式审查认罪认罚的事实、证据基础。如果有证据证明一审案件事实确有重大错误的，应当正式开庭审理。否则，可直接驳回被告人的上诉，参照现有法律制度设立认罪认罚案件的上诉审查程序。④ 有学者提出"建议借鉴德国有限上诉权的做法，即在刑事案件速裁程序的上诉程序中设置前置过滤审查程序，淘汰不符合上诉条件的上诉案件"。⑤ 有的观点建议通过上诉理由的审查决定是否允许上诉，"如果法院判决的刑罚未超出检察机关的量刑建议，且属于三年有期徒刑以下的刑罚，被告人提起上诉，则需要对上诉理由进行审查，决定是否准予上诉。"⑥ 也有学者建议实行有限上诉权，对上诉的范围进行限制，针对定罪问题仅限于主张自己系非自愿认罪的才能上诉，针对量刑问题仅限于控辩双方没有达成量刑协商意见的以及审判机关未按照量刑协商意见裁判的。⑦

上述各种观点，对于被告人认罪协商后上诉问题给予了充分的关注，说明了认罪认罚案件中的上诉权不是一个不可动摇不可探讨的问题。但完全保留说

---

① 陈卫东：《认罪认罚从宽制度研究》，载《中国法学》2016年第2期，第55页。
② 李本森：《刑事速裁程序试点研究报告——基于18个试点城市的调查问卷分析》，载《法学家》2018年第1期，第173—174页。
③ 最高人民法院刑一庭课题组：《关于刑事案件速裁程序试点若干问题的思考》，载《法律适用》2016年第4期，第22页。
④ 陈光中、马康：《认罪认罚从宽制度若干重要问题探讨》，载《法学》2016年第8期，第11页。
⑤ 李本森：《我国刑事案件速裁程序研究——与美、德刑事案件快速审理程序之比较》，载《环球法律评论》2015年第2期，第122页。
⑥ 王洋：《认罪认罚从宽案件上诉问题研究》，载《中国政法大学学报》2019年第2期，第114页。
⑦ 李晓丽：《程序法视野下的认罪制度研究》，中国社会科学院研究生院2017年博士学位论文，第114页。

没有从实践层面分析上诉存在的问题。取消说没有深入分析被告人上诉的具体动机，也没有反向分析此类案件保留上诉权的负面效应，即导致被告人认罪协商不慎重，对如何改进上诉制度，并没有建设性的方案。从研究方向上看，也缺乏从制度设置的价值层面所做的系统分析，得出的结论也就难以具有说服力，无法打消公众对限制上诉权的顾虑。适度限制说和完全保留说没有本质的不同，无法达到提升效率的效果。

上诉权是被告人的一项基本权利，对其做任何限制和约束都要有正当的理由。当前对此问题的研究尚不充分，有必要从刑事诉讼的基本原理出发，通过对司法实践和国外经验的具体考察，论证我国认罪认罚制度上诉权重置的必要性和正当性，从而为立法提供理论依据。

二、上诉权保护的现状

尽管关于认罪认罚案件上诉引起广泛的关注，存在不同的声音，但是在2018年10月修订的《刑事诉讼法》对此问题未做回应，认罪认罚的被告人享有完全的上诉权。所以实践中，被告人认罪认罚后又上诉的现象仍在各地上演。

从2016年开展认罪认罚从宽制度试点开始，截至2018年9月底，上诉率为3.35%。[①]《关于在部分地区开展刑事案件认罪认罚从宽制度试点工作情况的中期报告》指出，被告人上诉率仅为3.6%。[②] 最高人民检察院在报告中指出，适用认罪认罚从宽制度办理的案件中，一审后被告人上诉率为3.9%。[③]

有人通过大数据统计发现，认罪认罚案件的上诉率约为2.18%，通过研读判决书，发现引发上诉的主要原因包括：（1）被告人认为刑期过重，遗漏认定减轻或从轻等量刑事实；（2）被告人认为应适用缓刑或免予刑事处罚，不符合认罪认罚的刑期预期。[④]

[①] 杨立新：《认罪认罚从宽制度理解与适用》，载《国家检察官学院学报》2019年第1期，第60页。

[②] 周强：《关于在部分地区开展刑事案件认罪认罚从宽制度试点工作情况的中期报告》，2017年12月23日在第十二届全国人民代表大会常务委员会第三十一次会议上所作。

[③] 张军：《关于人民检察院适用认罪认罚从宽制度情况的报告》，2020年10月15日在第十三届全国人民代表大会常务委员会第二十二次会议上所作。

[④] 法纳君：《认罪认罚案件大数据报告》，载微信公众号"法纳刑辨"，2018年8月9日。

(一) 被告人存在滥用上诉权的现象

研究者通过对 4799 份一审认罪认罚二审裁判文书进行调研发现，被告人的上诉类型包括三类：一是"权利救济型上诉"，即对一审认定的罪、责、刑有关的事实、证据、法律或程序适用存在争议；二是"策略性上诉"，试图利用上诉审获得更为轻缓化的刑罚处遇；三是"技术性上诉"，通过虚耗上诉程序拉长诉讼周期，使羁押期限与刑期折抵后的余刑符合留所服刑条件，从而避免到监狱服刑。① 笔者曾就职的法院系速裁程序和认罪认罚从宽制度试点法院，大量案件适用认罪认罚从宽制度审理。通过对该院办理案件的调研发现，认罪认罚案件的上诉问题值得关注。②

1. 上诉功能异化

通过统计分析发现，认罪认罚上诉案件存在滥用上诉权的现象，导致上诉功能异化。

（1）认罪认罚案件的上诉下降并不明显。2017 年共审结刑事案件 2624 件，其中被告人上诉 478 件，上诉率为 18.2%。认罪认罚案件 2252 件，其中被告人上诉 370 件，上诉率为 16.4%。认罪认罚从宽制度实施以后增加了量刑协商，上诉率却没有明显下降，服判息诉效果不明显。

（2）上诉功能未能有效发挥。从上诉理由来看，量刑过重并非被告人上诉的真正主要原因，上诉的救济功能不明显。经对被告人提交的 370 份书面上诉状进行统计发现，被告人认为原判事实和罪名正确，单纯以量刑过重为由提起上诉的 368 件，占全部上诉案件的 99.5%，而经走访被告人及承办法官了解，其中有近 60% 的被告人上诉的真正目的在于拖延案件生效时间，从而可以留在看守所服刑。

从二审裁判结果来看，裁定准予撤诉和维持原判的案件占多数，上诉的纠错功能不明显。根据二审裁判文书统计，裁定准许撤回上诉的 281 件，占 75.9%；裁定驳回上诉，维持原判的 80 件，占 21.6%。可见，97.5% 的上诉案件并未进入到二审实质审查阶段。

---

① 张青：《认罪认罚案件二审实践的逻辑与反思——以 4799 份二审裁判文书为样本》，载《环球法律评论》2020 年第 6 期，第 125 页。

② 臧德胜、杨妮：《论认罪认罚从宽制度中被告人上诉权的设置——以诉讼效益原则为依据》，载《人民司法》2018 年第 34 期，第 18—23 页。

(3) 平均审理期限延长。被告人上诉导致平均审理期限延长。以认罪认罚案件中占比最大的速裁案件为例，2017 年速裁程序案件一审平均审理耗时 10 天，其中上诉案件从一审到二审结案，最长耗时 65 天，最短耗时 9 天，平均耗时 23 天。而根据二审裁判结果，提起上诉后又撤回的速裁案件，平均每件审理耗时 22 天。平均审理期限均增加了一倍。

2. 上诉功能异化带来负面诉讼效益

诉讼效益是指诉讼活动所产生的结果中合乎目的的有效部分，即实际效益，[①] 包含了公正与效率两方面内容。认罪认罚从宽制度的设置体现了刑事诉讼对公正与效率的追求，然而异化的上诉却产生了负面效益，影响了公正与效率。

一是从宽处罚被不当利用。被告人自愿认罪并同意检察院的量刑建议是从宽处罚的前提。但如果认罪认罚后又毫无正当理由而反悔，被告人实质上并没有认罪认罚，从宽的前提不复存在，被告人却仍获得了从宽的量刑。根据上诉不加刑原则，即使其上诉也不能更改获得量刑优惠的既定事实，这于整个诉讼而言实际上并不公正。

二是契约精神遭破坏。被告人自愿认罪，换取了检察机关的从宽量刑建议和法院的从宽处罚。被告人与检察机关、法院之间，通过"权利与权力的互相让渡"，形成了一种隐形的契约关系。契约需要信守，当检察机关和法院均履行契约对被告人从宽处理时，被告人却通过上诉的方式违背了承诺，破坏了契约精神。有学者在研究我国诉讼程序时曾指出："为促使控辩双方在签订辩诉协议时谨慎从事并信守诺言，也为使辩诉协议成为真正的简易程序，辩诉协议在法官认可后，应一律取消上诉抗诉。"[②]

三是量刑协商不慎重。认罪认罚从宽制度赋予了被告人与检察院量刑协商的权利，权利应正确、谨慎行使。然而因为上诉这一救济途径的存在，被告人在量刑协商时往往存有投机心理，只关注量刑下限，而忽视量刑上限。到了审理阶段，寄希望于法官依量刑下限作出裁判，一旦法院的判决未达到被告人的心理预期，便提起上诉企图换取更低的刑期。事前不谨慎，事后再寻找救济的方式，降低了诉讼效率。

[①] 李晓明、辛军：《诉讼效益：公正与效率的最佳平衡点》，载《中国刑事法杂志》2004 年第 1 期，第 10—11 页。

[②] 马贵翔：《刑事司法程序正义论》，中国检察出版社 2002 年版，第 246 页。

四是消耗审判资源。无论是为拖延下监服刑时间，还是企图通过上诉获取更宽的处理，都启动了二审程序对案件进行审查。但从数据统计结果来看，大多数的案件到了二审之后或被告人撤回上诉，或二审法院维持原判，认罪认罚案件被告人对一审裁判结果不服而上诉，很难获得改判，[①] 上诉功能未能有效发挥，被告人对上诉权的滥用拖延了诉讼，浪费了审判资源。

（二）司法机关对上诉权的不当限制：以一起抗诉案件为例[②]

认罪认罚的被告人提出上诉并不鲜见，各地法院也采取了不同的处理方式。多数法院都是对其上诉理由进行审查，理由成立的予以支持，理由不成立的予以驳回，由于受到上诉不加刑原则的限制，被告人不会因为上诉而受到不利后果。但也出现了一些地方，认罪认罚被告人提出上诉，检察机关则提出抗诉，这就给二审如何处理带来了挑战。

下面以一起案件[③]为例，分析此类案件处理的问题。

1. 基本案情及其反映的问题

吕某某曾因贩卖毒品于2016年被判过有期徒刑六个月。2017年3月20日4时许，吕某某经事先电话联系，在重庆市江北区，以300元的价格将一袋净重0.93克的甲基苯丙胺（俗称冰毒）和一袋净重0.23克的甲基苯丙胺片剂（俗称麻古）贩卖给刘某，交易完成即被民警抓获。检察机关提出判处一年以上一年六个月以下有期徒刑，并处罚金的量刑建议，吕某某签署了认罪认罚具结书。一审法院判处其有期徒刑一年一个月，并处罚金五千元。吕某某以原判量刑过重为由提出上诉，检察机关以吕某某的上诉行为与其签署的《认罪认罚具结书》意思相悖，说明其不认罚，不应适用认罪认罚从轻处罚的规定为由提出抗诉。二审期间，吕某某申请撤回上诉。二审法院未予准许，并认为吕某某提出上诉，是对一审适用认罪认罚从宽程序的翻悔，其认罪认罚而得以从宽处理的事由已改变，检察机关的抗诉意见成立，遂二审判处其有期徒刑一年五个

[①] 兰跃军、赵化亚：《认罪认罚案件被告人上诉的制度建构》，载《中南大学学报（社会科学版）》2020年第6期，第53页。

[②] 本部分以《论认罪认罚案件中量刑建议的效力及在司法裁判中的运用——从两起认罪认罚抗诉案件的二审裁判展开》一文，载《中国法律评论》2020年第2期，第198—206页。

[③] 重庆市第一中级人民法院（2017）渝01刑终501号刑事判决书，载中国裁判文书网，网址：http://wenshu.court.gov.cn/website/wenshu/181107ANFZ0BXSK4/index.html? docId=d1b0368e39914914898ea84600b1219d。

月,并处罚金五千元。

在本案中,控辩审三方对于案件事实和定性均无争议,分歧发生在量刑问题上。在审查起诉阶段,控辩双方针对量刑问题达成了一致意见,控方在案例一中提出了幅度刑的量刑建议,被告人均在值班律师的帮助下签署了具结书,同意罪名认定、量刑建议和适用程序。针对控辩双方的量刑协商结果,一审法院采纳了量刑建议,在量刑建议的幅度以内,偏低判处了刑罚,但被告人却提出了上诉。针对被告人的上诉行为,检察机关提出了抗诉,二审采纳了抗诉意见,加重了刑罚。

本案反映出的问题在于,认罪认罚案件中控辩双方经过量刑协商达成了一致意见,检察院据此提出的量刑建议,被告人能否反悔,如果反悔提出上诉,在有抗诉的情况下,能否加重刑罚,加重刑罚是否侵犯了被告人的上诉权。对这些问题的不同回答,产生不同的裁判思路,导致不同的裁判结果。而法院对此类案件的裁判思路,会反过来影响认罪认罚从宽制度的适用。

2. 对案件的评价:不当限制了被告人的上诉权

(1) 被告人上诉:具有正当基础

在立法上没有限制被告人上诉权的情况下,被告人就自然享有上诉权,尽管其已经签署了认罪认罚具结书。而且我国《刑事诉讼法》没有设定被告上诉的法定理由,只要被告人在上诉期内对一审判决不服,就可以提起上诉,就必然能够引起二审程序,至于能不能达到上诉效果则另当别论。《刑事诉讼法》第237条规定:"第二审人民法院审理被告人或者他的法定代理人、辩护人、近亲属上诉的案件,不得加重被告人的刑罚……人民检察院提出抗诉或者自诉人提出上诉的,不受前款规定的限制。"法律赋予被告人上诉不加刑的权利,旨在打消被告人上诉的顾虑,在《刑事诉讼法》关于认罪认罚从宽制度的二审未作特殊规定的情况下,认罪认罚被告人当然享有上诉不加刑的权利。被告人提出上诉符合法律规定,在法律层面不应受到非难和限制。

(2) 检察机关抗诉:合法不合理

在本案中,被告人对案件提出了上诉,司法机关在无法阻止其上诉的情况下,由公诉机关行使了抗诉权,试图利用上诉不加刑原则的例外规则即第237条第2款的规定来对抗被告人的不诚信行为。

首先需要明确的是检察院在这种情况下有无抗诉权。《刑事诉讼法》第228

条规定："地方各级人民检察院认为本级人民法院第一审的判决、裁定确有错误的时候，应当向上一级人民法院提出抗诉。"从条文中的"认为"二字可见，检察机关的抗诉理由奉行的是主观标准，只要其认为一审判决、裁定确有错误即可，而不论是否确有错误。当然作为一级国家机关，不可等同于刑事被告人，所提抗诉应当具有相应的理由，才能与自己的身份相对称。在本案中，检察院的抗诉理由为被告人的上诉行为表明其不认罪认罚，进而就不能据此对其从轻处罚，所以一审判决有误，故提出抗诉。对于这种抗诉理由，法院不能拒绝，只能接受其抗诉，启动二审程序。当然一审检察机关的抗诉需要得到上级检察机关的支持，上级检察机关如果认为抗诉不当的，可以撤回抗诉。本案中，上级检察机关无疑是支持抗诉的，这就使得二审程序不可避免。

检察机关的抗诉并不违反法律规定，但抗诉是否合理，是否符合法治精神，则需要回到案件事实本身来判断。检察机关之所以认为原审判决确有错误，主要在于量刑问题，认为量刑偏轻，要求二审加重刑罚结果。但是本案法院的量刑结果是在量刑建议之内，并不违反检察院的指控。如果认为一审判决错误，则意味着检察机关对自己的量刑建议的否定。前文说过，量刑建议作为检察机关发布的公文，具有法定的拘束力，不得随意撤回或者反悔。检察机关这种自我否定式的抗诉，并不是抗诉权的内在要求。现行《刑事诉讼法》所规定的抗诉事由无法适用于认罪认罚案件，除非从立法作出修订，增加规定一种不同于通常情形的抗诉事由，[①] 否则检察机关不宜抗诉。

（3）二审改判：缺乏法律依据

既然检察机关提起抗诉，就引起了二审程序，至于是否能够得到支持取决于二审法院的意见，而决定二审法院裁判结果的，在于一审判决是否存在错误。《刑事诉讼法》第 236 条规定了二审后的三种处理方式，[②] 二审改判必须具有法定条件，即原审适用法律错误，或者量刑不当。本案中，原审不存在适用

[①] 朱孝清：《认罪认罚从宽制度相关制度机制的完善》，载《中国刑事法杂志》2020 年第 5 期，第 14 页。

[②] 《刑事诉讼法》第 236 条第 1 款规定：第二人民法院对不服第一审判决的上诉、抗诉案件，经过审理后，应当按照下列情形分别处理：（一）原判决认定事实和适用法律正确、量刑适当的，应当裁定驳回上诉或者抗诉，维持原判；（二）原判决认定事实没有错误，但适用法律有错误，或者量刑不当的，应当改判；（三）原判决事实不清楚或者证据不足的，可以在查清事实后改判；也可以裁定撤销原判，发回原审人民法院重新审判。

法律错误问题，是否改判取决于原审量刑是否不当。鉴于此，二审在审判过程中，应当将目光返回到一审的判决之中，考察原审判决的量刑与犯罪事实和刑事责任是否相一致，即是否符合罪刑相当原则。被告人吕某某所犯的贩卖毒品罪数量不大，即使有累犯、再犯的情节，判处有期徒刑一年一个月也并无不当，属于法院裁量权的范围。而且二审判决也没有根据被告人贩卖毒品的犯罪事实本身认定对其量刑偏轻。二审改判的理由与检察机关抗诉的理由一致，即被告人吕某某一审判决时因为有认罪认罚情节从轻处罚，而其二审时已经不具有该从轻处罚情节，所以案件事实发生了变化，原量刑结果不当，改为更重的刑罚。但需要说明的是，被告人对一审判决结果不服，只能代表其反悔了原来的量刑协商，并非不认罪认罚。认罪认罚有不同层面的理解，既包括对公诉机关量刑建议没有意见的典型形态，也包括对量刑建议有异议，是愿意接受处罚的一般形态。《刑事诉讼法》第 15 条的规定也只是要求被告人"愿意接受处罚"。被告人对一审判决提出上诉，不能否认其认罪认罚的本质，据此对其改判没有法律上的依据。退一步说，被告人在二审期间不认罪认罚，这也只是主观认识态度的变化，并非案件事实本身的变化，不能据此对其加重量刑。"上诉是被告人的合法权利，不论上诉理由是否得当，都不能以被告人不服判决或态度不好而在二审判决中加重原判刑罚。"[①] 一审认罪二审不认罪的案件比比皆是，这些案件一审因为认罪对其从轻处罚也有法律依据，虽然不是认罪认罚情节，但实践中并未因为二审不认罪而对其加重处罚。反过来看，一些一审不认罪的被告人，到了二审又再认罪的，二审也没有因此对其减轻刑罚。这些都说明，二审应当以一审的事实为依据，除非二审发生了新的案件本身的事实。

从程序上看，二审加重被告人的量刑，以存在抗诉为前提，如果没有抗诉，仅有上诉的不得加重量刑。在本案中，检察院抗诉是否能够成为上诉不加刑原则的例外情形存有疑问。因为检察院的抗诉不是根据一审的判决本身认为量刑不当，而是以被告人上诉为前提，也就是说，被告人不上诉的则量刑适当不用抗诉，被告人上诉的则量刑不当予以抗诉。这一适用规则具有不确定性，也具有选择性执法的嫌疑。《刑事诉讼法》规定，抗诉和上诉的期限均是十日，

[①] 陈光中主编：《刑事诉讼法（第六版）》，北京大学出版社、高等教育出版社 2016 年版，第 379 页。

一般而言，上诉期满则抗诉期满，对多数案件来说，公诉机关没有抗诉的机会。只有被告人较早地提出上诉，法院在抗诉期满之前将上诉书送达检察机关，检察机关才具有抗诉的可能，所以有些司法机关就利用了"五日之内送达判决书"的规定，错开向控辩双方送达的时间，给予检察院抗诉的机会。① 被告人作为个体，在诉讼过程中可以尽可能争取较轻刑罚，而司法机关则应当保持应有的风范，对被告人的上诉行为基于宽容，② 不宜采用各种伎俩与被告人"斗智斗勇"。"报复性抗诉实质上一定程度阻碍了被告人上诉权的行使，因为它突破了上诉不加刑的程序保护。"③ 这样的抗诉改判行为无疑不当限制了被告人的上诉权和反悔权。在个案之中或许能够发挥震慑被告人的作用，但从整体上却失去了司法机关的公信力，为司法不公埋下隐患。

通过本案的分析可见，实务部门对认罪认罚被告人的上诉存在抵触情绪，于是拿起"抗诉"这把利器对抗被告人的上诉，让上诉的被告人反而获得不利的后果。这一做法是在现行法律制度内对被告人上诉权的不当限制，与法律规定的精神不符。尽管当前上诉权被不当利用甚至滥用的情况时有发生，但这决不能成为司法机关限制认罪认罚被告人行使上诉权的理由。④

三、上诉权的司法保障

在《刑事诉讼法》赋予了认罪认罚被告人上诉权的情况下，司法机关不得以任何理由予以剥夺和限制，因为这是一项法定权利。而且在立法上赋予其上诉权的情况下，被告人自然就对此具有了合理期待，寄希望于通过上诉挽回一审对其不利的裁判而放弃在控辩协商中的努力，如果司法机关对上诉权作出限制，无疑会损害被追诉人的利益。司法机关需要加强对被告人上诉权的保护。

（一）一审程序的保护

1. 审判机关：做好权利告知

办理认罪认罚案件，程序相对简化，被告人会放弃一些诉讼权利，从而换

---

① 王洋：《认罪认罚从宽案件上诉问题研究》，载《中国政法大学学报》2019年第2期，第117页。
② 胡云腾：《正确把握认罪认罚从宽 保证严格公正高效司法》，载《人民法院报》2019年10月24日。
③ 连洋、马明亮、王佳：《认罪认罚从宽案件中抗诉的冲突与规制——以全国104件认罪认罚抗诉案件为分析对象》，载《法律适用》2020年第14期，第92页。
④ 骆锦勇：《认罪认罚案件的上诉和抗诉问题》，载《人民法院报》2019年8月8日，第6版。

取量刑上的优惠。这些放弃的权利仅限于一审诉讼过程中，并不包括作为救济权的上诉权。一审法院在宣判后应当告知被告人的上诉权，告知的方式包括两种，一是宣判时口头告知；二是判决书中写明上诉权利和上诉方式。而且这两种告知方式需要同时具备，有些被告人文化程度不高，需要向其解释这些权利。另外，需要畅通被告人上诉的渠道，确保及时掌握被告人上诉的信息，及时向上级法院移送上诉案件材料。

2. 检察机关：容忍被告人的上诉

当前，检察机关针对认罪认罚被告人上诉而提出抗诉的案件并不鲜见，"亟须防范认罪认罚案件中检察机关针对被告人上诉提起的不当抗诉，以保障未被立法限制的上诉权"。① 上诉是被告人的法定权利，检察机关在诉讼过程中不要寄希望于被告人不上诉，而是应当依法公正处理案件，做好量刑协商，准确提出量刑建议。检察机关应对被告人的上诉给予理解和宽容，以维护程序的正当性以及司法的公信力。② 一审判决以后，被告人提出上诉的，检察机关不得以此为理由提出抗诉。检察机关只能根据一审法院的裁判是否适当决定是否抗诉。如果一审的判决与检察机关的指控包括量刑建议是一致的，则检察机关没有抗诉的正当理由。

（二）二审的类型化审查

在认罪认罚被告人上诉依然存在的情况下，就需要明确二审如何审判的问题。认罪认罚案件，一审可能适用速裁程序、简易程序或者普通程序，被告人上诉的理由也可能因为事实问题、定罪问题或者量刑问题，上诉的动机也可能是真的认为一审裁判不公，也有可能是为了拖延下监服刑时间等其他考虑。所以对于认罪认罚上诉案件的审理，需要区分不同的类型分别处理。

1. 速裁案件上诉后的二审审理

速裁程序较为特别，省去了法庭调查和法庭辩论，是一种极为简化的诉讼程序。如果被告人上诉，则二审没有一审庭审查明的事实基础，给二审带来了新的挑战。《认罪认罚指导意见》对速裁案件的二审程序作出了规定："被告人

---

① 孙长永、冯科臻：《认罪认罚案件抗诉问题实证研究——基于102份裁判文书的分析》，载《西南政法大学学报》2020年第4期，第95页。

② 张青：《认罪认罚案件二审实践的逻辑与反思——以4799份二审裁判文书为样本》，载《环球法律评论》2020年第6期，第132页。

不服适用速裁程序作出的第一审判决提出上诉的案件，可以不开庭审理。第二审人民法院审查后，按照下列情形分别处理：（一）发现被告人以事实不清、证据不足为由提出上诉的，应当裁定撤销原判，发回原审人民法院适用普通程序重新审理，不再按认罪认罚案件从宽处罚；（二）发现被告人以量刑不当为由提出上诉的，原判量刑适当的，应当裁定驳回上诉，维持原判；原判量刑不当的，经审理后依法改判。"这一规定，是根据被告人上诉的理由作出的区分。

（1）以事实不清、证据不足提出上诉的

这是被告人对当初"认事"的反悔，即否认实施了犯罪行为。前文已经论述，认罪是指在"认事"的基础上承认实施了犯罪行为，并供述犯罪行为。被告人上诉提出事实不清、证据不足的，属于从根本上对认罪认罚的否定。二审不能满足于形式审查，不能一旦查明被告人当初认罪认罚是自愿的就驳回上诉，而需要进行实质审查，即案件事实是否清楚，证据是否充分。既然上诉的焦点在于事实认定问题，而一审又没有开庭进行实质性的审理，二审如何查明案件事实就是难以解决的问题。如果二审直接开庭审理查明案件事实，等于代行了一审的职能，形成了事实上的一审终审。《认罪认罚指导意见》从维护程序正义的角度考虑，规定将案件发回重审。一审按照被告人否定案件事实的案件对待，适用普通程序审理，对于一审结果不服的，被告人可以再上诉。所以二审将案件发回重审符合程序正义，但同时也带来一些问题，即案件程序回流严重影响诉讼的效率。而且一上诉就发回重审的做法会挫败一审法官适用速裁程序的积极性，因为法官基于考核的需要也不敢冒险适用速裁程序。

按照《认罪认罚指导意见》的规定，发回重审后，"不再按认罪认罚案件从宽处罚"。问题在于，在原审中，被告人按认罪认罚案件得到了从宽处罚，重审后如果认定犯罪事实成立的，能否剥夺其已经获得的从宽处罚，加重原审判处的刑罚。如果加重刑罚，是否违背了上诉不加刑的原则？从文字表述看似乎可以在原来量刑结果的基础上加重刑罚，因为原量刑结果是考虑到被告人认罪认罚而从宽处罚的裁判结果，既然"不再按认罪认罚案件从宽处罚"，则量刑可以重于原量刑。

但是，对这一问题的理解，应当结合《刑事诉讼法》的规定来看待，《刑事诉讼法》第237条规定："第二审人民法院审理被告人或者他的法定代理人、辩护人、近亲属上诉的案件，不得加重被告人的刑罚。第二审人民法院发回原审人民法院重新审判的案件，除有新的犯罪事实，人民检察院补充起诉的以外，原审人民法院也不得加重被告人的刑罚。人民检察院提出抗诉或者自诉人提出上诉的，不受前款规定的限制。"从中可以看出，仅有被告人上诉而没有检察院抗诉或者自诉人上诉的，不能加重刑罚。发回重审的案件，加重刑罚的条件是唯一的，即"有新的犯罪事实，人民检察院补充起诉的"，而被告人不再认罪认罚，并非新的犯罪事实，只是失去了原有的从宽量刑情节，不能据此加重刑罚。在现行法律没有修改的情况下，即使被告人的上诉行为不受欢迎，但也不能采用违法的手段与之博弈。

(2) 以量刑不当提出上诉的

认罪认罚案件中，以量刑畸重为由提出上诉的占绝大多数，通过调研发现，二审改判的案件中，有98%以上的案件为量刑改判，而不涉及定性改判，而在改判的案件又有将近50%的案件为实刑改判缓刑。① 这种情况的发生，与量刑建议的幅度过大有一定的关系，在幅度刑量刑建议中，被告人总是抱有一定的侥幸心理，寄希望于法院按照量刑建议的最低档量刑，一旦法院的量刑超过其预期，则提出上诉进行博弈。另外，被告人基于拖延下监等其他目的"技术性"提出上诉的，往往以量刑过重为借口。此类上诉案件，被告人对案件事实和定性没有异议，只是对量刑提出意见，被告人所反悔的是"认罚"，而非"认罪"，二审的焦点也就在于量刑问题。《认罪认罚指导意见》指出："发现被告人以量刑不当为由提出上诉的，原判量刑适当的，应当裁定驳回上诉，维持原判；原判量刑不当的，经审理后依法改判。"这一规定确立了实事求是的原则，即重点审查一审量刑是否适当，量刑不当的，予以改判。被告人上诉自然是认为量刑过重，二审审查的重点也在于量刑是否过重。如果二审认为量刑过轻的，则不能改判，要受到上诉不加刑的限制。

需要注意的是，被告人一审时认罪认罚，二审时对认罪认罚表示了反悔，但二审也不能以被告人失去了从宽处罚情节为由加重量刑。即使公诉机关针对被告人的上诉提出抗诉，二审也不应以被告人反悔为由加重刑罚。只有一审的量刑与犯罪事实相比确实畸轻的，在有检察机关抗诉的情况下，才能加重量刑。如果二审期间，出现了新的量刑情节，则应当对新的量刑情节予以体现，

---

① 法纳君：《认罪认罚案件大数据报告》，载微信公众号"法纳刑辩"，2018年8月9日。

该改判的改判，维护法律的严肃性，也是对一审未能查明量刑事实的纠正。但如果出现了累犯等从重处罚的情节，在没有抗诉的情况下，仍然不能加重刑罚。

（3）以定罪有误为由提出上诉的

在被告人"认事"的基础上，有可能不"认罪"，即认为自己的行为不构成犯罪。或者是承认自己的行为构成犯罪，但不构成公诉机关指控的犯罪。这种情况下，二审的焦点在于法律适用问题，而非事实认定问题，也无须针对事实问题进行庭审调查。为了诉讼效率的考虑，应当由二审审查后直接作出决定。原判定罪准确的，驳回上诉维持原判，原判定罪有误的，依法改判。如果发回重审，将会增加更多程序性工作，不论是对司法机关还是对被告人来说，都是没有利益的。而通过二审直接裁决，既做到了公正裁判，也能节约司法资源。

2. 简易程序、普通程序案件上诉后的二审审理

对于简易程序、普通程序而言，即使被告人认罪认罚，案件也经过了法庭调查、法庭辩论等环节，具有了一定的庭审程序基础。在被告人反悔提出上诉的情况下，二审均可以根据其上诉理由结合案情作出决定。在二审过程中，要甄别被告人上诉的实际原因分别处理，而不能仅根据其上诉书中所列的上诉理由。二审受理案件后，要直接提讯被告人，听取其上诉的理由。如果被告人确属于"技术性"上诉的，直接驳回即可。如果被告人确实对案件结果不服的，则需要做实体审查。

如果被告人以事实和证据问题提出上诉的，二审需要开庭审理查明案件事实。如果以法律适用和量刑问题提出上诉的，则可以采用书面审理。二审审理后按照《刑事诉讼法》第236条的规定分别处理：

原判决认定事实和适用法律正确、量刑适当的，应当裁定驳回上诉或者抗诉，维持原判；原判决认定事实没有错误，但适用法律有错误，或者量刑不当的，应当改判；原判决事实不清楚或者证据不足的，可以在查清事实后改判；也可以裁定撤销原判，发回原审人民法院重新审判。

在这类案件的上诉问题上，与非认罪认罚案件没有本质区别，要做实质审查。这也是对被告人反悔权的尊重，如果仅仅做形式上的审查，查明被告人系自愿认罪认罚就驳回上诉的话，实质上是在现行法律制度内剥夺了被告人的反

悔权。不能说只要被告人曾经自愿认罪认罚了，即便一审错判也不予以纠正。

四、上诉权的合理设置

在上一部分，主要立足于现行的法律制度，探讨在现行法律制度下如何保护被告人的上诉权。法律的规定必须得到遵守，法律赋予被告人的权利就要得到保护，即使这种权利是过度的。但是这种权利并非没有改造的空间。本节将从应然的角度探讨如何合理地保护被告人的上诉权，实现公正与效率的统一。

（一）其他国家和地区认罪案件的上诉权

如何在我国认罪认罚从宽制度中设置、在多大程度上保护被告人的上诉权，固然要在刑事诉讼原理的指导下，根据我国的实际情况而定，研究其他国家和地区相似制度下的做法，分析其利弊得失，对于保证我们制度设计的科学性具有现实的意义。纵观其他国家和地区，上诉权是被告人的法定权利，而且属于宪法权利，在各个国家和地区的法律制度中都得到了保护。但是对认罪案件来说，不同的国家和地区对被告人的上诉权都有相应的制度制约。

1. 要求被告人放弃上诉权

一些国家，对于作出认罪答辩的被告人，要求在答辩之时放弃上诉权。

在美国的辩诉交易制度中，被告人如果接受辩诉交易，就需要放弃一些宪法权利，包括上诉权。检控方在认罪答辩协议中会明确要求被告人放弃上诉权，并把该条作为接受认罪答辩的一个条件。因此，在美国绝大多数辩诉交易案件中的被告人是主动放弃上诉权的。[1] 也就是说一旦作有罪答辩或者不争答辩，接受辩诉交易，则需要放弃上诉权。作为例外，通过辩诉交易作有罪答辩的被告人可以以控诉机关违反"禁止双重危险"的宪法原则或者法院缺乏管辖权为由提起上诉。[2] 这样，只有做无罪答辩的被告人，才能正常行使上诉权。不过这种放弃上诉权的效力在实践中也打了折扣，我国中央司法体制改革领导小组代表团赴美考察发现，"尽管辩诉协议中通常会包含被告人放弃上诉权的条款，但被告人仍可提出上诉，如果有正当理由，还可申请撤回认罪答辩。虽然形式上保留了被告人的上诉权，但二审是法律审，除非被告人能证明答辩时

---

[1] 李本森：《我国刑事案件速裁程序研究——与美、德刑事案件快速审理程序之比较》，载《环球法律评论》2015年第2期，第121—122页。

[2] 张吉喜：《被告人认罪案件处理程序的比较法考察》，载《时代法学》2009年第3期，第26页。

未获得有效律师帮助、答辩非自愿等，否则难以得到支持。"① 由此可见，尽管被告人放弃上诉权对提起上诉影响不大，但会影响上诉的效果。

在德国的认罪协商制度中，绝大多数程序性事项的协商都包括放弃上诉权。依照德国先前的法律规定，这种放弃并不具有法律拘束力，被告人依然有权进行上诉。但实践中这种协商行为由律师操作，"辩护律师可能根本就不会告诉他们享有对协议内容有请求救济的权利"。② 被告人实际上放弃了上诉权。2009年5月28日，德国联邦议会通过了名为《刑事程序中的协商规定》的议案，对认罪协商制度进行了立法规范，其中包括对放弃上诉权的规定，体现在第35条a和第302条规定。根据新规定，只有在法官履行了前述"合格信息"的"加重告知义务"后，被告人依然坚持放弃上诉权的，放弃上诉的协议才会有效。也就是说，如果控辩双方就被告人放弃上诉权达成了协议，那么在向被告人宣布判决结果时，除要告知其有权上诉外，还应当进行"加重告知"：你与检察官所进行的放弃上诉权的协商是无效的，你现在依然有权提出上诉，请问你是否要提出上诉？如果被告人坚持不上诉，那么放弃上诉权协议生效，该判决立刻成为生效判决。立法机关希望通过这种司法告知和司法控制确保协商是在法律限度内达成，并保证上级法院有机会对不合法的协商进行纠正。此外，新规定还明确了协商后的上诉期限问题。如果被告人没有被告知上述"合格信息"，依照法律规定，被告人有权在收到判决书后7日内提出上诉。③

2. 限制上诉理由

有些国家和地区，被告人只能以特定的理由提出上诉，二审法院也只能针对上诉理由进行审判。

在英国的法律制度中，治安法院审理的案件相对轻微，但被告人会作有罪答辩和无罪答辩两种情形，上诉权利也有所不同。对于作无罪答辩的，被告人

---

① 何东青：《美国辩诉交易制度考察报告》，系中央司法体制改革领导小组代表团赴美考察辩诉交易制度的报告，载胡云腾主编：《认罪认罚从宽制度的理解与适用》，人民法院出版社2018年版，第453页。
② 李昌盛：《德国刑事协商制度研究》，载《现代法学》2011年第6期，第152页。该文注释中指出，由于经常接触，"守信用"的律师甚至可以同司法人员进行不同被告人的不同案件进行协商，在一个案件中做出让步从而在另一个案件得到奖励。（参见：Regina E. Rauxloh. Formalization of Plea Bargaining in Germany: Will the New Legislation Be Able to Square the Cirele [J]. Fordham Intl L. J. 2011, (34): 307.）
③ 李昌盛：《德国刑事协商制度研究》，载《现代法学》2011年第6期，第156页。

享有完全的上诉权,可以针对定罪、量刑问题向刑事法院提出上诉。而如果被告人作了有罪答辩,则其不能针对定罪问题提出上诉,提出上诉也不能引起二审程序。"这表明,被告人的认罪书意味着上诉权的放弃。"① 被告人只能针对量刑问题提出上诉,包括刑罚的种类和期限。作为例外情况,被告人可以以有罪答辩不真实为由申请上诉,这种上诉需要得到刑事法院的同意。刑事法院经审查认为确实存在或者可能存在有罪答辩不真实情况的,把案件发回治安法院重新审理,包括三种情形:"一是答辩作出时模棱两可;二是有罪答辩后的表述使先前的答辩模棱两可;三是被胁迫作出有罪答辩。"②

3. 实行上诉审查

有些国家和地区,被告人上诉并非都能被接受,而是需要进行审查,经审查同意的才具有上诉的效果。

英国《1907 年刑事上诉法》创设了刑事上诉法院,针对刑事法院的判决被告人才有上诉权。③ 针对刑事法院判决的上诉范围广泛,包括定罪、量刑以及移送案件的刑罚决定等。这种上诉权有一定的限制,需要由上诉法院的独任法官针对上诉申请进行审查,同意的才能上诉。如果被驳回后再申请的,上诉被羁押的期间不能折抵刑期。尽管《刑事上诉法》对上诉权没有区分是否作有罪答辩,但在实践中,"如果上诉人在刑事法院答辩有罪,一般难以获得上诉的许可"。④ 根据《1995 刑事上诉法》第 2(1)条,如果上诉法院认为定罪不妥,应该允许对定罪提出上诉,在其他情况下会予以驳回。如果法院同意被告人针对定罪上诉,而没有推翻定罪,则不能加重刑罚,但可以责令上诉人支付起诉费用。针对量刑问题提出上诉,也需要经过上诉法院的批准程序,除非刑事法院法官签发了案件适宜上诉的证明。针对量刑问题上诉的,上诉法院需要贯彻上诉不加刑原则,不得加重对被告人的量刑。

德国实行三审终审制,第二审上诉权较为广泛,对于区法院作出的判决,被告人原则上有上诉权,但是《刑事诉讼法》第 313 条规定轻微刑事案件,上诉必须满足《刑事诉讼法》特别规定的容许性条件,上诉法院具有自由裁量

---

① 高一飞:《刑事简易程序研究》,中国方正出版社 2002 年版,第 155 页。
② 宋英辉、孙长永、朴宗根等著:《外国刑事诉讼法》,北京大学出版社 2011 年版,第 42 页。
③ 宋英辉、孙长永、朴宗根等著:《外国刑事诉讼法》,北京大学出版社 2011 年版,第 44 页。
④ 宋英辉、孙长永、朴宗根等著:《外国刑事诉讼法》,北京大学出版社 2011 年版,第 45 页。

权，如果上诉法院认为上诉明显没有意义，则可以拒绝接受上诉。而对于大刑事庭、陪审法庭以及州高等法院作出的判决，被告人都具有完全的上诉权，而且允许上诉法院从事实和法律两个方面进行重新审查。可见，"在德国，简易程序中的被告人对判决具有有限的上诉权，即在上诉前需要由法院做资格审查，如果审查符合上诉条件，则可以上诉，否则就会驳回上诉（《德国刑事诉讼法》第 313 条）。"①

4. 不受上诉不加刑的限制

上诉不加刑是为了保障上诉权，打消被告人上诉的顾虑而采取的一种制度，如果案件没有诉讼对方的上诉或者抗诉，仅仅是被告人方提出上诉的，则不得加重刑罚。这一原则得到了普遍的承认，但一些国家和地区对于特定的案件，并不受该原则的限制。

在英国，刑事法院审理不服治安法院判决的上诉案件，不受上诉不加刑原则的限制。根据《1981 年最高法院法》，刑事法院审理上诉案件后，可以作出维持原判、撤销原判或者变更刑罚的裁判，包括比原判更为严厉的刑罚。这一制度的逻辑"可能在于抑制那些毫无道理的上诉，因为向刑事法院提出的上诉除非超过时限否则无须批准"。② 根据《1985 年犯罪起诉法》，上诉人需要承担的另一不利后果是，如果败诉，刑事法院可以判令被告人向检察官支付因应诉产生的费用。

美国的辩诉交易制度中，对于上诉案件，上诉法院不审理事实问题，而仅审理适用法律是否错误进而影响判决。所以被告人上诉时，需要提出原审在适用法律方面的错误，才能提起上诉。如果被告人上诉成功，上诉法院将案件发回重新审判，原审法院重审时不受上诉不加刑原则的限制，可以对被告人科处更重的刑罚。"法官可以根据被告人在被判决有罪后的行为进行量刑，反映了现代刑罚学中盛行的理论：刑罚作出的依据不仅是犯罪本身，还应当适合犯罪人。"③

通过上述国家和地区关于上诉制度的规定可见，对上诉权进行一定的限

---

① 李本森：《我国刑事案件速裁程序研究——与美、德刑事案件快速审理程序之比较》，载《环球法律评论》2015 年第 2 期，第 122 页。
② 宋英辉、孙长永、朴宗根等著：《外国刑事诉讼法》，北京大学出版社 2011 年版，第 42 页。
③ 宋英辉、孙长永、朴宗根等著：《外国刑事诉讼法》，北京大学出版社 2011 年版，第 99 页。

制，是较为通行的做法。这种限制，目的在于在保障公正的同时，避免盲目、滥用上诉，提升诉讼效率。

（二）设置上诉权需要考虑的因素

我国《刑事诉讼法》一直赋予被告人完全的不受限制的上诉权，在当前上诉权被不当利用的情况下，需要反思并重设上诉权，以便发挥制度的积极功能。而如何设置上诉权，需要考虑以下因素。

1. 利益大小：诉讼权利应当与其所保护的利益大小成正比

被告人享有诉讼权利，目的在于保护其实体利益不受侵犯。但因诉讼资源有限，在配置司法资源，保护某种诉讼权利时，需要考虑投入和产出是否协调。如果诉讼权利所对应的实体利益较小，则保护的价值较小，保护的必要性亦较小，就可以对权利做相应的限缩，反之亦然。上诉权作为被告人的一项诉讼权利，目的在于确保被告人不受错误或不当的刑罚处罚。刑罚轻重不同，对被告人利益的影响也不同。越是严厉的刑罚，对被告人权益的影响也就越大，通过诉讼权利防范受到不当侵犯的必要性也就越大，而上诉权是防止不当侵犯的重要途径。因此，上诉权利设置应当与被告人被判处的刑罚轻重相协调。被告人可能被判处的刑罚越轻，上诉的必要性越小，赋予上诉权的正当性越弱。在重置认罪认罚案件上诉权时，应当把被告人可能被判处的刑罚轻重作为重要考量因素。

2. 利益受侵概率：利益受侵可能性大小影响上诉权存在的必要性

赋予被告人救济权利，目的在于防止其权益受到侵犯。利益受侵犯可能性大小，决定救济权利是否有存在的必要。利益越容易受到侵犯，就越需要从程序层面赋予其救济权利，保障其上诉权。认罪认罚从宽制度，以被告人真诚自愿认罪认罚为前提。一方面被告人确实实施了犯罪行为，对其科处刑罚具有必要性和正当性，而非侵犯其利益；另一方面在判刑之前有量刑协商程序，保证了量刑结果已经得到被告人的事前认可，并不存在刑罚不当问题。所以与非认罪认罚案件相比，认罪认罚案件中被告人利益受侵可能性较小，赋予完全上诉权的必要性存疑。在设置认罪认罚案件上诉权时，需要考虑被告人的何种利益容易受到侵犯，从而限制并规范上诉理由，防止上诉权被滥用。

3. 交易关系：量刑优惠程度影响权利让渡的范围

认罪认罚从宽制度本身蕴含着权利让渡与量刑优惠的交易关系。交易具有互惠、等价性，被告人获取的优惠越多，让渡的权利就应当越多。在认罪认罚从宽制度中，罪行较轻的案件，被告人获得的量刑优惠幅度会越大，其应当让渡的权利也就越多。这一思想，在速裁程序设计中得以体现。同样是认罪认罚案件，在判处有期徒刑三年以上刑罚案件中，被告人让渡的权利较少，适用简易程序或者普通程序审理；而在判处有期徒刑三年以下刑罚案件中，被告人权利让渡较多，放弃了法庭质证、辩论等权利，可以适用速裁程序审理。一旦被告人在一审判决以后又提出上诉，则被告人的诉讼权利得以恢复，权利让渡归于失效，但其所获取的量刑优惠无法收回，导致权利让渡与量刑优惠失衡。因此重置认罪认罚案件上诉权，既要考虑被告人获取的量刑优惠大小，又要考虑被告人权利让渡的彻底性，防止被告人反悔而导致程序简化的失效。

（三）上诉权的合理设置

根据上述分析可见，我国的认罪认罚从宽制度中，对被告人的上诉权需要进行适当地限制，目的在于防止被告人滥用上诉权，影响诉讼效率，避免被告人获得不当的程序利益，或者依赖上诉权而对量刑协商不慎重，有失司法公正。通过对上诉案件二审的审查原则和处理方式的调整，使得被告人对于二审保持合理而非过高的期待，有助于被告人正确行使上诉权，并保障案件审理中公平与效率的平衡。

1. 二审有限审查原则

在现行制度下，二审坚持全面审理的原则，即二审的审理不受上诉理由的限制，对案件进行全面审理，"体现了对案件高度负责的精神，有利于发现第一审判决存在的错误，维护司法公正"。[1]《刑事诉讼法》第233条规定："第二审人民法院应当就第一审判决认定的事实和适用法律进行全面审查，不受上诉或者抗诉范围的限制。共同犯罪的案件只有部分被告人上诉的，应当对全案进行审查，一并处理。"《刑事诉讼法》作出这一规定，"是因为刑事案件是错综复杂的，案件事实、情节之间存在紧密联系，对案件进行全面审查，有助于第二审人民法院及时发现原审裁判中存在的问题，准确认定案件事实，正确适用法律"。[2] 为了做到全面审查，二审需要审查全部案件材料，既对实体作出评

---

[1] 王爱立、雷建斌主编：《〈中华人民共和国刑事诉讼法〉释解与适用》，人民法院出版社2018年版，第441页。

[2] 樊崇义主编：《刑事诉讼法学》，中国政法大学出版社2009年版，第466页。

判，也要对程序作出评判。如此，二审需要投入的资源巨大，审理周期也就相对较长，既消耗司法资源，也延缓判决生效时间。对于认罪认罚的案件，争议焦点较少而且明确的，二审可以采取有限审查的原则，提高诉讼效率。

(1) 认罪认罚被告人上诉需要明确上诉理由

认罪认罚案件，被告人及辩护人在审查起诉期间签署了具结书，在一审期间没有提出反悔，所以认罪认罚的自愿性和合法性相对来说较为可靠。被告人对一审判决不服提出上诉，主要有两个原因，一是对一审判决有更高期待，但没能心随所愿，故提出上诉。二是基于拖延判决生效时间等原因提出上诉，上诉的实质原因并非系对一审判决不服。我国现行制度下，被告人上诉不需要说明任何理由，只要对一审判决不服，就可以提出上诉。为了案件审理的效率，可以要求被告人明确上诉的理由。这一要求在情理之中，并不侵犯被告人的诉讼权利。因为任何一个理性的人，提出一项请求，都是经过自己思考和权衡之后的决定，而不应该过于随意。上诉是一种法律行为，更应该有其应有的规范性、严肃性。对于真正想上诉的被告人来说，说明上诉理由也并非难事。在我国刑事诉讼中，只要被告人上诉就必然引起二审程序，引起司法资源的消耗，在此情况下，要求被告人适当地付出，说明上诉的理由，对其是必要的制约，也便于二审能够集中审查的焦点。

(2) 二审在被告人上诉范围内审查

对于认罪认罚案件，二审可以在被告人上诉的范围内进行审查，而非全面审查。对于一审裁判中被告人上诉中没有提出异议的内容，视为合法。做出这样的限制，具有合理性。

第一，这种审查方式足以防范裁判错误。二审的重要功能在于纠错，及时纠正一审裁判的错误，从而实现公正。认罪认罚案件来说，一审期间控辩双方没有争议，一审裁判错误的可能性相对较小。一审裁判之后，被告人提出反悔，双方的分歧得以暴露。被告人在上诉中将其认为的一审错误之处作为上诉理由，也就将案件的分歧呈现于二审。而对于被告人没有提出异议的部分，错误的概率相对较小，也就没有必要通过二审程序解决。如果对上诉理由之外的部分进行实质审查，虽然有助于实现公正，但所获得的效益与投入的成本不成比例。而且我国还有审判监督程序，能够起到纠正错误的作用。如果确有错误的，还可以通过审监程序解决。审判监督程序是一种非常规程序，只针对确有错误的案件，所以投入的司法资源与所获得的公正效益是平衡的。

第二，这种审查方式有助于提高效率。被告人上诉的理由一般包括五种：事实认定有误、定罪有误、量刑畸重、涉案财产处理有误和程序违法。对于以事实认定有误为由提出上诉的，则会影响到对定罪和量刑的认定，二审的审理范围相对较广。而对于其他几种情形提出上诉的，二审审查的范围相对较小。缩小了审查范围，诉讼的效率自然能够提高，相应地，必将节约司法资源。将审查的范围集中于被告人上诉的理由，也有助于发现争议焦点，从而更好地解决争议。

综上，可以在《刑事诉讼法》中增加规定：被告人对于适用认罪认罚制度审理案件提出上诉的，应说明上诉理由，二审法院在上诉理由范围内审查。

2. 上诉不加刑例外原则

上诉不加刑原则已经得到了广泛的认可，但一些国家和地区规定了不受上诉不加刑原则限制的例外情形。我国现行《刑事诉讼法》规定，检察机关提出抗诉或者自诉人提出上诉的，是上诉不加刑原则的例外。另二审发回重审后，有新的事实，检察机关补充起诉的，可以加重原判刑罚。为了保障认罪认罚从宽制度的健康发展，实现公正与效率的平衡，有必要增加上诉不加刑原则的例外情形，即对于适用速裁程序审理的案件，被告人以事实不清、证据不足为由提出上诉的，如果经查明被告人上诉理由不成立的，应当根据案情依法裁判，不受原判刑罚的约束。

(1) 案件范围：仅限于速裁程序审理的案件

设置上诉不加刑原则的例外情形，是不利于被告人的一种举措，需要谨慎而行，否则不利于被告人权利的保护。目前来看，应仅限于轻罪案件。如前文所说，涉及被告人的利益越大，需要予以保护的力度也就越大，二者存在正相关关系。由此，可以对轻罪和重罪作出区分，对于重罪应当给予更充分的保护，从上诉权角度看，应当赋予完全的上诉权。而对于轻罪案件，保护的力度可以相对较小。按照《刑事诉讼法》规定，速裁程序仅适用于判处三年有期徒刑以下刑罚的案件，整体上属于轻罪案件。而且从上诉的具体情况看，试图通过上诉延缓下监执行的被告人，只能是轻罪案件，以适用速裁程序案件居多，对这类案件有必要予以规范，确保上诉权的正当行使。

(2) 上诉原因：仅限于以事实不清、证据不足提出上诉的案件

刑事案件被告人上诉的理由多种多样，而以事实不清、证据不足提出上诉

的，属于对"认事"的反悔，即从根本上否定认罪认罚。适用速裁程序审理的案件，一审庭审中没有法庭调查、法庭辩论程序，如果被告人以事实问题提出上诉，二审只能发回一审重新审理，造成诉讼程序的回转，严重影响诉讼效率，消耗司法资源。而对于被告人以其他理由包括定罪、量刑等提出上诉的，二审可以在其上诉的理由范围内进行审查，并直接裁判，对诉讼效率的影响小，对司法资源的消耗也相对较小。被告人对诉讼效率的影响越大，对司法资源的消耗越大，相对来说自己付出的成本也就越大，付出成本的方式就是有可能的对其不利的裁判结果。

(3) 处理方式：不受原判结果的限制

原审裁判的结果是建立在被告人认罪认罚的基础之上的，对其量刑也考虑到认罪认罚这一从宽处罚情节。而发回重审之后，案件也就不适用认罪认罚从宽制度，如果被告人上诉理由不能成立仍然被定罪的话，被告人就缺少了认罪认罚的情节，重新审理后应当根据案情依法裁判，而不受原判刑罚的影响。如果原判刑罚仍然适当的，可以按照原判刑罚裁量，原判刑罚偏轻或者偏重的，重新量刑。如此规定，符合认罪认罚从宽制度的精神，因为之所以对认罪认罚的被告人从宽处罚，理由在于其认罪认罚的态度降低了人身危险性，节约了司法资源，而重新审理时其不认罪认罚，对其从宽处罚缺乏依据。只有重新量刑才能够实现公平正义。这一规定，也可以规范被告人的上诉行为，防止上诉权的滥用。

五、小结

上诉制度倾向于公正价值，认罪认罚从宽制度倾向于效率价值，二者存在冲突。在现行制度下，立法未对认罪认罚被告人的上诉权做任何限制，上诉权是被告人的法定权利，应当依法予以保障。对于认罪认罚案件的上诉权如何设置存有争议，从域外法律制度看，都存在不同程度的限制。为了规范上诉，实现公正与效率的统一，应从立法层面作出调整：(1) 对于认罪认罚后上诉案件，二审法院仅在被告人上诉范围内进行审查；(2) 对于适用速裁程序审理的案件，被告人以事实不清、证据不足为由提出上诉的，发回重审后依法裁判，不受原判结果的限制。

第六章
结语：被追诉人权利保护没有止境

第一节　结　　论

本文历经二三年时间的研究，对认罪认罚从宽制度中被追诉人的权利保护做了较为系统的梳理，分析制度规范的内在规律，探寻了制度背后的理论问题，针对制度运行的实际效果，从司法、立法、理论层面提出了一些的对策建议。关于认罪认罚从宽制度中被追诉人权利保护，形成以下结论：

1. 认罪认罚从宽制度本身具有正当性。对认罪认罚的被追诉人从宽处理，从实体法和程序法上均有理论根据和实践基础。通过从宽处理鼓励认罪认罚，不侵犯被追诉人免于被迫自我归罪权，量刑协商制度不会侵犯国家刑罚权反而能够提升被追诉人诉讼地位，程序从简与正当法律程序原则不冲突，实体从宽不违背罪刑相适应原则。故对认罪认罚从宽制度存在如何进一步完善的问题，而不存在存与废的问题。

2. 保护认罪认罚从宽制度中被追诉人权利，需要做到公正与效率的动态平衡。认罪认罚从宽制度注重效率价值，被追诉人权利保护追求公正价值，需要实现二者之间的平衡，这种平衡在不同的环节不同的领域有不同的表现，属于动态的平衡。因为是动态的平衡，所以对其中被追诉人权利保护的研究和实践具有持续性、长期性，要深入开展，没有止境。

3. 认罪认罚从宽制度中被追诉人权利保护具有特殊性。被追诉人权利保护问题已经得到普遍关注，但认罪认罚从宽制度肩负的效率使命，使得其中的被追诉人权利容易受到侵犯，权利保护存在先天不足。立法和司法均需要关注这种特殊性，给予特殊的保护。

4. 认罪认罚从宽制度中被追诉人权利具有体系性。认罪认罚从宽制度内容丰富，被追诉人是该项制度的中心，被追诉人权利具有清晰的体系，包括两个层级：原生权利和派生权利。原生权利是该项制度的根基，也是认罪认罚从宽制度的应有之义，既是权利也是目的，包括自愿认罪的权利和自愿认罚的权利。在此基础上形成的派生权利，是实现原生权利的手段，包括程序选择权、律师帮助权、保释权、救济权等。

5. 认罪认罚从宽制度中被追诉人权利的保护，是一项系统工程，需要形成科学的保护机制。立法层面需要进一步完善现行法律规定，赋予被追诉人一些诉讼权利，强化对公权力的制约，兼顾公正与效率；实践层面需要落实制度规定，推动制度完善，对明确规定的权利不打折扣地保护，对规定不明确的权利善意地把握，对尚未规定的权利要积极地推进，必要时，效率让位于公正。

基于上述结论，完善认罪认罚从宽制度中被追诉人的权利保护，可以概括为：追求一个平衡，确保两个自愿，强化四项权利。在笔者当前的格局和能力范围内，做了自认为有益的探索。

追求一个平衡，即公正与效率的动态平衡。实现公正与效率的平衡，在认罪认罚从宽制度被追诉人权利保护问题上具有更为迫切的需求。认罪认罚从宽制度从其产生就被贴上"提升效率"的标签，具有明显的效率导向，而被追诉人权利保护始终关注的是公正价值，权利保护本身具有程序公正的意义，通过程序权利的保护又有助于实现实体的公正。但任何事物都具有两面性，在关注认罪认罚从宽制度效率价值的同时，必须关注其中的公正价值，对被追诉人作出公正的处理，包括程序公正和实体公正，才能实现制度的目的。在关注被追诉人权利保护的公正价值的同时，也必须树立效率的观念，把握权利的限度，而且提升效率也是强化权利保护的重要方面。公正与效率的平衡，是一种动态的平衡，在不同诉讼程序、不同诉讼阶段、不同争议问题上有不同的平衡模式。在认罪认罚从宽制度中强化被追诉人的权利保护，要始终关注公正与效率的动态平衡，将其作为配置权利（权力），完善制度的理论基点。

确保两个自愿，即确保自愿认罪和确保自愿认罚，这也是在认罪认罚从宽制度中被追诉人第一层级的两项重要权利。认罪认罚，以被追诉人自愿为前提，被追诉人被迫违心认罪认罚，虽然提升了效率，但明显牺牲了公正，必然背离了该项制度的初衷。考察域外认罪案件诉讼制度可见，确保被追诉人认罪的自愿性、明智性是共同关心的问题，围绕这一问题，产生了被追诉人一系列的诉讼权利。

确保认罪的自愿性，即确保被追诉人系基于自己的真实意愿作出认罪的决定，而非受到强迫、引诱等违心作出。认罪认罚从宽制度从规范层面要求被追诉人如实供述，即"认事"，在"认事"基础上的认罪有典型（承认指控罪名）和非典型（承认构成犯罪）之分，一律要求典型认罪，容易侵犯被追诉人权利。与此相应，违心认罪有多种类型，严重程度不同，发生的概率不同，需要采取不同的防范措施。被追诉人自愿认罪，与免于被迫自我归罪权是相统一的，并不冲突，认罪认罚从宽制度本身不会导致被追诉人虚假认罪，但要防范司法人员强迫、引诱被追诉人认罪，要将此作为被追诉人权利保护的重点。为了确保认罪的自愿性，对认罪认罚案件要坚持"证据确实、充分"的一般证明标准，而不可降低，但在认证方式上可以适度简化。在审查起诉阶段实行证据开示制度，保障被追诉人的知悉权，以便作出是否认罪的决定。案件定性问题不同于事实问题，需要辅之以专业知识，司法活动中要甄别、防范被追诉人对案件定性的"误认"，审判机关要加强认罪自愿性的审查。

确保认罚的自愿性，即确保被追诉人基于自愿接受处罚，包括处罚的内容，在此过程中要保障被追诉人的量刑协商权。对认罚做类型化区分，允许非典型认罚，如仅表示愿意接受处罚而不是要求精准化接受量刑建议，有利于保障被追诉人的权利。认罪认罚是独立的量刑情节，据此对被追诉人从宽处罚具有正当性，为了提升认罪认罚从宽制度的效果，可以将从宽解释为包括从轻、减轻和免除处罚。我国已经在事实上形成了量刑协商制度，这一制度有利于保护被追诉人权利，增强其诉讼主体地位。量刑协商由控辩双方在审查起诉阶段开展，要确保过程和结果的公正性，可以通过制定量刑规范指引和发布指导案例等方式明确量刑标准，同时提升犯罪嫌疑人的协商能力，并赋予其在不同阶段的反悔权。量刑建议应当在控辩双方充分协商的基础上提出，是确定刑还是幅度刑要根据案情决定。量刑建议对公诉机关具有绝对拘束力，对被告人没有法律上的拘束力，而对法院具有相对拘束力，要赋予审判机关的审查职权。

强化四项权利，即强化程序选择权、律师帮助权、保释权、救济权，这是认罪认罚从宽制度中由被追诉人第一层级权利派生出来的第二层级权利，旨在保障第一层级权利的实现，是实现认罪认罚自愿性权利的辅助路径。

一是程序选择权。认罪案件程序从简具有正当性，不违背正当法律程序原则，但程序从简要以保障公正为限度，现行诉讼制度存在过于追求效率而忽视被追诉人权利的倾向，需要赋予被追诉人程序适用的选择权，从立法和司法两个层面完善此项权利。

二是律师帮助权。律师参与是保障被追诉人认罪认罚自愿性、明智性的需要。在认罪认罚从宽制度中形成了值班律师提供法律帮助制度，但实践中存在律师参与程度不高，律师提供法律帮助的效果有限等问题。从短期看有必要完善值班律师的法律规定，从长远看应全面推行委托辩护和指定辩护制度，确保认罪认罚被追诉人均有辩护人参与诉讼。

三是保释权。获得非羁押性强制措施的权利，即保释权，在认罪认罚从宽制度中具有实体和程序上的双重价值。从制度设计上要明确对认罪认罚的被追诉人以非羁押性强制措施为常态，以羁押性强制措施为例外的原则。从实务操作层面，要调动诉讼各方适用非羁押性强制措施的积极性，降低审前羁押率。

四是救济权，主要是上诉权的保护及限度问题。在现行制度下，上诉权是被告人的法定权利，应当依法予以保障，但存在被告人滥用上诉权和司法机关限制、变相剥夺被告人上诉权的倾向，司法机关应从一审、二审两个层面予以保障。为了规范上诉，实现公正与效率的平衡，应从立法层面作出调整：（1）对于认罪认罚后上诉案件，二审法院仅在被告人上诉范围内进行审查；（2）对于适用速裁程序审理的案件，被告人以事实不清、证据不足为由提出上诉的，发回重审后依法裁判，不受原判结果的影响。

在写作本书的过程中，一方面追求理论自洽，做到有理有据，另一方面追求切合实际，做到有的放矢。但是，理想不等于现实，本书的研究尚存诸多遗憾，有待于今后的研究进一步完善，如公正与效率的具体平衡点及其依据，认罪认罚自愿性与明智性的关系，权利保护的系统性等。

第二节 展望与期许

认罪认罚从宽制度从提出及试点至今已经多年，该制度越来越成熟，但是从司法实践的现状来看，仍然存在一些问题，还需要进一步完善。2020年9月

4日、5日，最高人民检察院与中国刑事诉讼法学会联合举办"国家治理现代化与认罪认罚从宽制度研讨会"，司法实务界、理论界人士齐聚一堂，共话认罪认罚从宽制度发展前景。① 社会各界的关注和重视，是改善认罪认罚从宽制度运行生态的前提条件和重要保障。但如何改善，则是需要深入研究的问题。纵观认罪认罚从宽制度的负面影响之处，均可归结于对被追诉人的诉讼地位和诉讼权利认识不到位，保护不得力。司法人员片面追求司法效率与被追诉人一方过度强调公正处遇之间的矛盾，是认罪认罚从宽制度运行中的主要矛盾，也是种种乱象的根源。如何抓住主要矛盾以及矛盾的主要方面，实现一种动态的平衡，则是研究者需要解决的课题。

保护认罪认罚从宽制度中被追诉人的权利，既是一种理念，也是一种操作。立法者和司法者要始终重视被追诉人的权利保护，把其放在与打击犯罪同等重要的地位，而不能把打击犯罪作为轻视权利保护的借口。在认罪认罚从宽制度中，保护的重点在于被追诉人认罪认罚的自愿性、明智性。保障认罪认罚的自愿性是基本要求，要在司法工作中防范虚假认罪认罚，杜绝强迫、引诱认罪认罚，这也是本书研究的重点。保障认罪认罚的明智性则是更高要求，要防范错误地认罪认罚：把无罪认有罪，把轻罪认重罪，把轻刑认重刑。对于明显不明智的认罪认罚，即使被追诉人出于自愿，司法机关也不该接受。在保障认罪认罚明智性的环节，辩护律师需要发挥重要作用做好被追诉人的参谋，为其提供精准有效的法律服务。对此问题，本书虽然论及，但有待于随着制度的推进而继续深入。

实践出真知，随着认罪认罚从宽制度的进一步推进，其中的矛盾也将进一步暴露，被追诉人的权利保护也会得到更多人士的关注，相关问题的研究也将更加深入。对实践问题的研究成果，最终将会反哺于司法，转化为立法，被追诉人的权利保护程度将会得以持续提升。但是权利保护只有更好，没有最好，对被追诉人权利保护的研究和实践永无止境。

伴随着理论研究的深入、制度建设的完善以及司法理念的更新，我们期待这样的场景：认罪认罚从宽制度惠及诉讼各方，均能从中受益；适用认罪认罚

---

① 《大咖说！8位专家研讨认罪认罚从宽制度》，载微信公众号"最高人民检察院"，2020年9月5日。

从宽制度成为一种自我需要，而不是因为外在压力；保护被追诉人权利的机制成为一种体系，贯穿于认罪认罚从宽制度的各个环节；保护被追诉人权利的实践，成为一种自觉，而不再是斗争、抗辩、施压的结果。

参考文献

一、博士学位论文类

[1] 曾亚：《认罪认罚从宽制度中参与主体之角色研究》，湖南大学 2020 年博士学位论文；

[2] 柴苗苗：《认罪认罚从宽制度研究》，中南财经政法大学 2020 年博士学位论文；

[3] 白宇：《认罪认罚从宽制度研究》，中国人民公安大学 2020 年博士学位论文；

[4] 刘茵琪：《认罪认罚案件量刑建议权规制研究》，吉林大学 2020 年博士学位论文；

[5] 胡靖：《刑事审判程序分流研究》，中国政法大学 2018 年博士学位论文；

[6] 李晓丽：《程序法视野下的认罪制度研究》，中国社会科学院研究生院 2017 年博士学位论文；

[7] 尹茂国：《冲突与衡平：被追诉人权利保障研究》，吉林大学 2010 年博士学位论文；

[8] 郭明文：《被告人认罪案件的处理程序研究》，西南政法大学 2007 年博士学位论文；

[9] 马贵翔：《刑事简易程序的价值及其实现》，中国政法大学 2005 年博士学位论文；

[10] 韩阳：《被追诉人的宪法权利》，中国政法大学 2005 年博士学位论文；

[11] 顾永忠：《刑事上诉程序研究》，中国政法大学 2003 年博士学位论文；

二、著作类

[1] 冯喜恒：《刑事速审权利研究》，中国政法大学出版社2019年版；

[2] 胡云腾主编：《认罪认罚从宽制度的理解与适用》，人民法院出版社2018年版；

[3] 王爱立、雷建斌主编：《〈中华人民共和国刑事诉讼法〉释解与适用》，人民法院出版社2018年版；

[4] 杨万明主编：《新刑事诉讼法司法适用解答》，人民法院出版社2018年版；

[5] 陈光中等著：《司法改革问题研究》，法律出版社2018年版；

[6] 冀祥德：《控辩平等论》，法律出版社2018年版。

[7] 陈光中主编：《刑事诉讼法》，北京大学出版社、高等教育出版社2016年版；

[8] 王兆鹏：《美国刑事诉讼法》，北京大学出版社2014年版；

[9] 艾静著：《中国刑事简易程序的改革和完善》，法律出版社2013年版；

[10] 宋英辉、孙长永、朴宗根等著：《外国刑事诉讼法》，北京大学出版社2011年版；

[11] 屈新：《刑事诉讼中的权力制衡与权利保障》，中国人民公安大学出版社2011年版；

[12] 陈瑞华：《程序正义理论》，中国法制出版社2010年版；

[13] 陈光中、徐静村主编：《刑事诉讼法》，中国政法大学出版社2010年版；

[14] 李步云：《论人权》，社会科学文献出版社2010年版；

[15] 樊崇义主编：《刑事诉讼法学》，中国政法大学出版社2009年版；

[16] 郭天武、何邦武：《香港刑事诉讼法专论》，北京大学出版社2009年版；

[17] 田圣斌：《刑事诉讼人权保障制度研究》，法律出版社2008年版；

[18] 岳悍惟：《刑事程序人权的宪法保障》，法律出版社2010年版；

[19] 郎胜：《欧盟国家审前羁押与保释制度》，法律出版社2006年版；

[20] 陈卫东：《程序正义论（第一卷）》，法律出版社2005年版；

[21] 左卫民等著：《简易刑事程序研究》，法律出版社2005年版；

[22] 樊崇义主编：《诉讼原理》，法律出版社 2003 年版；

[23] 马贵翔：《刑事司法程序正义论》，中国检察出版社 2002 年版；

[24] 高一飞：《刑事简易程序研究》，中国方正出版社 2002 年版；

[25] 刘枚：《香港和内地刑事诉讼制度比较研究》，中国政法大学出版社 2001 年版；

[26] 陈瑞华：《刑事诉讼的前沿问题》，中国人民大学出版社 2000 年版；

[27] [日] 田口守一：《刑事诉讼法》（第七版），张凌、于秀峰译，法律出版社 2019 年版；

[28] [美] 汤姆·R. 泰勒：《人们为什么遵守法律》，黄永译，中国法制出版社 2015 年版；

[29] [德] 托马斯·魏根特：《德国刑事诉讼程序》，岳礼玲、温小洁译，中国政法大学出版社 2004 年版；

[30] [美] 爱伦·豪切斯泰勒·斯黛丽、南希·弗兰克：《美国刑事法院诉讼程序》，陈卫东、徐美君译，中国人民大学出版社 2002 年版；

[31] [英] 丹宁勋爵：《法律的正当程序》，李克强、杨百揆、刘庸安译，法律出版社 1999 年版；

[32] [美] 波斯纳：《法律的经济分析》（中译本），中国大百科全书出版社 1997 年版；

[33] [荷] F. Pinar Ölçer：《欧洲人权法院视野中的非法证据排除规则——基于〈欧洲人权公约〉第 6 条公正审判权的分析》，李国华译，载潘金贵主编：《证据法学论丛（第 7 卷）》，中国检察出版社 2019 年版。

[34] 龚刃韧：《司法公正的前提——B 公约第 14 条第 1 款与中国司法制度》，载北京大学法学院人权研究中心编：《司法公正与权利保障》，中国法制出版社 2001 年版；

三、期刊、报纸论文类

[1] 李勇：《认罪认罚案件量刑建议"分类精准"模式之提倡》，载《河北法学》2021 年第 1 期；

[2] 浙江省湖州市人民检察院课题组：《论认罪认罚从宽制度中律师的实质性参与》，载《政法学刊》2020 年第 6 期；

[3] 兰跃军、赵化亚：《认罪认罚案件被告人上诉的制度建构》，载《中

南大学学报（社会科学版）》2020年第6期；

［4］迟大奎：《论认罪认罚"从宽"中的司法适用》，载《法学杂志》2020年第11期；

［5］连洋、马明亮、王佳：《认罪认罚从宽案件中抗诉的冲突与规制——以全国104件认罪认罚抗诉案件为分析对象》，载《法律适用》2020年第14期；

［6］董林涛：《论认罪认罚程序中的被追诉人同意》，载《法学杂志》2020年第9期；

［7］张青：《认罪认罚案件二审实践的逻辑与反思——以4799份二审裁判文书为样本》，载《环球法律评论》2020年第6期；

［8］熊秋红：《认罪认罚从宽制度中的量刑建议》，载《中外法学》2020年第5期；

［9］吴雨豪：《认罪认罚"从宽"裁量模式实证研究——基于部分城市醉酒型危险驾驶罪的定量研究》，载《中外法学》2020年第5期；

［10］陈卫东：《认罪认罚案件量刑建议研究》，载《法学研究》2020年第5期。

［11］陈文聪、李奋飞：《刑事控辩协商机制的确立与争议———认罪认罚从宽制度研究述评》，载《苏州大学学报（哲学社会科学版）》2020年第5期；

［12］李勇：《认罪认罚从宽制度适用中的程序竞合》，载《检察日报》2020年8月28日；

［13］韩旭、刘文涛：《非羁押诉讼实证研究：困境与出路》，载《南阳师范学院学报》2020年第9期；

［14］陆田：《认罪认罚从宽制度中如何保障被追诉人自愿性权利》，载《法制与社会》2020年第8期；

［15］王迎龙：《协商性刑事司法错误：问题、经验与应对》，载《政法论坛》2020年第5期；

［16］吴宏耀：《认罪认罚从宽制度的体系化解读》，载《当代法学》2020年第4期；

［17］朱孝清：《认罪认罚从宽制度相关制度机制的完善》，载《中国刑事

法杂志》2020年第4期；

[18] 李奋飞：《以审查起诉为重心：认罪认罚从宽案件的程序格局》，载《环球法律评论》2020年第4期；

[19] 左卫民：《量刑建议的实践机制：实证研究与理论反思》，载《当代法学》2020年第4期；

[20] 郭烁：《在自愿与真实之间：美国阿尔弗德答辩的启示》，载《当代法学》2020年第4期；

[21] 杜磊：《认罪认罚从宽制度适用中的职权性逻辑和协商性逻辑》，载《中国法学》2020年第4期；

[22] 胡云腾：《完善认罪认罚从宽制度改革的几个问题》，载《中国法律评论》2020年第3期；

[23] 孙长永、冯科臻：《认罪认罚案件抗诉问题实证研究——基于102份裁判文书的分析》，载《西南政法大学学报》2020年第4期；

[24] 李本森：《认罪认罚从宽制度中的证据规则：检讨与重构》，载《浙江工商大学学报》2020年第1期；

[25] 杨立新：《对认罪认罚从宽制度中量刑建议问题的思考》，载《人民司法》2020年第1期；

[26] 陈光中、魏伊慧：《论我国法律援助辩护之完善》，载《浙江工商大学学报》2020年第1期（总第160期）；

[27] 郭松：《认罪认罚从宽制度中的认罪答辩撤回：从法理到实证的考察》，载《政法论坛》2020年第1期；

[28] 周新：《认罪认罚被追诉人权利保障实证研究》，载《法商研究》2020年第1期；

[29] 宋善铭：《认罪认罚从宽案件中法官作用的实证研究》，载《法律适用》2019年第13期；

[30] 王敏远《认罪认罚从宽制度中的重点、难点问题》，载《人民司法》2019年第10期；

[31] 胡云腾：《正确把握认罪认罚从宽 保证严格公正高效司法》，载《人民法院报》2019年10月24日；

[32] 苗生明、周颖：《认罪认罚从宽制度适用的基本问题》，载《中国刑

事法杂志》2019 年第 6 期；

［33］熊秋红：《比较法视野下的认罪认罚从宽制度——兼论刑事诉讼"第四范式"》，载《比较法研究》2019 年第 5 期；

［34］顾永忠：《刑事辩护制度改革实证研究》，载《中国刑事法杂志》2019 年第 5 期；

［35］陈瑞华：《刑事诉讼的公力合作模式——量刑协商制度在中国的兴起》，载《法学论坛》2019 年第 4 期；

［36］骆锦勇：《认罪认罚案件的上诉和抗诉问题》，载《人民法院报》2019 年 8 月 8 日；

［37］高一飞：《名称之辩：将值班律师改名为值班辩护人的立法建议》，载《四川大学学报（社会科学版）》2019 年第 4 期；

［38］陈伟、黄泽敏：《认罪认罚量刑建议的权力制衡机制构建》，载《时代法学》2019 年第 3 期；

［39］卞建林：《认罪认罚从宽制度赋予量刑建议的全新内容》，载《检察日报》2019 年 7 月 29 日；

［40］王洋：《认罪认罚从宽案件上诉问题研究》，载《中国政法大学学报》2019 年第 2 期；

［41］杨立新：《认罪认罚从宽制度理解与适用》，载《国家检察官学院学报》2019 年第 1 期；

［42］吴小军：《认罪认罚从宽制度的实践反思与路径完善——基于北京试点的观察》，载《法律适用》2018 年第 15 期；

［43］沈红卫、葛晓菡：《论认罪认罚自愿性的界定标准及保障》，载《湖北经济学院学报（人文社会科学版）》2018 年第 11 期；

［44］龙宗智：《动态平衡观的几点思考》，载《中国检察官》2018 年第 7 期；

［45］卞建林：《秉持动态平衡诉讼观 推动刑事理论与实践的繁荣发展》，载《中国检察官》2018 年第 7 期；

［46］樊崇义：《2018 年〈刑事诉讼法〉最新修改解读》，载《中国法律评论》2018 年第 6 期；

［47］刘少军、王晓双：《被告人认罪认罚自愿性的两个维度及其保障机

制》，载《辽宁师范大学学报（社会科学版）》2018 年第 5 期；

［48］最高人民法院刑一庭课题组：《关于刑事案件速裁程序试点若干问题的思考》，载《法律适用》2018 年第 4 期；

［49］最高人民法院刑一庭课题组：《刑事诉讼中认罪认罚从宽制度的适用》，载《人民司法》2018 年第 4 期；

［50］蓝向东、王然：《认罪认罚从宽制度中权利保障机制的构建》，载《人民检察》2018 年第 3 期；

［51］刘方权：《刑事速裁程序试点效果实证研究》，载《国家检察官学院学报》2018 年第 2 期；

［52］樊崇义：《认罪认罚从宽协商程序的独立地位与保障机制》，载《国家检察官学院学报》2018 年第 1 期；

［53］李本森：《刑事速裁程序试点研究报告——基于 18 个试点城市的调查问卷分析》，载《法学家》2018 年第 1 期；

［54］刘祥：《西方史学界的人权史研究述评》，载《世界历史》2018 年第 1 期；

［55］孙长永：《认罪认罚案件的证明标准》，载《法学研究》2018 年第 1 期；

［56］郭志媛：《认罪认罚从宽制度的理论解析与改革前瞻》，载《法律适用》2017 年第 19 期；

［57］陆旭：《认罪认罚从宽的价值体认与制度构建》，载《湖北社会科学》2017 年第 9 期；

［58］朱孝清：《认罪认罚从宽制度中的几个理论问题》，载《法学杂志》2017 年第 9 期；

［59］曾国东：《刑事案件认罪认罚从宽制度的定位分析——基于检察视域的实证研究》，载《东方法学》2017 年第 6 期；

［60］吴春妹、贾晓文：《认罪认罚从宽制度的实践经验与理性》，载《中国检察官》2017 年第 6 期；

［61］李洪杰：《认罪自愿性的实证考察》，载《国家检察官学院学报》2017 年第 6 期；

［62］刘占勇：《认罪认罚从宽制度中量刑建议问题研究》，载《中国检察

官》2017 年第 6 期（上）；

［63］刘少军、张菲：《认罪认罚从宽制度中的被追诉者权利保障机制研究》，载《政法学刊》2017 年第 5 期；

［64］史立梅：《认罪认罚从宽程序中的潜在风险及其防范》，载《当代法学》2017 年第 5 期；

［65］卢建平：《刑事政策视野中的认罪认罚从宽》，载《中外法学》2017 年第 4 期；

［66］左卫民：《认罪认罚何以从宽：误区与正解———反思效率优先的改革主张》，载《法学研究》2017 年第 3 期；

［67］樊崇义、徐歌旋：《认罪认罚从宽制度与辩诉交易制度的异同及其启示》，载《中州学刊》2017 年第 3 期；

［68］李本森：《刑事速裁程序试点的本地化差异》，载《中外法学》2017 年第 2 期；

［69］陈瑞华：《认罪认罚从宽制度的若干争议问题》，载《中国法学》2017 年第 1 期；

［70］顾永忠、肖沛权：《完善认罪认罚从宽制度"的亲历观察与思考、建议——基于福清市等地刑事速裁程序中认罪认罚从宽制度的调研》，载《法治研究》2017 年第 1 期；

［71］汪海燕、付奇艺：《认罪认罚从宽制度的理论研究》，载《人民检察》2016 年第 15 期；

［72］张建伟：《认罪认罚从宽处理：内涵解读与技术分析》，载《法律适用》2016 年第 11 期；

［73］游涛：《认罪认罚从宽制度中量刑规范化的全流程实现——以海淀区全流程刑事案件速裁程序试点为研究视角》，载《法律适用》2016 年第 11 期；

［74］熊秋红：《认罪认罚从宽的理论审视与制度完善》，载《法学》2016 年第 10 期；

［75］陈光中、马康：《认罪认罚从宽制度若干重要问题探讨》，载《法学》2016 年第 8 期；

［76］解兵、韩艳：《检察环节认罪认罚从宽处理机制的程序构建》，载《中国检察官》2016 年第 6 期；

［77］陈瑞华：《"认罪认罚从宽"改革的理论反思——基于刑事速裁程序运行经验的考察》，载《当代法学》2016年第4期；

［78］魏晓娜：《完善认罪认罚从宽制度：中国语境下的关键词展开》，载《法学研究》2016年第4期；

［79］陈卫东：《认罪认罚从宽制度研究》，载《中国法学》2016年第2期；

［80］岳悍惟：《反对自我归罪权的英美法溯源与法理分析——兼论我国刑事诉讼法相关规定的完善》，载《比较法研究》2016年第1期；

［81］柳华文：《中国特色社会主义人权观——结合习近平致"2015·北京人权论坛"贺信的解读》，载《国际法研究》2015年第5期；

［82］陶菁：《人权概念的语用学分析》，载《人权》2015年第2期；

［83］李本森：《我国刑事案件速裁程序研究——与美、德刑事案件快速审理程序之比较》，载《环球法律评论》2015年第2期；

［84］樊崇义：《从"人权保障"到"人权司法保障制度"》，载《中国党政干部论坛》2014年第8期；

［85］姜小川：《"不得强迫任何人证实自己有罪"之含义》，载《时代法学》2014年第2期；

［86］陈学权：《比较法视野下我国不被强迫自证其罪之解释》，载《比较法研究》2013年第5期；

［87］李先波、陈杨：《保释制度探微》，载《时代法学》2013年第3期；

［88］李本森：《法律中的二八定理——基于被告人认罪案件审理的定量分析》，载《中国社会科学》2013年第3期；

［89］何家弘：《中国式沉默权制度之我见——以"美国式"为参照》，载《政法论坛》2013年第1期；

［90］陈瑞华：《解决被告人阅卷权问题的基本思路》，载《当代法学》2013年第3期；

［91］缪军：《辩证理解"不得强迫自证其罪"》，载《检察日报》2013年2月1日；

［92］耿慧茹：《比较法视野下对我国刑事简易程序的思考》，载《人民司法（应用）》2012年第13期；

[93] 黄太云：《刑事诉讼法修改释义》，载《人民检察》2012 年第 8 期；

[94] 李昌盛：《德国刑事协商制度研究》，载《现代法学》2011 年第 6 期；

[95] 潘庸鲁、孙晔：《上诉权的现实与理想》，载《刑事法杂志》2011 年第 8 期；

[96] 龙宗智：《中国法语境中的检察官客观义务》，载《法学研究》2009 年第 4 期；

[97] 张吉喜：《被告人认罪案件处理程序的比较法考察》，载《时代法学》2009 年第 3 期；

[98] 马贵翔：《刑事证据开示的程序设计》，载《西部法学评论》2008 年第 1 期；

[99] 刘少军：《被追诉者刑事程序选择权初探》，载《政法论丛》2004 年第 5 期；

[100] 冀祥德：《借鉴域外经验，建立控辩协商制度——兼与陈国庆先生商榷》，载《环球法律评论》2007 年第 4 期；

[101] 杨炳超：《论美国宪法的正当程序原则——兼论我国对该原则的借鉴》，载《法学论坛》2004 年第 6 期；

[102] 李晓明、辛军：《诉讼效益：公正与效率的最佳平衡点》，载《中国刑事法杂志》2004 年第 1 期；

[103] 孙军工、刘洪江：《适用普通程序审理被告人认罪案件和适用简易程序审理公诉案件若干意见的理解与适用》，载《人民司法》2003 年第 6 期；

[104] 史卫忠：《〈关于适用普通程序审理"被告人认罪案件"的若干意见（试行）〉、〈关于适用简易程序审理公诉案件的若干意见〉的理解与适用》，载《人民检察》2003 年第 6 期；

[105] 杨宇冠：《论不强迫自证其罪原则》，载《中国法学》2003 年第 1 期；

[106] 魏建：《法经济学：效率对正义的替代及其批评》，载《甘肃社会科学》2002 年第 1 期；

[107] 王国枢、项振华：《中外刑事诉讼简易程序及比较》，载《中国法学》1999 年第 3 期；

［108］李翔海：《论邓小平的动态平衡观》，载《毛泽东邓小平理论研究》1998 年第 1 期；

［109］宋英辉：《不必自我归罪原则与如实陈述义务》，载《法学研究》1998 年第 5 期；

［110］熊秋红：《反对自我归罪的特权与如实陈述义务之辨析》，载《外国法译评》1997 年第 3 期；

［111］顾培东：《效益：当代法律的一个基本价值目标》，载《中国法学》1992 年第 3 期。

后　　记

　　本书是在本人的博士论文基础上修改而成，在书稿付梓出版之际，难免有些感慨。

　　随着博士论文的完成，本人的校园求学之路也算画上了一个句号。这一天来得确实有些晚，因为此时我已经到了人生下半场，从年龄上看已经四十岁有余，从职业上看已经完成了从法官到律师的转换。而这一天来得晚也并非坏事，因为这一过程能督促自己不断学习，不敢懈怠。

　　2001年，我从中国政法大学毕业，获得法学硕士学位。由于读硕士之前已经有过"学习—工作—学习—工作"这种螺旋式的工学经历，读博的紧迫感也就没有那么强烈。按照当时的想法，在北京工作，守着众多高校，具有在职读博的充分条件。所以，并没有过多犹豫就通过应聘来到北京市朝阳区人民法院，开启了从事刑事审判工作的篇章。

　　置身于全国最忙法院之一的法院，案山卷海的压力，是没有亲临其境的人难以想象的。总是想着，等忙完这段时间再考虑考博的问题，但这种"明日复明日"的想法，总是被与日俱增的工作压力所击破。再加上本人不甘落后的性格，自然会把本职工作放在第一位，求学之路也就一拖再拖。但是，对学术研究的追求，对博士学位的向往，却一直萦绕心头。

　　幸运的是，香港城市大学"中国高级法官法学博士"项目为我开启了行将关闭的博士之门。城大法律学院的研究氛围、学术声誉都是我所景仰的，我紧紧地抓着这扇门，唯恐有所闪失。按照招生要求，报名者需要提交一份研究计划，由城大老师进行面试。当时，认罪认罚从宽制度已经试点，我所在的法院是试点单位之一，我作为亲历者对该项制度有着深切的感受，也有一些思考，遂将认罪认罚从宽制度作为研究对象形成了初步的研究计划。感谢林峰教授、陈磊教授、关文伟副教授的不弃与厚爱，在对研究计划提出批评意见的同时，指明了进一步的研究思路，并最终决定录取我。

2018年3月，我和同班的十名法官同学来到位于香港九龙塘的城大，回归了美好的校园生活。尚未来得及领略香港作为国际化大都市的种种风情，就一头扎进了论文选题构思的漩涡之中。城大诸位老师缜密的学风、高超的水平、热情的态度，给予我极大的帮助，让我既看到了困难，也树立了信心。同学们在课里课外的沟通交流、批评建议，帮我拓宽了思路，他们的勤奋好学、亲和友善，让我体会到了爱的力量。

更为幸运的是，在这里遇到了我的导师何天翔博士。何老师年轻英俊，学术造诣深厚，对我来说更是亦师亦友。在论文选题过程中，既有宏观方向上的把关，又有具体方法上的指导，总是在轻松愉快的交流中给我很大的启发和鼓舞。在三年的论文写作过程中，何老师付出了极大的心血，以他严谨的研究习惯影响着我。尤其是在论文初稿完成之后的修改阶段，何老师从框架结构、谋篇布局，到遣词造句、标点句读，给予了全方位的指导。针对论文的薄弱环节，何老师推荐文献、提供思路，引导我查漏补缺、充实提高，弥补了论文中的诸多不足。更为重要的是，何老师对待学问的认真精神，对待论文的精进态度，对我产生了很大的影响。

中国法学会案例法学研究会会长、最高人民法院原审判委员会专职委员胡云腾先生，作为认罪认罚从宽制度的设计者之一，凭借其对制度的理解和对学术的敏锐，及时为我调整了论文的研究方向，在论文选题和写作过程中，给予了高屋建瓴的方向性指导，使得论文具有了较强的生命力。在本书即将出版之际，又拨冗作序，言辞恳切，感情真挚，让本书增色十分，也令我感激不尽。

论文写作完成之后，朱国斌老师、谢望原老师、陈志轩老师组成的答辩委员会，在对论文给予肯定的同时，提出了具有针对性的修改完善意见，这些指导意见站位高、立意远，让我对自己的论文有了更为清醒的认识，也明确了努力的方向。

国家法官学院的各位老师，为我们的学习提供了全面的支持和帮助，在各种沟通协调与手续办理中付出了心血。2019年5月，在法官学院为期一个月的脱产学习中，法官学院为我们安排了最合理的课程，配备了最一流的老师，提供了最周到的保障。

中华全国律师协会刑事专业委员会顾问、北京市京都律师事务所名誉主任田文昌老师，对认罪认罚从宽制度中被追诉人权利保护问题十分关注，并要求我们在刑事辩护中把维护被追诉人权利作为重要目标。田老师在"认罪认罚从宽制度检法同堂培训'控辩审'三人谈"以及"国家治理现代化与认罪认罚从宽制度研讨会"等场合的发言使我深受启发，并坚定了对这一问题持续深入研究的信念。

中国法制出版社为本书的面世提供了机会。戴蕊主任、李宏伟、邢尚编辑等人为本书的顺利出版付出了努力，她们严谨的作风、专业的意见，提升了本书的质量。

学业能够顺利完成，自然少不了家人的支持。练达的妻子与懂事的女儿，让我能够安心享受脱产学习的乐趣，更能让我专心于论文的写作之中。女儿正处于高中阶段，希望她能通过我的经历，真正理解为什么要学习，要怎样学习。

要感谢的，远远不止上文提到的各位师友家人。赋予我写作灵感的学界先贤、帮我提供写作素材的同事同学，给予我关心帮助的亲朋好友……我所能回报的，唯有保持积极向上的态度，做好该做的事情。

本书出版之际，本人业已成为刑事辩护队伍的一员，对刑事辩护的魅力与艰辛有了切身感受。从法官到律师，转变的是身份，不变的是对法治的信仰和对公正的追求。维护被追诉人权利，更是辩护律师的重要职责，本书姑且算作本人献给刑事辩护事业的一份薄礼。

臧德胜
2023年10月于北京

图书在版编目（CIP）数据

认罪认罚从宽制度中被追诉人权利保护研究：以公正与效率的动态平衡为基点 / 臧德胜著 . —北京：中国法制出版社，2023.11
ISBN 978-7-5216-3898-1

Ⅰ．①认… Ⅱ．①臧… Ⅲ．①刑事诉讼-当事人-权益保护-研究-中国 Ⅳ．①D925.212.4

中国国家版本馆 CIP 数据核字（2023）第 177092 号

责任编辑：李宏伟　　　　　　　　　　　　　封面设计：杨泽江

认罪认罚从宽制度中被追诉人权利保护研究：以公正与效率的动态平衡为基点
RENZUI RENFA CONGKUAN ZHIDU ZHONG BEIZHUISUREN QUANLI BAOHU YANJIU：YI GONGZHENG YU XIAOLÜ DE DONGTAI PINGHENG WEI JIDIAN

著者/臧德胜
经销/新华书店
印刷/北京虎彩文化传播有限公司
开本/710 毫米×1000 毫米　16 开　　　　印张/ 21.75　字数/ 319 千
版次/2023 年 11 月第 1 版　　　　　　　　2023 年 11 月第 1 次印刷

中国法制出版社出版
书号 ISBN 978-7-5216-3898-1　　　　　　　定价：88.00 元

北京市西城区西便门西里甲 16 号西便门办公区
邮政编码：100053　　　　　　　　　　　　传真：010-63141600
网址：http：//www.zgfzs.com　　　　　　　编辑部电话：010-63141805
市场营销部电话：010-63141612　　　　　　印务部电话：010-63141606

（如有印装质量问题，请与本社印务部联系。）

工商管理专业

企业运作实务（第2版）
企业法律基础与实务（第2版）
企业管理基础（第2版）
质量管理实务
企业经营决策仿真实训教程
管理沟通技能训练教程

市场营销专业

经典市场营销专业系列教材

营销策划理论与实务（第3版）
市场营销基础与实务——项目课程教材（第2版）
市场营销实务——项目导向教程
国际市场营销理论与实务（第3版）
现代推销技术（第3版）
销售管理（第4版）
市场调查与预测（第3版）
商品学基础（第3版）
营销心理学（第3版）
现代商务礼仪（第3版）
公共关系理论与实务（第3版）
商务谈判实务（第3版）
广告原理与实务（第2版）
消费心理学——"理论·案例·实训"
　　　　　　一体化教程（第2版）
商务礼仪——情境·项目·训练（第2版）

新编市场营销系列教材

市场营销基础与实务
新编现代商务礼仪（第2版）
市场调查实务项目教程（第2版）
营销策划——理实一体化教程
消费心理学
商务谈判实务——项目教程（第2版）
市场营销原理与实务——任务导向教材
店面销售
市场营销专业英语

电子商务专业（新商科）

电子商务物流
电子商务基础
电子商务法律法规
电子商务案例分析
网络营销实务
网店运营与管理
商务网站建设与维护
客户服务与管理
视觉营销
网店美工
跨境电子商务
移动商务
移动营销实务
网络创业
商务数据分析与应用

策划编辑：张云怡
责任编辑：刘元婷
责任美编：秦　靖

ISBN 978-7-121-35835-7

定价：47.90元